中国蒙古学文库

乌珠穆沁女性风俗研究

玉荣 著

辽宁民族出版社

图书在版编目（CIP）数据

乌珠穆沁女性风俗研究 / 玉荣著. —沈阳：辽宁民族出版社，2018.8

（中国蒙古学文库）

ISBN 978-7-5497-1898-6

Ⅰ. ①乌… Ⅱ. ①玉… Ⅲ. ①蒙古族—女性—少数民族风俗习惯—研究—东乌珠穆沁旗 Ⅳ. ①K892.312

中国版本图书馆CIP数据核字（2018）第200801号

乌珠穆沁女性风俗研究

WUZHUMUQIN NÜXING FENGSU YANJIU

出版发行者：辽宁民族出版社

地　　址：沈阳市和平区十一纬路25号　邮编：110003

印 刷 者：辽宁鼎籍数码科技有限公司

幅面尺寸：145mm×210mm

印　　张：11.125

字　　数：290千字

插　　页：8

印　　数：1-1000

出版时间：2018年8月第1版

印刷时间：2018年8月第1次印刷

责任编辑：王哈申

封面设计：杜　江

责任校对：王　荷

标准书号：ISBN 978-7-5497-1898-6

定　　价：40.00元

网　　址：www.lnmzcbs.com　邮购热线：024-23284335

淘宝网店：http://lnmz2013.taobao.com

如有印装质量问题，请与出版社联系调换　联系电话：024-23284340

中国蒙古学文库

布赫

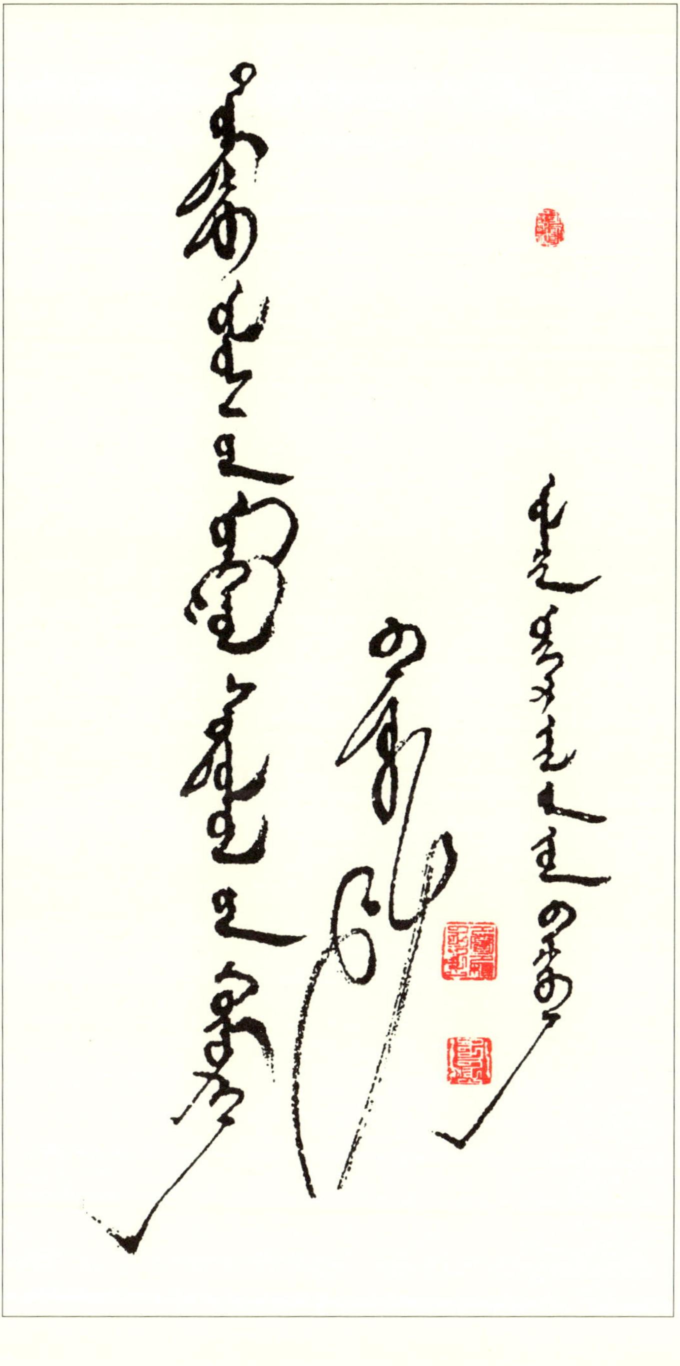

《中国蒙古学文库》续版总序

《中国蒙古学文库》（以下简称《文库》）是在我国改革开放新的历史时期，在解放思想、实事求是思想路线指引下，在文化适应经济社会的发展而不断繁荣的客观要求下应运而生的。《文库》自筹备到出版以来走过了艰苦立业、敢为人先、追求一流、不断创新的12年。到2009年9月，已经正式出版了百部书，并以此向新中国六十华诞献礼。同时召开了“百部纪念会”，出版了《百部纪念册》，可以说《文库》编委会完成了一个阶段的工作。

《文库》是一套比较全面系统地反映蒙古学研究成果的系列丛书。它的编辑出版开辟了学术著作出版的新途径，成为蒙古学研究成果跨世纪的丰碑，在国内外引起广泛的关注，产生了良好的反响，将成为繁荣发展的蒙古文化方面具有一定知名度的、品位较高的文化名牌。随着全面建设小康社会、构建和谐社会的步伐不断加快，为增强各民族间平等、团结、和谐互助关系，满足各族人民日益增长的物质和文化生活需要，促进内蒙古自治区文化大区的建设，为推进蒙古学研究事业的发展，提升文化软实力，突出民族特色，充分发挥文化优势和社会人才资源优势，传承和弘扬蒙古民族的优秀文化，很有必要继续编辑出版蒙古学方面的学术著作。

为此，《文库》领导小组向中共内蒙古自治区党委和政府呈报了《中国蒙古学文库》续版百部书的申请报告。自治区党委和政府的领导高度重视，全力支持，批准了申请报告，决定《中国蒙古学文库》继续出版。这是值得庆贺的好事，是自治区学术界的一件喜事，是贯彻落实科学发展观、为文化建设所做的一件实事，是继续推动蒙古学研究繁荣发展的重大举措。它标志着《中国蒙古学文库》的工作进入了一个新阶段。这对我们是个极大的鼓舞和鞭策，使我们深深体会到党的民族政策的英明正确，并使我们看到党和政府情系民生，执政为民，在推进经济社会又好又快发展中，繁荣文化建设事业的良好形象。

蒙古民族在历史上彰显了游牧文明的优越性，成为游牧文化的集大成者，在人类历史上创造了辉煌的奇迹，造就了世界新的格局，展示了走向统一、走向开放、走向文明发展的总趋势，留下了珍贵的文化遗产，产生了许多重大的、至今还值得深思和研究的问题。从而形成了独具特色、充满生机、内涵丰富、博大精深的蒙古文化，形成了国际性、综合性的“蒙古学”。“蒙古学”就是以蒙古文化为研究对象的科学。其内容是研究蒙古族在形成和发展中创造的一切文化成果的传承和繁荣发展的规律，是研究在漫长的历史进程中各民族之间相互交流、互助和谐、共同进步的过程和经验。

蒙古学是国际性的，世界上很多国家和地区都在研究，因此，我们的研究及其成果必须旗帜鲜明地突出中国特色。最根本的是以马克思列宁主义、毛泽东思想、邓小平理论、“三个代表”重要思想、科学发展观和习近平新时代中国特色社会主义思想为指导，高举中国特色社会主义伟大旗帜，坚持社会主义核心价值体系，贯彻执行党的民族政策和“双百”方针。这是中国蒙古学的一大特色和优势所在，是我们以往研究和创新所取得丰硕成果的根本原因，也是《文库》今后在编辑出版工作中必须坚持的基本原则。

在马克思主义普遍真理的指导下，遵照中国特色社会主义理论体系，如何认识和改造蒙古传统文化，如何借鉴吸纳其他民族的文化，是我们面临的艰巨任务。在这里必须坚持马克思主义与蒙古文化的实际相结合，充分体现马克思主义中国化、时代化、大众化的趋势，继续解放思想，坚持实事求是，运用马克思主义的立场、观点和方法，着力研究和传承蒙古族传统文化，进而改造传统文化，推陈出新，适应中国特色社会主义事业发展的需要，寻求现代化的路标；着力研究各民族文化交流的经验和趋势，探索、巩固和发展各民族间平等团结、互助和谐关系的新思路和有效途径；着力研究和总结建设中国特色社会主义实践中的新鲜经验和现实问题，全面提高民族的整体素质，为党和政府的决策提供智力支持和精神动力。

蒙古学是综合性科学，涵盖面广，内容丰富而全面。《文库》致力于编辑出版蒙古学方面的学术性研究成果。特别注重专题研究、系列研究、历史人物研究、哲学及社会思想史研究。这些内容的研究以及编辑出版，是《文库》的中心课题，是它的显著特点和优势。资料汇编、论文集、辞书、名词术语汇编、回忆录、个人选集或全集、杂记、传记、多卷本著作、文艺小说等不属于《文库》编辑出版范围。

《文库》优先选择以下著作：(1) 带有抢救性的著作；(2) 学术方面的国家课题、省部级课题的最终成果；(3) 以博士论文为基础充实修改的著作；(4) 新兴学科、薄弱学科、交叉学科、边缘学科的著作；(5) 理论研究，创立体系的著作。先出版用蒙古文或汉文撰写的一种版本，今后根据实际需要，选择一些有利于各民族文化交流，具有共同性使用内容的，具有较高学术价值和实用价值的著作，翻译成另一种文字出版。

出版的著作要有鲜明特色，弘扬创新精神，体现精品意识。一切从蒙古族历史文化的实际出发，挖掘好、研究好、保存好、维护好、发扬好蒙古文化的固有特色，充分彰显蒙古文化的风格和气派。同时积极汲取世界先进文化，达到二者的有机结合，从而充分体现蒙古文化的世界性、民族性和地域性特点。鼓励大胆的创造，发扬自主创新精神。创造性是蒙古文化固有的特点和发展的内在活力。《世界征服者史》作者志费尼曾指出，成吉思汗有关征服他国的方略，消灭敌军，擢升部属等措施，是“凭自己的脑子创造出来的”，“全是他自己领悟的结果，才智的结晶”。

《文库》以原创性、系统性和突破性作为编辑出版的基本要求。突出原创性，就是要求出版创新的、新颖的和具有较高学术价值的著作。注重系统性，就是要求出版学科建设中的系列著作，在某个学科方面具有权威性成果，为学科的理论研究和体系创立起到奠基性作用的著作。强调突破性，则要求出版从研究的领域、资料、观点、方法等某一方面超越前人的成果，具有开拓性的、填补历史空白的著作。

质量是编辑出版的生命。精益求精，精心组织，高标准、严要求，以极端负责的精神，保证出书的质量。为此严格执行“编委责任制”“三审制”，把好“三个关”。书稿由总编辑根据书稿内容和编委的特长确定该书稿的责任编委，责任编委对书稿负责到底。编委会执行“三审制”，由两名专家审稿，编委会集体讨论，总编辑审阅定稿。出版社也要执行“三审制”，责任编辑初审，编辑室主任复审，总编辑终审。编委会和出版社共同把好政治思想、学术水平、文字技术三个关。

续版的百部书必须抓住重点，努力做到实证研究和理论研究并举，以理论研究为主；研究历史客体和研究主体思想并举，以主体思想的研究为主；系列研究和体系研究并举，以体系研究为主；历史问题的研究和现实问题的研究并举，以研究现实问题为主。突出重点才会显示《文库》的出版特色和优势，开创蒙古学繁荣发展的新局面，也标志着蒙古学的研究转入理论研究、创立体系的新阶段。这是在蒙古文化的发展史上具有重大意义的转变，是蒙古学研究中出现的实质性飞跃。

“一个民族想要站在科学的最高峰，就一刻也不能没有理论思维。”这是恩格斯在一百多年前说的至理名言。这里说的“科学”当然包括哲学、自然科学、社会科学和思维科学。“理论思维”即哲学思维。我们提出的振兴中华，实现“四化”，其目标就是让中国各民族都要在中国共产党的领导之下，“站在科学的最高峰”，把我国建成富强、民主、文明、和谐的社会主义国家。为此必须重视“理论思维”，必须强调理论思维的学习和锻炼。蒙古文化虽然经历了盛衰变迁，但始终绵延不绝，这就足以证明，它必然有其优秀传统，有很多的优点和特点。但长期以来，我们在吸收外来文化，并把它融合、消化，变为自己的文化，进而形成蒙古化方面下的功夫还不够；蒙古文化具有独立性，但系统性尚未形成，各学科的形成和发展也很不平衡；文化理论的研究和创新，各学科理论体系的形成和完善严重滞后。这也足以证明，蒙古文化也有其不可忽视的缺陷。这里除有政治、经济等诸多原因外，与文化研究方面长期以来忽视或轻视理论思维的地位和作用，忽略蒙古民族思想史和历史人物思想的研究，忽略哲学及社会思想史的研究，也有直接关系，以致严重影响了蒙古文化的全面发展和繁荣，影响了各学科的理论研究和体系创立的历史进程和水平。

思想是文化的核心，哲学是文化的思想基础，是文化的精华部分，是文明的“活的灵魂”，这是被人类文化史研究证明了的普遍真理。理论研究和创新、创立体系是一个民族文化繁荣发展的标志，是一个民族文化走向成熟、进入文化自觉境界的表征，也是不断深入研究、开拓创新的必然结果。只有理论研究、理论创新，各学科创立并逐步完善各自的体系，才能使民族文化得到全面协调可持续发展；才能充分彰显民族文化，在开放中仍然能够保存和弘扬其优秀成果，突出独具的特色和优势，使民族文化在有条件的流变中做到有选择地包容外来文化，并把二者有机地结合起来；才能形成充满生机的开放性体系，找到与时俱进、蓬勃发展的活力；才能使民族文化随着时代的步伐不断地创新，大胆地应用，从而满足人民日益增长的需要。因此，文化研究中理论研究、理论创新、体系创立是非常重要的，是不可或缺的层次或阶段。智慧凝聚经验，思想闪耀光辉，理论显现魅力，真理揭示规律。《文库》续版的百部书要紧紧抓住这个主题，充分利用新世纪赋予的难得的良好机遇，使蒙古文化焕发出强大的生机和活力。在这方面要有新的作为，要有新的建树和创新，以弥补蒙古学研究中的历史性缺憾或薄弱环节。把蒙古学研究推进到新的发展阶段，这是我们的事业，我们的希望，我们的目标，也是我们应尽的职责和责无旁贷的历史使命。

《中国蒙古学文库》的原版"总论"是由《文库》总编辑，内蒙古社会科学院蒙古史著名学者、研究员留金锁先生执笔，编委会讨论通过的。"总论"概括地论述了蒙古文化发展的历史演变，叙述了研究蒙古文化的过程和取得的标志性成果，总结了以往的经验，明确提出了今后的研究方向，在编辑出版"百部书"的过程中起到了重大的宣传和指导作用。随着形势的发展，研究的深入，续版的百部书中将原版的"总论"和"序"重新修改，增加新的内容和要求，称之为"续版总序"。续版在封面设计、装帧等方面都做了一些调整和改进，以崭新的面貌问世，给人以耳目一新的感觉，将会引起作者和读者的兴趣和关注。

续版百部书，在组织机构方面取消了《文库》的顾问。对领导小组成员、总编辑和编委成员都做了一些适当的调整。原有的同志很多都是离退休的领导、专家、学者。他们参与了《文库》的一系列具体工作，工作中任劳任怨，淡泊名利，不计报酬，默默耕耘，倾注了无数心血，做出了重大贡献。我们不会忘记，历史也不会忘记。他们的睿智、业绩和奉献精神，随着时间的流逝，将会永驻在《文库》的字里行间，记载于蒙古学研究的史册中。

在我国，研究蒙古文化由来已久，而且资料文献甚丰，成果累累。但是将蒙古学真正作为一门科学，进行全面而系统的研究，是中华人民共和国成立以后才开展的。尤其是改革开放以来，蒙古学的研究方兴未艾，全面推进，著述颇丰，成为哲学社会科学百花园中一朵绚丽的奇葩。我们编辑出版《中国蒙古学文库》续版的百部书，在继承以往成果的基础上，将在更高层次上整体推进蒙古文化的繁荣发展，使其成为反映时代特征、适应实践的发展、满足人们日益增长的文化生活需要、喜闻乐见的崭新的蒙古文化。自治区领导的这一决策和编委会的一系列有关的举措，对加快内蒙古自治区的文化建设，促进国际蒙古学向纵深发展，推动中国特色社会主义建设的伟大事业，必将发挥应有的作用。其意义是重大的，也是深远的。

我们深知，《中国蒙古学文库》是繁荣图书出版事业的创新之举，是传承文明、繁荣学术、继往开来的薪火工程，是功在当代、惠泽后人、流芳百世的宏伟事业。我们要认真总结以往经验，在新的起点上继续发扬优良作风，再创新的业绩。编委会要以新的姿态，振作精神，全力以赴，齐心协力，埋头苦干，认真审阅，精心修改，力求编辑出版精品力作。我们的工作是艰巨复杂而光荣的，任重而道远的。由于我们才智的局限，以及理论基础、学术水平和编辑能力等方面的原因，可能会出现一些问题，存在一些缺点，恳请作者和读者及时赐教。

《中国蒙古学文库》编委会

2010年3月

目　录

绪　论……………………………………………………001

第一章　迁徙与定居的互动：乌珠穆沁女性的生活……………052

第一节　迁徙：游牧生活方式转变之前………………………053
第二节　定居：游牧生活方式转变之后………………………073
第三节　游牧文化生境下的乌珠穆沁女性……………………093

第二章　“小日子，大生活”：乌珠穆沁女性的生活世界………106

第一节　“过日子”：乌珠穆沁女性的一天……………………107
第二节　“忙生活”：乌珠穆沁女性的日常生活………………126
第三节　“祭敖包”：祭祀中的乌珠穆沁女性…………………156

第三章　“汰咯之歌”与蒙古族女性…………………………172

第一节　乌珠穆沁女性生活的节律性…………………………174
第二节　乌珠穆沁女性与现代性畜饲养………………………196
第三节　畜牧生产工具的现代性………………………………213

第四章　乌珠穆沁女性的互动网络……………………………229

第一节　家人间的互动…………………………………………230
第二节　亲属间的互动…………………………………………243

第三节　邻里间的互动……254
结　语……268
参考文献……289
蒙古文内容提要及目录……307
附录一……312
附录二……315
附录三……323
后　记……329
《中国蒙古学文库》已经出版书目……331

绪　论

在绪论中，首先，阐述本书的研究目的与所采用的方法。其次，笔者运用宏观归纳与微观分析相结合的方法，对国内外相关的研究成果进行概括和总结。最后，从乌珠穆沁的地理位置、自然环境、社会经济状况等几个方面，叙述本书选定锡林郭勒盟东乌珠穆沁旗为主要研究对象的缘由。

一、研究目的和方法

本文以乌珠穆沁女性的生命历程为线索，力图将游牧文化中关于蒙古族女性生活的部分提取出来，试图以乌珠穆沁女性的个人生活史以及女性民俗生活现状的视角作为出发点，通过整理和升华，对蒙古族女性民俗生活进行“深描”。

（一）研究目的

论文选题对我而言，并未经历一个艰难抉择的过程，从攻读硕士开始，蒙古族女性一直都是我关注的对象。我自幼生长在蒙古族聚居的传统牧区，儿时的很多记忆总是与身边的女性有关。额吉[①]，慈爱勤劳，记忆中的额吉总是起早贪黑，忙着永远干不完的活儿，对于自己的孩子、家人，甚至对牛羊都疼

① 额吉：əːʤ，蒙古语，蒙古族对母亲的统称。本论文选择在东乌珠穆沁旗（以下简称东乌旗）地域上从事畜牧生产的乌珠穆沁女性作为蒙古族女性的代表，以示区别于其他地区从事其他生产方式的女性。文中多处使用“额吉”这个称谓来统称乌珠穆沁女性。

爱有加。额吉无论是寒冬腊月的接羔保羔，还是酷暑难耐中的挤羊奶[1]“大战”；无论是节日里忙碌的身影，还是傍晚帮小羊羔寻找羊妈妈吟唱着“汰咯、汰咯”劝羊之歌——都充满慈爱，她任劳任怨地为我们的生活全心全意地付出，留给我最深刻的记忆。除了额吉之外，印象深刻的还有很多像我额吉一样，辛苦操劳的邻里“额吉”和“额格齐”[2]们，她们对我的关爱，让我心存温暖，至今铭记心间。她们对于家庭的无私奉献，她们的日常生产劳作，她们的为人处世，不仅仅体现在家庭生活中，在整个社会生活中都发挥着重要作用。通过观察、记录、描述额吉们的衣、食、住、行，呈现额吉的喜、怒、哀、乐以及她们在整个游牧文化变迁过程中的生活现状，成为笔者的责任和义务。但是，长期以来，国内对于妇女生活的研究，一直没有引起学界的广泛注意，对少数民族妇女的研究更是如此。因此，本文是关于蒙古族女性的民俗志，是关于乌珠穆沁额吉的生活民俗志，也是我国少数民族民俗研究和女性研究的一次尝试。本文以目前畜牧业保留相对完整的东乌珠穆沁旗为田野调查个案点，以乌珠穆沁女性的日常生活、生产活动和人际互动为切入点，深描生活在草原上的蒙古族女性的民俗生活世界，探讨蒙古族女性角色在日常生活、生产活动以及人际互动等事项中的表现及其意义，全面勾勒出从游牧到定居之后，东乌珠穆沁草原妇女的民俗生活图景。

在调查和写作中，有一些问题也不断困扰着笔者：蒙古族女性在整个游牧文化中发挥着什么样的作用？扮演着什么样的角色？她们的日常生产生活，对整个游牧文化而言有着什么样的意义？她们在生产生活、家庭教育、社会往来等方面扮演着

---

① 挤羊奶，指挤山羊或绵羊奶，把需要挤奶的母羊用一根绳子头对头地拴在一起，一次最多可拴30~40只羊。

② 额格齐，əgʧ，蒙古语，意为姐姐。

什么角色？蒙古族女性是如何协调家庭角色和公共角色？为什么如此含蓄内敛的妇女们能够对蒙古族传统文化的传承起着至关重要的作用？又是什么力量促使蒙古族女性在游牧生活变迁面前传承着传统文化？这些问题不仅困扰着笔者，也指引着笔者走进草原，接近生活在草原从事畜牧业生产活动的蒙古族女性，指引着笔者走进蒙古族妇女们的日常生活世界。

蒙古族女性在蒙古族政治、经济和文化发展中所发挥的作用，尤其是她们在参与创造蒙古族文化时所表现出的创造力和想象力，应该被重视和认可。因此，站在女性这一角度，从女性的立场出发，就可能使我们获得一个重新审视蒙古族历史、社会以及蒙古族所代表的游牧文化的机会，从而获得一些不同于以往的认识。对蒙古族女性而言，正身处于社会变革时期，蒙古族传统的游牧文化正面临着现代化、全球化、信息化的挑战。尤其是内蒙古地区，自1984年实施“草畜双承包”责任制政策，到2000年起开始实施禁牧、休牧、轮牧的“新三牧”政策之后，全区范围内开始兴起实施圈养饲养畜牧的经营方式，对传统游牧经济和文化产生了巨大影响。从游牧到定居之后，游牧文化从过去单一的畜牧生产向多元化发展，不论在城市还是牧区，影响深远。面对这样的社会文化变迁，蒙古族女性则不断更新和调适着自己的角色，以使得自己在现代化的进程中发挥更积极、更重要的作用。

蒙古族女性一直活跃在社会生活的各个领域中，是蒙古族社会生活中不可忽视的重要组成部分。以往的研究更多是强调蒙古族历史与社会等方面内容，忽视了对蒙古族女性日常生活的关注，忽视了作为民俗生活的主体之一女性的研究，尤其是忽视了作为游牧文化的延续和传承的另一个主体——蒙古族女性能动性的研究。与以往的研究不同的是，本文不再一味地强调女性的地位如何亟待提高，而是重点描述女性存在和她们所发挥的作用。本文选择乌珠穆沁女性作为调查对象，通过对日常生活中乌珠穆沁女性的深描，来解释蒙古族女性的社会地位并非是与生俱来，而是伴随着其所扮演角色的增加以及参与的生产劳动增多而不断提高。通过对乌珠穆沁女性生活世界的“深描”，重新审视蒙古族社会历史和文化，重新认识蒙古族女性，随着对蒙古族女性角色分析的深入研究和探讨，获得与以往不同的认识，具有一定的学术价值。

（二）研究方法

本书采用民俗志整体调查和研究方法，对蒙古族女性的日常生活以及畜牧业保留相对浓厚的东乌旗进行总体社会事实调查。在调查过程中，既关注女性的话语，也强调男性群体的重要性；不仅关注乌珠穆沁女性的日常生活实践，也关注整个游牧文化变迁对乌珠穆沁妇女生活的影响，力图以地方文化的整体性表述来呈现生活在草原上的蒙古族女性民俗生活。

本研究的主要资料来源于两个方面：一是通过田野调查获得第一手资料，通过参与式观察、深度访谈、半结构式访谈等定性研究方法获取，其中，对研究对象的深度访谈所获得的个人口述史材料是本文最为重要的资料来源。二是文献资料，在田野调查过程中所获得的有关地方性资料贯穿论文写作始终。本人先后于2012年7月10—25日、2013年7月6日—8月1日、2014年6月25日—7月3日、2014年8月1—28日四个阶段进行调查，本文中所有的田野资料均来源于这四次实地调查。

二、相关研究综述

（一）多学科视域下的蒙古族社会变迁与文化研究

近年来，草原生态环境不断恶化，引起了越来越多的学者和有关人士的关注和重视。这些学者和研究者关注游牧文化变迁、关注牧民民俗生活的研究较多。

真正从社会变迁角度对内蒙古牧区社区进行关注和研究，始于20世纪80年代。最具代表性的是1984年费孝通先生在内蒙古赤峰所做的调查，即《边区开发：赤峰篇》[①]。当时整个中国社会处于改革开放如火如荼之时，内蒙古各地区开始实行包产到户政策，草原游牧民开始趋向定居，传统的生产生活方式发生了较大的变化。费孝通挑选了内蒙古赤峰市作为研究内蒙古开发问题的突破口。“1984年8月15日起的赤峰之行历时18天，选择不同类型的考察点34处，行程1000多公里。在考察过程中注意到了黑塔子嘎查的情况，分析了1949年前的黑塔子嘎查的民族构成以及1949年后汉人农民自20世纪20年代开始的大规模迁入对该地区的民族构成、生态状况以及生产生活方式产生了巨大影响，明确指出了当地比较严重的农牧矛盾”[②]。《赤峰篇》之后，马戎[③]等人曾多次进行追踪调查。在此系列的研究中，主要采用问卷和重点社区调查方法，对府村的人口迁移和社区史、经济和生态史、现实的经济问题和对政策、民族关系及蒙汉通婚、亲属网络和居住格局、乡村教育和卫生设施、基层政权组织等诸多问题进行了研究。他们将20世纪20年代以来的“汉族农业移民”作为影响府村变迁最为关键的因素，绘制出一幅清晰的因果关系图。汉族农民的移入以及他们带来的农耕方式使原来纯牧区的府村人口密度提高，经济结构和民族构成改变，从而导致了当地的环境退化、农牧业矛盾和蒙汉矛盾。但可能迫于那个时代的需求，作者似乎更想探究的是什么阻碍了该地区农牧民的致富道路。

20世纪末开始，更多的学者利用文献资料和田野调查资料描述和记录蒙古族传统生产生活方式的变迁。其中，色音、阿

---

① 费孝通：《费孝通全集》（第十集，1983—1984），呼和浩特：内蒙古人民出版社，2009年。

② 费孝通：《费孝通全集》（第十集，1983—1984），呼和浩特：内蒙古人民出版社，2009年，第460—488页。

③ 《内蒙古半农半牧区的社会、经济发展：府村调查》《三访府村：一个北方半农半牧社区的跟踪调查》等文章。

拉腾、包智明和邢莉等人的研究最具代表性。色音在《蒙古游牧社会的变迁》（1998）一书中，采用历史性视角，通过对内蒙古纯牧区、半农半牧区以及纯农区所做的调查研究来反映游牧社会的变迁问题，进而分析了导致游牧社会变迁的原因。但作者没有把牧区的日常生活变化作为重点来分析，忽略了民俗生活对整个社会的影响[①]。阿拉腾的《文化的变迁：一个嘎查的故事》（2006），作者选择内蒙古乌兰察布市后山地区的察哈尔右翼后旗乌兰哈达苏木阿达日嘎嘎查的阿达日嘎高特以及阿来乌苏高特作为调查对象，全面、详细地介绍了该嘎查两个高特的社会变迁过程。作者从环境、人文、生活方式等多个角度探索了导致变迁的原因，详细记录了两个高特牧民的日常生活。然而，作者在谈到家畜经营方式以及畜牧业经营时，忽略了蒙古族女性对于家庭以及社会的积极作用和影响[②]。郝亚明、包智明所著的《体制政策与蒙古族乡村社会变迁》（2010），以内蒙古通辽市周边的四个村落为研究对象，选择体制、政策作为蒙古族地区社会文化变迁线索来展开全文的论述[③]。王志清所著的《语言民俗与农区蒙古族村落的文化变迁》（2011）一书，以辽宁省阜新蒙古族自治县王府镇的烟台营子村为个案，综合运用民族学、民俗学、人类学、社会学、语言学等学科相关理论，探讨文化选择与村落乃至族群文化命运的关系，描述了烟台营子1948年以前到现在经济、民俗、语言、教育、宗教等方面的变迁，作者对于文化变迁的关注点在

---

① 色音：《蒙古游牧社会的变迁》，呼和浩特：内蒙古人民出版社，1998年。

② 阿拉腾：《文化的变迁：一个嘎查的故事》，北京：民族出版社，2006年。

③ 郝亚明，包智明：《体制政策与蒙古族乡村社会变迁》，北京：中央民族大学出版社，2010年。

语言民俗与农区的蒙古族身上[①]。邢莉等著的《内蒙古区域游牧文化的变迁》（2013）一书，作者运用人类学、民俗学、社会学、生态学和草业科学等学科交叉方法，对内蒙古区域游牧文化的变迁历程做了全面系统论述，研究成果在同类著作中处于前沿水平，对清代以来至今的内蒙古区域游牧文化变迁机制、变迁动因、变迁结构、变迁形态进行了深入阐述。其中关于游牧民与农耕民的文化冲突和文化融合的论述，不但具有理论价值，还具有现实意义[②]。

到了20世纪80年代，草畜双承包制开始实施之后，游牧生活逐渐趋于定居，整个畜牧经济受到了前所未有的影响。很多学者试图从经济学角度对游牧生活以及蒙古族进行研究分析，其中额尔敦扎布、乌日陶克套胡、包玉山等学者的研究成果最为显著。额尔敦扎布、莎日娜在《游牧经济论》（2006）一书中，首先论证了游牧经济的地位和作用，其次全面准确地论证了游牧生产力中的自然生产力、技术生产力、社会生产力，进而阐明三者的关系，并论证了游牧经济生产关系中，草原是游牧经济的基本生产资料，否定了牲畜是基本生产资料这一传统观点。认为在游牧经济的经营中，存在着草原地表资源和地下资源所有制的不一致，并提出解决问题的理论见解[③]。乌日陶克套胡在《蒙古族游牧经济及其变迁》（2006）一书中，以蒙古族游牧经济的劳动者——牧民为主体，以蒙古族游牧经济生产关系的变迁为主线，概括性地勾勒出从蒙古族形成至内蒙古自治区成立为止近一千年的蒙古族游牧经济及其变

① 王志清：《语言民俗与农区蒙古族村落的文化变迁》，北京：中国社会科学出版社，2011年。

② 邢莉，邢旗：《内蒙古区域游牧文化的变迁》，北京：中国社会科学出版社，2013年。

③ 额尔敦扎布，莎日娜：《游牧经济论》，呼和浩特：内蒙古教育出版社，2006年。

迁的大致线索。对蒙古族游牧经济变迁的内在原因——蒙古族游牧经济的脆弱性、劳动力短缺和外部强制性因素——清朝、北洋政府和国民党政府的反动政策以及外国资本主义的侵入等进行分析之后，得出只有在中国共产党的正确领导下，蒙古族劳动者才成了社会主人的结论[①]。包玉山在《内蒙古草原畜牧业的历史与未来》（2003）一书中，阐述了传统草原畜牧业的可持续发展性、可持续发展的合理性等诸多方面的内容，深入探讨了内蒙古草原畜牧业的历史与未来[②]。

还有一些学者则从生态学和人类学的角度对蒙古族进行研究，尤其是草场不断退化、生态环境不断恶化的现状下，生态人类学的视角成为研究的新重点。一些学者和专家通过文献资料和田野调查，记录和描述蒙古族牧民对大自然的认识和利用，提倡和“挖掘”游牧文化中本土知识、民间智慧，高度重视游牧文化形成过程中优秀的、具有积极意义的部分[③]。葛根高娃、乌云巴图在《蒙古民族的生态文化——亚洲游牧文明遗产》（2004）一书中，从物质、精神、制度等三个层面对蒙古族生态文化进行解读，以生态学的视角，剖析蒙古族游牧经济和社会，试图挖掘蒙古族游牧经济的生态价值[④]。王建革的

① 乌日陶克套胡：《蒙古族游牧经济及其变迁》，北京：中央民族大学出版社，2006年。

② 包玉山：《内蒙古草原畜牧业的历史与未来》，呼和浩特：内蒙古教育出版社，2003年。

③ 格·孟和：《论蒙古族草原生态文化观》，《内蒙古社会科学》（文史哲版），1996年第3期；奇格，阿拉腾，盛明光：《古代蒙古生态保护法规》，《内蒙古社会科学》（汉文版），2001年第3期；麻国庆：《草原生态与蒙古族民间环保意识》，《内蒙古社会科学》（汉文版），2001年第1期；葛根高娃，薄音湖：《蒙古族生态文化的物质层面解读》，《内蒙古社会科学》（汉文版），2002年第1期；马桂英：《论蒙古草原自然崇拜文化的生态意蕴》，《内蒙古财经学院学报》，2006年第1期；马桂英：《蒙古族游牧文化中的生态意识》，《理论研究》，2008年第4期等。

④ 葛根高娃，乌云巴图：《蒙古民族的生态文化——亚洲游牧文明遗产》，呼和浩特：内蒙古教育出版社，2004年。

《农牧生态与传统蒙古社会》(2006)一书，作者试图运用生态人类学和历史学的研究方法，主要根据“满铁”资料对近代蒙古草原的生态与社会进行了广泛而深入的研究。第一部分论述草原生态和游牧生态的内容，并在此基础上揭示了游牧生态与蒙古社会的关系。第二部分重点论述了畜群与蒙古社会的关系。第三部分论述了蒙古游牧社会在农业渗透后所发生的重大变化。[①]马京与金海所著的《村寨——蒙古族—内蒙古正蓝旗白彦胡舒嘎查调查》(2004)，以聚居在我国内蒙古正蓝旗巴彦胡舒嘎查地区的蒙古族为研究对象，介绍了该地区地理历史、生态环境、人口、经济、社会政治、婚姻家庭、法律、文化、民族风俗、教育、科技卫生、宗教等情况[②]。那顺巴依尔在《内蒙古牧区亲属制度变迁研究》一文中则以内蒙古地区的亲属称谓为主要研究对象，讲述了半个多世纪以来内蒙古蒙古族亲属制度经历的重大变迁，其主要表现是蒙古族亲属称谓、范畴及其社会文化意义发生了明显的变革。这种变迁有多方面的原因，其中最主要是受汉文化和中华人民共和国成立以来各种政治变革以及社会结构重组过程的影响[③]。阿拉坦宝力格等著的《游牧生态与市场经济》(2013)一书，运用生态人类学的研究视角，用人类学的田野调查方法观察内蒙古牧区牧民生活，同时，这位牧民出身的研究者，对自己所熟悉的文化做了深入反思和解读。这些研究从不同的层面反映出游牧文化是随着时代发展而发展的，具有非常鲜明的地域特色，不能把牧民在长期实践中总结出有利于保护草原的环保意识以及草场管理

---

① 王建革:《农牧生态与传统蒙古社会》，济南：山东人民出版社，2006年。

② 马京，金海:《村寨——蒙古族—内蒙古正蓝旗白彦胡舒嘎查调查》，昆明：云南大学出版社，2004年。

③ 那顺巴依尔:《内蒙古牧区亲属制度变迁研究》，《中央民族大学学报》，2005年第1期，第66—72页。

方法视作一成不变的、模式化的行为[1]。

还有一些专家和学者在面对草场不断恶化和草原生态危机时，将畜牧业可持续发展及国家的制度政策纳入研究的视野中，通过大量的田野调查，结合国家生态治理行动成效，对畜牧业可持续发展与国家政策如何合理结合提出了新的见解，并有一定的学术积累[2]。敖仁其、达林太的《草原牧区可持续发展问题的一些研究》一文中，总结了内蒙古自治区草原退化原因，并提出了制度模式多元化、有效的产权制度、吸收草原产权的内在基本制度——游牧规则、合理的放牧制度、重建合作经济制度，认为牧区人口转移是在不同层次地进行改革和创新以及进行草原牧区可持续发展的必要措施[3]。王晓毅的《环境压力下的草原社区：内蒙古六个嘎查村的调查》（2009）一书则基于实地调查资料，探讨了20世纪80年代以来在“双权一

① 阿拉坦宝力格等：《游牧生态与市场经济》，呼和浩特：内蒙古大学出版社，2013年。

② 包智明：《关于生态移民的定义、分类及若干问题》，《中央民族大学学报》（哲学社会科学版），2006年第1期；王晓毅：《政策的管理缺失—— 一个半农半牧区草场管理的案例研究》，《华中师范大学学报》（哲学社会科学版），2005年第6期；荀丽丽，包智明：《政策动员型环境政策及其地方实践——关于内蒙古S旗生态移民的社会学分析》，《中国社会科学》，2007年第5期；葛根高娃，乌云巴图：《内蒙古牧区生态移民的概念、问题与对策》，《内蒙古社会科学》（汉文版），2003年第2期；孟琳琳，包智明：《生态移民研究综述》，《中央民族大学学报》（哲学社会科学版），2004年第6期；包智明，孟琳琳：《生态移民对牧民生产生活方式的影响——以内蒙古正蓝旗敖力克嘎查为例》，《西北民族研究》，2005年第2期；恩和：《蒙古高原草原荒漠化的文化学思考》，《内蒙古社会科学》（汉文版），2005年第3期；任国英：《内蒙古鄂托克旗生态移民的人类学思考》，《黑龙江民族丛刊》，2005年第5期；新吉勒图：《中国环境政策报告：生态移民——来自中、日两国学者对中国生态环境的考察》，呼和浩特：内蒙古大学出版社，2005年；王静爱，［日］小长谷有纪，色音：《地理环境与民俗文化遗产——“自然环境与民俗地理学”中日国际学术研讨会论文集》，北京：知识产权出版社，2008年；色音，张继焦：《生态移民的环境社会学研究》，北京：民族出版社，2009年。

③ 敖仁其，达林太：《草原牧区可持续发展问题的一些研究》，《内蒙古财经学院学报》，2005年第2期，第26—29页。

制”的实施、“草畜平衡”以及舍饲禁牧等过程中国家与村民的关系。他的研究突破了重视人口因素的思路，重点考察国家的制度政策与社会变迁之间的关系①。王建忠的《内蒙古草原牧区小城镇发展问题研究》一文则选取了内蒙古20个典型牧业旗县为研究对象，分析了内蒙古草原牧区小城镇建设的现状和存在的问题，并针对目前存在的问题，提出了进一步发展牧区小城镇的思路②。

21世纪，传统意义上的游牧文化受到了前所未有的挑战，对于蒙古族的研究不仅局限于过去的研究视角，有一些学者将游牧文化重新定义，提出“草原文化”新理念，认为草原文化是一种复合型的文化，以地域文化为核心，对我国北方草原进行研究。其中，最为突出的是包斯钦、金海主编的《草原精神文化研究》（2010），扎格尔主编的《草原物质文化研究》（2007），宝力格主编的《草原文化概论》（2007），刘高、孙兆文、陶克套主编的《草原文化与现代文明研究》（2007）等四本草原文化系列丛书。这四本系列丛书主要以我国北方草原为落脚点，研究形成于草原这一特定地域范围内的文化。从物质文化、精神文化到草原与现代文明之间的关系进行系统的梳理，认为草原文化不是单一的民族文化形态，草原文化是复合型文化，是发生在草原这一地域范围之内的历代各民族文化经过反复整合而形成并被传承下来的草原各民族文化的集合体③。

① 王晓毅：《环境压力下的草原社区：内蒙古六个嘎查村的调查》，北京：社会科学文献出版社，2009年。

② 王建忠：《内蒙古草原牧区小城镇发展问题研究》，《内蒙古农业大学学报》，2007年第2期，第158—160页。

③ 扎格尔：《草原物质文化研究》，呼和浩特：内蒙古教育出版社，2007年；宝力格：《草原文化概论》，呼和浩特：内蒙古教育出版社，2007年；刘高，孙兆文，陶克套：《草原文化与现代文明研究》，呼和浩特：内蒙古教育出版社，2007年；包斯钦，金海：《草原精神文化研究》，呼和浩特：内蒙古教育出版社，2010年。

以历史学、考古学等学科的研究方法，对游牧文化进行诠释的还有王明珂[①]、孛尔只斤·吉尔格勒[②]等学者。他们把中国疆域内的游牧社会和世界其他地区的游牧社会联系起来进行系统分析，力图说明“游牧”是一个与其他文明形式一样的、独立的文明形式。除了上述国内的学者从不同的视角关注游牧文化，关注蒙古族的研究成果之外，一些外国学者所做的研究也具有较高的学术价值。其中，以日本学者梅棹忠夫[③]、松原正毅[④]、小长谷有纪[⑤]等对蒙古社会所做的研究最为显著。这些学者对当时的游牧社会进行深入调查，采用民族学、人类学的田野调查方法，仔细观察蒙古族牧民的生产生活，撰写了反映当时蒙古族社会生活的经典著作。

（二）民俗学视野下的女性研究

自19世纪以来，女性运动和女性研究从西方世界开始兴起，如今已遍及全世界。“20世纪70年代初，随着女性主义（Feminism）和女性学（Women'Studies）研究的发展，女性民俗学（Feminist Folklore）研究在西方悄然兴起。女性民俗学作为新兴的民俗学分支学科，不仅为女性学的发展拓宽了道路，而且也推进了民俗学学科自身理论和研究的发展，而今女性民俗学作为民俗学的分支学科在西方国家已经逐渐完善并不断向

① 王明珂：《游牧者的抉择：面对汉帝国的北亚游牧部族》，桂林：广西师范大学出版社，2008年。

② 孛尔只斤·吉尔格勒：《游牧文明史论》，呼和浩特：内蒙古人民出版社，2002年。

③［日］梅棹忠夫：《蒙古游牧文化的生态人类学研究》（蒙古文），色音，乌云格日勒等译，呼和浩特：内蒙古人民出版社，2001年。

④［日］松原正毅：《游牧世界》（蒙古文），萨仁格日勒，色音译，北京：民族出版社，2005年。

⑤［日］小长谷有纪：《蒙古草原的生活世界》（蒙古文），嘎·乌云格日勒，色音译，呼和浩特：内蒙古人民出版社，1999年。

理论化发展。”[①]过去的研究对女性一直都是忽视或漠视的，主流文化的研究更多从性别视角看待女性，几乎没有女性自己的“声音”或发言权。“女性没有历史，其实女人缺少的是所谓的历史家笔下的历史，女人真正的历史更多地在民间，在民众的口头传诵中，研究民俗文化，全面、辩证地认识历史，才能充分理解民众心目中的女性价值。”[②]因此，研究民俗文化视域中的女性，必须要如实地反映女性个体的感受，翔实地记录和描述她们的生活、体验和行动，将女性看作是一个个鲜活的、具有行动力的实践者。

在民俗学创立之前，各国对各种民俗事象的记录和讨论一直都处在前科学阶段。直到19世纪民俗学在欧洲首先创立，并影响传播到美洲和亚洲各国，使其成为世界性学科。到了20世纪20年代，民俗学研究中出现了有关女性民俗方面的研究，以英国著名民俗学专家博尔尼女士提出民俗学进行妇女研究的“问题格”[③]为标志。而“问题格”中有关妇女禁忌方面的研究，明确以妇女为民俗学的研究对象，成为民俗学中有关女性研究的经典。至此，民俗学拉开了有关女性民俗研究的帷幕。

1. 国外有关中国女性的研究

自20世纪60—70年代以来，西方女性解放运动、社会性别研究广泛展开，在女权运动和新史学的推动下，西方妇女史

① 张翠霞：《美国女性民俗学研究述评》，《民族研究》，2012年第5期，第94—110页。

② 易小松：《民俗文化视野中的女性研究》，《西南民族大学学报》（人文社科版），2004年第3期，第348—353页。

③ 博尔尼（C.S.Burne）女士提出民俗学进行妇女研究的问题格包括：什么是男女的分工？妇女能招致幸运或厄运否？在何际会？老女、少女，既婚的女人和未婚的女人是否相同？是否以为妇女具有特种预言力或咒力呢？妇女有无一种对于她们自己的特有语言？记录男或女被禁止列席的何种仪式（入社仪式或其他方面）？男人是否往往避开妇女？或一切的妇女或他们的妻室或某种亲戚、姻戚呢？在何际会？参见［英］查·索·博尔尼：《民俗学手册》，杨成志译，《民俗学问题格》，上海：上海文艺出版社，1995年。

研究异军突起，蓬勃发展，在此基础上，西方民俗学等学科也开始用女性主义的理论进行民俗研究。波伏娃[①]等人不断强调作为“第二性”的女性，从而使得这一时期的社会研究更多关注生活领域中的女性权利。这场女性争取与男性平等权益的运动，刺激了民俗学对女性日常生活的经验以及两性平等、差异等问题的关注和探讨。在这之前，更多的民俗学家则把女性视作民俗资料的载体，涉及与女性相关的健康、符咒、游戏、信仰、风俗等方面的内容。虽然有极少数的民俗学家在研究中关注到社会性别是如何影响民俗的创建和表演等方面内容，但是，女性个体具有创造性和表现性的文化行为没有被重视，被置于既定民俗类别之外。直到20世纪70年代中期，女性主义以及女性学研究受到关注和重视之后，在民俗学的学科领域中才出现了关于女性民俗及其女性行为实践等方面的探讨。

1973年，美国民俗学会上首次进行了关于女性表现性文化的专题研讨，女性主义民俗研究第一次正式登上了民俗学科的舞台。“到1975年《美国民俗学刊》的专刊《女性和民俗：形象与形式》的论文集出版，女性主义民俗研究以新视角新领域的姿态正式进入美国民俗学界的视野。美国女性民俗学研究在对女性日常口述、口头交流与表达的研究过程中，研究者发现了如妇女闲聊、流言蜚语等是存在于女性日常生活中的一种‘全新的’、鲜活的女性民俗类型。他们认为，这一‘叙述性类型’发生和存在于女性真实的日常生活中，因此对这一类型的研究和探讨将有助于对妇女生活及其经历的理解”[②]。当然，许多研究者一致认为，社会文化中的性别要素有存在的必然性和必要性，但是，女性作为社会文化中的真实存在，在民俗学

① [法] 波伏娃：《第二性》，陶铁柱译，大连：大连理工大学出版社，2008年。

② 张翠霞：《美国女性民俗学研究述评》，《民族研究》，2012年第5期，第94—110页。

研究领域则处于被忽视甚至被贬低的地位。女性文化或女性民俗没得到重视，没有被关注和提及。因此，“20世纪70年代之后，出现了从田野调查所获得的材料出发的许多女性民俗学理论与方法的探讨”[①]。

1987年出版的《民俗学与女性主义》专刊包含16篇论文，是1986年10月美国民俗学第九十八届年会“民俗学与女性主义”会议的论文集。这些论文不同程度地关注了女性，对女性民俗研究以及女性民俗学的形成意义非凡。到1993年，美国学者玛格丽特·米尔斯在《女性主义理论与民俗研究：20年迈向理论的轨迹》一文中明确提出：“民俗学和女性研究结合的必然性在于民俗生活对‘低理论’模式有特殊的挑战，‘低理论科学’是一种女性化科学。”[②]民俗的理论研究最早是从女性主义理论中，吸收了“去中心化”的理念，但是米尔斯更期待女性主义与批判民俗学家的合作，发展民俗学中的女性主义批评的学术生产力。可以说，“20世纪80—90年代，女性民俗学研究成果卓著，从事民俗学研究的女性学者的队伍也在不断扩大，此时期的研究，不仅重视民俗学传统的文本研究，同时更重视田野调查方法在女性民俗学研究过程中使用”[③]。

日韩等一些东南亚国家的女性民俗研究，基本上遵循着从本民族文化和社会结构特点的路径展开。这些研究中，日本著名的民俗学学者柳田国男的女性民俗研究成果最为显著。例如，1913年，柳田国男发表了《巫女考》，注意到巫女和女性宗教徒生活形态的变迁。1929年柳田国男发表了《赘婿考》一文，论证了日本的婚姻形态是由“赘婿婚”到“嫁女婚”的变

①③ 张翠霞：《美国女性民俗学研究述评》，《民族研究》，2012年第5期，第94—110页。

② ［美］玛格丽特·米尔斯：《女性主义理论与民俗研究：20年迈向理论的轨迹》，参见周星编：《民俗学的历史、理论与方法》，北京：商务印书馆，2006年。

化过程。1935年7月召开的日本第一次民俗学大会中，涉及了妇女劳动等问题。1937年柳田国男专门为女性开设了“日本民俗学之妇女座谈会”的讲座，以女性为对象进行了讨论。1948年，柳田国男出版了《婚姻之话》一书，对家庭生活中的女性、信仰与女性等条目进行了论述，集中体现了柳田国男的女性观。

国外女性研究中有关中国女性方面的研究也不可忽视，成果较为丰富。最初有关女性民俗方面的研究更多来源于文献资料，“尤其是20世纪50年代到改革开放前，田野调查几乎停歇，有关中国女性的研究主要来源于台湾、香港等华人聚集区。田野访谈有时也在中国大陆移民的海外人群中展开，此时期的研究大多依靠历史文献和已有的田野调查资料及各种文件、杂志资料”[①]。20世纪80年代中期以后的研究则大多建立于研究者或长或短的田野调查基础上，主要集中在家庭及家族等亲属关系和中国政治经济变迁中讨论中国妇女的生存状态及其地位转变。此后，受实践理论和女性主义思想影响，人类学领域的妇女研究呈现出新的取向，开始强调妇女个体能动性，改变了以往研究中将妇女作为完全被动及从属的角色。如阎云翔的《私人生活的变革：一个中国村庄里的爱情、家庭与亲密关系（1949—1999）》等，研究关注妇女在女性自身婚姻缔结中的主动角色和她们在保持娘家与婆家两个家族间友好关系方面的主动性。以中国政治经济变迁背景中的妇女研究而言，20世纪80年代以来，对1949年以后的中国大陆妇女的研究有很大一部分围绕着妇女与国家之间的关系展开，探讨新中国一系列政治、经济政策的实施对妇女的影响，研究重点在于通过考察妇女在各种社会关系中的位置及妇女在资源获取方面的变化

---

① 张翠霞：《神坛女人：大理白族村落“莲池会”女性研究》，博士学位论文，中央民族大学民俗学专业，2013年，第15页。

来讨论在这个发生巨大变迁的社会环境中妇女地位的变化[①]。近些年来，妇女研究有了新的取向。首先，在历史研究领域放弃了男女两性对立的研究模式，以考察妇女的实际生存状况为前提，改变妇女只是被动地适应旧制度、旧文化的传统看法，指出她们也积极地、主动地参与了历史文化的创造。其次，在具体研究中运用后结构主义、后殖民主义等理论和方法，将妇女置于中国现代化的背景之下加以考察，揭示女性与现代性之间的复杂关联。其中，“以美国贺萧的《危险的愉悦：20世纪上海的娼妓问题与现代性》、加拿大学者朱爱岚所著《中国北方村落的社会性别与权力》、美国的罗丽莎所著《另类的现代性：改革开放时代中国性别化的渴望》、加拿大学者宝森的《中国妇女与农村发展：云南禄村六十年的变迁》等著作最具代表性”[②]。最后，社会性别是一个动态的概念，妇女的身份认同必须是在实践和表述中获得。如潘毅的《中国女工——新兴打工阶级的呼唤》（2011）一书，作者根据1995—1996年期间在深圳工厂所做的田野调查整理而成。全书共分为“国家与资本：中国新兴打工阶级的形成与解体；背井离乡：农村女性的挣扎；社会性身体：规训与抗争的艺术；当上打工妹：身份认同与差异政治；性与性别的想象；工厂里的尖叫梦魇与叛离；开创一种抗争的次文体”等七个章节，主要考察了打工妹群体的“阶级身份认同”和“性别身份认同”[③]。这些研究中，女性不是孤立的，而是将女性放置于大的社会历史变迁背景之下，加以考察和研究，研究特定时期的性别话语对妇女的

① 张翠霞：《神坛女人：大理白族村落“莲池会”女性研究》，博士学位论文，中央民族大学民俗学专业，2013年，第15页。

② 张翠霞：《神坛女人：大理白族村落“莲池会”女性研究》，博士学位论文，中央民族大学民俗学专业，2013年，第16页。

③ 潘毅：《中国女工——新兴打工阶级的呼唤》，北京：九州出版社，2011年。

影响以及妇女的反抗与挑战。

2. 国内女性民俗研究现状

在中国，有关女性民俗方面的研究和理论探讨尚处于起步阶段，对于妇女问题的认识有其独特的模式，起步于20世纪初期的新文化运动和妇女解放运动。“五四时期女性解放问题提到了很高的文化层次上，接着是20世纪20年代起始的民俗学的发展，又推动了对妇女生活的研究，但是这些对女性问题的关注，大多杂糅在‘文学革命’‘思想启蒙’等问题里，尚未形成一门独立的研究学科”[①]。有关妇女民俗的问题，从一开始就多见于跟女性相关的各类歌谣的描述中，还有一些史学家从社会史角度探讨女性与婚姻、家庭等方面的内容。譬如，北京大学主办的《歌谣》杂志、中山大学主办的《民俗》周刊，刊登了许多有关妇女的生养习俗、民间信仰、歌谣及其生活民俗等方面内容。黄石则从1928年起至抗日战争前发表了《眉史》《妇女月经的法力》《胭脂考》等有关妇女习俗的学术论文。除此之外，还有冯飞的《女性论》（1920）[②]、贾伸的《中华妇女缠足考》（1925）[③]、陈顾远的《中国古代婚姻史》（1925）[④]、陈东原的《中国妇女生活史》（1928）[⑤]、吕诚之的《中国婚姻制度小史》（1929）[⑥]、陶希圣的《婚姻与家族》（1934）[⑦]等著作。其中，由高洪兴主编的《妇女风俗考》（1991）一书，则以20世纪40年代前后在国内各种中文类报纸杂志上发表的有关妇女生活与习俗的论述为例，内容涉及了服

---

① 张翠霞：《神坛女人：大理白族村落“莲池会”女性研究》，博士学位论文，中央民族大学民俗学专业，2013年，第17页。

② 冯飞：《女性论》，上海：中山书局，1920年。

③ 贾伸：《中华妇女缠足考》，北京：慈祥工厂，1925年。

④ 陈顾远：《中国古代婚姻史》，长沙：岳麓出版社，1925年。

⑤ 陈东原：《中国妇女生活史》，上海：商务印书馆，1928年。

⑥ 吕诚之：《史学丛书：通俗本》，上海：中山书局，1929年。

⑦ 陶希圣：《婚姻与家族》，上海：商务印书馆，1934年。

饰、缠足、婚礼、性民俗、贞操、娼妓以及社会生活等方面，展现千百年来的妇女生活，并且分析了这些习俗变迁的深刻原因[①]。该书将20世纪上半期的前辈研究者所做的有关妇女习俗方面的研究进行了汇总和梳理。

从上述论著可知，有关女性的研究虽然未能形成一个体系，但它们的出现有力地说明了研究的必要性和重要性。上述论著绝大部分是对现存史料内容进行整理和解析，对女性生活的某一侧面或某一习俗做了系统的研究，是中国性别研究的重要组成部分。这些著作采用了历史学的理论和方法，对某些与女性相关的习俗进行了源与流的分析与探讨，体现了对当时中国社会真正的了解和把握。但在传统学术研究叙述中，女性虽不能说是完全被忽视的对象，但是受到的学术关照有限。

改革开放后，随着国内外学术交流的日益加强，中国学界有关女性的研究也日益增多。20世纪80年代初期开始，有关女性的研究在中国得到了重视并迅速发展。随着社会经济不断发展，越来越多的学者和专家开始关注女性，关注她们的生活。譬如，1992年，美国哈佛大学费正清东亚研究中心召开了中美学者共同参加的“用性别观念分析中国：妇女、文化与国家”国际学术研讨会。会议的议题将妇女研究与中国研究、历史研究、文化研究熔为一炉，从不同方向和领域出发，将中国妇女研究推向深入。会议的重要成果之一是由李小江等主编的论文集《性别与中国》一书问世。该书共分三个专题：妇女与国家、政治；妇女与文化；生育、人口与性。收入的大多数文章“用性别分析的方法解构中国”，“它突破了民族、国家、革命、战争乃至家族、家庭、婚姻这一类社会范畴和传统设置的判断尺度”，以“女人”的名义推举出一系列“人”的问题，

① 高洪兴，徐锦钧，张强：《妇女风俗考》，上海：上海文艺出版社，1991年。

使得一整部中国史因此焕然一新。这次会议可视为中西妇女研究领域的一次对话，美国学者评价它是开创了中国研究中以性别为研究对象的新领域，而且也为西方的与会者提供了关于妇女自我觉醒的另一种定义。它标志了中国妇女解放运动已经在国际社会上出现，表明了一些觉醒的、有活动能力的中国妇女在众说纷纭的妇女之声中，发出了强有力的自己的声音[①]。这些研究成果的出现，与这一时期整个社会对女性的关注以及女性意识的觉醒有着密切的关系。

马庚存所著《中国近代妇女史》（1995）一书则叙述了从鸦片战争到“五四运动”时期的妇女生活，利用大量的文献资料，采用历史语境叙述了这一时期的女性形象、妇女运动的发展状况以及女性的生存状态[②]。定宜庄的《满族的妇女生活与婚姻制度研究》（1999）[③]和《最后的记忆：十六名旗人妇女的口述历史》（1999）[④]两部力作借鉴了新史学的口述史方法以及社会学、民族学等学科的研究方法，大量利用清代的档案文献资料和满族妇女的口述史对满族早期婚俗、八旗制度下满族妇女的婚姻与生活以及满族与其他民族的通婚等现象进行描述和论证，揭示了16世纪至19世纪大的社会变迁背景下满族妇女的生活。以上研究虽在一定程度上为我国的女性研究做了一定学术实践，但是更多的是重现了千百年来女性生活的风貌及其变迁的深刻原因，更多关注的是女性的民俗事象，没有把女性民俗个体作为研究对象，同时对于女性民俗事象的研究更多依赖于历史资料，没有实地第一手的田野调查资料，而且对现代

---

① 张翠霞：《神坛女人：大理白族村落“莲池会”女性研究》，博士学位论文，中央民族大学民俗学专业，2013年，第18—19页。

② 马庚存：《中国近代妇女史》，青岛：青岛出版社，1995年。

③ 定宜庄：《满族的妇女生活与婚姻制度研究》，北京：北京大学出版社，1999年。

④ 定宜庄：《最后的记忆：十六名旗人妇女的口述历史》，北京：中国广播电视出版社，1999年。

女性生存现状关注不够，其历时性价值更高过共时性价值，在学术上缺乏现实意义。

1995年“北京世妇会”之后，西方的女性主义理论全面进入中国，国内学术界开始从理论和实际方面提倡性别平等，女性问题引起多学科的广泛关注和研究，促使传统民俗学深入探索女性在民俗和民俗学中的位置，将民俗学与女性主义相结合来思考民俗学的女性研究。民俗学研究试图通过研究个案来展现女性的主体性。20世纪90年代中后期以来，中国民俗学研究方式发生了转变，从过去单纯的民俗事象研究转向追求“民俗主体”、民俗发生“情境”与田野调查结合的“民俗整体”研究。这和女性学所倡导的去除人类各科学研究中“男性中心主义”、重视女性经验而建立“性别整体研究”的学术追求有认识论上的共性。邢莉的《中国女性民俗文化》（1995）一书，是国内第一部以女性民俗文化为研究对象的民俗学专著。呈现了一个中华各族妇女民俗文化的“整体框架式”的探源文本，把女性民俗论述限制在“文化层面”，并对中国女性民俗文化概念做了初步鉴定：“中国女性民俗文化是中国各民族的女性在自己的历史发展过程中逐渐形成、反复出现、代代相袭的生活文化事象，它包括在漫长的历史长河中，妇女的衣食住行习俗、生产工艺习俗、婚姻礼仪习俗、生育习俗、民间信仰、岁时节日及游戏竞技等诸多方面。”[①] 但作为一门研究民众生活文化中“活”的传统的学术主体，民俗学研究的不仅仅是民俗文化，它还需要研究民俗生活，如果把女性民俗的研究仅仅限定在文化层面，显然是不全面的。董晓萍在《现代民俗学讲演录》（2007）一书中，专门以一个章节的内容来谈“性别民俗”问题，试图借用“社会性别研究”理论来思考女性民俗

① 邢莉：《中国女性民俗文化》，北京：中国档案出版社，1995年。

问题，从性别民俗角度分析女性民俗角色[1]。除此之外，还有许多学者尝试用不同学科的方法对女性民俗进行研究。赵世瑜在《黄石与中国现代早期的民俗学》一文中，明确用了“女性民俗”这个术语作为论文的关键词，并指出“‘黄石集’中对于女性民俗的研究，从学术研究的角度上说，在当时的社会环境下，仍然需要相当大的勇气，特别是由此开辟了一个前人较少问津、直到今天研究也相当薄弱的领域”[2]。遗憾的是赵世瑜先生也没有进一步对女性民俗这个概念进行学理上的论述。随后有许多的学者都是延用了女性民俗这个术语，但都没有对其进行民俗学学科层面的阐释。

刁统菊的博士论文《姻亲关系的秩序与意义——以山东枣庄红山峪村为个案》（2005）通过对山东枣庄红山峪村的实地调查，用“女性主义”的民俗研究方法，探讨姻亲关系的秩序与意义，补充男性构建的民俗学宗族亲属制研究的传统范式。李霞在《娘家与婆家——华北农村妇女的生活空间和后台权力》（2010）一书中，通过对当代中国华北一个汉族宗族村落的田野调查，以民族志的书写方法描述了汉族社会里妇女的亲属关系实践及其亲属关系建构过程中女性的角色转变等内容，是一部女性民族志作品。除此之外，还有许多有关女性民俗方面的学术论文，例如，王卫华的博士论文《春节习俗与女性身份意识——以当代山东沂蒙山区榆钱村为个案》（2010）、张翠霞[3]的博士论文《神坛女人：大理白族村落“莲池会”女性研

---

① 董晓萍：《现代民俗学讲演录》，南宁：广西师范大学出版社，2007年。

② 赵世瑜：《黄石与中国现代早期的民俗学》，《北京师范大学学报》（社会科学版），1997年第6期。

③ 张翠霞：《神坛女人：大理白族村落“莲池会”女性研究》，博士学位论文，中央民族大学民俗学专业，2013年；张翠霞：《美国女性民俗学研究述评》，《民族研究》，2012年第5期。

究》(2013)、陈秋[①]的博士论文《屋里屋外：城镇化进程中温州柳村民俗生活女性研究》(2014) 等论文都是将女性作为民俗主体放入具体的社会环境和社会事件中去观察，以女性民俗生活过程为取向，关注不同地域女性个体的民俗生活感受、民俗实践、个体的民俗知识。这几篇博士论文可以说是针对当前民俗学许多研究只是从女性民俗研究史、女性民俗研究综述、女性民俗文化梳理等叙事模式出发的现状，把女性放到具体的民俗生活实践中，把女性作为“民”，将女性的日常生活纳入研究和考察的领域，强调“生活世界”中的女性群体的主体能动性和实践性，改变了民俗学研究中有关女性的经验研究和把女性作为个案研究相对较少的现状，使女性民俗研究作为中国民俗学研究取向得到重视。

2012年末，作为中国民俗学学术理论和方法最前沿的表达阵地之一《民俗研究》刊物，专门开设了“女性民俗”的专题，发表了一系列有关女性视角的民俗学论文[②]。女性民俗研究从无到有，从曾经处于学术边缘、小众的研究领域到逐渐引起人们的关注和重视，可见，女性民俗越来越被学者所重视，开始作为中国民俗学的一个研究取向被肯定。但是，本次的专题论文大部分视角以女性民俗研究史、女性民俗研究综述、女性民俗文化梳理等历时性研究为主，而共时性的个案研究相对

① 陈秋：《国内外女性民俗研究综述》，《妇女研究论丛》，2012年第3期；陈秋：《女性民俗研究发微》，《中央民族大学学报》(哲学社会科学版)，2012年第4期；陈秋：《从“女性的民俗”到“女性主义民俗”——女性民俗研究略述》，见方刚：《性别多元：理论与实务研究》(下)，2012年。

② 王卫华：《论女性在血缘亲属体系中的“外人”身份——以榆钱村春节家祭为个案》，《民俗研究》，2012年第4期；王均霞：《在自我与家庭之间：纪村女性与两种邻里圈的建构与维持》，《民俗研究》，2012年第4期；刘惠萍：《族群性别文化与讲述活动——以莲花客家族群讲述人为例》，《民俗研究》，2012年第4期；李靖：《美国女性主义民俗学研究的理论之路——20世纪70至90年代》，《民俗研究》，2012年第4期；袁宙飞：《基于年画透析女性身份的演变》，《民俗研究》，2012年第4期等。

较少，而将女性民俗放在具体社会环境和社会事件中去观察，以女性民俗生活过程为取向，关注不同地域女性个体的民俗生活感受、民俗实践、个体的民俗知识等，特别是当前少数民族城镇化进程中的民俗生活变迁里的社会性别关系及女性的地位和角色等，是今后女性民俗研究的价值体现。

3. 有关蒙古族女性研究

在我国，对少数民族女性的关注一直都较为薄弱，尤其是民俗学界有关蒙古族女性的研究更是少之又少。蒙古族史书上对于蒙古族女性记录最多的、较为详细的是《蒙古秘史》，在这部记录蒙古族历史的史书中，较为详细地记录了古代蒙古族女性在政治、经济、社会生活以及家庭教育等方面发挥的作用。其中，重点记述了阿兰豁阿、诃额仑、孛儿帖、也遂等几位著名的女性。这些蒙古贵族妇女，尤其是以成吉思汗的母亲为首的黄金家族中的妇女，直接参与到重大事件的决策中，被史书记载下来的她们在政治舞台上所扮演的角色，向我们勾勒出古代蒙古女性临危主政、敢于谏言、率部出征的巾帼英姿。可见，蒙古族女性在整个蒙古族历史发展中发挥着不可替代的作用和意义。

目前，对于蒙古族女性的研究，涉及历史、政治、经济、教育以及女性意识方面的论文较多，以某个学科视角对蒙古族女性进行研究，而且多以文献资料为主。例如，《关于蒙古族婚姻的初探》《关于史诗〈江格尔〉中的婚姻习俗探析》《跨文化视野中的“白鹿文化”——以〈蒙古秘史〉为例谈蒙古族女性意识》《女性与蒙古族生态观》《对古代蒙古族女性主体意识与社会地位之关系初探》《北元时期蒙古族女性社会地位探论——以〈阿勒坦汗法典〉为视角》①《古代蒙古族妇女的英

① 刘强：《北元时期蒙古族女性社会地位探论——以〈阿勒坦汗法典〉为视角》，《辽宁大学学报》（哲学社会科学版），2008年第3期，第85—89页。

雄代表——略述〈蒙古秘史〉中的女豪杰们的事迹》《诃额仑夫人及其历史作用》《论大蒙古国皇室女性对帝国的影响力》《蒙古族传统家庭教育与孝庄文皇后》《蒙古族女性敖包的文化内涵》《试论早期蒙古人的家庭观念》《状况与走向：内蒙古蒙古族女性参政程度研究》《罟罟冠形制考》《经济发展与蒙古族妇女的传统道德观念》《蒙古族妇女优良历史传统分析》《蒙古族妇女传统家庭角色研究》等。这些研究对蒙古族女性给予了一定的关注，但是没有从整体的、全面的视角展示蒙古族女性的生活，没有对蒙古族女性的日常生活进行“深描”。还有一些研究则从社会学的视角对蒙古族女性进行研究，以调查资料为基础，描述和分析当代蒙古族女性生活现状[①]。

额尔敦高娃所著的《蒙古英雄史诗的女性形象文化学研究》（2006）[②]一书主要就蒙古英雄史诗中所描述的女性作为研究对象，从文化学的研究视角分析了英雄史诗中女性所扮演的角色以及角色形成的文化背景。日本著名的蒙古学学者小长谷有纪所著的《额济纳母亲们的口述史》一书，采用蒙古、日两种语言书写，通过采访土生土长在额济纳的17位蒙古族妇女，根据她们的口述整理而成。书中，作者重点“深描”额济纳地区水资源、植被状况以及水草供求满足度以及变化等自然生态环境和水资源利用情况的内容，而有关当地社会、历史、文化、习俗等方面的内容则描述较浅，同时，著者也忽视了对蒙

① 玉荣：《浅析当代城镇（乡）蒙古族女性择偶观的变化——以内蒙古乌拉特中旗海流图镇蒙古族为例》，《中共银川市委党校学报》，2008年第1期；玉荣：《浅析当代城镇蒙古族女性的爱情观念——以内蒙古乌拉特中旗海流图镇为例》，《内蒙古社会科学》（蒙古文版），2010年第6期；玉荣：《城市化进程中蒙古族女性的男女平等观的探析》，《内蒙古社会科学》（蒙古文版），2011年第6期；玉荣：《进城务工蒙古族女性生存现状——以呼和浩特市为例》，《蒙古学研究》（蒙古文版），2014年第4期。

② 额尔敦高娃：《蒙古英雄史诗的女性形象文化学研究》，呼和浩特：内蒙古人民出版社，2006年。

古族女性日常生活的描述和分析。宝贵敏著的《额吉河——17位蒙古族妇女的口述史》（2011）[1]，采用口述史的方式对17位蒙古族妇女个体进行研究，叙述了蒙古族政治、历史、宗教、文化、军事、艺术、民俗、婚俗、生活状态等各种真实状态，可以说是一种补充历史的历史。但是这部著作没有更多地关注社会变革时期的蒙古族女性日常生活，历时性更为突出，共时性较弱。

（三）蒙古民俗研究

早期有关蒙古族民俗方面的记载和研究，多数是由其他民族的学者或者是旅行者写成的，类似于游记[2]中有一些游牧生产生活的记录。较早关注民俗事象的蒙古文献，记载较少，但是意义却重大。其中，最为有名的是成书于13世纪的《蒙古秘史》[3]一书。该书中对蒙古族的族源和图腾神话以及当时蒙古族的宗教信仰、风土人情、生产生活习俗等有较为详细的记载，可以当作有关蒙古族民俗研究的首选。除此之外，还有后来的一些蒙古族著名的历史文献[4]，较为丰富地记载了有关生产生活习俗方面的内容。但是，这些书更多的是在记载历史，有关蒙古族习俗方面的记载既零散又不系统。

真正意义上的蒙古族近代民俗学萌芽可以追溯到19世纪末。当时整个国家制度的变革、重大历史事件的发生、蒙古族近代新式教育的盛行以及外出（内地、邻省、国外）留学行为

① 宝贵敏：《额吉河——17位蒙古族妇女的口述史》，北京：民族出版社，2011年。

② 记载长春真人丘处机西行经过的著作《长春真人西游记》，主要记述了长春真人丘处机应成吉思汗诏请前往西域，记录了沿途风土人情以及山川地貌。著名的意大利旅行家马可·波罗的《马可·波罗游记》记录了当时的游牧社会生活。

③ 巴雅尔校注：《蒙古秘史》（蒙古文），呼和浩特：内蒙古人民出版社，1981年；道润梯步：《新译简注蒙古秘史》，内蒙古人民出版社，1978年。

④ 罗卜桑丹津的《黄金史》，萨冈彻辰的《蒙古源流》等。

的出现，使蒙古族产生了第一批近代新型知识精英[1]，也使得这一时期成为蒙古族思想史上最为活跃的时期。“反对帝国主义和封建统治，反对民族压迫和民族歧视，追求民族平等和民族进步的近代民族启蒙思想是这一时期的思想主流，正是民族启蒙思想的发展为蒙古族现代民俗学的产生创造了条件。”[2]

其中，以近代蒙古族著名的作家尹湛纳希（1837—1892）的民俗观最为著名。他以著书立说的方式，探讨蒙古族振兴以及整个蒙古社会的发展，以日常生活为出发点，“尹湛纳希是最早注意到民俗事象……是从民俗的功能去理解民俗事象的。……民俗是一种表现人们的心意或心情的方式或形式。因此，尹湛纳希讨论民俗事象时从道德伦理的角度去作出价值判断。……把民俗与民俗的传承者——民众的品性联系起来讨论，并且认为地理环境和生活条件的不同是各地各国民俗不同的根源，也是决定民众性格的要素之一。……认为民俗的不同是由地理环境、生活条件的不同造成的，民俗是表现人们心理的一种形式，同时，民俗又对人们的观念和习性有着规范作用。……主张各民族民俗和宗教信仰方面要相互尊重和理解的思想。这也是尹湛纳希反对民族压迫和民族歧视、追求民族平等的民族民主主义思想的组成部分。”[3]尹湛纳希是最早走出蒙古社会，放眼全国甚至世界形势的近代蒙古族知识分子之一，他对蒙古振兴和社会发展提出过许多倡议和呼吁。“尹湛纳希的民俗观是为他的民族启蒙思想服务的。……虽然没有回答民俗是什么，没有指出民俗研究的范围，但他用新的眼光来看待民俗，把民俗纳入了蒙古族思想和学术领域里。从这一点可以说，在尹湛纳希等人主导的近代民族启蒙思想运动中蒙古族的

① 常宝：《漂泊的精英——社会史视角下的清末民国内蒙古社会与蒙古族精英》，北京：社会科学文献出版社，2012年，第30、160—161页。

②③ 陈岗龙：《试论蒙古族现代民俗学的形成》，《民俗研究》，1996年第2期，第15—21页。

现代民俗学应运而成，萌芽期终了。”[①]

继尹湛纳希之后，罗卜桑却丹、赛春嘎等人都曾东渡日本，受到过资本主义文化的启蒙。这些人学成归国后，为蒙古族现代民俗学的形成奠定了基础。这些接受过近代新式教育的新型知识精英对当时蒙古社会进行批判，重视蒙古族传统文化，探讨了蒙古族日益走向贫穷衰弱的原因。

到了20世纪初期，真正现代意义上的蒙古民俗学开始形成，记录蒙古民俗的著作诞生。以汪国钧所著的《内蒙古纪闻》和罗卜桑却丹所著的《蒙古风俗鉴》（蒙古文，1988）[②]最具有代表性。汪国钧所著《内蒙古纪闻》一书共11个部分构成，主要以喀喇沁旗有关的历史事件和喀喇沁蒙古的风土人情为主。其中，有关“蒙古之虎围”的详细记载和“蟒古苏记”故事的记载具有较高的民俗学研究价值。

罗卜桑却丹所著的《蒙古风俗鉴》一书标志着蒙古族民俗学研究的初步形成，无论从民俗分类还是从研究方法上，都形成了蒙古民俗学的学术体系。该书成书于1918年，在蒙古民俗学史上具有不可忽视的重要地位。罗卜桑却丹曾先后两次东渡日本，受到过资本主义文化的启蒙，在《蒙古风俗鉴》一书中对民俗分类的方法和观点，依稀可见受到了当时一些日本学者的影响。回国之后，他曾游历蒙古各旗，系统考察蒙古各项民俗，在书中对蒙古民俗做了详细介绍，并采用了民俗学的分类方法进行了分门归类，初步确定了蒙古族民俗研究的范围。《蒙古风俗鉴》共10卷60章，书中对民俗的论述包罗万象，内容详尽，包括现代民俗学的物质民俗、社会民俗、精神民俗、语言民俗四大块。而且罗卜桑却丹还对每一项民俗事象又做了

① 陈岗龙：《试论蒙古族现代民俗学的形成》，《民俗研究》，1996年第2期，第15—21页。

② 罗卜桑却丹：《蒙古风俗鉴》，沈阳：辽宁民族出版社，1988年。

更细致的分类，划分不同类型加以阐述[①]。《蒙古风俗鉴》中从蒙古民族的起源谈到近代蒙古族的状况，从衣食住行等经济民俗谈到婚葬生育、祭礼禁忌等各种民俗事象，较完整地记述了古今蒙古人的整个生产和生活方式，为了解古代蒙古族的社会生活、文化意识及风俗特征提供了丰富的史料。从内容来看，作者已经积累了一定的民俗学知识，初步地掌握了民俗研究的基本方法。罗卜桑却丹总是以发展的眼光看待民俗事象，在他看来没有一成不变的风俗习惯，任何民俗事象都是经历过长期的变迁过程，他还注意到了外来文化对蒙古民俗所产生的影响，而在那些民俗变迁的背后总是隐藏着复杂的自然和社会根源[②]。总之，《蒙古风俗鉴》一书在蒙古民俗学史上占有非常重要的地位，甚至在整个中国民俗学发展史上都有着不可忽略的重要地位。

罗卜桑却丹所著的《蒙古风俗鉴》之后，蒙古现代民俗学与时俱进，有了进一步的发展。五四运动之后，在蒙古地区以私塾、寺院和学堂等教育形式传播和盛行，无论蒙古世袭王公贵族精英还是平民百姓均开始重视教育，新式教育理念和学校教育形式迅速扩展到蒙古地区[③]。这些接受新思潮、新思想的进步的蒙古族新型知识精英自发组织起来，发动各地知识分子积极地搜集有关蒙古族的歌谣、民间故事和其他民俗资料，同时提出了一些具有学术价值的观点。具有标志性的事件是——1927年由蒙古族进步文人布和贺希格创办和主持的蒙古文学会及其主办的《丙寅刊》。当时蒙古文学会的宗旨是“详细考察

---

① 陈岗龙：《试论蒙古族现代民俗学的形成》，《民俗研究》，1996年第2期，第15—21页。

② 色音：《〈蒙古风俗鉴〉的民俗学价值》，《中央民族学院学报》，1992年第1期，第71—75页。

③ 常宝：《漂泊的精英：社会史视角下的清末民国内蒙古社会与蒙古族精英》，北京：社会科学文献出版社，2012年，第160页。

蒙古文化，并将各种知识用蒙古本义传播过来，改良和维新思想意识，开发蒙古民族的智慧，发展蒙古民族的文化事业。”[①]《丙寅刊》几乎每卷每期都刊登从内蒙古各盟旗知识分子中征集来的民歌、谚语、笑话谜语、故事传说和婚礼祝赞词、祭词以及介绍各地婚俗、节日习俗和童谣等方面的民俗资料。该刊物办至十二卷停刊。其中第五卷第十一期也刊行过“民歌专辑”，共刊登各地古老民歌42首，多为赞美和思念故乡、歌颂父母之恩、赞颂佛教等内容的歌谣。这些民间文学和民俗资料都注明了它们的流传地区和搜集地点，并且记录得比较完整[②]。可见，《丙寅刊》征集的有关蒙古民俗方面的资料，是中国现代民俗学史和蒙古族现代民俗学史上的一次创举，是全面搜集蒙古族民俗资料的先声。

与罗卜桑却丹同样有着留学日本经历的蒙古族著名诗人和作家赛春嘎（纳·赛音朝克图）受资本主义先进思想和进步文化的影响，追求民主和自由，批判愚昧和落后，建议多从蒙古民族的社会和生活入手，改革蒙古族落后愚昧的风俗习惯。他提倡发扬风俗习惯中有积极作用的、有利于民族文化发展和进步的部分，而且提倡和呼吁将不利于民族文化发展的愚昧落后的生活习俗进行改革或消除。譬如，他批评蒙古族妇女头戴数十斤重的金银头饰，不仅浪费钱财，而且越来越不符合现代文明的审美观念。他还将蒙古民俗分为良俗和陋俗，曾在“清洁美满的家庭”一文中，提出改变落后的生产生活方式的民俗改革方案，企图以现代文明来教育和启蒙蒙古族民众，提倡移风易俗的同时遵守扬长避短的原则，不能随意全盘否定旧有的民俗传统。此外，还有一部分进步学者向蒙古民众介绍国外风土人情，同时也初步提出了比较民俗学的观点。如，东蒙古学者

①② 陈岗龙：《试论蒙古族现代民俗学的形成》，《民俗研究》，1996年第2期，第15—21页。

卜和克什克于1934年赴日本和朝鲜半岛进行短期考察，回国后于1935年用蒙古文写了《赴日本视察学校日记》，较详细地介绍了考察明治神宫、靖国神社、京都光武天皇神社及日本民间对丰臣秀吉的祭祀情况；还记录了到朝鲜半岛的平壤、大丘、釜山等地进行考察的情况及当地的风土人情[①]。五四运动前后至中华人民共和国成立前这一时期是蒙古民俗学的研究领域初步确定时期，对民俗的概念、范围和方法有了进一步的理解和应用，由此我们可以把这一时期视作蒙古现代民俗学的形成时期。

1949年至“文化大革命”之前，蒙古民俗学研究进入了快速发展时期，尤其是内蒙古自治区成立后的前10年，在搜集蒙古民歌和民间文学作品方面的工作成效卓著。这其中，最为显著的是内蒙古人民出版社先后用蒙古文出版了大量的民间文学作品[②]。这些作品的出版对蒙古民俗研究具有深远的影响。除此之外，由内蒙古语文工作委员会编撰的《蒙古历史语言》（1958）及《花的原野》等杂志上也登载了有关蒙古民俗方面的资料。这些资料为日后蒙古民俗研究提供了第一手资料，也为中国少数民族民俗文化研究提供了珍贵的第一手资料。“文化大革命”开始之后，各项工作都处于停滞状态，有关蒙古民间文学及蒙古民俗方面的搜集、整理和研究工作也被迫处于停顿状态。

20世纪70年代末，随着全国民俗学、民间文学研究事业的恢复，蒙古民俗的研究也进入了恢复和进一步发展的阶段。

---

① 色音：《论蒙古族现代民俗学的形成与发展》，参见周星编：《民俗学的历史、理论与方法》（上），北京：商务印书馆，2006年，第77页。

② 譬如，《鸟王做寿》（1950）、《格斯尔的故事》（1955）、《英雄古那汗》（1955）、《喜地呼尔》（1957）、《三十二个木头人的故事》（1957）、《民间口头文学集》（1958）、《江格尔传》（1958）、《蒙古民间故事》（1959）、《祝词与颂词》（1959）、《“疯子”沙格德尔》（1959）、《英雄史诗集》（1960）等。

内蒙古大学和一些研究机构的学者们，开始积极搜集和整理各地蒙古族的民俗、民间文学作品，广泛开展了民俗学的田野作业，并发表和出版了许多有关蒙古民俗的论著。中断了十几年的蒙古民间文学研究工作也开始得到恢复，有关蒙古民歌、蒙古史诗的研究文章，陆续发表在《内蒙古日报》《内蒙古师范大学学报》《内蒙古大学学报》等报纸学术杂志上。同时，也出版了《民间文学简论》（满都呼，1981）等理论著作。20世纪70年代末至80年代末，用蒙古文写成的民俗资料汇编和民俗研究专著共有28部。其中，内蒙古人民出版社出版的《科尔沁风俗志》（呼日乐巴特、乌仁其木格编著，1988）、《阿拉善风俗志》（松儒布、斯钦毕力格编著，1989）、《鄂尔多斯风俗志》（1989）、《卫拉特风俗志》（巴生编著，1990）等“蒙古风俗志”系列丛书及《科尔沁民歌》（1987）、《阿拉善民歌》（1988）、《库伦民歌集》（1990）等民歌系列丛书较有影响[①]。

此外，内蒙古人民出版社、内蒙古文化出版社、内蒙古科技出版社、内蒙古教育出版社、内蒙古少年儿童出版社以及北京的民族出版社等，相继出版了许多有关蒙古族民俗方面的著作。这些著作的出版使得蒙古民俗学的研究日趋科学化和理论化，对蒙古民俗的田野调查和资料搜集工作有着深远影响，具有较强的学科价值。譬如，《蒙古萨满教事略》（宝音巴图著，1985）、《传统那达慕》（阿拉腾敖其尔，1986）、《哈腾根十三家阿塔天神祭祀》（胡日查巴特尔，1986）、《蒙古族食谱》（1987）、《蒙古风俗追溯》（呼和宝音，1988）、《蒙古族习俗词典》（旺吉乐，1990）、《蒙古族神话选》（僧格仁钦编，1990）、《蒙古族的树木崇拜》（宝音巴图著，1990）、《蒙古萨满》（满昌，1990）、《蒙古姓氏与村名考》（高乐巴根、陶克腾

① 色音：《论蒙古族现代民俗学的形成与发展》，参见周星编：《民俗学的历史、理论与方法》（上），北京：商务印书馆，2006年，第77—79页。

巴雅尔主编，1991)、《蒙古萨满教祭祀文化》(1991)、《蒙古族民歌欣赏》(巴音吉日嘎拉编著，1992)、《蒙古象棋与蒙古文化》(朋斯格编著，1993)、《吉林蒙古民歌》(孟和巴雅尔，1993)、《蒙古族舞蹈之发展》(莫德格玛著，1993)、《卫拉特祝词颂词》(斯琴孟和、格日勒其其格编，1993)、《祭山颂词》(1994)、《灵魂·偶像·信仰》(尼玛，1998)、《蒙古人的生命崇拜》(瓦·赛音朝克图，1998) 等书[①]。

20世纪80年代末期，全国各民族院校的蒙古语言文学系陆续开设有关民俗学方面的课程，其中以蒙古民俗为核心。这对日后民俗学研究队伍的扩展以及蒙古民俗学研究人员的培养起到了推动作用。其中，以中央民族大学蒙古语言文学系、西北民族大学蒙古语言文学系、内蒙古师范大学蒙古语言文学系以及内蒙古大学的蒙古语言文学系为核心，相继开设了有关民俗学及蒙古民俗方面的专题讲座。到了90年代中期，先后出版了几部蒙古民俗学的理论著作，其中哈·丹毕扎拉桑主编的《蒙古民俗学概论》和色音著的《蒙古民俗学》较具有代表性[②]。哈·丹毕扎拉桑主编的《蒙古民俗学概论》(蒙古文，1995)[③]、色音所著的《蒙古民俗学》(蒙古文，1994)[④]对民俗学的理论和方法进行了系统介绍，进一步对蒙古民俗研究的对象、方法、内容等做了理论探讨，同时也较全面、细致地阐述了蒙古族民俗生活的事项。除了上述两位学者之外，其他蒙古语的民俗学性质著作中有关民俗学的理论和方法方面的内容所涉甚少。这些著作基本上都是以研究范围为框架，根据文献

① 色音：《论蒙古族现代民俗学的形成与发展》，参见周星编：《民俗学的历史、理论与方法》(上)，北京：商务印书馆，2006年，第77—79页。

② 色音：《论蒙古族现代民俗学的形成与发展》，参见周星编：《民俗学的历史、理论与方法》(上)，北京：商务印书馆，2006年，第79页。

③ 哈·丹毕扎拉桑：《蒙古民俗学概论》(蒙古文)，沈阳：辽宁民族出版社，1995年。

④ 色音：《蒙古民俗学》(蒙古文)，北京：民族出版社，1994年。

资料或“听”来完成研究。这样的研究方法和写作引起了一些学者[①]的反思和批判，使得越来越多的学者意识到田野调查的重要性和必要性。这样的反思和批判对蒙古民俗学的发展有着重要意义，蒙古民俗学不仅仅需要翔实周全的田野调查，还需要不断借鉴其他学科的理论和方法。

此外，近些年先后还出版了有关蒙古民俗方面的大型工具书。布林特古斯主编的《蒙古族民俗百科全书》（经济卷、民俗卷，1999）[②]是一本有关蒙古民俗的大型工具书。该书从游牧经济和蒙古族生活习俗入手，较全面、细致地阐述了蒙古族游牧生活中的牧场利用习俗、牲畜的习性、牲畜饲养管理习俗等诸多习俗内容。布林特古斯之后，由内蒙古师范大学的扎格尔等人编著的大型蒙古民俗方面的辞书《蒙古学百科全书·民俗卷》[③]在2010年出版。此书是目前国内出版的有关蒙古民俗方面的第三部大型的工具书。该书共有120万字，涵盖了3600多条有关蒙古民俗方面的词条。作者在撰写此书时以民俗学的基本理论为指导，对于蒙古民俗的形成、演变以及传承的规律给予重点关注，在介绍蒙古民俗事象时，分类准确，层次清晰，内容全面，表述流畅。

敖特根、达布希拉图等在其编著的《蒙古族畜牧业文化》（1998）[④]一书中重点介绍了蒙古先民畜牧管理方面的知识。参

---

① 陈岗龙：《蒙古民俗学的现代转型与民俗志写作的反思》，《民间文化论坛》，2005年第1期；高丙中：《民俗志·民俗志的书写及其理论和方法——“民俗志”与“民族志”的使用对于民俗学的当下意义》，《民间文化论坛》，2007年第1期；王杰文：《反思民俗志——关于钟敬文先生的“记录民俗学”》，《西北民族研究》，2004年第1期等。

② 布林特古斯：《蒙古族民俗百科全书》（经济卷、民俗卷），赤峰：内蒙古科学技术出版社，1999年。

③ 扎格尔：《蒙古学百科全书·民俗卷》（蒙古文），呼和浩特：内蒙古人民出版社，2010年。

④ 敖特根等：《蒙古族畜牧业文化》（蒙古文），呼和浩特：内蒙古人民出版社，1998年。

布拉敖日布在《蒙古族与畜牧经济文化》（1999）[①]一书中，阐述了牧人给予牲畜一定自由的管理技术，以及如何驯化调教牲畜等技术。扎格尔在其主编的《蒙古游牧文化溯源》[②]（2001）一书的畜牧篇中，阐述了蒙古游牧经济的形成过程，蒙古族调配畜群结构的技术以及驯化牲畜的技术知识。在众多的有关蒙古族民俗方面的著作中，萨仁格日勒所编著的《蒙古民俗文化探源》[③]（2011）一书则把研究范围从内蒙古草原扩展至新疆、青海等地，研究对象以内蒙古区域内生活的蒙古族和新疆、青海地域内的蒙古族为核心，试图对蒙古族民俗进行全方位的探寻和记录，采用文献、访谈等调查方法，较为全面、系统地阐述了蒙古族民俗的相关内容。这些著作从民俗文化的角度，阐述了蒙古族游牧生活中的地方性知识。除此之外，还有白音查干[④]、邢莉[⑤]、敖其[⑥]等学者所著的著作从不同学科角度对蒙古族民俗生活做了描述。到21世纪初，蒙古民俗学理论和研究方法越来越完备，趋向成熟化阶段，不仅仅向其他学科借鉴新的理论和研究方法，更重要的是深入田野，以调查资料来丰富研究内容，对内蒙古不同地区生活的蒙古族习俗进行调查，翔实地记录和描述了民俗事象，并对发生变迁的原

① 参布拉敖日布：《蒙古族与畜牧经济文化》（蒙古文），呼和浩特：内蒙古人民出版社，1999年。

② 扎格尔：《蒙古游牧文化溯源》（蒙古文），呼和浩特：内蒙古教育出版社，2001年。

③ 萨仁格日勒：《蒙古民俗文化探源》（蒙古文），北京：民族出版社，2011年。

④ 白音查干：《内蒙古民俗概要》，呼和浩特：内蒙古教育出版社，1999年。

⑤ 邢莉：《游牧文化》，北京：北京燕山出版社，1995年；邢莉：《草原牧俗》，济南：山东教育出版社，1999年；邢莉：《游牧中国：一种北方的生活态度》，北京：新世界出版社，2006年。

⑥ 敖其：《蒙古民俗》（蒙古文），呼和浩特：内蒙古大学出版社，2010年。

因做了分析，出现了大量的优秀著作和研究成果①。

就蒙古国的情况而言，研究民间文化的学科为民族学。蒙古国的民族学继承了带有欧陆传统的苏联民族学学科特点，主要围绕民族工作的任务开展对蒙古国境内众多民族和部族的研究，关注族源考证、民族识别、族群关系等问题②。

除了上述有关蒙古民俗的研究之外，乌珠穆沁本土学者和文化名流积极地收集和整理有关乌珠穆沁民俗方面的资料，形成了具有地方特色的“地域性民俗研究”。早在1981年，东乌旗党委、政府就开始开展撰写乌珠穆沁旗文史资料，决定搜集和整理乌珠穆沁民俗等方面的内容。1985年，制定了成立归属东乌旗文化局的“文史协会”规划，1986年1月，东日布丹巴等主张成立协会，1986年1月17日正式讨论通过，成立了东乌旗阿日达文史协会筹备工作组，出版了《乌珠穆沁搏克》《乌珠穆沁民间故事集》《民间诗人毕力贡特木尔》③。由于“阿日达文史协会”成立初即通过“协会经费来源要靠牧民群众自愿捐资”的决议，从1988年开始，由牧民出资出版书籍的现象不断出现。譬如：额吉淖尔苏木牧民特·拉木扎布拿出4000元出版《乌珠穆沁传说（1）》、呼热图淖尔苏木牧民乌·达木林和伊德欣出资4000元出版《乌珠穆沁文化名人（1）》、巴彦霍布尔苏木牧民伊达木拿出5000元出版《乌珠穆沁搏克（2）》、额和宝力格苏木牧民特木热出资5000元出版《乌珠穆沁优秀牧民（2）》、巴彦霍布尔苏木牧民特木热出资4000元出版《乌珠穆沁民间故事集（2）》等

① 以内蒙古师范大学社会学民俗学学院、内蒙古大学蒙古学学院、内蒙古大学民族学社会学学院的研究生毕业论文最为显著。

② 宝花：《阿拉善和硕特蒙古族民俗志》，博士学位论文，北京师范大学民俗学专业，2010年，第31页。

③ 乌力吉：《东乌珠穆沁旗志》，呼伦贝尔：内蒙古文化出版社，2013年，第610—611页。

书[1]。众多的牧民参与到乌珠穆沁文化发展事业中来，除了出资之外，还有许多民间艺人对乌珠穆沁文化的传承发挥着不可忽视的积极作用。譬如：拉·都古尔苏荣编写的《牧马要点》《养牛经验》；牧民作家乌·达木林创作编辑的《福祉的蒙古包》《乌珠穆沁民间传说》；牧民作家瓦·那木吉勒苏荣的《祭奠文集》；那·布和哈达编辑出版的《乌珠穆沁寺庙》《蒙古族民俗之考》等[2]。从“阿日达文史协会”成立到20世纪末的十几年期间（1986—1999），“协会”共搜集和整理出版了29种类型、近33部有关蒙古民俗方面的书籍，同时，从民间收集和收藏了500余件的民族历史文物。与此同时，东乌旗政协委员会文史办公室自1984年1月至1999年12月共编辑出版8部有关乌珠穆沁风俗方面的书籍，其中《蒙古包文化》一书甚至在华北十省市区优秀图书评比中获得了二等奖的殊荣。（见表1-1、1-2）

表1-1 “阿日达文史协会”出版的书籍[3]

书　　名	作者（编者、搜集者、译者）	出书时间
乌珠穆沁民间故事集(1)	波·扎丹巴、那·布和哈达	
乌珠穆沁民间故事集(2)	波·扎丹巴、道·拉布毕、特·哈达巴特尔	1990.7

① 乌力吉：《东乌珠穆沁旗志》，呼伦贝尔：内蒙古文化出版社，2013年，第611页。
② 乌力吉：《东乌珠穆沁旗志》，呼伦贝尔：内蒙古文化出版社，2013年，第613页。
③ 乌力吉：《东乌珠穆沁旗志》，呼伦贝尔：内蒙古文化出版社，2013年，第612页。

续表

书名	作者（编者、搜集者、译者）	出书时间
乌珠穆沁搏克(1)	波·特木尔、苏达那木	
乌珠穆沁搏克(2)	波·特木尔、那·哈达布和	
民间诗人毕力贡特木尔	那·特木其勒图	
乌珠穆沁好汉(1)	特·拉木扎布、乌·斯日古楞	1989.7
乌珠穆沁妇女口头文学(1)	瓦·那木吉勒苏荣、扎·登布日勒	
乌珠穆沁民间故事集(1)	那·特木其勒图、那·布和哈达	
乌珠穆沁谜语集(1)	那·特木其勒图、波·扎丹巴、乌·达木林	1987.3
乌珠穆沁谚语(1)	那·特木其勒图	1991.5
乌珠穆沁民间口头诗人(1)	拉·杜古尔苏荣、瓦·那木吉勒苏荣	1993.1
乌珠穆沁传说(1)	那·布和哈达、波·扎丹巴	1989.5
乌珠穆沁传说(2)	那·布和哈达、乌·达木林、波·敖特根	
乌珠穆沁文化名人(1)	阿·朋斯格、包·呼格吉勒	1991.7
民间诗人宫布的阿优勒贵	乌·达木林、波·敖特根、扎·查干阿尔斯楞	1987.7
乌珠穆沁骏马	那·布和哈达、色·德力格尔、尼·阿拉哈巴特尔、吉·拉西	
乌珠穆沁巾帼英雄	道·拉布华、阿拉坦嘎达苏	
乌珠穆沁琴韵	色·胡尔夫、娜顺其其格	1987.7

续表

书　　名	作者（编者、搜集者、译者）	出书时间
乌珠穆沁优秀牧民	那·朝伦巴特尔、那·图布登	1990.4
乌珠穆沁彩虹	多人诗集	
乌珠穆沁搏克挂历	那·布和哈达、阿音	
乌珠穆沁习俗图册	那·仁钦	
骏马之形	额·代青	1998
骏马之象	额·代青　译写	
智慧之花	波·敖特根	
诗歌谜语	波·敖特根	
乌珠穆沁说书人色仁东日布	吉·朝伦阿日斯楞、那·布和哈达	
枪手后人四家家谱	波·桑杰、约·班达拉格其、呼·僧格	
道特淖尔	那·布和哈达	
乌珠穆沁贝勒的嘎巴柱喇嘛	瓦·那木吉勒苏荣、那·特木其勒图	1998.12
乌珠穆沁蒙古包	高·阿日华	
我家花脸小狗	古日扎布、那·布和哈达、赛音楚嘎	

表1-2　东乌旗政协委员会文史办公室编辑出版的书籍[①]

作品名称	主　编	出版时间
乌珠穆沁历史文献	波·都古尔	1985年3月
乌珠穆沁民间习俗	拉·都古尔苏荣	1985年10月
乌珠穆沁民间文学	波·都古尔、色·拉木	1986年2月
白葡萄颂	波·都古尔	1986年10月
乌珠穆沁民歌	桑杰	1987年2月
乌珠穆沁莫罗木喇嘛传	波·都古尔 译	1990年2月
乌珠穆沁史记	达日哈	1990年5月
蒙古包文化	波·都古尔	1996年7月

《乌珠穆沁风俗》（1992、2012）一书可谓是一本具有真正意义上系统地、全面地介绍有关乌珠穆沁风俗习惯的书籍。是由富荣嘎、拉·阿木尔门德编著，此书先后出版了两次，即1992年版和2012年版。此书重新出版时增加了一些新的内容，又对一些已经消失于日常生活的习俗给予全面介绍和说明。作者对传统的乌珠穆沁民俗非常熟悉，记录了“正统”的乌珠穆沁风俗。2012年出版的第二版中还加入了一些田野调查资料，全书用11章节的内容较为全面、系统地介绍了乌珠穆沁部的风俗习惯[②]。此书中记录和描述的很多民俗事项已经开始被人们所遗忘，所以，此书对于了解和研究乌珠穆沁部落

① 乌力吉：《东乌珠穆沁旗志》，呼伦贝尔：内蒙古文化出版社，2013年，第614页。

② 富荣嘎，拉·阿木尔门德：《乌珠穆沁风俗》（蒙古文），呼和浩特：内蒙古人民出版社，2012年。

具有较高的参考价值。由东乌旗文化名人敖·元登[①]编著的两部节以乌珠穆沁部习俗为主要内容，系统地介绍了乌珠穆沁祭火习俗以及乌珠穆沁牛的饲养方式方法方面的内容。纳·布和哈达、斯萨仁苏和所编著的《乌珠穆沁民间故事》(2008)[②]一书较全面地搜集和整理了有关乌珠穆沁部族的民间故事。除此之外，从20世纪末到21世纪初开始陆续出版了有关乌珠穆沁民俗方面的书籍。例如《乌珠穆沁羊》(1987)[③]、《乌珠穆沁神话》(1992)[④]、《乌珠穆沁民间传说》(1996)[⑤]、《乌珠穆沁器具·文化·风俗》(2003)[⑥]、《乌珠穆沁传统生活方式》(2003)[⑦]、《乌珠穆沁家谱》(2003)[⑧]、《乌珠穆沁婚礼》(2004)[⑨]、《乌珠穆沁敖包祭祀》(2004)[⑩]、《乌珠穆沁马文

---

① 敖·元登：《乌珠穆沁祭火礼俗》(蒙古文)，海拉尔：内蒙古文化出版社，2011年；敖·元登：《乌珠穆沁牛的文化溯源》(蒙古文)，大板：内蒙古巴林右旗新华出版社，2009年。

② 纳·布和哈达，斯萨仁苏和：《乌珠穆沁民间故事》(蒙古文)，呼和浩特：内蒙古文化出版社，2008年。

③ 波·铁木尔：《乌珠穆沁羊》(蒙古文)，赤峰：内蒙古科学技术出版社，1987年。

④ 那·布和哈达，巴·敖特根，乌·达木林：《乌珠穆沁神话》(蒙古文)，海拉尔：内蒙古文化出版社，1992年。

⑤ 乌·达木林：《乌珠穆沁民间传说》(蒙古文)，沈阳：辽宁民族出版社，1996年。

⑥ 高·阿日毕：《乌珠穆沁器具·文化·风俗》(蒙古文)，呼和浩特：内蒙古人民出版社，2003年。

⑦ 昭·斯仁东日布：《乌珠穆沁传统生活方式》(蒙古文)，呼和浩特：内蒙古人民出版社，2003年。

⑧ 布和哈达，铁木尔.阿音：《乌珠穆沁家谱》(蒙古文)，沈阳：辽宁民族出版社，2003年。

⑨ 拉·阿木尔门都：《乌珠穆沁婚礼》(蒙古文)，呼和浩特：内蒙古人民出版社，2004年。

⑩ 拉·阿木尔门都：《乌珠穆沁敖包祭祀》(蒙古文)，呼和浩特：内蒙古人民出版社，2004年；拉·阿木尔门都：《蒙古狗》(蒙古文)，呼和浩特：内蒙古人民出版社，2012年。

化》（2009）[①]等。这些著作更多地关注“传统的”“纯正的”乌珠穆沁民俗，而对当地近十几年来的社会变迁关注甚少。

随着乌珠穆沁地区的社会经济不断发展，近几年以来，很多本土学者和文化名人积极收集和整理有关乌珠穆沁部落的民俗、民间文学，编辑出版了许多专题作品。这些著作中最为值得提及的有伊・额尔德木图编著[②]的《乌珠穆沁民间谚语谜语》（2012）、《乌珠穆沁搏克》（2012）、《乌珠穆沁传说》（2012）、《乌珠穆沁诗歌荟萃》（2012）、《乌珠穆沁诗歌精华》（2012）、《乌珠穆沁文人名士》（2012），高・阿日华编著的《乌珠穆沁部落研究》（2013）[③]，色・德力格尔所编著的《乌珠穆沁民间颂词》（2013）[④]以及乌珠穆沁民间文化名人日・斯琴图所编辑的《乌珠穆沁正骨法传人》（2012）[⑤]、《圣山柴达木巴彦敖包》（2012）等作品，具有较强的地方性和部落文化的特色。

这些本土的学者或文化名流始终关注的是本土文化中最为“传统的”“纯正的”乌珠穆沁民俗文化，对近几十年来随

① 乌・斯琴巴图：《乌珠穆沁马文化》（蒙古文），呼和浩特：内蒙古人民出版社，2009年。

② 伊・额尔德木图：《乌珠穆沁民间谚语谜语》（蒙古文），赤峰：内蒙古科学技术出版社，2012年；伊・额尔德木图：《乌珠穆沁搏克》（蒙古文），赤峰：内蒙古科学技术出版社，2012年；伊・额尔德木图：《乌珠穆沁传说》（蒙古文），赤峰：内蒙古科学技术出版社，2012年；伊・额尔德木图，日・斯琴图：《乌珠穆沁诗歌荟萃》（蒙古文），赤峰：内蒙古科学技术出版社，2012年；伊・额尔德木图：《乌珠穆沁诗歌精华》（蒙古文），赤峰：内蒙古科学技术出版社，2012年；伊・额尔德木图：《乌珠穆沁文人名士》（蒙古文），赤峰：内蒙古科学技术出版社，2012年。

③ 高・阿日华：《乌珠穆沁部落研究》（蒙古文），沈阳：辽宁民族出版社，2013年。

④ 色・德力格尔：《乌珠穆沁民间颂词》（蒙古文），海拉尔：内蒙古文化出版社，2013年。

⑤ 日・斯琴图：《乌珠穆沁正骨法传人》（蒙古文），赤峰：内蒙古科学技术出版社，2012年；日・斯琴图：《圣山柴达木巴彦敖包》（蒙古文），赤峰：内蒙古科学技术出版社，2012年。

着政策制度以及生态环境变化而导致风俗习惯变化的关注和记录较少。我们认为，在研究民俗事象时，也应该将“变化的”或“异化的”民俗事象进行记录和描述，纳入民俗学研究的范围中，撰写现代意义上的、反映真实民俗生活的民俗作品。

三、田野点概况

蒙古族是一个拥有悠久历史的民族。目前，国外主要分布于蒙古国、俄罗斯联邦的卡尔梅克自治共和国、图瓦共和国、阿尔泰共和国、布里亚特共和国等。国内除内蒙古自治区、辽宁省、河北省、新疆维吾尔自治区、吉林省、黑龙江省、青海省等地区之外，还在其他一些省、自治区、直辖市有不同数量的分布。而内蒙古自治区是中国境内蒙古族的主要聚居地。1947年，内蒙古自治区刚成立之时，蒙古族人口为83.2万人，占全区总人口的14.81%。一直到全国第六次人口普查数据公布时，中国大陆共有蒙古族598.2万人，人口位居少数民族第九位，占全国总人口的0.45%，其中内蒙古自治区境内蒙古族有422.6万人，占全国蒙古族人口总数70.65%。其中男性2108197人，占49.89%，女性2117893人，占50.11%[①]。（见表1-3）

① 国务院人口普查办公室，国家统计局人口和就业统计司：《中国2010年人口普查资料》，北京：中国统计出版社，2012年。

表 1-3　中国六次人口普查部分数据[①]

数据 年份	全国人口数	汉族人口数	各少数民族	蒙古族人口数
1953 年	60193.8 万	54728.3 万	3532 万	146.3 万
1964 年	72307 万	65129.6 万	3988.4 万	196.6 万
1983 年	103188.3 万	93670.4 万	6723.3 万	248.9 万
1990 年	116001.7 万	104248.2 万	9120 万	480.7 万
2000 年	129533 万	115940 万	10643 万	581.4 万
2010 年	133972.4 万	122593.2 万	11379.2 万	598.2 万

本文选取了内蒙古锡林郭勒盟东乌旗作为田野调查点，以东乌旗境内的蒙古族为调查对象，关注当地蒙古族的日常生活，从日常生活的层面考察和研究蒙古族女性的生产生活。东乌旗属于全国少有的以畜牧业为主的纯牧业旗县，地处内蒙古自治区锡林郭勒盟东北部，大兴安岭的西麓。东乌旗界东面与兴安盟科尔沁右翼前旗、科尔沁右翼中旗、通辽市扎鲁特旗及霍林河市相邻，南边与锡林浩特市、西乌旗相邻，西面与阿巴嘎旗为邻，北边则与蒙古国交界，总面积4.73万平方公里，境内有边境线527.6公里。全旗东西长350公里，南北宽150公里，是一个以蒙古族为主体、多民族聚集的以牧业生产为主的边疆旗县。截至2012年底，全旗总人口60865人，其中蒙古族人口44373人，占全旗总人口的73.9%，另外有汉族、回族、

① 根据全国人口普查数据公报整理而成。第三次人口普查数据公报（1983年）http: //wenku.baidu.com/view/eb703e2b4b73f242336c5f15.html；其中，男性为51943.3万人，女性为48874.2万人；汉族所占比例为93.3%，其他少数民族所占比例为6.7%。访问时间：2014年9月21日；第六次人口普查数据公报（2010年）http: //wenku.baidu.com/view/a0ff0f21bcd126fff7050b76.html?re=view；其中，男性68685.3万人，女性为65287.2万人；汉族所占比例为91.51%，其他少数民族所占比例为8.49%。访问时间：2014年9月21日。

满族等其他民族。（见表1-4、1-5、1-6）

表1-4　东乌珠穆沁旗建旗前人口变化[①]

单位：人

类别 时间	人口	蒙古族	汉族	回族	其他少数民族	男	女
18世纪	12000	—	—	—	—	—	—
1912年	8000	—	—	—	—	—	—
20世纪30年代	6735	—	—	—	—	—	—
1949年	9634	9599	35	—	—	4913	4721
1953年	10324	10140	164	12	8	5320	5004
1955年	10644	10162	456	20	6	5504	5140

表1-5　1999年东乌珠穆沁旗各民族分布情况[②]

单位：人

民族 地区	蒙古	汉	回	满	朝鲜	达斡尔	鄂温克	其他民族
共　计	32739	13167	282	224	3	30	4	15
乌里雅斯太镇	9651	8814	257	170	3	30	4	15
阿拉坦合力苏木	2196	484	—	1	—	—	—	—
额和宝力格苏木	1986	232	—	6	—	—	—	—
呼布沁高毕苏木	2235	115	—	—	—	—	—	—

① 乌力吉：《东乌珠穆沁旗志》，呼伦贝尔：内蒙古文化出版社，2013年，第155页。

② 乌力吉：《东乌珠穆沁旗志》，呼伦贝尔：内蒙古文化出版社，2013年，第170页。

续表

地区＼民族	蒙古	汉	回	满	朝鲜	达斡尔	鄂温克	其他民族
额吉淖尔苏木	1598	855	20	26	—	—	—	—
萨麦苏木	1865	187	—	—	—	—	—	—
巴彦霍布尔苏木	2090	50	—	—	—	—	—	—
额仁高毕苏木	1357	122	1	—	—	—	—	—
翁根苏木	2272	276	—	—	—	—	—	—
道特淖尔苏木	2018	508	3	10	—	—	—	—
宝力格苏木	1370	89	—	—	—	—	—	—
敦达高毕苏木	2245	177	—	1	—	—	—	—
乌拉盖苏木	1353	262	—	—	—	—	—	—
呼热图淖尔苏木	2478	131	—	—	—	—	—	—
翁图苏木	1375	613	1	3	—	—	—	—
满都宝力格苏木	1359	30	—	—	—	—	—	—
宝格达山林场	290	222	—	7	—	—	—	—

表1-6　东乌旗1999年、2012年人口数据[①]

人口＼年份	2012年	1999年
年末总人口	60865人	51463人

① 东乌珠穆沁旗政府网：东乌珠穆沁旗2012年国民经济和社会发展统计公报 http://tjj.dwq.gov.cn/tjj_xgyw/tjj_tjgb/201312/t20131204_1116492.html，访问时间：2014年4月26日。

续表

人口＼年份		2012年	1999年
按城乡分	城镇人口	29060人	24857人
	牧区人口	31805人	26606人
按性别分	男	30168人	26506人
	女	30697人	24957人
蒙古族		44373人	37738人
汉族		15941人	13167人
其他少数民族		551人	558人

东乌旗草场面积共有6917万亩，其中可利用的草场面积占82.12%。“巴彦霍布尔苏木塔日根敖包、吉仁宝力格、宝力格苏木奈日木达勒、翁根苏木巴彦淖尔、格日勒图等嘎查以东海拔800~1200米地带属草甸草原，总面积2420万亩，植物长势达40~65厘米，植物覆盖率达50%~60%，主要植物有羊草、针茅、山丹等，以西海拔900~1100米地带属典型草原，总面积2946万亩，植物长势达25~40厘米，植物覆盖率达25%~40%，主要植物有羊草、针茅、隐子草、万年蒿、锦鸡儿等。沙地草原主要分布在呼热图淖尔、萨麦、满都宝力格三苏木，面积达69.44万亩，以树丛为主”[①]。动植物的种类更是繁多，除了家养“五畜”以外，“野生动植物有黄羊、狐狸、旱獭、獾子、麋鹿、天鹅、鹰、鸨、大雁、鸿雁等国家一级保护动物6种，二级保护动物18种以及区级保护动物3种”[②]。除了上述适合

① 乌力吉：《东乌珠穆沁旗志》，呼伦贝尔：内蒙古文化出版社，2013年，第129—148页。

② 乌力吉：《东乌珠穆沁旗志》，呼伦贝尔：内蒙古文化出版社，2013年，第127—148页。

畜牧业发展的自然环境之外，气候元素也非常关键。“东乌旗位于中纬度地带，属北温带内陆地区，全年降水量的70%主要集中在夏季，是高原地带半干旱大陆性气候。冬春季寒冷持续时间长，受蒙古高原大气压影响，降雪量大，气温较低，1月份的平均温度-21.3℃~22.7℃，到7月份平均温度19.8℃至20.8℃，年均大风天气达56天，多发生在春季。年均积雪7.5—9毫米，地冻最厚可达346毫米”[①]。（见表1-7）东乌旗干旱少雨寒冷的气候并不适合农业发展，又地处边疆，自古以来都是以畜牧业经济为核心。直到新中国成立之后，东乌旗才逐渐发展工商业，又在乌拉盖专门开辟农场，发展农业。

表1-7　东乌珠穆沁旗年平均气温和降水量表[②]

地区	温度	降水量	收集资料时间
巴彦呼舒	-0.9℃	326.7	1970—1980
噶黑勒庙	-0.2℃	310.1	1960—1984
新庙	0.6℃	290.1	—
乌里雅斯太	0.7℃	254.3	1956—1984
额吉淖尔	0.9℃	229.2	—

“乌珠穆沁”一词是蒙古语，意为葡萄山之人，系蒙古族部落名[③]，据东乌旗地方志记载，乌珠穆沁草原自古以来就有许多游牧部落在此游牧居住，如匈奴、东胡、乌桓、鲜卑等。而到了辽代，乌珠穆沁草原开始为上京道乌古迪烈统军司所

① 乌力吉：《东乌珠穆沁旗志》，呼伦贝尔：内蒙古文化出版社，2013年，第4、148页。

② 乌力吉：《东乌珠穆沁旗志》，呼伦贝尔：内蒙古文化出版社，2013年，第148页。

③ 乌力吉：《东乌珠穆沁旗志》，呼伦贝尔：内蒙古文化出版社，2013年，第3页。

辖。金代设置潢府路庆州泺群牧司，管理额吉淖尔盐地，北境被弘吉剌部占领。元代，这里属岭北行省济南王所部管辖。明代，此地被鞑靼、奴儿干等部族争夺，后被乌珠穆沁部占据，从此这里便称作乌珠穆沁，属蒙古左翼察哈尔万户，直属蒙古大汗。到清顺治三年（1646），乌珠穆沁部左翼和右翼两个旗，封色楞为札萨克多罗额尔德尼贝勒，统治乌珠穆沁左翼旗，命多尔济统治乌珠穆沁右翼旗。民国时期，东乌珠穆沁旗划归察哈尔部都统管辖，1934年，属锡林郭勒盟。1945年，乌珠穆沁部道尔吉王与乌兰夫部发生冲突，兵败，率6个苏木迁至蒙古国克鲁伦河附近驻牧。

“1949年中华人民共和国成立之后，乌珠穆沁左翼旗的3个苏木与乌珠穆沁右翼旗合并为东部联合旗。1956年7月3日，在撤销东部联合旗建制的基础上，分设东、西乌珠穆沁两个旗建制，东乌珠穆沁旗驻地喇嘛库伦庙（今东乌旗政府所在地乌里雅思太镇）。同年，将西乌珠穆沁旗的道特淖尔、宝拉格、敦达高毕、呼布钦高毕、萨麦、阿拉坦合力、额和宝拉格等苏木划归为东乌珠穆沁旗的管辖。”[①]截至1999年，全旗所辖15个苏木、1个镇、1个林场。到2006年，全旗实施了“撤苏木并镇”的政策之后，到目前为止旗政府所辖有5个镇，包括乌里雅斯太镇、道特淖尔镇、嘎达布其镇、额吉淖尔镇和满都胡宝拉格镇；4个苏木，包括萨麦苏木、呼热图淖尔苏木、嘎海乐苏木和阿拉坦合力苏木；另外有1个国营林场，即宝格达山林场。

“到2012年，全旗地区生产总值完成85.64亿元，同比增长22.5%；全年地方财政收入达92959万元，同比增长23.5%；财政支出达115622万元，同比增长17.5%。居全盟第三位。城镇居民人均可支配收入20372元，牧民年人均纯收入16800元，

① 乌力吉：《东乌珠穆沁旗志》，呼伦贝尔：内蒙古文化出版社，2013年，第127—147页。

居内蒙古自治区各旗、市、县之首。2013年，城镇居民人均可支配收入22735元，牧民年人均纯收入19354元，分别居全盟第七位和第一位”[①]。根据东乌旗统计局公布的资料显示，全旗的牲畜头数出现逐年下降的趋势。（部分数据见表1-8、1-9）

表1-8　东乌珠穆沁旗国民经济和社会发展统计公报[②]

	2007年		2012年	
牲畜总数	3137914头（只）	比上年下降3.41%	2539980头（只）	比上年下降0.30%
繁殖成活仔畜	1365129头（只）	繁成率达96.85%	1280502头（只）	繁成率达95.59%
良种牲畜	1327129头（只）	良种比重达到94.25%	1404508头（只）	良种比重达到96.81%

表1-9　2012年乌珠穆沁旗牲畜改良状况[③]

（单位：%）

	牲畜改良比重	同比增幅
总　体	98.58	——
大牲畜	73.03	-0.24
良种乌珠穆沁羊	99.92	0.04
乌珠穆沁白绒山羊	99.03	1.24

除此之外，东乌旗位于乌珠穆沁草原腹地，天然草原总面

① 东乌珠穆沁旗政府网：东乌珠穆沁旗2012年国民经济和社会发展统计公报 http：//tjj.dwq.gov.cn/tjj_xgyw/tjj_tjgb/201312/t20131204_1116492.html；访问时间：2014年4月26日。

② 根据东乌珠穆沁旗统计局发布的2007年、2012年统计公报所制。

③ 东乌珠穆沁旗政府网：东乌珠穆沁旗2012年国民经济和社会发展统计公报 http：//tjj.dwq.gov.cn/tjj_xgyw/tjj_tjgb/201312/t20131204_1116492.html；访问时间：2014年4月26日。

积6917万亩，其中，可利用草场面积为6534万亩，占天然草原面积的95%，是乌珠穆沁草原的主体部分。全旗食草家畜拥有量居全区之首，是全国畜产品的重要产地。同时，东乌旗有着悠久历史文化，是游牧生产习俗保留完整的地区，既有蒙古民俗文化的总体特征，又有地域性文化的特征。但是，来自工业化的冲击和外来文化的严重影响，使得位于祖国最北边的边陲牧业旗县面临着巨大的危机：矿业的侵袭；网围栏使草场严重退化；五畜结构失衡；牲畜生病；水源受到污染等问题，乌珠穆沁人赖以生存的畜牧生产受到了前所未有的威胁。鉴于此，本文以多次的田野调查资料为基础，大量参考蒙汉文地方文献资料，梳理前人对游牧文化、蒙古民俗的研究成果，运用民俗学、人类学、社会学等相关学科的理论和研究方法，采用民俗志的书写方式，描述和记录乌珠穆沁女性日常生活、生产劳动和人际互动，探讨现代化进程中，在生态危机和国家相关政策背景下日常生产生活习俗变迁及其对乌珠穆沁女性生活的影响，展示内蒙古地区蒙古族民俗文化传承及重构的现状。

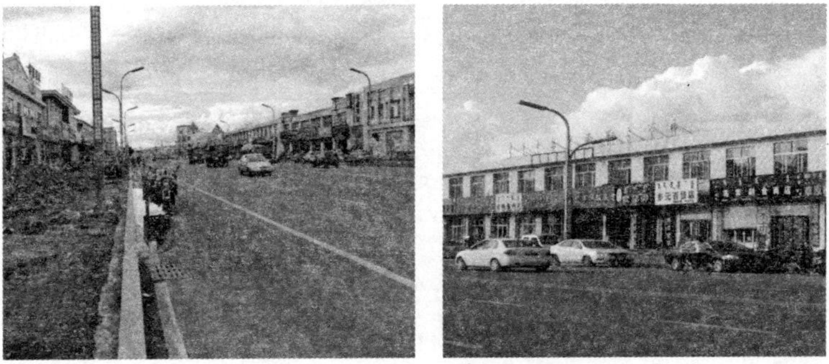

图1-1、1-2　乌里雅苏台镇街景

第一章　迁徙与定居的互动：乌珠穆沁女性的生活

游牧民逐渐定居化的现象在农牧交错地带早已经出现。“随着中华人民共和国的成立，定居已经成为衡量游牧民族是否取得了社会进步、摆脱落后生产生活方式的一个重要指标和基本标志。20世纪50年代内蒙古自治区政府就提出了‘定居游牧’的政策，它把‘定居’与‘游牧’两种看似对立的生产生活方式设计在一起，是一个对人、草、畜都有益的政策，内蒙古草原告别游牧的关键一步就是从定居开始的。”[①]从游牧到定居使得游牧生产习俗发生了变化，一些旧的民俗事象逐渐消失，或者加入了新的元素。东乌旗从20世纪70年代初全面推行定居化，在冬营盘以房取代了蒙古包，并配备棚圈等辅助设施，自此乌珠穆沁牧民形成了冬季定居放牧，而其他三个季节仍游动放牧的方式。“其实，定居后牧民的生活比过去容易多了，尤其是畜群防寒问题得到了改善，在冬营盘住的时间越来越长，慢慢地春季也不离开定居点了。一年中大概有一半左右的时间在定居点上度过。但是，慢慢地定居对草场、对牲畜的坏处也显现出来了，围绕着定居点的草场开始退化，恢复能力下降，慢慢地面积越来越向外扩大。牛羊的耐寒抗寒能力下

① 韩念勇：《草原的逻辑——警惕新名义下的农耕扩张》，北京：北京科学技术出版社，2011年，第64页。

降，吃的草的种类也少了，营养不均衡啊！现在，不仅仅是定居过牧让草场退化，汽车、摩托车随便在草场上行驶，还有到处都是铁丝网，工厂、拉煤的车来回走，草场上到处都是车轧出来的路，这样导致路周围的草场也开始退化，慢慢地大片大片地连起来了（退化的草场）。”[①]20世纪80年代，内蒙古各地区开始实施了“草畜双承包”责任制，从过去的游牧生产生活方式转为定居生产生活方式，从政策上改变了所有像乌珠穆沁牧民一样的牧民的生活。这不仅仅是草场的固定，牲畜的数量和畜群的活动范围也固定化，由过去的大集体劳动转变为以家庭为核心的个体劳动，乌珠穆沁人的居住方式以冬营盘为中心形成固化的营地，游牧生产方式几乎被取而代之。

第一节　迁徙：游牧生活方式转变之前

蒙古族，自形成以来就从事着以游牧为主的“五畜”饲养生产方式，形成了以此为核心的生活习俗和价值观念体系。“逐水草”是游牧生活的核心，“考古学、人类学等学科的研究成果证明，曾经在蒙古高原先后出现了山戎、匈奴、柔然、东胡、鲜卑、回鹘、女真、契丹、蒙古等民族，通过不断迁徙，以此为优势先后在蒙古高原建立了汗国”[②]。这些民族的后代在此不断繁衍生息，创造出了以“游牧”为主要生产方式的游牧文明。“他们起初以狩猎、游牧并重，后逐渐转变为以游牧方式经营畜牧业的牧民。他们以游牧经济的生产方式登上历史舞台，同中原民族一起缔造了中华民族的文明史。所以，一般

① 被访者：BYT阿爸，男，76岁，蒙古族，被访者家中；访问时间：2014年8月15日；访问者：玉荣。

② 乌日套格陶呼：《蒙古族游牧经济及其变迁》，博士学位论文，中央民族大学中国少数民族经济专业，2006年，第1页。

把这些中国古代北方民族统称为北方游牧民族。”[①] 而文化人类学则对游牧民族有着狭义和广义两种定义。“狭义的定义认为，严格意义上的游牧民是一个完全自给自足的人群，他们无须和周围的农耕民族打交道就在自己集团内部能够满足他们生活所需的所有物品，是一个能够自立的社会集团。而广义的游牧民则是在游牧社会内部不能够自给自足的人群，他们在很多方面依靠同周围农耕民族间的经济交往和政治交往来满足自身社会所缺乏的生活用品。”[②]常规性的游牧生产生活是以冬营盘为中心形成一个圆形的游牧圈，游牧活动会随着季节的变化而来回伸缩，由春至夏逐渐向周围扩散，再由秋至冬逐渐向着冬营盘收缩，这样的伸缩一度成为游牧文化的重要特征，也是游牧文化最具科学性的一面。

牧民会根据生态环境的变化和“五畜”的习性来安排自己的生产生活，但如何科学地、合理地安排自家的生产生活，充分体现出了牧民的主体性和能动性以及“地域性”特色。每一个合格的游牧者首先要考虑到各种可能会出现的状况，例如，畜群移动的时间、方向和气候的变化有着密切的关系；牲畜的数量与草场的承载力息息相关；牲畜的种类和牧草的品种有着千丝万缕的关系；而畜群的大小与草场也有着不可分割的联系；畜群和草场则与是否有足够的水源有着密切的关系；“五畜”的饲养同草场的类型也有着关联。

一、逐水草而居：游牧生活的游动性

“逐水草而居”的游牧生活最核心的价值在于“游”，即指其“移动性”。牧民会不断地根据水、草、季节、畜群的状况

① 乌日套格陶呼：《蒙古族游牧经济及其变迁》，博士学位论文，中央民族大学中国少数民族经济专业，2006年，第1页。

② 色音：《蒙古游牧社会的变迁》，呼和浩特：内蒙古人民出版社，1998年，第237页。

在草原上或长距离或短距离地来回游动。游牧生活的游动性在牧民、畜群、草场之间，按三者相互依存、相互促进形成“天人合一”的游牧文化。

蒙古人以畜群为主，而畜群的兴旺与天然草场有着密切关系。因此，草场在牧民心目中有着非常重要的地位，每一个牧民从出生开始就学习如何合理利用草场，不使其退化，还要熟悉所有有关保护草场的习惯法和相关条例。每个牧民都会自觉遵从保护草原的传统习惯法或专门制定成文律条，例如蒙古帝国时期“禁草生而锄地”。宋朝使节彭大雅在《黑鞑事略》中也记录着“禁草生而镢地者……诛其家”。“遗火而炙草者，诛其家。”北元时期的《阿拉坦汗法典》规定，“失荒火致死亡者，罚三九，以一人或一驼赔偿顶替”。“烧伤断人手足，罚二九；烧伤眼睛，罚一九。烧伤面容，杖一，罚五畜”[①]。甚至一些蒙古民歌、谚语中都会有保护环境、保护草场、保护畜群、保护水源的内容，就连同样生活在草原上的其他野生动物（“xəːriːn mal”）都要合理保护，尤其是对其幼畜的保护[②]。

人和畜群依赖自然环境而生存，根据四季的变化靠着水草而繁衍，形成了独特的、具有自身发展规律的游牧经济模式。“我们小时候，家里隔上一段时间就会换一个草场，不会在同

① 转引自朋·乌恩：《蒙古族传统美德》，呼和浩特：远方出版社，2002年，第313—314页。

② 在蒙古帝国时期，蒙哥汗曾下令“正月至六月，尽怀羔，野物勿杀”。到元朝时期，忽必烈汗开始出台保护野生动物的相关法令，规定了禁猎区、禁猎种类。禁止捕打野猪、鹿、獐等动物，保护天鹅、鸭、鹤、鹰、秃鹫等飞禽。在《刑法志》中规定，“诸每月朔望二弦，凡有生之物，杀者禁之。”北元时期，《阿拉坦汗法典》中规定：“偷猎野驴、野马者，以马首罚五畜；偷猎黄羊、雌雄狍子者，罚绵羊等五畜；偷猎雌雄鹰鹿、野猪者，罚牛等五畜；偷猎雄岩羊、野山羊、麝者，罚山羊等五畜；偷猎雄野驴者罚马一匹以上；偷猎獾、旱獭等，罚绵羊等五畜。”清朝时期制定的《喀尔喀法典》就明确规定了禁猎区和禁猎期，第十三条规定：“不许杀无病马、鸿雁、蛇、青蛙、黄鸭、黄羊羔、麻雀、狗。谁看见捕杀者，罚要其马。”转引自朋·乌恩：《蒙古族传统美德》，呼和浩特：远方出版社，2002年，第317页。

一个地方住很长时间。夏天，大概10—15天搬一次，为的就是让牲畜能吃上不同的种类、最好的、鲜嫩的牧草。到了大集体时还会跨旗甚至跨盟来回走场，到（20世纪）80年代划分草场之后，就只在自己所在的苏木或者嘎查的草场上短距离地来回移动，（20世纪）90年代之后，基本上就定居了，一些人家在自家的草场上来回移动，其实主要在冬营盘和夏营盘之间来回搬迁。2000年之后，我们这儿的牧民都用铁丝网围上了自家的草场，都选择定居在冬营盘。每家的草场大小都不同，家里人多，分到的草场大一些，人少的人家草场小一些。草场大的还能把草场分成冬春牧场和夏秋牧场，草场小的人家就没办法了，一直在冬营盘，草场退化得特别厉害。"①根据上述BYT阿爸的说法，大致说明了牧民目前的生活。

牧民为了能够让草场保持永久性的、稳定的、可利用性，就要采取随着季节游动性的放牧方式。为了应对畜群增膘和合理利用草场的需要，牧民会选择在不同的季节、不同的草场之间来回游动放牧。春季为了畜群增水膘，夏季为了畜群增草膘，秋季则为了增油膘。由此可见，游动式的放养畜群更有利于保护草场，有利于牲畜品质的提高，是一种科学的、可持续的生产方式，严格遵循着畜牧生产的规律来行事，形成了独特的畜牧生产习俗。"春季游牧，称为'xabədʒa:'（出往春营盘），牧民会注重选择草场，让畜群能够吃饱，主要为抓牲畜的初膘创造良好条件，所以春季游牧必须要注意畜群的饮水问题。由于春季植物的营养价值并不高，为了延长畜群的食草时间，牧人自己辛苦一点，跟着畜群早出晚归。到了夏季'dʒʊsləŋ'，营地没有固定的地点，只是大概一个范围，哪儿雨水好就往哪儿游牧。夏季游牧的时间大概掌握在15天左右，就

① 被访者：BYT阿爸，男，76岁，蒙古族，被访者家中；访问时间：2014年8月15日；访问者：玉荣。

会选择搬迁到下一个地点，所以很多人家会选择水草最好的地方[①]。这一时期放牧主要抓畜群的肉膘，就会选择山阴或草种类多的草场来放牧。由于夏天天气热，到中午时，要有目的地把畜群赶到高一点的地方，这样做一方面让畜群吃鲜嫩的草，另一方面半坡上凉快，畜群就不会团在一起，有利于抓膘。天气过热的话，畜群特别容易团在一起乘凉，不利于抓膘。这时就能看出一个牧人的放牧经验了，大集体时，我放大队的一千多只羊，夏天又热，每天坚持赶着羊群早出晚归，注意畜群的饮水问题，就是为了抓好肉膘。到了5月底6月初，为了收剪绒毛，会在放牧时赶着羊群快行，使其放汗，绒毛会膨胀，有利于收剪绒毛工作。秋季游牧'namərʤa:'，是畜群抓油膘的关键期，要格外注意草场的质量，选择草场时首先要考虑有利于畜群长膘、牧草营养丰富的山丘地带草场。秋季长足油膘，牲畜才能扛过寒冷的冬季，顺利生育下一代。冬季游牧'əbulʤə:'（进入冬营盘），更是体现牧民经验的时候，选择冬营盘既要考虑保护畜群的膘情，使得畜群能够安全过冬，也要考虑有利于畜群繁育下一代，有利于牧人接羔保羔工作。冬营盘一般是固定的，1984年划分草场时都是以冬营盘为核心划分的。"[②]

牧民在游牧时会按照四季游牧的规律，每年几乎在固定的时期沿着固定的路线迁徙至固定的地点，而不是"漂泊不定"地随意移动。"除了按照季节性游牧外，有时候为了躲避自然灾害（春夏两季干旱使植物长势不好或因冬季风雪较大导致草场被埋等自然灾害时）、保护畜群膘情和安全繁育的目的，要

① 夏营盘的选择首先考虑水源问题。通常会选择在靠近河流、淡水湖泊的地点，或者选择由冬天积雪融化和降雨形成的水洼。牲畜靠水洼，人的饮水可用水车到就近的有井水的地点取用。

② 通过整理BYT阿爸、SEB阿爸、BHET阿玛、MDG额吉、HXGT额吉、SBL额吉等人的访谈资料而来。访问者：玉荣。

在‘敖特尔’。为了长膘，在夏、秋季节（天气好，雨水好，草场好），一般不走远，就在自己苏木周边，哪儿草好往哪儿走。带上帐篷，跟着畜群，前后一个月。到上世纪（20世纪）80年代末，草场划分到个人，四季游牧的牧民越来越少，一部分人选择走敖特尔的形式来给牲畜增膘。我家除了夏秋两季走敖特尔以外，也会把小牲畜分成公羊群和母羊群来放养。尤其是接羔保羔时期，把羊群中没有生育的母畜和羯羊分成一群，赶到自家草场的最远的点儿来放养或者早晚时间上与生育的母畜分开。这样做对哺乳仔畜的母畜而言，草场空间和食物更为充足一些，也不用走太远，有利于保存膘情，奶水充足。我记忆中游牧走得最远的一次是1981年，那一年东乌旗全旗遭受了特大雪灾，我们嘎查的大部分人选择避灾，我家和邻居一起从敦达高毕苏木额尔敦乌拉嘎查一直往南走，走了将近100多里地，到了西乌旗的查干淖尔附近过的冬，来年接羔保羔完了，草出青之后才返回营地。那一年的大雪灾，死了好多牲畜，母畜都流产了，好多人家都没仔畜。”[①]

从上述访谈可见，长途的、跨地区的来回游牧方式到1984年“草畜双承包制”实施之后曾经共有的草场划分到个人以后几乎绝迹。牧民的畜牧生产从最开始的“四季游牧”，到冬、春营盘固定的“三季游牧”[②]，再到冬（春）营盘和夏（秋）

① 被访者：MDG额吉，女，73岁，蒙古族，被访者家中；访问时间：2014年8月16日；访问者：玉荣。

② “三季游牧”时期，草场已经划分到个人，但是牧民并没有用铁丝网全部围起来。“三季游牧”时期草场虽然划分到了个人，只有少数一部分牧民将自家草场里草最好的地方围起来，为了秋天打草储青用。牧民选择放牧于冬营盘、夏营盘和秋营盘之间，冬营盘的地点是固定的。

营盘的“两季游牧”[①]，直到如今成为完全的“定居放牧”[②]，整个传统的游牧生产生活方式发生了巨大变化。实际上，“从17世纪以来，清政府推行的盟旗制度就将牧民的游牧范围缩小，由过去的上千公里严格控制在200~300公里之内，也就是在一个旗的范围内来回游动放牧。1958年实行的人民公社制度又将过去200~300公里游牧距离缩小到了一个大队范围内的40~50公里的草场内。再到1984年，全国实行草畜双承包责任制之后，牧民完全定草、定畜和定居使得放牧终年在千亩到万亩草场范围内，整个内蒙古牧区牧民的游牧生产方式完全消失了”[③]。

其实，蒙古族的游牧生活的立足点主要在于经营“五畜”为主的畜牧业生产上，具体指蒙古人可以依据自然环境和季节变化，科学地利用草场，有序地进行四季游牧。四季游牧的生产生活方式使得从事这一生产方式的劳动者——蒙古族女性的素质和技能不断得以提高。“在过去，我们看着草场不好了或者遇到白灾了，会马上搬走，寻找水草好的地方，这是每个放牧的人都应该知道的最基本的道理。带着全部家当在广阔的草原上来回游动是我们蒙古人的生活方式，游动或定居只是这种生活方式中的一种。现在的定居成了完全不移动了，几十年都不挪动，这样对草场恢复不好，对畜群更不好。人倒是不遭罪了，舒

① “两季游牧”是指一年两次来回迁徙游动，统称冬营盘和夏营盘。在自家划分的草场上趋于定居，冬春营盘作为长期居所，夏秋营盘作为临时居所。夏秋搬离冬春营盘可以使草场能够短暂地得以休养生息。

② “定居放牧”是指牧民目前最重要的生产生活方式。牧民一般选择自家草场最好的地段，能打出井水的地方作为固定居所，盖起房屋和棚圈等建筑，也叫营盘或冬营盘。近几年草场退化，一些牧民选择夏秋时节在自家的草场上，短距离、短时间地“走场”，让营盘草场短暂休养。或者选择分群的方式来避开草场压力。

③ 韩念勇：《草原的逻辑——顺应与适度：游牧文明的未来价值》，北京：北京科学技术出版社，2011年，第26页。

服了。”[1]BYT阿爸看似简单的话语却道出了游牧生产生活的真谛。

牧民采取的游牧生产方式主要以保护草场的多样性为前提，在此基础上保证畜群的繁殖以此增加社会和个人财富。牧民会根据气候、雨量和草场的状况，按不同的季节流动放牧。“现在的定居对草场的利用不合理，过去不同的季节‘移动性’地转换草场，不仅对草场恢复有帮助，对畜群的抓膘也有帮助。夏天在有水的地方，有助于抓水膘，秋天要‘游到’盐碱或葱多的草场，有助于抓油膘。可是现在，春夏秋冬都在一个地方，草场恢复慢，畜群也吃不到最有营养的牧草。”[2]BYT阿爸还告诉我：“抓畜群的水膘和油膘特别重要，只有抓好了畜膘，才能熬过寒冷的冬天，母畜才会有充足的奶源养育下一代。一个有经验的牧人一定要保证畜群膘情，直到来年的春天长出青草为止，保证畜群不掉膘。”[3]可见，五畜饲养中移动放养对畜群的重要作用以及对保护草场的重要意义。但是，定居之后，草场逐年退化，据气象部门资料，“东乌旗1953—1960年间，年降雨量为309毫米，2000—2005年间，降到了219.6毫米，2005年为167.5毫米，2006年为147毫米，2007年迄今只有80毫米。气温也在不断升高，1953—1960年年平均气温为0.1℃，2000—2005年年平均气温升到2.6℃。由于降雨量减少和气温上升，草原上许多河流、淖尔干涸，盐碱化严重”[4]。

草场的逐年退化带来整个以天然草场为基础的畜牧业和以畜牧业为生的蒙古族生产生活的变化。首先，草场退化造成了牧草产量下降，畜群对草场过度采食和有蹄牲畜的反复践踏甚至将牧草的根踢开，直接造成的结果是植被的严重破坏，难以自我休养和恢复。在调研中，做了一辈子牧民的阿爸和额吉告

①②③ 被访者：BYT阿爸，男，76岁，蒙古族，被访者家中；访问时间：2014年8月15日；访问者：玉荣。

④ 杨思远：《从草场承包到草场整合——巴音图嘎嘎查草场使用权流转调查报告》，第一届中国政治经济学年会应征论文集，2007年，第334—357页。

诉我：“其实，牲畜来回踩踏对草场的破坏性更大，大约是牲畜采食的2倍。以前是四条腿的牲畜来回踩踏破坏草场，现在加上四个轮子的汽车来回随意地跑，草场上到处都是车辙，对草场的破坏更大了。”可见，定居之后在固定草场来回放牧对草场的破坏加重。其次，牧草品种逐年减少。不同品种牧草的再生能力、耐旱性和数量比例都不同，让牲畜过度采食或践踏会对牧草带来毁灭性破坏，无法恢复，使得草原上原本和谐协调的牧草比例和结构趋向单一化。东乌旗的草场属于典型草原，从上述数据可见，年降雨量在逐年减少的同时气温也逐步升高，导致春夏降雨量减少，旱情越来越严重。根据当地牧民回忆，“2007年大旱，一直到7月份才降了雨，比正常的年份整整晚了将近两三个月”。降雨对于牧草的生长和草场恢复有至关重要的作用，降雨量逐年减少使得草场干旱，导致耐旱性差的牧草难以生长，进一步加剧了牧草比例和结构单一化趋势。最后，草场沙化和荒漠化。牧民主要通过放牧的方式对草场进行合理运用和控制，在传统游牧方式下，牧民会让畜群吃完了一片草场之后，马上会转迁到另外一片草场，这样迁徙的方式让草场能够得到休养和恢复。实施“草畜双承包责任制”之后，牧民开始采取定居放牧，由于每户牧民所能分到的草场不过数千亩，而且草场实施承包之后牧民的生产积极性提高，逐年增加所牧养牲畜的数量，使得原来“五畜饲养”逐渐出现单一化的趋势，造成草场大面积地出现盐碱化和沙化的现象。除此以外，牧民定居之后，以冬营盘为定居点，使得定居点周围几乎成为不毛之地，大面积的土质裸露出来，土质不断硬化，对草场的破坏也非常严重。草场的大面积退化给牧民饲养五畜带来严重挑战，草场恶化使得畜群结构发生了变化，牧民的收入以及生活习俗受到了前所未有的影响。

“包产到户前（草畜双承包制），放牧是来回游动的，这也有利于植物的种子和花粉通过畜群的迁徙来回传播。现在，不游牧了，雨水好的时候，草场上的草看着绿油油的，但是，对五畜抓膘没什么实际效果。我们那时候来回搬迁都要选择草场，每个季节都会选择不同的地方。现在大家都在自家草场上拉上了铁丝网，更是没办法养大畜了。我家是2001年拉的铁丝网，当时2.7元/米，卖了家里最后的几匹马，拉了网围栏，因为草场圈起来马是没办法养了。一开始大集体分给我们家12000亩草场，大畜是不适合养了，草场不够，一开始羊也分的不多，我们家8口人，每人28只羊，分到了200多只羊，根本不够全家的开支。孩子上学、娶媳妇什么的都要钱，就把分到的30多头牛陆陆续续地处理了。马，我是舍不得，一直留着，但草场太小，养不了太多马。马必须要建群养，我一直和邻居合群放养来着。这样都能互相轮流照看一下。但是，到了2000年，人们开始拉铁丝网，马群没办法养了，总是去别人家的草场，要不就在网围栏上受伤。尤其是小马驹，我家前前后后损失了五六个小马驹，都是绊在别人家的网围栏上没有及时发现。这样慢慢就把剩下的30多匹马都卖了，剩下五六匹骑乘的，到2001年拉铁丝网要用钱的时候全部卖了。再说真的，我家草场上铁丝栏一拉，马就没办法养了。最后就留下了小牲畜，孩子多，又是上学，又是成家，花费大，就靠一群羊来支撑全家的收入。”①

由此可见，从以游牧为主的畜牧生产，到1984年全国全面实施“草畜双承包责任制”之后难以为继。定居使得原先天然的草场“微型化”和“集约化”，使得放牧的范围和面积越缩越小，草场上出现“过牧”和“超载”现象。草场的微型化，加上“过牧”和“超载”，都会造成“蹄灾”，草场无法短时间内得以恢复。从“草畜双承包责任制”政策执行到现在已经过去30多年了，直接带来的后果便是草场迅速退化，草原生态环

① 被访者：SEB阿爸，男，74岁，蒙古族，被访者家中；访问时间：2014年8月16日；访问者：玉荣。

境严重恶化，游牧文化受到前所未有的影响。

二、牲畜饲养：游牧生产的多样性

“在内蒙古草原上，牧草多种多样，不同牲畜采食的牧草种类也不尽相同，牧民把五畜组合起来养，也是对草场多样性的充分利用。”[①]牧民认为草场（水、土、植物）、牲畜（家畜、野生动物）与生活在草原上的牧民是一个整体，相互依存，任何一方都不能从这个有机整体中分离出去，一旦失衡，就意味着有一方将要失去生存能力。牧民认为草原上物种多样有利于人们的生存，是草原兴旺的表现。牧民将牲畜分为家畜“gəri:n mal”和野畜“xər i:n mal”，家畜属于牧民私有财产，而野畜则属于所有生活在草原的人们，是长生天“məŋ təŋgər”赐予人们的宝贵财富，要保持家畜和野畜的多样性和平衡性。

牧民放牧时，会根据不同的草场情况来调整畜群的数量、结构和比例。牧民之所以调整畜群结构，是因为不同种类的牲畜具有不同习性和特点，建立畜群时必须要注意畜群的数量、性别比例、畜龄比例等因素。例如，牧人在“五畜”饲养方面有着自己的独特见解和行为方式。五畜中，根据不同畜种特征，畜群中的种畜、适龄母畜、仔畜的比例也不尽相同。“在围铁丝网前，牲畜可以随意来回移动，吃自己喜欢的草，去自己喜欢的草场上采食。牧民放牧时，最先走马，马吃过的草场，牛还可以吃，牛走过之后，羊还可以再吃一遍。因为马和牛喜欢采食高的草，而山羊和绵羊喜欢采食细小的嫩草。即使是一样的牧草，五畜的采食方式也不一样，山羊喜欢吃最嫩的草，所以一般会走在羊群的最前面，而绵羊则不挑食。在羊群里，山羊走在最前面吃嫩草、草尖，后面的绵羊可以跟着再吃一遍。我

① 韩念勇：《草原的逻辑——顺应与适度：游牧文明的未来价值》，北京：北京科学技术出版社，2011年，第16页。

们这儿建羊群时，山羊和绵羊的比例很重要，山羊多了不好，山羊不仅仅喜欢嫩草，还喜欢刨草根，跑得太快，不利于草场保护和羊群的抓膘工作。一般1/3的山羊，2/3的绵羊，这样的安排，有利于羊群的繁衍和抓膘，防止羊群比例失调或掉膘。这样做对草场来说，一点儿都不会出现浪费的现象，还有利于保护草场呢。”[①]这样的经验是日积月累出来的，是牧民对游牧生产多样性的认识和对草原多样性利用的极好体现。“马是蒙古人的最爱，能平时骑乘，也能挤奶喝，而‘马奶’则可以治病，马肉也能食用，尤其是我们这儿这么冷，马肉抗寒性最好。建马群时，数量并不绝对固定，以马群中的儿马（种公马）数为核心，而儿马的数量和统领骒马的能力有密切关系。马群由儿马、成年骒马、三至五岁骒马、三至五岁骟马、二岁马驹、一岁以下马驹、成年骟马组成。一般而言，一匹儿马以配有二十到三十匹骒马为最佳，体壮品种优良的儿马最多可配四五十匹骒马。牛群以乳牛有七八十头，犍牛有一百五十头左右为好。牛的用处也很多，肉能吃，皮可以制作各种用具或衣物，牛奶可以喝，也可以制作各种各样的奶制品。牛还可以役车，我们以前每家每户都有牛车，来回游牧全靠牛车来搬迁。建骆驼群时，更多考虑草场适不适合饲养骆驼。骆驼群可以按几十峰分群，或者按几百峰分群也可以，与马群建群一样。骆驼可以骑乘，挽车，也可以食用。老一辈的人说：‘骆驼有羊一样的绒毛和奶，有牛一样的脂肪和肉，有马一样的使役用途。’骆驼一般一天走70~80公里没什么问题，驮150~200公斤的东西行走20~30天，不会掉膘。而就小牲畜的绵羊和山羊来说，以500~700只为一群，按一定的性别、畜龄比例组群牧养。我们这儿的乌珠穆沁绵羊和山羊很有特色，在全国都很有名的，听说在北京，人们都认可我们乌珠穆沁羊肉

---

① 被访者：SBL额吉，女，81岁，蒙古族，被访者家中；访问时间：2014年8月22日；访问者：玉荣。

呢。（哈哈）在建畜群时要充分考虑不同牲畜在生长、繁殖时期，对牧草营养的不同需求等情况。”[①]在采访的最后SBL额吉说：“五畜就像牧人一只手的五根手指一样，缺一不可，就像人的五指齐全握起拳头才会有力量。”[②]SBL额吉的这一句话涵盖了牧民对五畜、对草场以及整个畜牧生产方式的理解，总结了五畜饲养的科学性以及必要性。

由此可见，畜群的头数及性别、畜龄比例，与草场合理利用和生产劳动方式密切相关，根据不同草场、不同时代的不同情况而定。在畜群头数不多的情况下，不会按其性别、畜龄分群牧放，如头数较多，则会分群放养。在定畜群头数时，必须以某时某地的草场、水源情况为依据，如果水草资源丰富，畜群头数较多，反之则少。这种出于对草场所能承受的压力限度的考虑，与蒙古族对自然生态的科学认知有密不可分的关系。调整畜群结构，除了上述的数量确定、性别比例、畜龄比例外，还应协调五畜数量比例。一户或一地区在牧养五畜时，要科学地协调马、骆驼、牛、绵羊、山羊这五畜的数量比例。不仅要考虑牲畜对牧草的需求，更要考虑牲畜和草场应保持和谐共存的关系。马、骆驼等大畜活动空间大，适合在远距离的草场放养；而牛、绵羊、山羊采食范围相对小，则适合在近距离的草场觅食，所以牧民必须充分而合理地利用草场。另一方面，在远距离草场牧放的牲畜，由于活动范围大，所以能将粘在身上的、毛上的或粪便中的草籽，从一个地方传播到另一个地方，这有益于牧草的传播和再生，牧草的再生与牲畜赖以生存的雨水、阳光是否充足有着密切的关系。牧民充分认识到了畜群与自然环境相互依存的关系，在实践中总结出了丰富的经验，能够合理地调整草场与畜群结构之间的关系。这是人与自

①② 被访者：SBL额吉，女，81岁，蒙古族，被访者家中；访问时间：2014年8月22日；访问者：玉荣。

然和谐相处的最佳例证，是爱护自然、发掘和利用自然环境的典范。畜牧业以人、牲畜、自然环境和谐相处为其存在和发展的基础，牧人的自觉实践活动、牲畜生长繁衍与自然环境相结合，形成系统的运行规律，体现出以畜牧业为核心的游牧文化的整体特征。

牧民在长期的生产实践中逐渐认识到，不断调整畜群结构，使牲畜和水草之间保持和谐关系，是放牧生产能够不断延续进行并发展的重要手段之一。牧民在“五畜饲养”时得出“分群牧养”的宝贵经验，是由牲畜的不同特征、对牧草的不同需求决定的。“五畜”中绵羊、山羊要混群牧养，因为绵羊、山羊更依赖人的经营管理，因此，宜在近距离草场牧养。马、骆驼、牛的体型大，对牧草的需求量大且不同，宜在远距离草场牧放。总之，牧民了解各牲畜的不同特征，掌握了分群牧养牲畜的各种劳动技能，这些都是牧民在长期的生产劳动中经验智慧的结晶。五畜分群牧养成了畜牧业最为基本的经营形式，在这种经营形式的生产过程中，为了不断调整畜群结构，合理利用、保养水草，便产生了游动养牧的生产劳动形式。在游动养牧的过程中，人、畜群、自然环境三者之间呈现出和谐发展、“天人合一”的价值观。

“蒙古族牧民不仅能放牧，而且深刻理解为什么要游牧以及如何游牧的道理。”[①]在长期的“五畜”饲养过程中，蒙古族牧民总结出了有利于“五畜”饲养的不同经验，“游牧经济的生产主体——牧民，力争做到社会系统、畜牧系统、生态系统的和谐发展。”[②]例如，“五畜”有着不同的饮食习性，绵羊爱食短小且纤维较细的草，从根部咬断后进食；山羊主要吃植物

---

① 乌日套格陶呼：《蒙古族游牧经济及其变迁》，博士学位论文，中央民族大学中国少数民族经济专业，2006年，第6页。

② 乌日套格陶呼：《蒙古族游牧经济及其变迁》，博士学位论文，中央民族大学中国少数民族经济专业，2006年，第7页。

的尖部和叶子；马吃植物的尖部；牛用舌头将长草卷起再吃；骆驼则主要进食带刺的植物。也可以通过“五畜”的不同称谓，反映出蒙古人观察牲畜独特的视角，对于马，主要观察其背部、尾部、眼睛、耳朵、腰部、蹄子；而对于牛，则注重观察其犄角、尾部；对骆驼，重在观察驼峰；对绵羊和山羊，牧民则重观察犄角和尾部。针对牲畜的品性、奔跑和行走的步态甚至牲畜的用途，牧民有着自己的独特的心理认知和文化蕴涵，反映了蒙古族“天人合一”的价值观念。牧民不仅仅要在生产劳动中正确处理人、生态环境与畜群的和谐关系，同时在长期的生产劳动实践中，总结出饲养“五畜”的心得体会，反映出蒙古族的审美心理和对于牲畜独特的认知。

牧民在调整畜群结构时，会按照草场类型、大小、草的长势来合理协调五畜数量比例。不仅要考虑牲畜对牧草的需求，更要考虑牲畜和草场应保持和谐共存的关系。牧民充分认识到畜群与自然环境相互依存的关系，在实践中总结出丰富的经验，能够科学地调整好畜群的结构。畜牧生产是以人、牲畜、自然环境和谐相处为其存在和发展的基础，人的自觉实践活动、牲畜生长繁衍与自然环境相结合的系统运行规律，体现出畜牧业的整体文化特征。

在经营牧业时，蒙古族对牲畜持有敬畏的心理，在生产和生活中遵循着与牲畜有关的独特习俗，任何与畜群有关的习俗都是蒙古人敬畏心理的产物。例如，牧民在选种畜时，要举行专门仪式；牧养牲畜，忌讳对牲畜有乱杀、乱买卖、乱辱骂等禁忌行为；对那些良种公畜、产仔多的母畜，会将其献神、封圣；卖或宰杀马匹时，必须剪下一绺马尾，以留作“福分”收藏；每逢过新年时必须举行“兴畜仪式”；去势、剪畜毛时，都要举行仪式或举办“乃日·那达慕”。这些由畜牧生产活动延伸出来的生产习俗，在一定程度上反映了蒙古族热爱大自然和尊崇牲畜饲养的多样性，凸显出五畜饲养的合理性和必要性，这些都是与蒙古族的日常生活有着密切关系的心理特征。生产习俗的产生离不开人的劳作、经验和智慧，畜牧生产习俗是蒙古族长期生产生活实践的产物。

三、草场管理：游牧方式的科学性

一般人们习惯于用草原、草地、草场等几种术语来表示“草原”这个概念，在传统的生产方式条件下，人们往往依据所处的自然环境条件选择土地的利用方式，其中“游牧”就是利用草原的一种生产方式。“草原是经营畜牧业的基本生产资料，是长着草类植被的土地，是一个空间界限。”[①]牧民对草场的合理规划和利用，体现了游牧生活方式的科学性，是经过牧民长时期对“自然环境→人→牲畜→环境”的互动而来，体现了牧民对草场、对畜群的合理利用和对草场的“适度”开发上。保护草场，合理利用草场人人皆知，人人遵守，一旦违规必然引起纠纷。

从游牧经济经营的总体情况来看，确定畜群结构、调整畜群比例、分群牧放、针对畜群的不同情况选择草场，这一系列的劳动实践，都必须遵循畜牧业内部的运行规律来进行。牧民长期在牧业生产劳动实践中，不仅能充分考虑如何牧放好畜群，同时也非常顾及草场的承受力，从而也产生了与保护草场理念相关的“本土知识”[②]。

---

① 乌日套格陶呼：《蒙古族游牧经济及其变迁》，博士学位论文，中央民族大学中国少数民族经济专业，2006年，第10页。

② 日本学者提出“站在当地人生活机制的立场考虑问题”，即生活环境主义的重要理念。生活环境主义研究方法强调用地方性知识、民间智慧来保护地方社会和传统文化，是用向地方性知识学习的方法来调查和研究传统文化与民俗、风俗习惯而得出的经验和启发。参见［日］古川彰：《向地方性知识学习的方法——生活环境主义思想》，参见王静爱，［日］小长谷有纪，色音主编：《地理环境与民俗文化遗产——“自然环境与民俗地理学”中日国际学术研讨会论文集》，北京：知识产权出版社，2008年，第169—176页。

“并不是草高就意味着草好，我们看草场的好坏更多的是看草的种类。有经验的牧民主要看草的密度、种类、质量等，不会只拿草的高度来做简单判断。有了灾荒或者草场不太好了，我们就赶紧搬走，这样的避灾是必须的。我家冬营盘在山脚下，冬天下雪后，风一吹把雪积到山脚下的低洼地，冬天畜群可以吃雪，开春雪化了，出青也早。平常这是优势，但是碰到风雪又多又大时，容易积雪成灾，出现白灾。而平地冬天下雪，风一吹就没了，没有积雪，开春出青要靠下雨才行，容易出现黑灾。所以，放牧要经常‘倒场’游牧，地势不一样了，草场也不同。畜群与草场有着千丝万缕的关系，畜群一般‘冬天瘦、春天乏、夏天壮、秋天肥’，这与草场四季变化有着密切的关系。到了冬天，牧草的营养价值就降低了，牲畜会出现掉膘的现象，其中，怀仔的母畜更是容易掉膘，难以过冬。对于我们来说，冬天是整个生产最为关键的时期，也是最薄弱的，畜群膘不好，来年接羔保羔就是大问题，接羔保羔又是我们畜群发展的关键啊！现在，大家都围了铁丝网，没办法来回走场，我和老伴就商量着把母畜专门成立一个群，放到离家近的草势较好的草场上。这样有利于接羔保羔，也有利于小面积草场的合理利用。”[①]

作为一个有经验的牧民，首先要学会协调所处环境及所饲养的牲畜之间的关系。例如，如何判断可能会出现的灾荒、是不是要走场、选择什么时间走、往哪儿走、需要在新营盘待多长时间、草场与畜群的分配等问题。这里面包含了整个蒙古族的集体智慧，既复杂又丰富。“我们嘎查的牧民在游牧前会选几位经验丰富的老牧民考察将要走场的草场。大概在7—8月份开始看秋天要迁徙的秋营盘，判断将要搬过去

① 被访者：BYT阿爸，男，76岁，蒙古族，被访者家中；访问时间：2014年8月15日；访问者：玉荣。

的秋营盘是不是有利于抓秋膘，到了9—10月份会看冬营盘，主要考察草场是不是能保障大小牲畜过冬的需求。一开始我们都骑着马来回走，后来有了汽车更方便了，一天就可以去好多地方。”[①]

自古以来，畜牧业生产都是以自然条件和畜群结构来选择草场，在此基础上随时调整。牧民为了达到畜群繁衍增殖，牲畜能更好地抓膘、保膘的目的，会根据气候、草场、地形、降雨量、草场地质的酸碱度等条件来确定春、夏、秋、冬各季的牧场。一般会根据上一年的雨水情况、各季节的气候、所在草场草的长势、水源等情况判断来年的草场状况，据此选择所需要的营盘。牧人会将五畜中的马、绵羊和山羊放养在冷蒿、碱葱、山葱、碱草、隐子草、针茅等植物繁多的草场，而牛和骆驼则被放养至茂密的、带刺植物繁多的草场。这是世世代代流传下来的放牧知识，草场的选择对于畜牧业而言至关重要，马虎不得。在漫长的游牧生产实践中，牧民逐渐形成了选择最好的草场规避灾荒的智慧，而游牧生产方式的独特性也体现于此。这也折射出了蒙古族热爱故土的情操和保护草场的生态理念。

游牧民对草场的依赖最直接的表现就是尊崇草场，把土地与“母亲”相媲美，会尊称大地为“母亲”，因此，形成了反对以任何形式毁坏草场的行为。按照蒙古族的习俗，非常忌讳在初春降雨之前挖地，例如，在走“敖特尔”（ɔtər）时，如迫于生活，在草场上挖掘了坑洞，那么在临离开时，必须要将坑洞填埋好。居所搬迁时，要将蒙古包下的地面收拾干净，如有挖出的坑洞，必须填埋好，以使草场得到修复。“定居了以后，出现的最大问题就是垃圾的处理问题。游牧的好处之一，

① 被访者：SEB阿爸，男，74岁，蒙古族，被访者家中；访问时间：2014年8月16日；访问者：玉荣。

就是没有那么多的污染和垃圾。牧民在一个地方不会待很久，只会有一些生活垃圾，在搬走之前都会处理了。”[①]除此之外，牧民对河流和泉水非常敬重，会将其比喻为“母亲河”“圣泉”等。例如，牧民在选择新营盘时，首先会考虑水源的问题，要离河流和泉水近一些，方便人和牲畜饮水，但不会把蒙古包搭在离河流或泉水特别近的地方，怕把水源弄脏，宁可辛苦一些拉水来吃。“勒勒车组合里就不能少了水车，妇女每天最主要的工作之一就是拉水。要是住得离水源太近了，牲畜喝完水也不离开，一直在附近，这样也会影响其他人家的牲畜饮水。尤其是夏天，天热牲畜都不愿意离开。”[②]牧民都会忌讳将脏污的东西倒入水源，甚至不会随意砍伐河边的树木，注意保护河水的清洁等。从保护草场、科学利用草场到保护水源的意识，体现了蒙古人保护生态平衡的科学理念。而这种意识和理念引导着人们在生活和生产劳动中的行为，体现在人们的日常生活的各种活动中。“逐水草而居”，简单、直白的一句话，精准地概括了游牧文化的核心理念和价值体系。

游牧的科学性，更为突出的一点是指其“本土化知识”的科学性。而这样的知识体系根植于特定的区域或民族文化当中，有其鲜明的民族归属性和地缘性特点。“‘本土知识’则是指特定的民族针对其所处地区的自然与社会背景，通过世代积累而建构起来的经验体系，是对所处自然与生态系统做出文化适应的经验汇总。”[③]“五畜”饲养经验对蒙古人而言，将自然、牲畜与人紧密结合，融为一个合理的体系，具备了科学

① 被访者：HXGT额吉，女，67岁，蒙古族，被访者家中；访问时间：2014年8月21日；访问者：玉荣。

② 被访者：BYT阿爸，男，76岁，蒙古族，被访者家中；访问时间：2014年8月15日；访问者：玉荣。

③ 韩念勇：《草原的逻辑——顺应与适度：游牧文明的未来价值》，北京：北京科学技术出版社，2011年，第75页。

性。同样，对草原生存的野生动物采取了科学的保护措施，狩猎时必须遵守的狩猎习惯法，限定了时间、地点、种类、年龄，甚至限定了所猎生物的性别[①]。这样与其他生物分享草场、分享水资源，形成了牧民世代相传的生产生活经验。这样的经验体系使得牧民在高效利用自然资源的同时又能精心维护所处的生态环境，引导着人们重视和强化这样的“本土知识”，一代又一代地传承着祖辈的经验。

① 牧人如此重视保护野生动物，有其内在需求：第一，狩猎业始终是游牧民族社会经济的重要补充，兽肉是牧人们的食物来源之一。当畜群受灾，供给不足，或长途行军，远离后勤支持时，用临时性的狩猎，补充食品来源；同时，野兽皮毛是牧人与周边民族进行贸易往来的重要商品。第二，通过狩猎进行军事训练。古代游牧社会具有尚武精神，而且全民皆兵，军事训练则是经常的事。围猎是军事训练的主要形式，在围猎中，训练士兵作战能力、通信的迅速传递能力、侦察的准确性和首脑的指挥能力。第三，借助食肉动物，清理草原上的垃圾。由于暴风雪或疫病，草原上经常有倒毙的死畜，也有野葬的尸体，都需要食肉动物清理，以减少疫病的传染流行。第四，用于预测天气变化。经从长期生产实践的积累和老人的传授，具备丰富的生态学感性知识。从观察野兽群体的迁徙和行为变化、草色变化、水流变化等动态自然信息，综合分析后预测“黑灾”和“白灾”、干旱和雨涝情况。第五，用于改良家畜。到了繁育季节，有目的地创造机会让同种野兽和家畜接近交配，繁殖出适应性更强的后代。第六，用于提高家畜机警能力。家畜在旷野的草原上生存，常遇到恶劣的天气或其他肉食动物，没有一定的机警能力，很容易被淘汰掉。每一头家畜都需要具备一定的体质和机警能力，随牧人的吆喝、在头畜的带领下拢群返圈。转引自朋·乌恩：《蒙古族传统美德》，呼和浩特：远方出版社，2002年，第317—318页。

第二节　定居：游牧生活方式转变之后

“在蒙古高原的历史上，定居的历史由来已久，但是从草原牧区的情况来看，大范围的定居生活主要是从19世纪末、20世纪初开始的。”[①]中华人民共和国成立初，东乌旗就开始执行锡林郭勒盟“打井、打草、打狼、建棚圈，开发利用缺失草场”的草原基本建设方针[②]，出现了定居化放牧的趋势。而大范围的定居放牧则是在1984年实施的“草畜双承包制”之后，牧民的生活空间发生了很大变化。在定草定畜之前，乌珠穆沁人主要的居所是蒙古包[③]，主要的生产方式是游牧。从20世纪90年代开始，乌珠穆沁人在自己的草场上选择定居点，盖起了房子（bɛ:ʃiŋ），土房或砖瓦房，由过去的游牧生产方式完全转变为定居饲养牲畜的生产方式。由于牧民采取定居式生活方

① 苏日嘎拉图：《蒙古高原的环境变化与蒙古族游牧文化的变迁》，参见王静爱，[日]小长谷有纪，色音主编：《地理环境与民俗文化遗产——“自然环境与民俗地理学”中日国际学术研讨会论文集》，北京：知识产权出版社，2008年，第285—294页。

② 乌力吉：《东乌珠穆沁旗志》，呼伦贝尔：内蒙古文化出版社，2013年，第26页。

③ 蒙古包的最大优点是易拆易装，便于搬迁。一顶蒙古包只需要两峰骆驼或一辆勒勒车就可以运走，两三个小时就能搭盖起来。再就是可以就地取材，就地制造，民间手工艺人就能制作。还有，蒙古包看起来外形虽小，但包内使用面积却很大，而且室内空气流通和采光条件好，冬暖夏凉，不怕风吹雨打，很适合于经常移场放牧的游牧民居住和使用。蒙古包的材料主要由架木、毛毡（覆盖物）、绳带三大部分组成，除了架木（套那、支柱、乌尼、哈那、门）是用木头制作，其余大的毛毡和绳带都是由“五畜”的皮毛制作而成。毛毡（覆盖物）由顶毡、棚毡、围毡、外罩、围底等组成。毛毡的薄厚可以根据季节来调整，炎热的夏季盖一层，春、秋季节盖两层，寒冷的冬季则盖三层，并在里面挂帘子。顶毡、围毡和围底都是用羊毛制作，“毡子以前我们都自己做，七八月份天气好，我们把选好的羊毛先水洗，然后晾干。将晒晾好的羊毛一层一层地铺好，一边铺一边洒水，最后从一头开始卷好，

式，使得畜群每天往返于固定的草场，慢慢造成了定居点周围草场土质硬化，牧道增多。而房屋周围的草地更是被人和畜不断往返踩踏，草场退化的程度更为严重，以定居点为中心呈现出了梯度式向周边扩散趋势，甚至出现数个定居点连接在一起，形成片状式的荒漠化趋势。而草场的微型化和荒漠化带来了畜群结构的变化，大畜和小畜的比例严重失调。

用马来回拉着走。这个过程越认真所做的毡子越耐用。一般一块毛毡做好了，可以用好多年。实在破损了，没法子修补时，就把破损的部分剪小了做垫子、做避孕毡片，或者是当成覆盖物盖在牛粪堆上，防雨防雪等。毡子不吸收水，所以防潮性好。毡子的用处特别多啊！”顶毡是用于蒙古包的“tono”（天窗）上的，可开启和关闭的方形毛毡，蒙古语称之为“eruh”。顶毡的四角与“tono”中间十字形结构所指方向一致。“在顶毡的四个角上缝上长带子，东、西、北三个方向的带子要固定在蒙古包的围绳上，把南面的绳带弄成活的。白天开启时，将南面的绳带拉到蒙古包后面，顶毡的前半部就会重叠在后半部上，成一个三角形，可以通风、采光。到了夜间或者是寒冷的冬天需要把顶毡全部盖上时，将顶毡固定在门的左侧围绳上，这时候顶毡就成了正方形，保暖性、防风性能特别好。”顶毡具有调节包内温度，也可以挡风、遮雨和避雪的神奇功效。棚毡指盖在蒙古包乌尼“uni”上面的毛毡，蒙古语称之为“degebur”。棚毡“可以分前后两个部分，每一块毡子都做成梯形，看起来像展开的半面扇子。前后每一部分都由两张毛毡组成，所以一个蒙古包的棚毡需要四块毛毡。覆盖在蒙古包上时后棚毡要压住前棚毡，一般在一拃左右，主要是防止雨雪和风沙从缝隙中灌进包内”。围毡是用于围盖在整个蒙古包哈那“han-a”外面的毛毡子，蒙古语称之为“tourg”。老人们说：“围毡要做成长方形，做的时候要稍微高出‘han-a’一些，把高出的部分用棚毡压住。围毡的数量跟‘han-a’有很大的关系，在围毡和围毡交接的地方，要重叠，而出现露在外面的边，很多手巧的主妇会用线压边，就是为了美观和加固的需要。”而围底蒙古语称为“hayabuqi”（哈亚布其），主要用于压住蒙古包围毡底部，从外面裹住围毡，防止围毡底部会被风刮起，也可以挡住风沙。“hayabuqi”主要用毛毡制作，也有用木条做成的，把一根一根的木条用皮条或鬃绳相互连接而成。冬天用毡制的，暖和。而春天、秋天用木制的，挡风。夏天天热，不用“hayabuqi”，还会把围毡掀起来，非常凉爽。还有很多手巧的主妇会在围底上绣各种花纹，让围底看起来非常漂亮，装饰蒙古包。带子和毛绳（围绳、压绳、捆绳、坠绳等）这些东西虽然零碎，没有它们，蒙古包即使建起来，风一吹就倒。它们主要是为了保持蒙古包的形状，也防止哈那向外炸开，同时使顶棚、围毡不致下滑，在风中掀不起来。总之，对保持蒙古包的稳定和延长寿命都有很大帮助。根据访谈资料和乌力吉主编：《东乌珠穆沁旗志》，呼伦贝尔：内蒙古文化出版社，2013年出版的旗志整理而成。

一、生活空间：迁徙到定居

自古以来，蒙古人都过着“逐水草而居”的游牧生活。蒙古包的出现印证了这样的生活方式，形成了游牧民居住蒙古包的习俗。“蒙古包通体呈现白色，蒙古包独特的造型，具有计时功能。以蒙古包的构造来确定时间是游牧人的一个很重要的创造。当早晨的太阳落在蒙古包天窗的西面时，为兔时（早晨6点），由此顺时针转，当落日的余晖直射在天窗的东面时，为鸡时（18点）。春夏秋冬四季略有变化，夏季的太阳在鸡时就是18点，还没有落山，因为天长；而春秋的日出和日落是常规的，冬天日短昼长，所以跟夏天时太阳钟的定制预测略有不同。这与古代北方草原民族崇尚太阳、有朝日之俗有关。但这种蒙古包朝东南方向的习惯不仅是一种信仰，更多的是为抵御严寒和风雪，包含着草原人民适应自然环境的智慧和创造，因为他们居住在高寒地带，冬季又多西北风。这是蒙古包区别于其他居室的一大特点”[①]。

20世纪六七十年代开始，东乌旗草原上的土房子开始多起来，乌珠穆沁人从传统的游牧生产生活逐渐转变为半定居、半游牧的方式。半定居是指冬、春营盘固定，夏、秋走“敖特尔”。冬营盘一般都建有固定的房屋，有配套的棚圈等设施，而夏、秋营盘都是临时地、随机地安营扎寨。夏营盘主要选择草好、种类多，有水、有咸草，离冬营盘相对远一些的地方。“到（20世纪）50年代末开始，土房子多了起来，主要集中在大队、公社，牧民几乎都住着蒙古包。到（20世纪）60年代，有些牧民在冬营盘盖起了简易房屋，像今天的凉房式的小房

① 孛尔只斤·吉尔格勒，超太夫：《游牧社会的努图格沁——草原生境资源合理利用和保护的使者》，参见王静爱，［日］小长谷有纪，色音主编：《地理环境与民俗文化遗产——“自然环境与民俗地理学”中日国际学术研讨会论文集》，北京：知识产权出版社，2008年，第189—196页。

子。那时候，牧民自己不会盖房子，都是请人花钱盖房子，对房子的样式，结构都没什么具体的要求。人家给盖成什么样的就算什么样的，有炕有灶有门就行。（说着笑了起来）我们家是包产到户之后才盖的房子。那时候生活困难，就把盖房子的工程承包给经常在我们队干活儿的老张，我自己也不太懂盖房子的事，都听他的。我们队的牧民住房差不多都是找老张来盖。老张有自己的工程队，价格也公道，人挺好的。后来，（20世纪）90年代中期，我家又重新用砖瓦盖了当时比较时髦的砖瓦房，当时是老张的儿子领队盖的。钱没少花，大概十几万吧。”[①]在调查过程中发现，很多人家还有蒙古包，搭建在主屋的西侧，主要放置一些平常不用的杂物，有时家里人多时可以让人们休息，但是，平常蒙古包不会住人。额尔敦来客乌拉嘎查牧民BGN大哥告诉我：“蒙古包必须搭建起来，放着毡子容易起虫子，乌尼呀、哈那呀都容易变形。再说，蒙古包和我们的生活有着密切的关系，虽然不像过去那样依赖它，但是，搭起来看着心里舒服。现在的年轻人都不会搭建了，出入蒙古包也不知道规矩了[②]。我们家过年祭灶时，还是习惯在蒙古包里，现在平房呀、楼房呀的，不方便得很。”[③]

在WYDLGR额吉家，主屋是用水泥砖瓦建成的蒙古包式的砖瓦房。屋里相比传统蒙古包有一定的改良，有四扇窗户，有门脸。进屋，靠北边是大炕，炕上铺着毯子，炕的西北放置矮柜，上面摆放着佛像、圣主成吉思汗的画像和奶制贡品。矮

① 被访者：BHEDN阿玛，男，54岁，蒙古族，被访者家中；访问时间：2013年7月16日；访问者：玉荣。

② 进蒙古包和在蒙古包里行坐都有规矩，老幼不同，男女不同。BGN说起这个时，看着很伤心，半天没说话，我听着心里也很不是滋味。

③ 被访者：BGN，男，50岁，蒙古族，被访者家中，访问时间：2013年7月13日，访问者：玉荣。

柜的右侧放着打马印用的铁印[①]、马头琴和BHEDN阿玛祖传的ʤɔdəg（搏克手摔跤时穿的跤衣）[②]，跤衣平时都用干净的布或者绸缎包裹放置。在炕的东西两侧整齐摆放着被褥。炕下西侧放着茶几和沙发，东侧放着写字桌和碗柜，门口放着脸盆架。矮柜的上方墙上挂着巴彦敖包的全景照片，旁边挂着一些阿玛参加人民代表大会的照片以及风景照片[③]。从主屋出来，西面搭着5个哈那的蒙古包，里面的布置与传统的蒙古包没什么分别，只是用来放置物品或客人多时待客。蒙古包式主屋东侧加盖了耳房，平时家里人都在这儿活动。耳房分里外间，一进耳房，首先映入眼帘的是主屋和耳房连接处的土暖气，外间放着冰柜、水缸、洗脸架等，在房顶处悬挂着阿玛的套马杆、马嚼子、连套绳等，下面搁置着鞍具。耳房里间是生活区，平时吃饭、睡觉都在这儿，冬天会在这儿做饭。主屋的东侧又搭建了四哈那的蒙古包，是夏天的厨房，也是WYDLGR额吉制作奶食的“工作坊”。额吉告诉我，家里以前住的不是现在这

① BHEDN阿玛家有马群，有属于自己家专属的铁印。在给牲畜打完印之后，将烙印收放时，用鲜奶涂抹烙印头，用哈达的一头先将印头拴住，再慢慢用哈达将印柄把拴好，把整个烙印裹起来，再挂在高处，或收藏在专门的箱子里放置在家里最神圣的位置。

② 据BHEDN阿玛介绍，这件ʤɔdəg（搏克手摔跤时穿的跤衣）是他家代代传下来的，平时不会穿，只有重大节日或有重要赛事才会穿。阿玛年轻时是附近有名的搏克选手，这件ʤɔdəg见证了阿玛最辉煌的时候。阿玛说，近几年自己发福了，穿不进去了，希望家族里有天赋的下一代继承。阿玛的儿子非常热爱摔跤，在我住在他家的一段时间，他几乎不在家，忙着参加各嘎查举办的那达慕或敖包祭祀的搏克比赛，按他的话说是在“积累经验”。额吉和阿玛非常支持他的兴趣爱好。

③ BHEDN阿玛家的蒙古包式砖瓦房与传统蒙古包有一定的相似处，也有改良的地方。最明显的是包内没有火撑子，取暖用土暖气，从外面烧火。包里设计了大炕，包身没办法移动，包的框架是砖瓦水泥和铁。据阿玛介绍，这个蒙古包式的砖瓦房是受好多旅游点无法移动的固定蒙古包的启发，专门找人设计建造，投入巨大。在东乌旗调研期间只见到了阿玛家是蒙古包式的砖瓦房，其他人家都是最常见的结构。阿玛家有近400匹马，是东乌旗有名的养马专业户，也是东乌旗马文化基地，经常会有全国各地的专家学者或者相关领导来视察。阿玛觉得盖蒙古包式的现代化砖瓦房更能体现牧民的心声。

个样式的房子。“从（20世纪）90年代末，我们家就开始定居了，不游牧了。草场少，来回游没什么效果，就选了现在的这个地儿盖了房子。现在这个屋子是2005、2006年开始计划，阿玛不太喜欢baishinger（土房或砖房），我俩就计划着盖一个蒙古包式的房子。那时候经济条件也不好，只是想想。到2010年我们的收入高了，阿玛就开始张罗，这个蒙古包式的设计都是阿玛的，每天指挥着工人，还费了不少事呢。工人以前都没盖过这样的屋子，阿玛还托人找了旗里懂这个的人做了设计图。附近的邻居都很羡慕我们的新房子（额吉笑得很开心，很得意）。”[①]我观察到，主屋没有留炉灶或tʊləg（火撑子）的位子，额吉告诉我：“这个是我们家的会客室，不做饭。二十三祭灶时在西侧的蒙古包里，平时做饭在东侧的蒙古包或者耳房里。我们附近的邻居的房子盖的都是城里平房式的，主屋有客厅、卧室和厨房。但是，有蒙古包的人家还是会在主屋旁边把蒙古包搭建起来，看着舒服。就是定居后，家附近的草场退化得太厉害，土质越来越硬，都不长草了。”

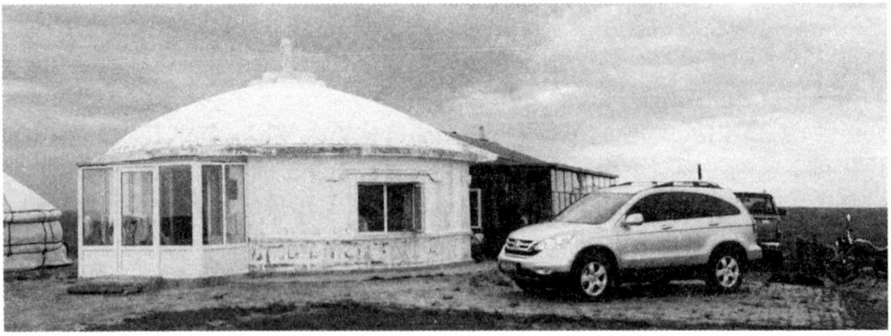

图2-1　现代牧民家

① 被访者：WYDLGR额吉，女，50岁，蒙古族，被访者家中；访问时间：2013年7月16日；访问者：玉荣。

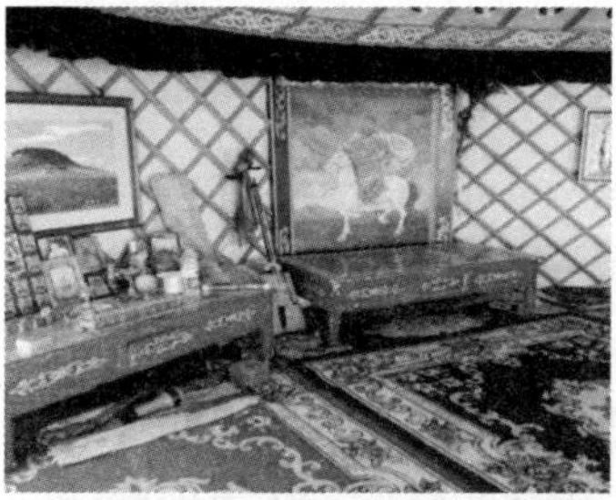

图2-2　屋内摆设

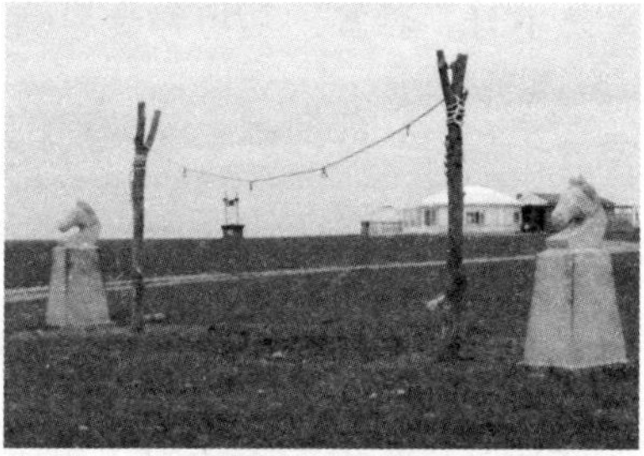

图2-3　拴马桩

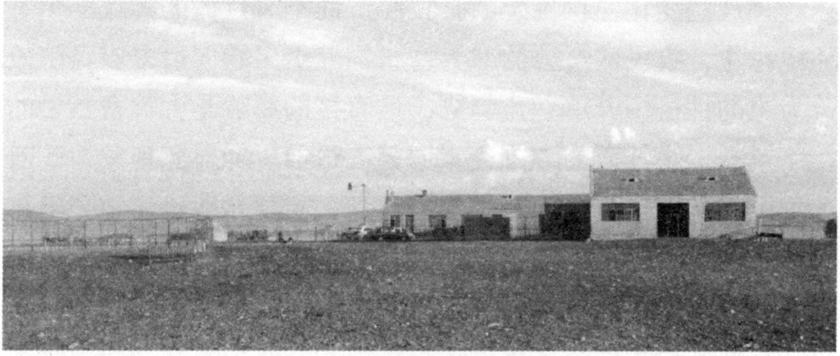

图2-4　现代化设施齐全的营盘

从访谈中可知道，到了20世纪80年代末期，“草畜双承包制”完全落实之后，乌珠穆沁人从半定居、半游牧的生产生活方式完全趋向定居化，住房从蒙古包逐渐向着土木或砖木结构的房屋发展。“（20世纪）90年代末，我们这儿的人都忙着盖房子，有房子的在旧房子附近或再选个地方重新盖砖瓦结构的新房子。崭新的砖瓦房在当时是一种时髦，也是一种生活富有的象征。过去看生活好不好看畜群、看门前勒勒车的数量，到了（20世纪）90年代以后吧，人们都看谁家的房子盖得怎么样，棚圈盖得怎么样，有没有摩托车、拖拉机、汽车等交通工具。以前住蒙古包，来回搬迁不方便，但是现在定居不移动，更是不好，牲畜、草场都受影响。”[①]

二、五畜饲养：牲畜饲养单一化

“中华人民共和国成立到现在，特别是改革开放30多年来，游牧文化发生了重大的变迁，其主要标志，即从过去的自给自足的自然经济向商品经济过渡、从游牧生产方式向定居化生产过渡、从靠天养牧向现代化养牧过渡。这一历史性变迁经历了许多曲折和反复，也存在和积累着一些深层次的矛盾和问题。”[②]这些变化使得传统的游牧经济面临着巨大的挑战，生态环境恶化，牧民从过去的“五畜”饲养更多趋向追求以经济效益为主的牲畜饲养单一化趋势，最直接的影响是大牲畜数量的逐年锐减，小牲畜的数量逐年增多。目前，针对此现象，政府和牧民都采取了相应措施。政府方面，主要是通过实施“退耕还林、退牧还草”政策，推行禁牧、休牧、划区轮牧的方式，企图改善草原生态环境。牧民则采取在自家的草场上划区养牧；租赁邻居家的草场来扩大草场面积；采取科技放牧、牲畜改良的办法，引进新品种提高经济效益；减少畜群数量或种类；大量购买饲料圈养的方式保护自家草场等。这种“地方性”的、牧民自发的草场保护方式有助于改善草场，最终达到保护草原的效果。

牧民在传统游牧生产方式中，五畜饲养的生产实践中不断总结经验，不断调整着畜群结构，才使得人、草场与畜群之间保持和谐关系，使五畜饲养能够延续和发展。牧民在长期的牧业生产劳动实践中，在充分考虑如何放养畜群的同时，也要顾及草场的承受力。放牧时，要根据草场不同情况，调整畜群头

---

① 被访者：WYDLGR额吉，女，50岁，蒙古族，被访者家中；访问时间：2013年7月16日；访问者：玉荣。

② 王俊敏：《草原生态重塑与畜牧业生产方式转变的大生态观——来自内蒙古牧区的思考》，《中央民族大学学报》，2006年第6期。

数，调整畜群结构比例，注意畜群的数量、性别比例、畜龄比例等因素。牧民只有将畜群的头数、性别、畜龄比例，与自家的草场、劳动力之间的比例协调好，只有将五畜畜群中的种畜、适龄母畜、仔畜按照一定比例协调好，畜群才能保持最佳膘情状况，才能有利于增加经济收入。这种科学化的安排，在畜群头数不多的情况下，不会按其性别、畜龄分群牧放，如头数较多，则会分群牧放。在定畜群头数时，必定会以某时某地草场、水源情况为依据。这种出于对草场所能承受的压力限度的考虑，与蒙古人对自然生态的科学认知有密不可分的关系。

"我家现在只剩下小畜了，大畜都卖了。没办法养啊，草场太小，大家都围了网围栏，大畜需要的草场比起小畜要大得多。网围栏限制了大畜的活动范围，再加上一家分到的大畜也不多，建群也不易，还要专门的人来看。我们家到2000年的时候，大畜都没有了，就剩下小畜群了。我家附近的牧民差不多和我家的情况一样，只剩下小畜了。草原上到处都是铁丝网，需要远距离觅食的大畜受到了影响。我们嘎查的公共草场划分到了山地，还有一部分公共草场是不适合放牧的荒地，不利于放养大畜。现在，我们在这儿的草场越来越硬，旱情越来越严重，我想一部分是天气的原因，还有一部分是畜群结构不合理的原因吧！五畜是蒙古人的财富啊，可现在就剩下小畜了。以前，我们这儿好几户人家养马，马走过的地方，土是松软的，一下雨首先会绿起来。还有，骆驼的脚掌宽，来回行走，会把老鼠洞踩平，利于防止老鼠泛滥。这些看似微小的细节，对草场恢复和保护而言，作用却非常大，不可忽视。"[①]可见，牧民承包了属于自己的草场之后，为了保护自己的草场，防止其他人的牲畜来自己草场觅食，纷纷选择用网围栏围起了自家的草

① 被访者：HXGT额吉，女，67岁，蒙古族，被访者家中；访问时间：2014年8月21日；访问者：玉荣。

场。从过去无障碍放牧的草场到被网围栏分割成碎片化的草场，放牧的范围大大缩小，放养大畜成为困扰牧民的头等大事。“草场承包之前，年头好的时候，雨水足，草势好，大畜都不用人操心，隔几天去看看就行。大畜生产时，不会像小畜那样频繁地出现厌羔或弃羔的现象，非常省事。在野外下了小羔，也不用特别操心，大畜会照顾好自己的孩子。其实，养大畜最不费人力，但是现在可不一样了，到处都是网围栏，必须要专人负责，一不小心就进了别人草场或者被网围栏弄得受伤，要是没人发现直接就饿死了。”①

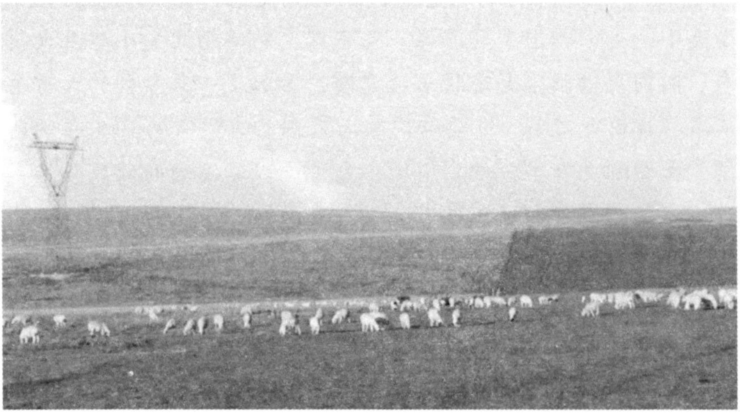

图2-5　羊群

从改革开放以后，经济不断发展，人们开始追逐经济效益，对牧民的影响直接体现在畜群结构的变化上。很多牧民卖掉大牲畜，改养小牲畜来保障家庭经济来源。“内蒙古山羊绒细而柔软，轻而保暖，有‘软黄金’‘纤维宝石’之美誉。以山羊绒为原料的纺织加工企业如‘鄂尔多斯’‘兆君’‘盘古’

① 被访者：HXGT额吉，女，67岁，蒙古族，被访者家中；访问时间：2014年8月21日；访问者：玉荣。

牌羊绒制品成为世界名牌，撑起了我区羊绒加工民族工业的艳阳天。由于绒山羊只分布在世界上少数国家，而这些少数国家中，尤以中国内蒙古的白绒山羊最为著名，这是我国的宝贵资源，也是内蒙古在国际上的一大优势资源，是世界上其他国家可想而不可得的资源。”[①]而绵羊则随着肉价的上涨，越来越受到牧民的重视。小畜饲养对草场的要求不是特别严格，还可以舍饲圈养，更符合草场划分定居之后的牧民饲养。“牧民饲养的畜种越来越单一，生产周期越来越短，比如现在大多数牧民仅仅饲养一种或两种牲畜，并且出售当年所生羔羊。”[②]这样的现象在我调查的过程中碰到无数回，也是大家对放弃饲养大牲畜给出的解释。

对畜群结构单一化有着重要影响的除了上述原因之外，牲畜改良对牲畜饲养单一化影响巨大。“东乌旗的牲畜改良工作起始于1958年，主要针对小畜的改良工作，集中母羊22万只进行家畜改良配种。”[③]牲畜改良长期以来被视为畜牧业发展的重要手段，无论在人民公社时期还是在改革开放之后，草原畜牧业的发展一直在强调牲畜的改良。《内蒙古畜牧业文献资料选编（第五卷 畜牧）》中记载，“上世纪50年代到80年代，内蒙古自治区有大量的关于改良的政府工作指示和报告，其数量占报告总数的1/3以上”[④]。改革开放以来，畜牧改良工作从未停止过。“截至2009年底，内蒙古自治区已有657个种畜

① 转引自阿拉坦宝力格：《游牧生态与市场经济》，呼和浩特：内蒙古大学出版社，2013年，第113—114页。

② 韩念勇：《草原的逻辑——探寻另类市场制度》，北京：北京科学技术出版社，2011年，第63页。

③ 乌力吉：《东乌珠穆沁旗志》，呼伦贝尔：内蒙古文化出版社，2013年，第30页。

④ 详见陈景瑞编：《内蒙古畜牧业文献资料选编（第五卷 畜牧）》，内蒙古自治区党委政策研究室、自治区农业委员会，1987年版。此书中有大量关于牲畜改良的报告，读者可从目录查看，在此不再引述页码。

场，羊通过人工授精达1000万只以上，年度大小良种及改良种畜存栏达9112.5万头，改良率接近95%。”[①]一部分人认为，本土的牲畜的畜产品产量低下、产肉低，不如发达国家（如美国、澳大利亚、新西兰）的牲畜产品的品种好，通过畜牧改良的方式，增加畜产品产量，如羊毛、牛肉等，从而增加经济收益和牧民收入。由于牲畜产品产量高，牧民仅需要饲养数量较少的改良牲畜就可以满足其收益要求，从而可以减轻草原生态的压力。

“现在在牧区根本看不到五畜俱有的人家，一般都是一种大畜加小畜的组合。我们这儿很少见到骆驼，只有宝拉格淖尔、莎麦、翁根等少数地方有骆驼。骆驼的减少和包产到户有着很大的关系。我们从大集体分了两峰骆驼，草场划分了，没办法养，就在第二年卖了，那时候准备盖房需要钱。我们邻居家直接和其他人家换成了小畜，还有当时就卖给了食品公司的人家。卖的价钱都不高，骆驼一个两个的没办法放养啊。有的人家舍不得卖，但是，没办法啊！一方面因为人手不够，没有专人看，另一方面骆驼是远距离觅食型牲畜，所以导致有些人家的骆驼丢失。”[②]在东乌旗，畜产品中骆驼的数量一直较其他牲畜少很多。据统计，“1949年乌珠穆沁骆驼有930峰，到1961年下降到539峰。1983年实施草畜双承包制之前的统计中乌珠穆沁骆驼达3407峰，创历史最高，但到了1999年同期降到了965峰，比1983年下降71.68%”[③]。在调查中，也发现很多牧户的畜群结构是一种大畜加两种小畜，即牛+羊（绵羊和

① 中国畜牧业年鉴编辑委员会：《中国畜牧业年鉴2010》，中国农业出版社，2010年，第48页。

② 被访者：SBD额吉，女，63岁，蒙古族，被访者家中；访问时间：2013年7月14日；访问者：玉荣。

③ 乌力吉：《东乌珠穆沁旗志》，呼伦贝尔：内蒙古文化出版社，2013年，第203页。

山羊）或者马+羊（绵羊和山羊）的组合。“草场划分后，我家7口人分到了一万多亩草场，人均分了1500亩的草场。牲畜方面，当时分到了小畜350只，大畜分到了12头牛、16匹马、骆驼1峰。一万多亩草场，太小了，根本不适合放养五畜，家里人口又多，上有老下有小的，没办法，当时就把骆驼卖给了食品公司。马、牛、羊留着发展，刚分草场那会儿草场边界还不是特别清晰，大家没有用铁丝网围起来。我就养了几年马，每年也卖几匹来增加收入。到1991年，羊群也发展起来了，孩子们又都去上学了，家里就剩下额吉和我们两口子，没多余的时间照顾马群，加上人们开始用铁丝网围起自家的草场，马没办法到远处觅食。我和老伴儿商量后决定把马都卖了，用卖马的钱买了拖拉机和摩托车。”①

来自环境的压力，经济收入的压力，政策的压力，使得原先草原上合理、科学的“五畜”饲养模式逐渐趋向单一化模式。牧民的选择屈从于这样的压力，甚至是无意识盲从或无力反抗，使得游牧文化受到了前所未有的挑战。

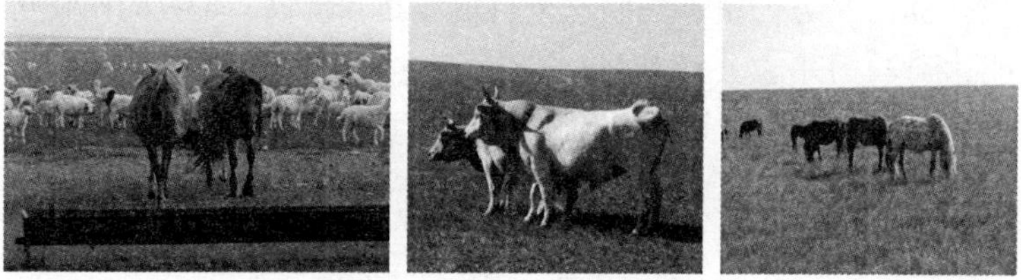

图2-6、2-7、2-8　畜群

三、草场利用：缩小和定型

近些年来，草原环境退化问题成为所有人关注的焦点，中国北方沙尘暴以及土地大面积的沙漠化问题引起越来越多的关

① 被访者：SRH额吉，女，61岁，蒙古族，被访者家中；访问时间：2014年8月22日；访问者：玉荣。

注，上至中央政府，下至普通老百姓。据统计，“20世纪50年代我国北方发生大范围强沙尘暴灾害5次，60年代发生8次，70年代发生13次，80年代发生14次，90年代发生了23次”①，“到2001年时，一年就发生了23次之多，尤其是2006年的强沙尘暴袭击北京城，总降尘量高达33万吨”②。沙尘暴问题已经不仅仅是地方性问题，它还影响到了首都北京，甚至给日本、韩国等国带去了空气污染问题。同时，草场退化、沙尘暴等问题使得依赖草场生活的牧民受到了最直接的冲击。针对草原退化、草场沙漠化以及沙尘暴等不利于畜牧业发展的问题，根据党中央“退牧还草、退牧还林”的政策，内蒙古自治区“从2000年开始逐步实施‘禁牧’‘休牧’‘轮牧’的‘新三牧’政策”③，成为迄今为止中国草原保护和草场恢复的主要政策。到2002年内蒙古自治区党委、政府出台了《关于转变生产经营方式发展生态畜牧业的意见》(〔2002〕4号文件)，作为一种生态发展目标，《意见》提出了“禁牧、轮牧面积占可利用草原的50%以上”④的具体发展目标。内蒙古草原的总面积有88万平方公里，按照这个目标实施，禁牧、轮牧的面积可能达到44万平方公里以上。

东乌旗一直以来都是以纯牧业为主的旗县，由于自然条件

① 高尚玉：《京津风沙源治理工程效益》，北京：科学出版社，2008年，第1页。

② 伏来旺：《中华生态文化的精神大旗》，鄂云龙主编：《草原文明与生态和谐——生态文化高层论坛论文集》，北京：民族出版社，2007年，第4—7页。

③“新三牧”政策是指禁牧、休牧和轮牧的政策。禁牧即指国家统一把一个地区的草场封起来，禁止牧民继续放牧，地方政府根据中央政策把牧民转移到其他地区或者统一建立安置点，让空出的草场得以休养生息，慢慢自然恢复。休牧则指让一部分牧民在一段时间内禁止放牧。轮牧是指在几个草场轮流放养牲畜，使得草场能够季节性得以恢复。

④ 内蒙古政府网：http://www.nmg.gov.cn；访问日期：2015年2月11日。

等原因，一直以来并不适合除了畜牧业以外的其他产业。在东乌旗，从1984年“草畜双承包制”开始，超载过牧一直是牧区普遍存在的现象。“养的牲畜多了，收入才能多，这么一大家子要生活，哪儿都需要钱啊！”①“老一辈的（牧人）经常感叹，这样对草场开发、超载养牧，对草场破坏太大了。草场得不到休养，牲畜越来越多，尤其是小畜（绵羊和山羊）。可是，我们没有办法啊，只能依赖牲畜，但凡有法子，谁也不愿意超载过牧，破坏草原。”②

在牧区，一户人家的牧场是以他所住的蒙古包为中心形成的一个圆形，不同的方位、不同的地形生长着不同类型的植物。根据植物类型、风向，畜群出场（觅食）的路线、方向以及距离都不同。划分草场时，考虑水源的问题，尽量使每一户人家的草场上有一口井或者两三户人家一口井。在此基础上划分的草场形状怪异，有一些人家的草场是细长条，羊群可能很难吃到最外边的草，反复来往于既定的路线，草场被反复利用，尤其是家附近的草场更是退化得严重；有一些人家的草场被分到公路的附近，被分割成两片，放牧既不方便，畜群又受来回奔驰的车辆影响；还有一些牧民分到的草场都集中在一个方向，畜群只能吃一个方向的草类。“当时划分草场的时候，没有办法满足所有人的需求。有的人家草场草不好、地势也不理想，有的人家分到的草场草好、地势也好。我家当时分到的草场就不包括后面梁上的草场，畜群只能往东、西、南三个方向放牧。北面梁上的好草畜群根本吃不上。2008年，我们家后面的邻居搬到旗里，不放羊了，我就跟他商量着租用他家的草场。签了五年的合同，他也愿意租给我，价钱也公道，没有瞎

①被访者：SRH额吉，女，61岁，蒙古族，被访者家中；访问时间：2014年8月22日；访问者：玉荣。

②被访者：ALTAQR，男，23岁，蒙古族，被访者家中；访问时间：2013年7月16日；访问者：玉荣。

要价。他怕租给不认识或不熟悉的人祸害了草场。虽然不放牧了，但是还是希望草场能让熟悉的人照顾使用。现在，除了自己原有的草场之外，再加上租来的草场，这样牲畜来回走得能远一些，草场稍微能好一些。”①

牧民选择草场都是以“家（gər）”为中心，大畜（骆驼、马、牛）走得远，往往需要到很远的草场吃不同种类的植物，经常几天才回来饮一次水②；而小畜（绵羊、山羊）的活动范围不会离家太远，需要的草场较近，白天出场，傍晚返回。“再说，牲畜也不应该这样养啊，大畜有大畜吃草的草场，小畜有小畜的吃草规律。当时，从大集体分到个人，大家没觉得划分草场不好，都觉得挺好的，可以发家致富了。说划分就划分，说围起来就围起来。”③最为理想的草场应该是让畜群吃到最有营养价值的草类。

“（19）84年包产到户重新划分草场，从大集体我们家分到了不到2万亩的草场，小畜200只，大畜加起来40多头。全家大小6口人，想过得好一点只有发展畜群，孩子们慢慢长大，两个儿子都要结婚、分群、分草场，这都不算供他们上学的花费。到90年代末时，我家的小畜群发展到1000多，大畜主要发展了马群，我家建了十几个儿马群，大概有100多匹吧。草场不够，只能租借别人的草场。草场压力大，但也没办法，那时候大儿子和小儿子都到了适婚年龄，要分家给他们建新群。在我们这儿，新人成家最少要分200只羊才能建群。两个儿子分完家，我们跟小儿子，姑娘出嫁陪嫁，到2000年时，大家开

---

① 被访者：BHEDN阿玛，男，54岁，蒙古族，被访者家中；访问时间：2013年7月16日；访问者：玉荣。

② 大畜中牛群有一些不同，在生小牛犊和挤奶期牛群一般走不远，这时牧民会分群放养。

③ 被访者：SBL额吉，女，81岁，蒙古族，被访者家中；访问时间：2014年8月22日；访问者：玉荣。

始把自己的草场用铁丝网围起来，我家也围了，把马全卖了，拿钱买了网围栏。围了网围栏的话，马群是没办法饲养的，马群走不远吃不上草，小马驹老是被网围栏弄伤腿，或者困在网围栏上挣不脱，活活饿死的可多了，心疼得不行。”马群是以儿马为中心建立起来的，十几匹到三十几匹成一个小群。马群在儿马的带领下对草场、地理位置的识别能力非常强，BYT阿爸还说：“再说，草场是固定的，网围栏一拉，别人家的草场你是不能去的，谁都不高兴。现在草场上的纠纷可多了。”①

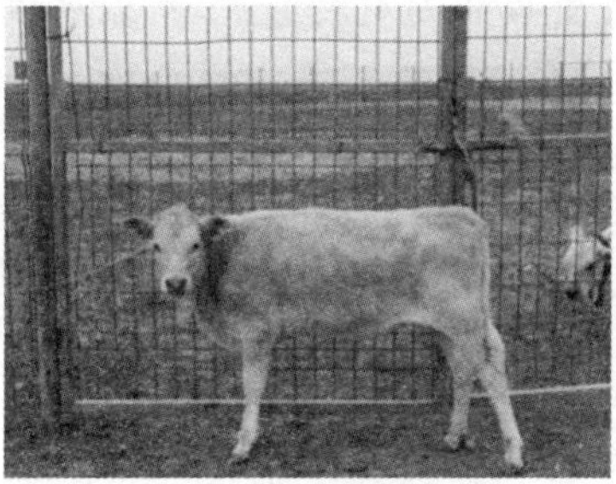

图2-9　网围栏

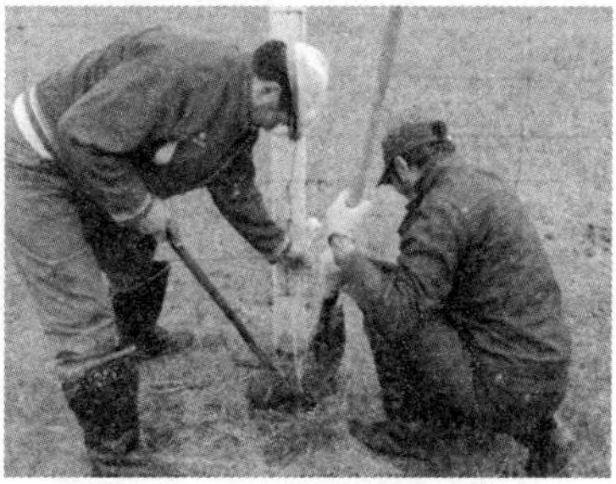

图2-10　修缮网围栏

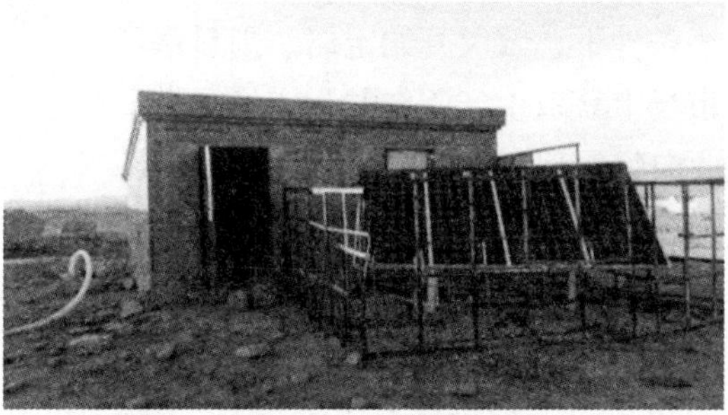

图2-11　太阳能机井

由于传统草原畜牧业生产方式被认为是粗放和脆弱的，过

① 被访者：BYT阿爸，男，76岁，蒙古族，被访者家中；访问时间：2014年8月15日；访问者：玉荣。

于依赖自然，经济效益低下。“从1958年起，内蒙古牧区同全国其他地区一样建起人民公社，实行计划经济，成为整个国民经济中的一部分，到大集体期间，人们不满于自然生态环境对畜牧业生产的限制，在‘人定胜天’的思想指导下，通过‘畜牧业现代化’，将‘传统落后、靠天吃饭’的游牧畜牧业改造成现代化的‘集约式畜牧业’成为牧区的畜牧业发展方向。”[①] 国家在内蒙古草原地区实施了牲畜改良、围封草库伦、建设定居点等政策，以抵抗自然灾害和改造传统草原畜牧业，“现代化养牧，集约化饲养”成为现代畜牧业的发展形式。“东乌旗的第一座草库伦始建于1966年，在宝力格公社吉日嘎楞图大队，是锡林郭勒北部牧区所建的第一座草库伦”[②]。

20世纪80年代，改革开放的春风吹到了边城。东乌旗在强调经济发展的背景下，通过“集约化”的牲畜饲养改变“落后的、粗放的、靠天养畜”的传统草原畜牧业，被认为是草原建设的现代化目标。这一目标得到了当地政府的认可和推行，采取了明晰草场产权、建设棚圈、发展人工饲草、进一步加强牲畜改良等措施，成为集约化生产的重要手段。在这样的政策环境和市场条件下，牧民开始定居、围封草场、进行家庭承包经营，从市场上获取生产资料并为市场提供畜产品，传统的粗放型畜牧业向集约型畜牧业转型。

到今天，草场的微型化和定型化成为草原的现实状况，牧民收入的增加伴随着生产成本的大幅增加，养牧的高投入并没有带来更高的产出和效益，集约化生产带来的高昂成本已经让当地牧民不堪重负，经济状况越来越差。“我家围草场的铁丝网和新盖的暖棚当时都是借钱建的，不围不行啊，挨着的（草

① 韩念勇：《草原的逻辑——探寻另类市场制度》，北京：北京科学技术出版社，2011年，第48页。

② 乌力吉：《东乌珠穆沁旗志》，呼伦贝尔：内蒙古文化出版社，2013年，第35页。

场）人家都围了，你不围人家就到你的草场上放牧，先让畜群吃你家的草场，等草吃得差不多了，才吃自己的。这样我家的牲畜就会受制啊！暖棚不盖不行啊，大家盖了暖棚之后，仔畜存活率提高了，收入也会提高啊，再说了，人也不受罪呢。这样每年都要维修也花钱啊，一项不小的开支呢。”[①]由于舍饲圈养和牲畜改良等集约化措施加大了对饲草的需求，而草场围封造成可利用天然草场大量减少，当地牧民不得不花费大量资金买草。“每年到买草时都要贷款，草料对我们家来说太重要了。我家草场小，这几年草场退化得特别厉害，每年都需要买草以防万一。现在羊绒、羊毛都不值钱了，都没人来收购。现在肉价还行，但也不能把牲畜都卖了吧！”[②]

笔者在牧区调研期间了解到，牧民每年买草料花费巨大，而牧户的畜产品收入却难以获得可观的收益，导致大部分牧民家庭不得不借贷买草，造成恶性循环。“不贷款咋办呢，到了真正需要牧草时，涨价了，更贵了。再说，早一点贷款还能贷上国家的，晚了轮不到自己，只能借高利贷。不借不行啊，牲畜等着过冬的草料呢。”[③]纯天然草场能够为牲畜提供各种各样所需要的牧草，游动养牧使牲畜采食到丰富多样、营养价值高的牧草，而草场的定型和缩小导致牲畜无法按季移动，也无法避灾倒场，牲畜采食到的牧草种类很少、很单一，依靠饲料从而对牲畜的饲养成本增加，加重了牧民的负担。在东乌旗，牧民为了保证牲畜安全过冬，每家每户都需要储备一定数量的干草和玉米。草场围栏化之后，牧民不能随意收割牧草，储备干草意味着牧民需要更多地进行人工收割和保存牧草，人工收割增加了牧民额外的人力、物力、财力的负担。收割好的牧草，

①③ 被访者：BHEDN阿玛，男，54岁，蒙古族，被访者家中；访问时间：2013年7月16日；访问者：玉荣。

② 被访者：BYT阿爸，男，76岁，蒙古族，被访者家中；访问时间：2014年8月15日；访问者：玉荣。

任何的保存方法（如干草、青储）都会造成一定的浪费，其营养价值也有很大的损失。除此之外，目前在东乌旗收割牧草全部机械化，机械的操作过程中会造成牧草的收获量损失，也会降低牧草的质量。收割后的牧草在干燥的过程中，水分的丧失会再次造成营养流失。由于天气以及存储方式不当，使得牧草在干燥和储存的过程中也会出现发霉的现象，再一次造成牧草质量下降。“牲畜吃多了干草容易上火，一定要注意比例和饮水量。因为干草没什么营养价值，都不如草场上的枯草呢。”[①]相对而言，牲畜的移动采食不仅可以避免牧草营养的浪费，也可以减少打草贮草的成本。

表2-1　东乌珠穆沁旗草场分类表[②]

单位：亩

草原类型	面积	比例
山地草甸草原	709400	1.09
低山丘陵草甸草原	14280661	21.85
高平原草甸草原	9922851	15.18
低山丘陵典型草原	10126536	15.5
高平原典型草原	19336263	29.59
沙地草原	694391	1.06
河曲、戈壁谷地草甸草原	9952769	15.23
沼泽地草原	324732	0.5

① 被访者：BHEDN阿玛，男，54岁，蒙古族，被访者家中；访问时间：2013年7月16日；访问者：玉荣。

② 乌力吉：《东乌珠穆沁旗志》，呼伦贝尔：内蒙古文化出版社，2013年，第138页。

第三节　游牧文化生境下的乌珠穆沁女性

蒙古族女性是游牧文化的缔造者之一，同时游牧文化对蒙古族女性的角色塑造发挥着不可忽视的作用。蒙古族女性以自己独特的方式经营着生活，在四季游牧的生产生活方式下塑造了自己的角色，创造出了属于自己的价值，为“逐水草而居”的游牧生活做出了极大的贡献。想要全面了解蒙古族女性的生产、生活，就必须要对其所依赖的文化生境有所认识。“生境是指一个民族或族群的生存环境。生境构成一个民族的文化生成机制。一个民族生境的变化必然会引起民族社会文化的变迁。对于任何一个民族或族群来说，首先要占领一定的自然地理空间，这个地理空间构成民族特有的生产生境，即该民族的自然生境。同时，一个民族还与其他民族以各种不同的方式共存，也需要与其他范畴构成该民族的社会生境。一个民族的自然生境和社会生境都是特有的，两者的总和称为该民族固有的生境”[①]。可见，生境即指自然和历史文化环境。因此，只有把蒙古族女性放到特定的文化背景下，才能了解蒙古族女性对整个游牧文化的形成所做出的贡献。

游牧社会中，女性无论是操持家务，还是从事畜牧业劳动，都扮演着重要的角色。蒙古族女性以积极、主动的生存态度投入到生产、生活中，她们在生产生活的实践中不断磨炼着生存技能，积累了许多应对恶劣的自然条件和游牧生产、生活经验。譬如，在一定面积的草场上能养活多少头（只）牲畜；多少头（只）牲畜能养活一口人；一年之中不同的季节，牲畜

① 转引自王志清：《语言民俗与农区蒙古族村落的文化变迁》，北京：中国社会科学出版社，2011年，第40页。

在什么样的草场上采食最好；草场之间应该多长时期轮牧一次最佳；什么情况下需要定期轮牧；什么情况下需要走敖特尔；什么样的草场适合大畜或小畜采食；什么样的草场适合五畜混合起来采食；畜群的规模应当控制在多少头（只）以内才能适应草场的承受力；什么时间适合放种畜；如何防止畜群疾病等经验知识，蒙古族女性都了如指掌，如数家珍。

笔者在东乌旗调研过程中，每当话题涉及额吉所熟知的领域，额吉就精神焕发，讲上一天都讲不完，这是额吉听到的、学到的、琢磨出来的经验，是游牧文化的精华。除此之外，额吉还熟练掌握着牲畜的繁育技能，红食、白食的制作技术，皮革和制毡技能等畜牧生产核心技术，在家庭生活与生产活动中扮演着重要角色。额吉对游牧生产有着绝对的权威性，这些知识和技能被她们作为一种生产方式不折不扣地实践着、传承着。这也是游牧文化的核心，因此蒙古族女性对整个游牧文明的形成做出了不可忽视的重要贡献。

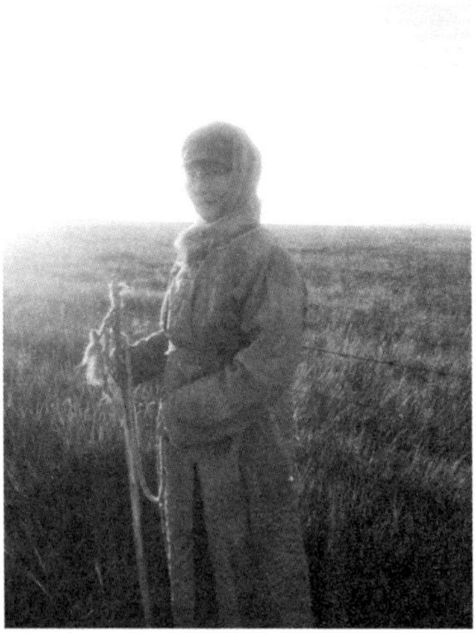

图2-12　生产劳动中的额吉

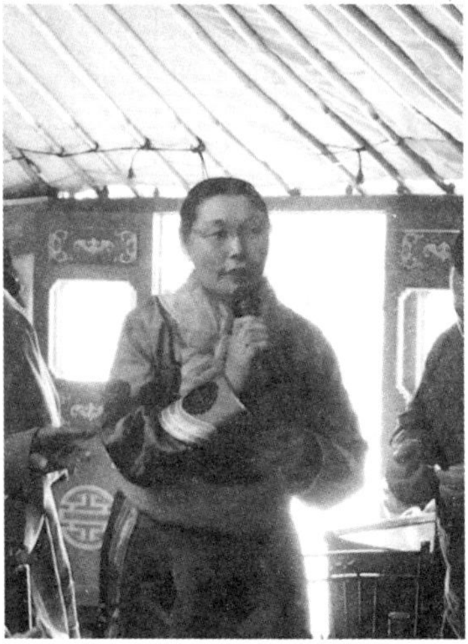

图2-13　社会活动中的额吉

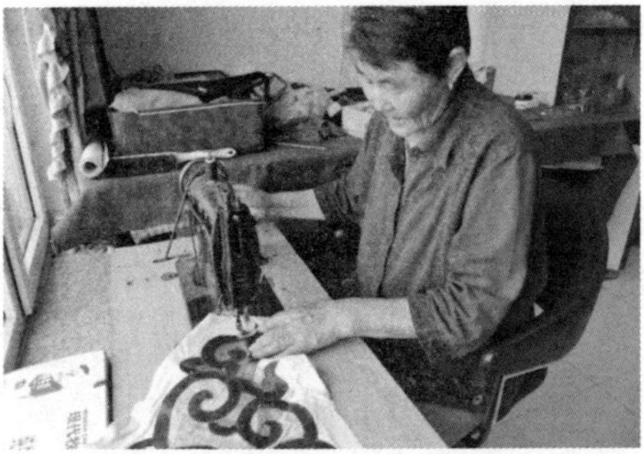

图2-14　家居生活中的额吉

一、"历史的投影"：女性的权利

"逐水草而居"的生活方式，其最主要的特点在于其流动性和开放性。这对拓展蒙古人的视野，吸纳和融合其他部族的优秀文化精髓起到了至关重要的作用。蒙古人以其宽阔的胸怀接纳女性、崇拜女性，所以蒙古族女性拥有财产的继承权。女儿结婚时，父母要根据家庭的情况，陪嫁给女儿应得的一份财产，作为女儿成立新家庭的基础生产、生活资料。陪嫁的物品除首饰、衣物和生活用品之外，主要是牛、马、羊等生产资料。而女性对这份财产拥有支配权，如果婚姻破裂，女性可以带走这部分财产，并受法律保护。女性在婚后，对丈夫的财产也有继承权，甚至寡妇改嫁后，可以带走从娘家带来的财产。财产权和支配权的保障使得蒙古族女性获得了自立自强的可能，也从制度和习俗中确认和保障其社会公民的资格，为其主体意识的萌发和建立创造了宽松的氛围。

在游牧文化的生境下，形成了蒙古族女性勇于追求自由平等权利的性格特征，不仅表现在家庭、婚姻等方面，还表现在参政议政的方面。其中最为典型的代表是黄金家族的女性在参政议政方面发挥了不可忽视的作用。在《蒙古秘史》一书中，重点记述了成吉思汗的十一世祖朵奔蔑儿干之妻阿兰豁阿"五箭训子”的事迹；记述了养育伟大圣主成吉思汗之母诃额仑；贤良淑德的成吉思汗之妻孛儿帖；多次谏言的成吉思汗爱妃也遂；培养了四个帝王的拖雷之妻唆鲁禾贴尼；勤俭持家的忽必烈之后察必；拥立年幼的巴图孟克为汗的满都海彻辰夫人以及辅佐俺答汗的三娘子等众多在蒙古族历史上发挥重要作用的著名女性的事迹。从这些著名的历史人物身上，我们可以看到蒙古族女性除了生产生活以外，还参与到政治领域，可见其所拥有的权利。这些女性是蒙古族妇女的杰出代表，她们的行为举止被记录下来，有其特殊性，但更多体现出游牧文化博大精深的一面，使得蒙古族女性享有这样的权利，得到社会广泛的认可和肯定。

从19世纪末到20世纪初，整个国家的政权处于各方力量的角逐之下，整个蒙古社会也处于深刻变迁之中，女性成为整个时代的附属品，没有权利发出自己的声音。值得一提的是在1903年，当时的卓索图盟喀喇沁右旗郡王贡桑诺尔布明确提出女子教育的重要性，创办了“毓正女子学堂”，标志着蒙古族女性拥有享受现代教育的资格。虽然女子学堂的学员更多来自蒙古王公精英阶层，无法惠及所有牧民，但是其历史意义不可忽视。

中华人民共和国成立之后，各项工作步入正轨，女性的社会地位和角色进一步得到认可和重视。东乌旗响应国家号召，开始重视妇女工作，以召开的第一届妇女代表大会作为标志，在政府和各界的关照下，蒙古族女性获得了话语权。1957年12月，根据《全国妇联关于更改民主妇女联合会名称》的精神，东乌旗召开首届妇女代表大会，大会选举产生东乌旗妇女联合会领导机构[①]。

① 在中华人民共和国成立之后，东乌珠穆沁旗刚开始归属于东部联合旗，一直到1956年7月经国务院批准，撤销东部联合旗，分设东乌珠穆沁旗和西乌珠穆沁旗。在东部联合旗（1954年2月）贯彻执行锡林郭勒盟党委《关于加强妇女工作决议》。参见乌力吉：《东乌珠穆沁旗志》，呼伦贝尔：内蒙古文化出版社，2013年，第27—28页。

1962年9月，东乌旗组织召开了第二次妇女代表大会，选出13名委员组成了东乌旗第二届妇女联合会。1972年6月在乌里雅斯太镇，召开第三次妇女代表大会。1977年10月，召开了第四次妇女代表大会，与会代表共99人，表彰了64名先进个人和17个先进集体，选举产生东乌旗第四届妇委会。1982年9月，召开了第五次妇女代表大会。1983年9月，东乌旗“优秀教师”娜拉当选为全国妇女代表大会代表，参加第五次全国妇女代表大会。1985年6月，组织召开了第六届妇女代表大会。1988年1月，在乌里雅斯太镇，召开了第七届妇女代表大会。1992年4月，妇联组织52名妇女干部和“三八”红旗手获奖者，举办“优生、优育、优教”教育培训班，组织学员到北京、天津和全国妇联活动中心参观学习。同年6月，妇联又举行了《妇女儿童合法权益保障法》宣传活动。同年7月，妇联组织48名妇女干部前往北京、北戴河等地参观学习，在北京受到全国妇联领导的接见，为正在筹建的“庆龄女子大学”捐款。1994年1月，妇联召开全旗基层妇联工作会议，表彰奖励在1993年工作中做出优异成绩的妇女干部、先进个人和先进集体。同年7月，妇联举办以《中华人民共和国妇女权益保障法》《中华人民共和国妇女儿童保护条例》为主要内容的知识竞赛活动。1995年3月，妇联主持召开“庆三八，迎世界妇女大会”表彰大会，表彰女状元54名、先进集体10个。同年，在锡林郭勒盟举办的“双学双比，巾帼建功”竞赛活动中，东乌旗乌里雅斯太镇街道党支部书记兼居委会主任吴凤莲、呼布沁高毕苏木商都嘎查牧民萨仁图雅、额吉淖尔苏木布勒呼木德勒嘎查牧民孟根花被评为“科技兴农、兴牧能手，巾帼建功标兵”。1998年5月，召开了第九次妇女代表大会[1]。

① 乌力吉：《东乌珠穆沁旗志》，呼伦贝尔：内蒙古文化出版社，2013年，第29—67页。

笔者通过调查了解到，牧区有关妇女的活动更多通过妇女联合会来完成。“我从1966年开始做我们嘎查的妇联主任，做了将近20年。我在我们嘎查人缘好，和邻居们来往得都不错。大家有事来找我，我都会想尽办法帮助她们。我们那时候交通不方便，不像现在，一个电话就可以解决。那时候来回都靠骑马，挨家挨户地去传达，挨家挨户地去宣传计划生育政策，还有其他的国家政策。一个嘎查宣传完需要很长时间，有些政策有时间要求，需要在指定时间里让牧民知道，路宿牧民家是经常的事。有时候自己家的活儿都受影响，但是家里人很支持我的工作，能为大家服务是一件很光荣的事情。”[①]蒙古族女性的政治参与权，反映了蒙古族妇女对当时的社会生活的影响力。同时，话语权的获得也使得蒙古族妇女进一步认识到作为人的主体价值，加之蒙古父权社会的尊母习俗使得女性无论是在家庭的个人领域还是在社会的公共领域，其地位和价值都得到了充分体现。

二、“社会的辐射”：女性的权利

蒙古族是崇尚民主自由的民族，个体的生命价值被肯定，蒙古族女性权利的形成并非一日之功，而是有其独特的历史传统和文化背景。“蒙古族妇女的平等自由观念，尊老爱幼的天性，坚韧不拔英勇无畏的精神，对待子女的严格教导等等，主要是草原特有的生存环境所造成的。”[②]成吉思汗在统一蒙古各部之后制定《大札撒》，但是对每一个体的管束和制约较弱，牧民不仅可以拥有一定数量的个人财产，还可以自由迁徙游牧。这从一定意义上为保证蒙古族女性扮演不同的社会角色提供了自由的空间，从而增强了人们对蒙古族女性所扮演的社会

---

① 被访者：WLH额吉，女，68岁，蒙古族，被访者家中；访问时间：2013年7月11日；访问者：玉荣。

② 明月：《蒙古族妇女优良历史传统分析》，《黑龙江民族丛刊》（季刊）2001年第2期，第96—99页。

角色的尊重和礼赞。

在草原上流传着很多谚语，如“连可汗也是女人生的”“对喂乳汁的母亲，要敬爱；对教字母的老师，要尊重”“长大成人后，须念母亲之恩”等[①]。由此可见，蒙古族女性无论是在家庭还是在社会生活中，一直都自觉地履行着自己的社会责任和历史使命，体现出了较强的能动性、自主性和创造性。

游牧经济相对而言具有一定的不稳定性、脆弱性以及游动性，这样的特征自然会要求女性与男性一样承担生产生活重任，无法“大门不出，二门不迈”地守在家里，而是要随着全家来回迁徙于草原，既“上得了厅堂，又下得了厨房”，凸显出了女性的社会价值和贡献。恶劣的自然环境以及繁重的生产劳动使得蒙古族女性形成了勤劳勇敢、乐观豁达、聪明智慧、坚忍不拔的性格，使蒙古族女性在社会和家庭中受到了尊重，享有较高的社会地位，其社会角色的重要性得到了弘扬。她们中的一部分人在政治舞台上行使了决策、指挥、参与的权力，为女性争得了更多的话语权。甚至在蒙古族著名的《阿勒坦汗法典》[②]《卫拉特法典》[③]《喀尔喀法典》[④]《豁里十一部协

---

① 朋·乌恩：《蒙古族传统美德》，呼和浩特：远方出版社，2002年，第42页。

②《阿勒坦汗法典》规定，堕孕妇胎儿，罚其夫家畜七九（即63头牲畜，下同）；丈夫揪断妻子的头发，罚一五；扯破衣裳，罚一五；丈夫以刀尺之木棍、石块、土块打妻子，罚三九；以鞭子、拳头、脚踢打妻子，罚一九；男子勾引拉扯女人，扯破其衣服，罚一匹马、一头牛。转引自朋·乌恩：《蒙古族传统美德》，呼和浩特：远方出版社，2002年，第249页。

③《卫拉特法典》中规定：不允许揣摸姑娘和胡乱开玩笑。如揪掠女人的头发、头饰，罚一九；动手而使女人堕胎，有几月罚几月等。还规定公公不许打儿媳，如果打了儿媳，要“罚二九或一五”。转引自朋·乌恩：《蒙古族传统美德》，呼和浩特：远方出版社，2002年，第249页。

④《喀尔喀法典》中规定：孕妇遭到殴打，致使胎儿流产者，所罚牲畜的头数同胎儿的月数相同。如果“诺颜人奸哈剌出（指平民）人的妻子，以罚一百五十头牲畜的案子处理”。转引自朋·乌恩：《蒙古族传统美德》，呼和浩特：远方出版社，2002年，第249页。

议》[1]等法律文书中都写有保护妇女和禁止家庭暴力的法律条款，甚至规定了女性在婚姻家庭生活中享有离婚和再婚的权利。蒙古族社会对妇女离婚的规定，尊重妇女意愿，男女双方在离婚、养育孩子方面有平等的权利。蒙古法律明确规定："寡妇可以改嫁，改嫁后还能带走她从娘家带来的陪嫁财产，允许寡妇与丈夫的兄弟结婚成家。此外，还规定：寡妇有选择是否跟随儿子居住的自主权，拥有家庭财产支配权。如果是无子女的寡妇，可以全部占有丈夫的财产。但是，如果回娘家则必须把财产留给丈夫的兄弟，不嫁给其他男人，与丈夫的亲属相好而生的孩子，不认为是犯罪。如果与自己相好的男人生下了儿子，男人必须收留，如果生女儿的话，寡妇必须收留。"[2]

蒙古社会对妇女的限制较宽松，法律上给予妇女的这些自由权，正是以其特殊的生产生活方式为前提，在一个人口稀少，劳动力极其珍贵的社会里，给予妇女离婚、再嫁及财产的继承权，法律既保证了劳动力的合理流动，也维护了该社会特殊的生产生活方式，以保证人身自由。元朝时期，蒙古社会的法律，从某种程度上可以说它是一种基于自由、维护自由的法律秩序，给予了蒙古族妇女更多的自由选择权。在自由选择的过程中，体验了作为女性存在的价值，其角色地位、认识能力和实践能力都会得到不同程度的提高。

除了法律上赋予女性一定的权利以外，蒙古族女性还拥有

---

①《豁里十一部协议》中规定：男女两方之男方愿意而女方不同意，不许离婚。同时还规定，不允许把怀孕的妻子赶回娘家，不准与怀孕的妻子离婚。如果妻子怀孕，但双方都同意离婚，在女人生育后，男女双方家庭共同承担养育责任。如生儿子，则给男人；如生女儿，则给女人。如因为男人的过失而离婚，男人不许要任何子女；如因为女人的过错而离婚，女人同样没有要任何子女的权利；假如男女双方都有过失，则由官府裁定。转引自朋·乌恩：《蒙古族传统美德》，呼和浩特：远方出版社，2002年，第239—240页。

② 朋·乌恩：《蒙古族传统美德》，呼和浩特：远方出版社，2002年，第243页。

参与重大社会活动的权利。据《蒙古秘史》记载，铁木真崛起不久，势力渐强，与盟友主儿乞部人“筵与斡难之林中”，宴会上双方的女性亲属诃额仑、孛儿帖、额别该、豁里真、忽兀儿臣等均被邀请参加出席这一重大的盛宴[①]。成吉思汗西征时，妃子忽兰、也遂均随军出征。马可·波罗在其游记《马可·波罗游记》中写道：“家里面凡有什么买进卖出的商业由妇女经营。”[②]在蒙古社会中，女性受其生产和生活方式的影响，生存空间较广阔，在重大的仪式、宴会及日常生产生活中，均可见到可汗或王汗的母亲、宠妃及普通妇女的身影，她们拥有社会交往的权利。而作为普通家庭主妇的蒙古族女性，在社会活动方面的限制并不是很多，她们在闲暇时间参加各种社交活动，例如“那达慕大会”“庙会”“敖包祭祀”等公开活动。

在日常的生活中，蒙古族女性也有拓展自己的社交生活圈的权利，对自己的生活有一定的自主性。笔者在东乌旗调研期间，对此深有体会，妇女在社会活动中占有重要的地位。“我最开始做熏皮袍是在我家儿子本命年，我和老伴儿在旗里，没什么事做，就决定给他们一家每人做一件。当时没想什么，就是觉得自己亲手给孩子做，熏皮袍现在不多见了，穿的人越来越少了。家里正好有一些压着的熟皮子，不用可惜了。后来旗里电视台要做节目，需要用，别人知道我家有，就过来借用。2007年时，旗里的博物馆要做男女两件熏皮袍，我就答应了。我觉得这是好事，我用了很多心思，还有你阿爸帮我，我们两个都当回事的去做。后来也有文化局的人来请我过去给一些年轻的媳妇们讲怎么做熏皮袍，我就过去讲了。现在那些孩子有什么问题也会给我打电话呢。我也经常受人委托做一些乌珠穆

① 道润梯步：《新译简注蒙古秘史》，呼和浩特：内蒙古人民出版社，1978年，第98页。

② 马可·波罗：《马可·波罗游记》，梁生智译，北京：中国文史出版社，1998年，第81页。

沁样式的蒙古袍，电视台呀，像你这样的做调查的孩子来找我，我从来不拒绝。”[①]YJM额吉很积极地参加各式各样的社会活动，尤其是自己擅长的有关“熏皮袍”制作方面的。按她的话讲，“只要她们想学，我就有时间给她们讲”。

在经济上蒙古族女性也享有绝对的自由权和支配权。游牧经济的独特性造就了蒙古女人独立面对一切的能力，尤其是家里的牲畜数量、买卖、选种等问题上有着绝对的发言权。“我们家有多少牲畜，有多少存款，确切的数字都在妈妈那里，(哈哈)我和父亲负责自己分内的事，照看好牲畜，需要用钱就和妈妈说就行。母亲是家里的‘掌柜子’。”[②]ALTAQR笑着说。根据我为期半个月的观察发现，BHED阿玛家里牲畜的确切数字只有WYDLGR额吉知道，阿玛和儿子只知道一个大概数字。这样的现象在草原上非常普遍和常见。“我和我爱人很早就开始做生意了。我爱人是银匠，我就想着做银饰品生意，这样他的专长也能顾及到。从20世纪90年代我们就在街上租个小屋做一些牧民委托的活儿。从2000年开始，我在主街上租了门脸房，除了接一些指定的银制品活儿以外，我们开始从其他地方进货，来回都是我在跑。到了2003、2004年时，我开始做金饰品，生意越来越好。人们的生活水平提高，慢慢开始注重这些（首饰）了。尤其是娶媳妇或者嫁姑娘时，父母都会准备好金银首饰。将来，我想把民族服饰这块也加进来，这样成套的搭配，为顾客提供更好的选择。地方我们都选好了，两层楼，目前正在施工建设中。这是一笔不小的投入，暂时可能不

① 被访者：YJM额吉，女，65岁，蒙古族，被访者家中；访问时间：2014年8月23日；访问者：玉荣。YJM额吉2009年5月被东乌珠穆沁旗人民政府评为“熏皮袍”制作传承人，2010年被锡林郭勒盟文体局评为“东乌珠穆沁熏皮袍制作技艺代表性传承人”（锡林郭勒盟盟级非物质文化遗产项目）。

② 被访者：ALTAQR，男，23岁，蒙古族，被访者家中；访问时间：2013年7月16日；访问者：玉荣。

见利润，但是，我想做与我们民族有关的（生意），这也是好多顾客的心声。我爱人听我的，我们做了一个规划，向银行和政府借一些创业无息贷款。我的想法是做出我们自己的首饰和服饰品牌来，现在政策好。”[①]由此可见，蒙古族女性在经济上享有自主权和支配权。

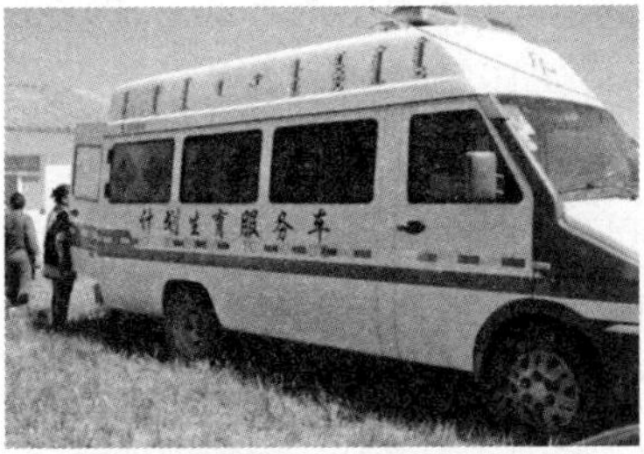

图2-15 免费体检车

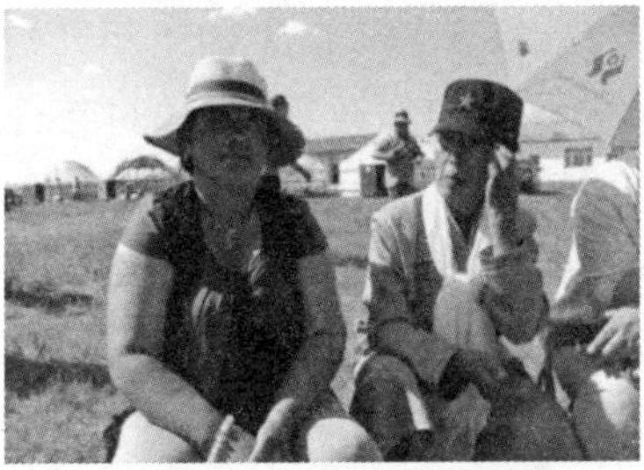
图2-16　那达慕会场

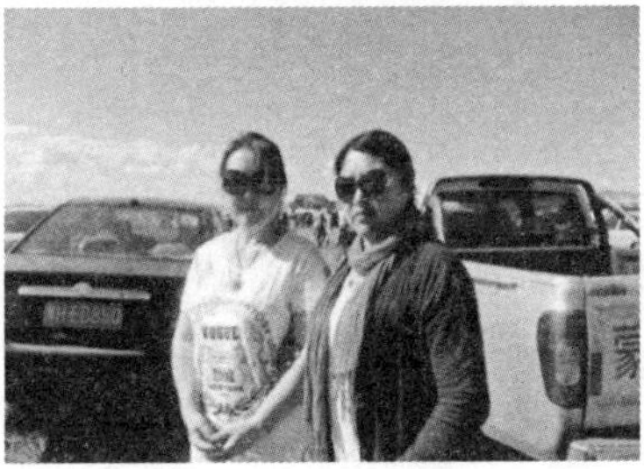
图2-17　姑嫂

法律上的保障、经济上的自主以及社交活动的参与使得蒙古族女性从精神和社会空间等多层面展现自我，使她们能够在更广阔的领域体现其角色价值，打破了女性自然、单一的母性格局，使女性角色的创造性具有更加积极的驱动力，促进了蒙古族女性的自信心，生命活力得到了彰显。

通过把握蒙古族女性从过去到现在的发展历程，有助于我们更好地认识和理解蒙古族女性的社会角色与地位，使我们能够清晰地掌握女性社会地位的提升、巩固和发展的规律。

① 被访者：HR，女，39岁，蒙古族，被访者店中；访问时间：2013年7月22日；访问者：玉荣。

小结

“游牧”一词在蒙古人的语言里称为“努得勒（nu:dəl）”，意指“搬迁、移动、挪动”。这样的生产方式，决定了蒙古人的生产习俗，近似严酷的自然环境和繁杂艰苦的牧业生产实践，陶冶了草原人民豪放、纯朴、善良、奋进的情操，锻炼和增长了牧民的才智。由此可见，特殊的自然环境中形成的蒙古族自然观、生态观、价值观、发展观使得蒙古族选择了游牧经济生产实践活动。通过大量的生产实践，蒙古族不仅认识了客观事物存在以及发展的规律，并且以此客观规律掌握和利用客观事物的手段，把游牧畜牧业经济推向巅峰。而今的草原已经看不到“搬迁、移动”的游牧景象。东乌旗从1958年开始以生产队、分队、牧场为单位实行集中定居政策[①]。1984年开始实施“草畜双承包责任制”之后，草场和牲畜完全承包到户，促进了牧民完全定居化。1994—1996年东乌旗开始整理草场承包带来的问题，第二轮的草场承包完全清晰化，明确了牧民各自的草场面积、范围，严格划定了各户的草场的界限。“我们家是从20世纪90年代末买铁丝网将草场进行围栏化，这样对大家都好，省得出现纠纷。我们这儿有好多这样的草场纠纷，邻居之间、亲戚之间闹得不可开交啊。”[②]草场承包带来了草场的碎片化和私有化，减少了牧业的移动性，导致了生态恶化，可利用资源减少，牧区社会矛盾加剧等一系列问题。牧场承包到户后，放牧只能在小范围内进行，无法进行轮牧，导致对草牧场的高强度利用。此外，还加剧了阶层分化，由于富户有能力早早建设网围栏，将自己的草场围起来，其大量牲畜又

① 乌力吉：《东乌珠穆沁旗志》，呼伦贝尔：内蒙古文化出版社，2013年，第30页。

② 被访者：BYT阿爸，男，76岁，蒙古族，被访者家中；访问时间：2014年8月15日；访问者：玉荣。

占用了穷户的草场，导致穷者破产，将草场租给富户，而这种租赁又导致富人对草场进行掠夺性使用①。

蒙古族是一个有着悠久历史的伟大民族，以马背民族著称的蒙古族，把广阔的草原作为自己活动的舞台，以游牧的生活方式作为自己最主要的经济模式，把这种特殊的生产方式与草原相结合起来，形成了开放的、兼收并蓄的文化氛围。这样的生产生活方式和文化氛围反过来拓展了蒙古人的生活空间和视野。而这样的文化氛围也造就了独特的性别文化，使得整个社会对女性的束缚甚少。蒙古族女性无论是在家庭还是在社会生活中都享有一定的权利，拥有较高的社会地位，在政治、经济、文化等各个领域都展现了独特的魅力，在蒙古族历史上扮演着举足轻重的重要角色。整个蒙古社会甚至以律法的形式来保护女性，承认其在整个社会中的地位和作用。蒙古族妇女在社会关系中所处地位的认定和巩固，保障了蒙古族女性的生命权和生存权，促使蒙古族女性对其主体意识和自身角色的自觉认同。

游牧经济是生态型经济，是一种对自然危害最小的经济形态，无论是其生产理念还是其生产方式不仅不落后，而且形成了与自然万物共同繁荣发展的思想理念和实践行为。游牧生产民俗是在牧业生产生活中发生、发展和演变而来的，它的形成、发展和变迁都见证着蒙古民族热爱大自然、敬畏生命、追求生态文明、天人合一的理念。它凝聚着民族的向心力，对民族的发展具有重要贡献。对于已经不再游牧的蒙古人而言，既要学会新的生产生活方式，同时也要继承和发扬传统的生产技艺，需要对已经消失的或即将消失的文化遗产进行保护、传承和弘扬。

① 敖仁其：《草原放牧制度的传承与创新》，《内蒙古财经学院学报》，2003年第3期。

第二章 “小日子，大生活”：乌珠穆沁女性的生活世界

在家庭分工体系中，女性在其中扮演着最具有弹性的底层力量。女性总是没有声音，以自己的劳动来体现自己的价值，以自己所扮演的角色来确定自己的价值。“在民俗养成的各项活动中，始终活跃着许许多多承载民俗的人，他们以各种各样的身份交流民俗，传习民俗，操作民俗，积累民俗，甚至编制或创造民俗。这些人其实并不是少数人，而是民俗群体中的所有的人，他们在民俗活动中都有自己恰当的民俗角色”[①]。

从游牧到定居之后，蒙古族女性的生产生活发生了很大的变化，从过去的根据草场、畜群不断迁徙的生活方式到定居、定畜、固定草场的生产方式，在衣食住行的日常生活和敖包祭祀等节日仪式中，她们的角色和作用不断凸显。下面通过描述定居之后，额吉的日常生活的片段来呈现乌珠穆沁女性的个人生活空间，再通过访谈和参与观察额吉在敖包祭祀仪式中的言行来塑造额吉参与公共领域的角色状态。“家里的事都是妈妈说了算啊，外面的事都是阿玛我俩跑。”[②]“以前我在苏木时，经常要下乡统计畜群数量，经常遇到有趣的现象，几乎家里有

---

① 陈秋：《屋里屋外：城镇化进程中温州柳村民俗生活女性研究》，博士学位论文，中央民族大学民俗学专业，2014年，第92页。

② 被访者：ALTAQR，男，23岁，蒙古族，被访者家中；访问时间：2013年7月16日；访问者：玉荣。

多少牲畜，男主人只是知道大概数字，具体的数字都是由家里的女主人提供的。”[①]蒙古女性角色的塑造离不开其家庭成员的参与和其他人的认可。

第一节 “过日子”：乌珠穆沁女性的一天

2013年7月14日，笔者来到东乌旗乌里雅苏台镇塔布希拉图嘎查WYDLGR额吉家，开始了为期半个月的牧区生活。笔者每天清晨起来陪着WYDLGR额吉开始忙碌的一天，记录她在各个时间段的活动。额吉很好奇；也很不好意思地问我：“这有什么好记录的？”其延伸意义为“我有什么好研究的”？无论在之前的调查中，还是之后的访谈、参与观察中，这种印象非常深刻。下面通过对WYDLGR额吉24小时活动的记录，连续半个月的参与观察，从微观的、细节的日常生活入手，“深描”当下乌珠穆沁女性个人实践下的日常生活和生活经验。

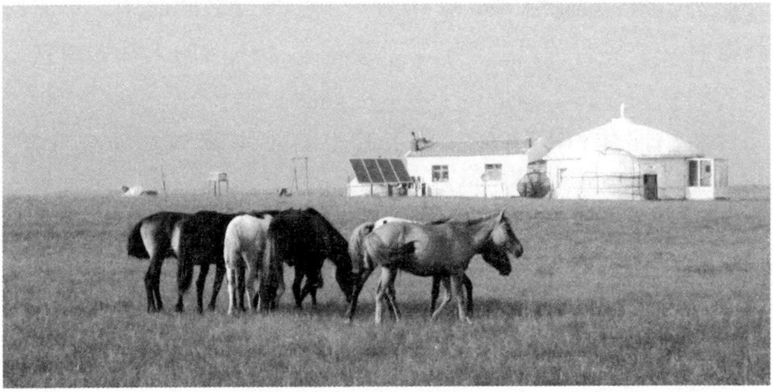

图3-1 WYDLGR额吉家

① 被访者：ALT，男，36岁，蒙古族，东乌旗政府工作人员；访问时间：2013年7月24日；访问者：玉荣。

一、草原的清晨

在来WYDLGR额吉家之前，笔者曾暗下决心，跟着额吉体验她的生活。刚到的那天晚上临睡前，还想着第二天一定要早起，跟着女主人去挤奶，也再三嘱咐清晨一定要叫醒我。可是，第二天笔者醒来时，六点刚过，笔者急忙穿上衣服出门，看到WYDLGR额吉已经挤好奶，提着奶桶往回走呢。额吉迎面走来："姑娘，昨晚睡得好吗？有没有着凉啊？晚上冷没冷啊？"一连串的关怀之言让笔者心里暖暖的。"额吉，您休息得好吗？您怎么不叫我啊？"我微笑着问额吉。额吉的回答让我感动许久："你刚来牧区，还不习惯，再说你也不会挤奶，这么早起来干吗？也没什么事，所以我没叫你。"

接连好几天，笔者一醒来，额吉已经出发挤奶或者挤奶回来了，每天都不超过6点。这让笔者很好奇：额吉到底是几点起床的呢？随后，可能是笔者开始适应牧区生活了，也可能是出于好奇心，随后的几天，我都是跟着额吉起来，与她一起出发挤奶。额吉每天大概4点10分到4点30分之间起床，草原的静谧总是被额吉的赶牛声打破，熟悉草原生活的人都知道这是额吉的一天开始了，是属于额吉的晨曲。

挤奶期WYDLGR额吉每天晚上将小牛犊与其母亲分开，将小牛犊圈起来，好让母牛经过一夜的反刍和消化，奶水更充足（su:sɛ:tɛ:）。每天清晨额吉摸着黑把卧在离棚圈不远的母牛赶到圈小牛犊的棚圈旁，把小牛犊放出来让牛犊先吃一会儿奶，再把牛犊拉开，拴到木桩子上，准备开始挤奶。从家里把奶桶、小木凳、拴母牛后腿用的细绳等拿到母牛旁边，用细绳子拴好母牛后腿，防止母牛蹬踢，一般只是对一些不驯服的或者是第一次挤奶的母牛才用绳子拴其后腿，蒙古语叫"图下勒胡，tʊʃəx"。额吉的动作非常娴熟，大概15—20分钟左右就能挤好一头牛。我一边看着额吉挤奶，一边与额吉闲聊着。额吉告诉我，她大概13岁开始帮助母亲挤奶，到15岁时就可以独立完成挤奶工作。需要挤的母牛数是根据家里的人口数来确定的，家里人口越多，需要的奶食就越多，不只是整个夏天需要吃食奶制品，冬天尤其是过年过节都需要奶制品。一年里的奶制品全凭5—9月份的储备，除了这几个月之外，牧人是不会挤奶自食的。这不仅仅考虑到小牲畜的食奶问题，还要考虑大牲畜的膘情。有时不仅要挤牛奶，中午最热的时候还要挤羊奶，有马群的人家还会挤马奶。现在，额吉家人口不多，一共挤了5头牛。

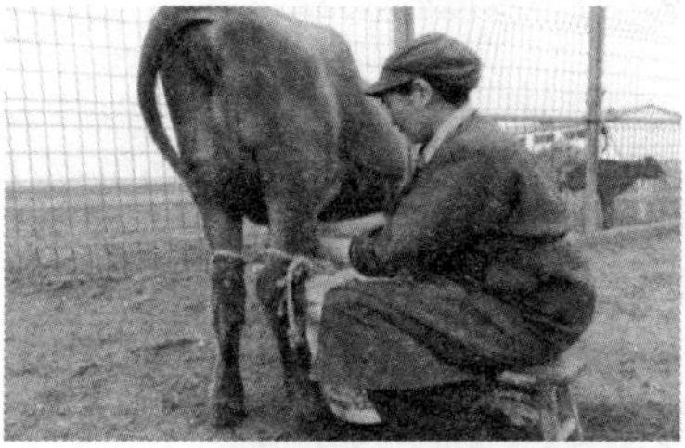
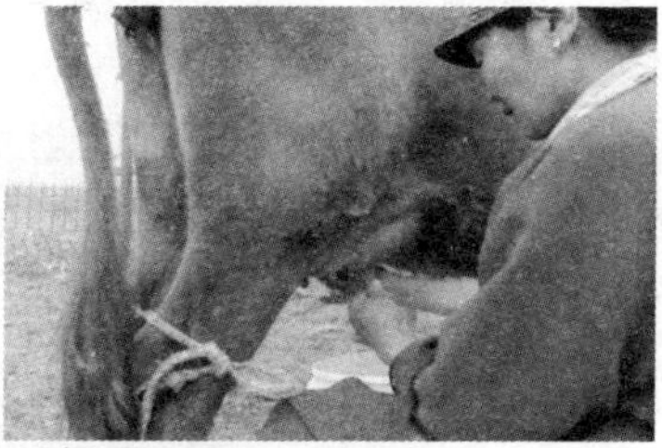

图3-2、3-3 额吉挤牛奶

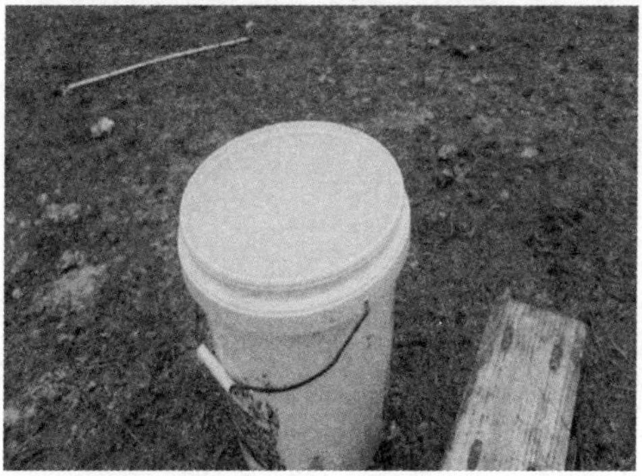

图3-4 挤奶用具

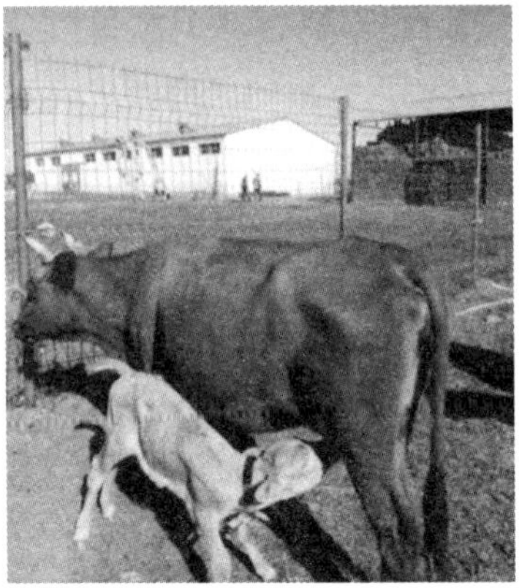

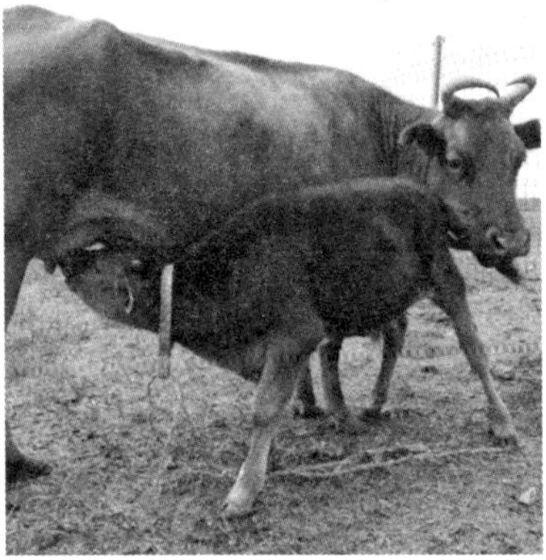

图3-5、3-6　放牛犊准备挤奶

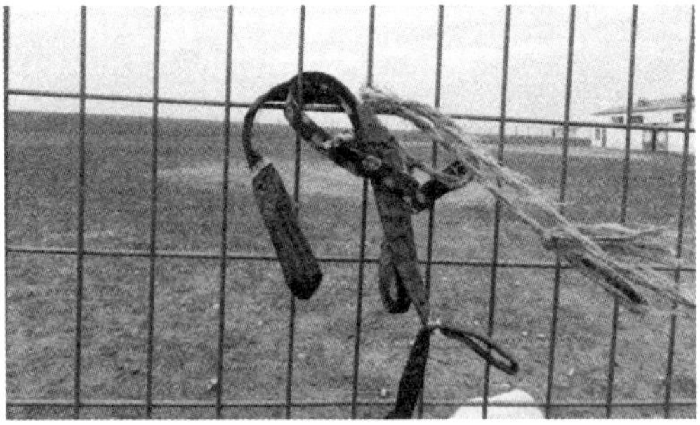

图3-7 拴牛犊的绳子[①]

① 拴牛犊的绳子过去都是皮质或者马鬃、羊毛、驼毛制成的，现在更多被尼龙绳所代替，偶尔也会用废置衣服的布料缝制。WYDLGR额吉告诉笔者，现在年轻人都图方便，买现成的，现在会制作连套绳、拴羊羔绳、避孕布等传统牧具的人越来越少了。连套绳是指挤羊奶时，在脖子和犄角上拴系的绳索。一般用鬃毛或绒毛制成，其中加入被卖掉的牲畜身上剪下来的鬃毛或绒毛。一般在母羊的犄角或脖子上系一个活扣，将母羊头对头交叉连接，将绳索末端套在最后的母羊的头部或犄角上。挤奶结束后，随意拉拽绳索的一头，就会自然抽开，挤完奶后将绳索整理好，盘放在挤羊奶的地方。蒙古人忌讳在连套绳上随意踩踏、横跨。挤奶期结束后，将连套绳抻开放置三天后收起来。

当天色见亮，额吉提着满桶的牛奶回来，开始生火，熬茶，准备早餐。笔者观察到，额吉熬茶前将锅反复清洗干净，额吉说："这样可以使茶的浓度、颜色、味道更醇厚，而且熬制奶茶要用专门熬茶的锅，要是用煮饭的锅熬茶，容易串味儿。奶茶是我们最喜爱的饮品，提神、解渴、解乏，还消食呢，有些上年纪的老人，一天不喝茶都不精神。我们牧区忙，早上又要挤奶，牛羊又要出场，时间很紧。所以，早上这顿茶非常重要，尤其是出门放牲畜的人，有时一走一天，晚上才能回来吃饭。中午我们也喝茶，晚上才吃饭。"[①]她一边说着，一边将捣碎的砖茶装入茶袋[②]放入锅中，待茶熬制成咖啡色后滤出茶袋，加入小米，继续烧开，待米熟时加入鲜奶、奶油或风干肉，再加入少许盐，用勺扬茶数次，以使茶和奶相溶后出锅。额吉先要进行献祭仪式（dəːʤ tɛxəx），首先要在屋里熏阿日查[③]（artʃ），进行净化（ɛruːdxaːx）。净化仪式完成后，额吉再把新熬的奶茶德吉[④]（dəːʤ）和今天新挤回来的牛奶德吉供奉在佛龛前。在供奉之前要把前一天所供奉的牛奶和奶茶双手

① 被访者：WYDLGR额吉，女，50岁，蒙古族，被访者家中；访问时间：2013年7月16日；访问者：玉荣。乌珠穆沁人认为，宰杀或误杀怀胎的母畜是不吉利的，是罪孽（nuul）。

② 茶袋，蒙古人将捣碎的砖茶装入专门缝制的小布袋里，可以使茶叶在一天之内需要时反复熬煮，不浪费。

③ 阿日查，araqa，指杜松子，藏传佛教中常用的熏香。

④ 德吉deej，意为食物中最初的那部分，也是食物最精华的部分。蒙古族把同样的食物在认知上区分为最初部分和剩余部分，实际上，两部分在质和量上并没有区别，只是在被食用的先后次序上有所不同。所以在喝茶、进餐、饮酒时，把食物的德吉献给长者、贵客或敬献给天、地、祖先，以此表达自己的恭敬之意。

捧起，端着到屋外，朝着日出方向顺时针向四周泼洒[①]，嘴里念着“ʊma:xʊŋ”[②]。等待额吉献祭仪式完成之后，全家人围坐在一起，开始吃早点喝早茶。额吉把各种奶食制品、手把肉、炒米、炸馓子摆到桌子上，把第一碗茶斟给家里男主人BHEDN阿玛[③]，第二碗茶敬给我，自己则最后入座。早茶很丰盛，大家说着羊群情况、雨水情况等家常。

二、上午：蒙古包内的生计活动

喝完早茶，休息一会儿，帮着额吉收拾碗筷。到牧区这些天看到屋后西北角堆放有许多茶渣，我很好奇，边收拾桌子边问额吉，为什么废弃的茶叶不与其他垃圾一起扔了呢？额吉笑着说：“过去茶叶很珍贵的，分开放是避免熬过的茶叶与垃圾混合或被牲畜踩踏。以前草原上哪儿有那么多垃圾，我们来回游牧走的时候都会把垃圾带走，尽量减少没用的东西。你看现在，到处都是塑料袋、空瓶子，还有挖坑之后堆出来的土，这

① WYDLGR额吉说：“要把最新鲜的德吉献给佛祖和圣主成吉思汗。每天献祭，是为了积攒福分。天天都要献祭。除了每天的献祭以外，初一、十五还要献新鲜的奶制品、水果。”笔者观察到额吉家的佛龛设在家里的西北角，上面供着绿度母的佛像和圣主成吉思汗的画像，桌子旁边立着用非常精美的薄毡子做的袋子，看起来里面装着非常重要的东西，它的旁边立着马头琴。额吉告诉我，那是她家打马印的铁印。在佛像底边夹了两张照片，一男一女。额吉说是家里的老人过世得早，自己没能尽孝，尤其是母亲去世的时候，自己的日子不富裕，孩子也小，没能好好照顾母亲。就把照片放到佛龛前供着，希望他们能早日成佛。

② 根据东乌旗库伦寺住持彭苏格喇嘛的解释，“ʊma:xʊŋ”与“阿弥陀佛”的意思差不多，就是祈求净化、吉祥的意思。换句话说，祭献德吉，一方面是表示对佛祖、圣主的尊重和感激之情，将自己家的鲜奶和茶水的精华献给保护神：佛和圣主成吉思汗；另一方面，也祈求佛和圣主的保佑，召唤吉祥、平安。

③ 阿玛，是对男性的尊称。笔者在调研过程中发现，在乌珠穆沁有这样的习俗，把40岁以上受人尊重的男性称为“阿玛”，无论大人，小孩儿，亲朋好友都称“阿玛”。也有“名字+阿玛”的形式防止与其他人混淆。在BHEDN阿玛家，他的爱人和孩子都称他为阿玛。

些都是定居了之后才有的啊！家里人口多的，茶叶使用也多，老一辈老人不让随便扔到垃圾里（茶叶渣）。”我想，西北方位对蒙古人来说非常尊贵，把茶叶渣堆到屋后西北，这与蒙古人尚茶的习俗有关。蒙古人特别注重茶，蒙古语称“ʧɛ:ʊ:x”，茶是他们日常生活中不可缺少的。有客人到访时，女主人要献茶，马上摆出奶食品，盛茶时碗里要放一些奶豆腐、奶皮或黄油等，茶不能盛得太满，这样会被认为是不尊敬客人。蒙古族流传着“茶满欺人、酒满敬人”的谚语，奶茶（su:tɛ:ʧɛ:）①成为蒙古人待客的上等饮品。

早茶后BHEDN阿玛出去看畜群，额吉则开始上午的屋内生计活动。额吉将挤好的鲜奶用干净的纱布过滤，再把做奶豆腐用的酸奶锅放到炉灶上，等着慢火烧开。额吉先将笔者之前洗好的盘碗收拾好（有一些餐具笔者不知道放置的地方），笔者帮着额吉收拾屋里。将屋子收拾好之后，额吉告诉我屋外的空地也要收拾好了，屋外是一家人的脸面（额吉家没有院墙，屋外直接与草场连接）。收拾好屋子外面，额吉才回屋开始洗脸，简单收拾一下自己。我看到额吉洗脸用的水特别少，很是奇怪。WYDLGR额吉笑着解释说：“蒙古人特别珍惜水，绝不会浪费一滴水，简单来说，就是能省则省。我们小时候，洗脸漱口就一口水。单手掬一掌心水，一部分含在嘴里漱口，一部分用来洗脸，一气呵成。现在不一样了，家家都打井，用水都不顾忌，觉得水是用不完的，随意浪费，这不好，这在过去是要挨训的。在草原上，哪儿有水才会有人，才会有牲畜。我们这儿以前有好多地方是无水草场，人们把这样的地方当作冬营盘，冬天可以吃雪。但是一开春，雪融化了人们就会搬走。除

① 在WYDLGR额吉家时，发现早晨的茶是奶茶，中午之后开始喝没有放奶的清茶（bara:n ʧɛ: xar ʧɛ:），后来再到其他牧户家时，也是如此。在乌里雅苏台镇上做调查时，大部分人家都喝清茶。

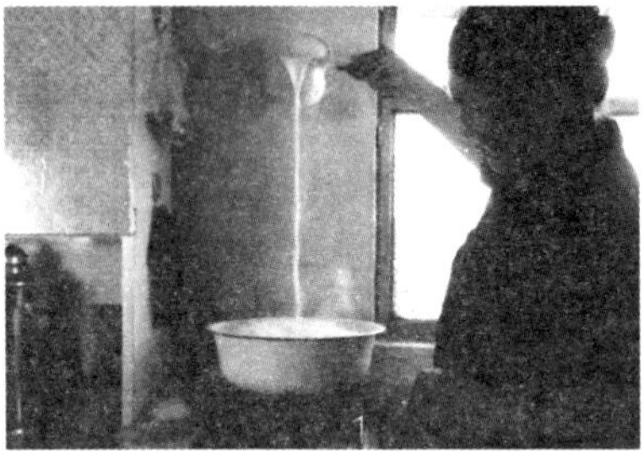

图3-8　漾鲜奶做熟奶皮

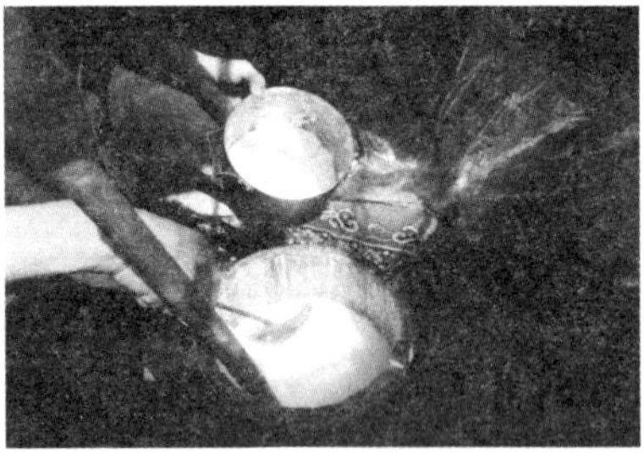

图3-9　取白油

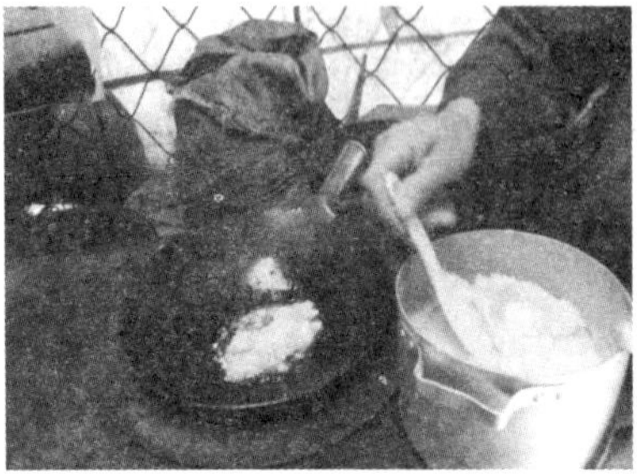

图3-10　用白油炼黄油

了冬季，其他时候草再好也没有人，没有牲畜。”[①]额吉的话，让我瞬间自惭形秽，我来了之后，用水从来没想那么多，按照自己的习惯，每天刷牙、洗脸、洗脚、洗衣服都没有节省过。

额吉简单收拾之后，又开始忙起来了。将放到煤气灶上马上要烧开的鲜奶不停地用勺子上下来回漾着，使其漾出厚厚的一层泡沫。漾奶时把火开到最小[②]，舀起一勺奶，使其慢慢地流下来，这样反复，一般持续半个小时左右，熟奶上就会结一层带泡沫的奶皮，等完全凝结之后从炉灶上拿开，等到第二天熟奶上面的一层奶皮成形之后，用筷子揭起来晾干或储存起来。额吉在忙里偷闲回答着我的问题，可见，现在牧区生活和过去

① 被访者：WYDLGR额吉，女，50岁，蒙古族，被访者家中，访问时间：2013年7月16日，访问者：玉荣。乌珠穆沁人认为，宰杀或误杀怀胎的母畜是不吉利的，是罪孽（nuul）。

② 目前牧区生活条件改善，开始使用煤气灶。牧民从旗里灌好煤气，一般两罐煤气可以使用小半年。夏日里天气热，烧炉子做饭太热，煤气灶做饭相对凉爽一些。煤气灶也可以做奶食，快捷方便。冬日里接羔时节，煤气灶方便，省时间。

发生了很大的变化。

“过去家里人口多，除了挤牛奶以外还要挤绵羊奶。挤奶时，母羊的头向里，尾朝外，一个挨着一个，头头相向，尾相背地交叉排开，站成两排。两排的羊中间用一条绳子相互牵着。习惯了挤奶的母羊，一看到主人拿着绳子，就会主动走过来，让牧人链起来，蒙古语叫‘xɔlbəx’。挤完奶之后，将牵绳的一头一拽就脱落，系的是活扣。这种牵绳要用羊毛、马鬃或者是驼毛搓成，最长能拴50多只羊，最短可拴10~20只。我们乌珠穆沁绵羊多就挤绵羊，夏天挤羊奶的时候，关系好的人家早早地约好互放羊羔，来防止羊羔偷吃奶。水草好的时候一天挤两次，草场不是特别好或者羊群膘情不理想，一天挤一次或不挤。一般中午挤奶，晚上把羔羊分回来放回各自的群里，让羔羊吃奶。到了夏末秋初放种羊的时候结束挤羊奶。现在我们这儿哪有挤羊的，嫌麻烦，再说年轻人都不会链羊奶。过去，开始挤羊和结束挤羊时都举行一个仪式，请来亲朋好友，聚一聚。”①

我对挤绵羊很是好奇，额吉说：“挤奶本来是畜牧生产业的一项非常重要的工作。但是，现在连年干旱，草场退化很厉害，羊的膘情大不如从前，很多人家为了让小羊羔上膘，以抵抗冬季的寒冷和来年春天青黄不接，不挤羊啦。还有就是现在家家人少了，不用挤羊，奶食也够吃了。现在也方便了，随时都可以到镇上买新鲜的。要是挤羊让羊膘掉了，那可就麻烦大了，草料就是大问题，青黄不接的时候，草料价钱很高，不合适。”②我想这与草原人民的饮食结构发生变化也有着密切关系。在额吉家，每天都可以吃到蔬菜，阿玛会隔几天进县城买一些新鲜的水果和蔬菜。额吉家的大学生儿子有些不习惯吃没有蔬菜的饭。按他的说法是“天天吃肉对身体不好，还是吃一

①② 被访者：WYDLGR额吉，女，50岁，蒙古族，被访者家中；访问时间：2013年7月16日；访问者：玉荣。

些蔬菜和水果，再说现在也有这样的条件”。额吉听了儿子的话笑着说：“他现在已经成了城里的蒙古人啦。”

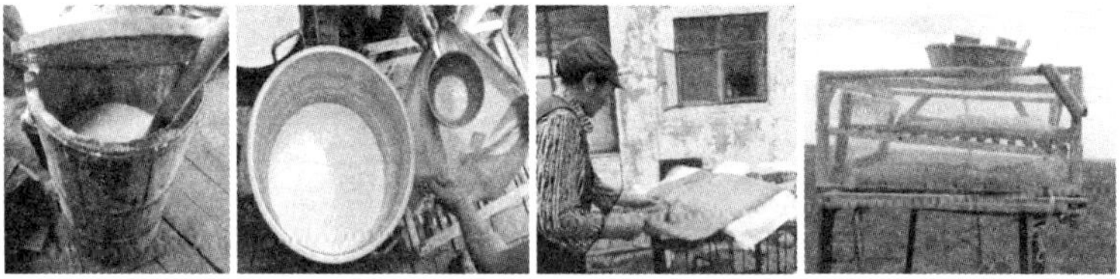

图3-11、3-12、3-13、3-14　做奶豆腐过程

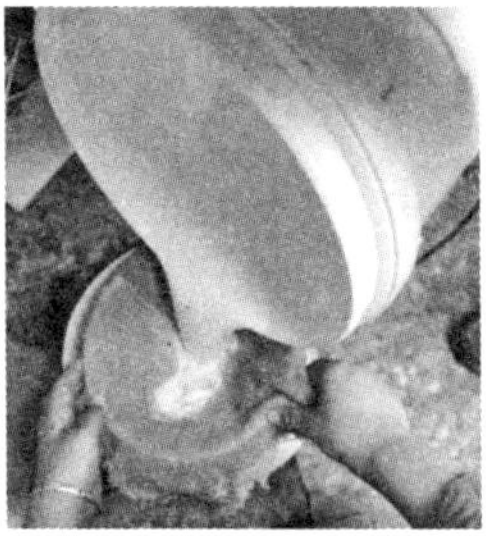

图3-15　过滤鲜奶

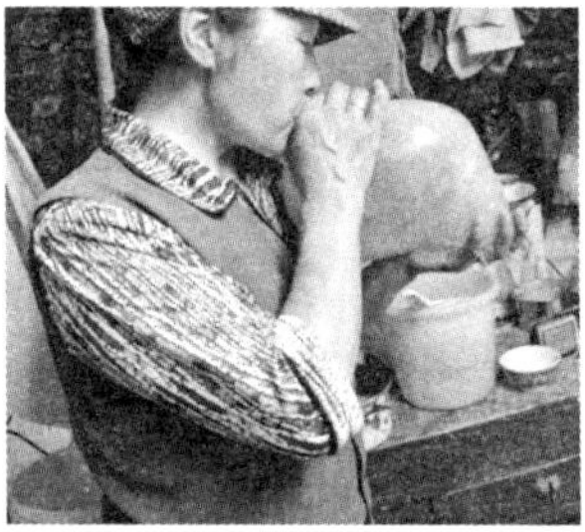

图3-16　存放奶皮的羊肚

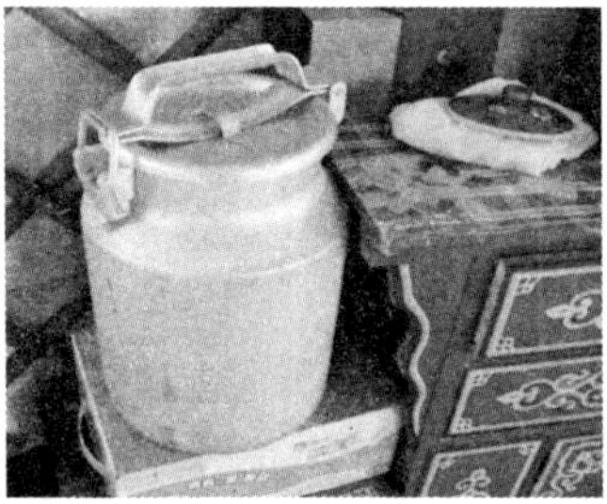

图3-17　做石头烤肉的铝桶

三、下午：蒙古包外的生计活动

午饭吃得相对简单，比早茶略多一些茶食。午饭后，阿玛出去看马群，额吉稍做休息，开始准备酿奶酒。奶酒我是喝过

的，但是从没有见过酿造的整个过程，蒙古语叫sa:li:n εrəx或称为蒙古酒、蒸馏酒等。

蒙古人酿酒要用酸奶（ε:rəg），经过酿制而成奶酒。额吉跟我讲："在我们小的时候，发酵酸奶酿奶酒的人家在牧区随处可见。人们每到6—9月的丰奶时期，开始酿奶酒。奶酒的度数比起现在的白酒要低很多，一般在18°~20°左右。发酵、酿造有很多技巧及禁忌，例如蒙古人认为ε:rəg最为纯洁，是有生命的物质，因此，酿制时需要特别细心和讲究卫生。在开始酿奶酒前，要把容器清洗干净。酿制完了也要将容器放到干净的地方，忌在容器上放置脏东西或者是杂物，更是不能接触油腥物。

"为了保证ε:rəg的充分发酵，应保持一定温度。一般在放了ε:rəg的木缸外面要围上毡子、皮子或者放在炉灶附近，这样会发酵得更快。每天把需要做奶酪和奶酒用的ε:rəg倒出，留三分之一，再加入头一天先凝固的酸奶和鲜奶。还要用专用搅棍上下反复搅动一千次，促其完全发酵，取了上面的油脂，下面的酸奶就是ε:rəg。看ε:rəg是不是完全发酵，主要是掀开木缸的盖子，看看是否有很多泡沫。泡沫多就可以断定酸奶已完全发酵，此时才可酿酒或将ε:rəg煮沸制作酸奶干。用ε:rəg酿酒、做酸奶干外，还可定期多次搅拌，以收集白油（集到一定程度，上锅化开做黄油）。在面条或汤饭里加一点儿ε:rəg，味道特别好，还能助消化。小时候，妈妈在我们生病时常常用ε:rəg消肿、解毒，有时候一些牲畜生病了，妈妈也会给生病的牲畜灌ε:rəg，这样反复几天，生病的牲畜的症状慢慢就会缓解，最后治愈。而奶酒是奶食中的精华，也是饮品中的精华。酿好了都会储存起来，等到祭祀、过年过节或者招待客人时，拿出来大家一起品尝，来判断女主人酿酒的技术。酿好的奶酒是好东西啊，亲朋好友之间会互相赠送呢。”①

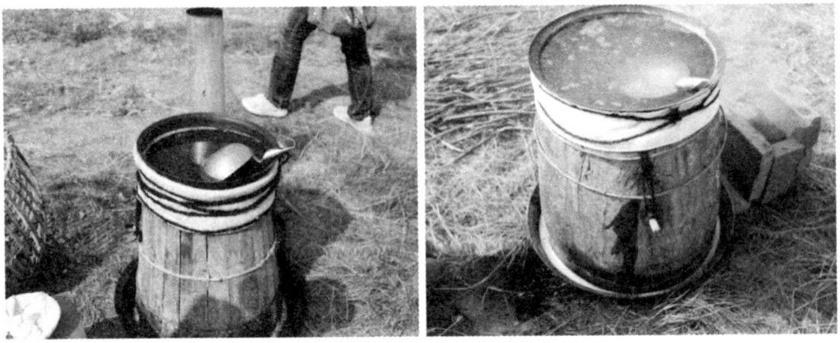

图3-18、3-19　酿奶酒

酿奶酒需要特制的设备，其中有盛ɛ:rəg的大锅、酿酒笼（burxu:l）、接酒罐子、冷却锅（ʤalbʊ:ʧ）、密封带等器具。酿酒过程为：将ɛ:rəg倒入大锅内，锅上放置酿酒笼，里面挂好接酒罐，最上面放置冷却锅。以密封带填充酿酒笼与大锅、冷却锅之间的缝隙，避免蒸气外泄。在冷却锅内盛入凉水，待水温达到30℃时就要换一次水，一次酿造过程换2—3次水。煮沸的ɛ:rəg的蒸气遇到冷却锅底后变成水珠，沿着冷却锅的锅底流入接酒罐内。为增加奶酒的酒精度，将头次蒸馏的奶酒回加到准备酿酒的ɛ:rəg中酿制，称为二次蒸馏酒。

“贮藏奶酒时，将其盛入坛子里，放置在温暖的地方。冬季，可用皮子、毡子覆盖以保持恒温，或埋入羊圈里的羊粪层下贮藏。埋藏的时间越长，酒的色泽愈呈黄色，其口感越加绵甜醇厚，味美爽口。酿造好的奶酒，一般不直接放在地上，而是放在木板或毡子上。这是为了保持奶酒的酒劲，避免其变味。其实，奶酒的功能特别多，你想那是奶食的精华啊！奶酒还可以治病呢，小时候拉肚子或者感冒了，妈妈就会在奶酒

① 被访者：WYDLGR额吉，女，50岁，蒙古族，被访者家中；访问时间：2013年7月16日；访问者：玉荣。

(saaliin ariki) 里加入黄油、红糖，加热之后给我喝。喝完后，妈妈就拿被子给我捂上，一般第二天就能见效。记得我生了大儿子之后，有一段时间老是睡不好，孩子的爸爸就给我喝一点奶酒，呵呵，挺有效的，慢慢睡眠好了很多。”[①]说着，额吉把新酿的奶酒拿来让我闻闻。瞬间，酒香中的奶香味儿扑面而来，尝一口，淡淡的，像是调制好的鸡尾酒。额吉说：“这不是最纯的，要攒到一坛子，再一次回锅，提纯。提纯之后的奶酒度数就高了，喝了很容易上头。奶酒醉得慢，醒得也慢。”[②]

下午3点多，WYDLGR额吉酿奶酒的工作收尾了，回到家里把收音机打开，听着内蒙古人民广播电台蒙古语频道的节目，把今天刚接下来的鲜奶油拿出来，里面加入了炒米和白糖，拌了一碗奶油炒米饭。我之前吃过奶油拌炒米，但是都没有额吉拌的好吃。我想这碗奶油拌炒米格外好吃的原因，可能在于由WYDLGR额吉想到了千里之外自己年迈的额吉，也可能在于食物无任何添加剂，是纯天然绿色食品的缘故吧。这是我和额吉的下午茶。

下午茶结束之后，额吉一边听广播，一边躺着休息，我也跟着额吉躺着，听着主持人优美动听的声音，很快睡熟了。一觉醒来，额吉不在屋里，广播也不知道什么时候关了，屋里很安静，也很凉快。起来出去找额吉，看到额吉在牛棚圈附近忙碌着。走近一看，额吉在拾牛粪。每天早上在挤牛奶回来的路上，额吉把路上的湿牛粪堆到一起，堆成一个个小包，到了下午湿牛粪半干，适合捡拾。等我走近一看，额吉把早上堆好的

①② 被访者：WYDLGR额吉，女，50岁，蒙古族，被访者家中；访问时间：2013年7月16日；访问者：玉荣。

小牛粪堆用小推车装在一起，推到离棚圈稍远用羊粪砖[①]砌好的燃料堆附近卸下。“在牧区，牛粪是宝贝，好东西啊，牛粪生火好着火，粪灰少又干净。其实牲畜的粪灰也是一种天然的肥料，对草场只有益处没有坏处啊！以前人们住蒙古包，烧牛粪、羊粪砖不会出现中毒，现在烧煤不小心的话，会煤气中毒。现在养牛的人家越来越少了，牛粪也成了宝啦。以前，捡牛粪是很重要的活儿，尤其到了冬天，要是没燃料了，那可就有大麻烦了。现在不用走很远就把棚圈附近的捡了，也够了。冬天除了牛粪、羊粪砖之外，我们还烧煤，尤其是现在烧暖气，牛粪不行，就要烧煤才有劲。方便是方便了，烧煤就是脏，灰到处都是，也危险，容易中毒，烧完的煤灰对草场而言还是垃圾，不像牛粪和羊粪，烧完了没什么灰，也没垃圾。现在我们家用土暖气，必须要烧煤，不然热不了，牛粪易燃，烧得快，一会儿温度就上去了，但温度降得也快。现在的房子大，屋子多，烧煤更合适，蒙古包的话，烧煤太热。现在，我都把牛粪做烧火的引子，先把牛粪放上点着，再加煤。除了冬天烧煤以外，其他时候我都愿意烧粪。牛粪除了烧火，用途可多了。我们冬天穿的熏皮袍的上色都是用陈年的牛粪染出来的呢。颜色很好看吧。”[②]说着，我俩合力把早上堆好的牛粪堆的最后一堆装好，推到了燃料堆附近，顺便把晚上做饭用的燃料

① 羊粪砖是指棚圈饲养小畜之后，冬春两季羊经常圈在羊圈里，到春天天气转暖，大地复苏，牧民就会把羊圈里经过一冬天踩踏的粪便用铁锹一块一块地起出来，拉到离营盘几百米远的地方，砌成圆形或方形，让风自然风干，做燃料。有些牧民家羊多，一年起两次羊砖。羊砖和牛粪是牧区最主要的燃料。在调查过程中，牧民们告诉笔者，在过去，判断一家人家过得好不好，家里人勤不勤快，主要看燃料堆得整不整齐，多不多。我和MGH夫妇参加额吉淖尔苏木SGB老人85岁寿宴，快到主家时，首先入眼的是整整齐齐堆成圆形和方形的好几个羊砖堆。MGH夫妇笑着说，他们家夫妻俩是这个嘎查有名的劳模。

② 被访者：WYDLGR额吉，女，50岁，蒙古族，被访者家中；访问时间：2013年7月16日；访问者：玉荣。

装好，推着小车回家，准备到井边饮马。马群已经好几天没回来了，今天回来要好好饮水，抓膘时期畜群的饮水很重要。

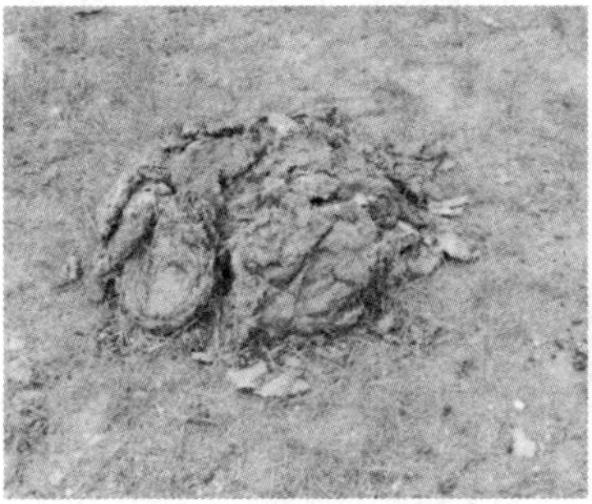

图3-20　捡好的牛粪

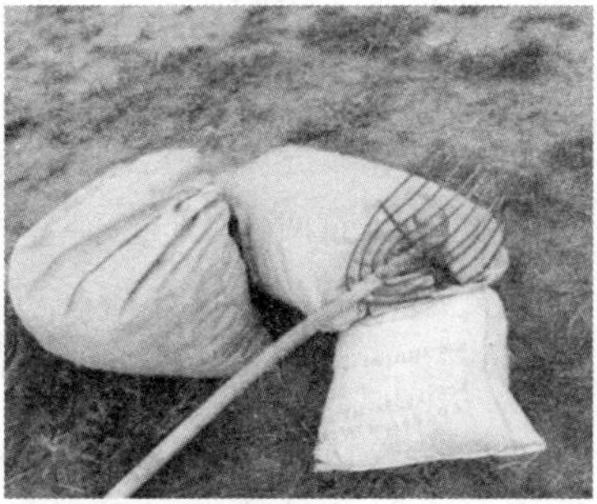

图3-21　装好的干牛粪

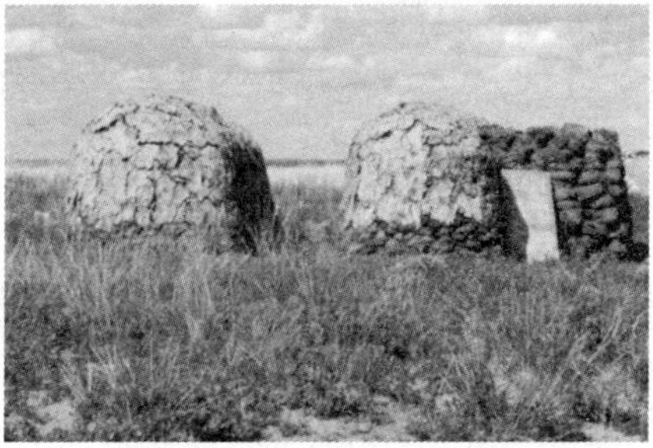

图3-22　堆好的羊粪砖

四、晚上：家常与娱乐

笔者从来WYDLGR额吉家之后，一般晚饭都要等到太阳落山之后开饭。每天都会忙到很晚，全家人都回来了，额吉把热腾腾的晚饭端出来，大家围坐在一起说笑着吃。额吉的手艺很好，做的饭老是让我的胃超负荷。今天WYDLGR额吉做的是黄油卷子、瘦肉汤，蒙古语称为“xar ʃul”“bitu: ʃul”（焖汤）。

蒙古人的饮食习惯和由此形成的习俗与其所从事的畜牧生产和自然环境密切相关。汤饮多用肉熬制，其味道鲜美、营养丰富、可充饥，也有滋补身体之功效。因此，汤饮备受推崇。蒙古族称杀牲畜吃肉为“喝荤汤”（ʃul ʊ:x）。

额吉说，瘦肉汤即xar ʃul，一般选用牛肉或羊肉为食料，主要是取牛羊肉的瘦肉。其中，以羊肉汤最受欢迎，味道最为鲜美，更为珍贵。今天，额吉做的瘦肉汤就是以乌珠穆沁绵羊的瘦肉熬制而成。“其实，瘦肉汤的加工方法简单方便，分为用文火烧沸而成的瘦肉汤和蒸制而成的瘦肉汤两种。熬瘦肉汤的时候，先将切好的瘦肉放到凉水锅内，再加少量的盐和葱花，用温火熬煮开，再煨一会儿，味儿更鲜。而蒸瘦肉汤则要在瓷碗或搪瓷碗盛入适量的凉水，放入切好的肉，再加入盐、葱，将容器口用醒好的面擀成薄面皮密封容器口，再放入蒸锅中蒸熟。蒸制而成的瘦肉汤味道更为鲜美，可以完全保留羊肉的营养，对老人来说，喝一碗瘦肉汤比吃药管用多了。”[①] 她一边说着，一边把切好的羊肉下到冷水锅里，加一些盐和葱，把锅盖盖上，等汤烧开。

接着，额吉把和好的面擀开，把黄油摊到面上，抹匀了，从面皮的一头慢慢卷起来，一直卷到头，卷成一个细条，放到蒸屉上，再放到开了好一会儿的汤锅上。“由于瘦肉汤的油性小，营养丰富，老人及身体虚弱的人，喝了瘦肉汤发发汗，身体会轻便许多。记得小时候，姥姥生病，我母亲经常熬瘦肉汤给姥姥喝。母亲告诉我这是寺院懂蒙医的喇嘛说的，可降虚火，有强身健体的作用。”[②]额吉一边和我聊天，一边往炉灶里填着牛粪。大概20分钟，黄油卷子蒸熟了，满屋子飘着黄油的香味，把黄油卷子切成条，散开放到盘子里，一人再盛一碗瘦肉汤，把黄油卷子泡上或者就着吃，味道美极了。

结束一天的辛勤劳动，酣畅淋漓地吃完瘦肉汤，发一身

①② 被访者：WYDLGR额吉，女，50岁，蒙古族，被访者家中；访问时间：2013年7月16日；访问者：玉荣。

汗，额吉和阿玛两个人看起来心情非常愉快。帮着额吉收拾完碗筷，和阿玛出去看看羊群，顺便把小牛犊圈起来。回到家里，看着额吉把昨天缝了一半的男式蒙古袍拿出来做最后的收尾工作。额吉告诉我，这是给一个即将过73岁寿宴的老人缝制的。额吉说："我们这里特别重视给老人过寿，尤其是从73岁开始，家里人都会回去给老人过寿。亲朋好友、乡邻都会不请自来为老人过寿。我们这儿办得最好的寿宴就是开一个小型的那达慕。寿宴那达慕与其他那达慕不同，一般以'赛马''搏克'和'扔四样'[①]为主。"[②]额吉与即将过73岁寿宴的老人的二姑娘是好朋友，虽然对方没有发请帖，但是，额吉听到了消息，坚持要亲手缝制崭新的袍子，同时让阿玛到镇里买了崭新的靴子。额吉说："这个袍子我缝了有两个月了。老人过寿是件大喜事，以前都是给羊背或给绸缎（要够缝制一件蒙古袍），关系再亲一点就会给老人缝一件新袍子。现在，为了省事，很多人都给钱，觉得拿钱最省事，老人拿着钱可以随便买自己需要的东西。但是，我自己觉得，还是用传统的方式表达自己的心意最好。现在生活好了，谁家也不缺钱，人们都开始不穿蒙古袍了，甚至一些年轻人都不会缝了。但是，在牧区，还是袍子适合，尤其是老人。所以，不如给老人亲手做一件袍子。我们小的时候，每逢婚庆、寿诞，妈妈都会亲自选礼。有可以做袍子的布料、皮料，奶制品，甚至是畜群里最肥壮的牛羊。像给新婚的人就是可以选择可生育的母畜，好让他们新生活更好。给能够繁

① "扔四样"，即指两个人面对面扔掷踝骨（沙嘎）。根据两人扔出的大小来淘汰。没被淘汰的晋级，每轮投掷3次，以累计积分的形式选拔。计分方法为：掷"大火""四马"为100分；掷四样为80分；掷"小火""三马""一羊"为75分。如有一枚沙嘎落在其他沙嘎上面，依据其他三面来决定分数。如果第一轮双方均未得分，则需再次扔掷，直到先得分者胜出。

② 被访者：WYDLGR额吉，女，50岁，蒙古族，被访者家中；访问时间：2013年7月16日；访问者：玉荣。

衍下崽的牲畜对一对刚成家的新婚夫妇来说，最为实惠。”①

阿玛一直听着我和额吉的聊天，顺便和额吉商量着怎么去西乌珠穆沁旗参加寿宴，让哪个邻居帮忙照看两天羊群。阿玛说：“SRN②的爸爸是个厉害的人，年轻的时候当过大队书记，是有文化的人。他家还住过知青呢。SRN姐弟十个，老人就一个儿子。寿宴人肯定多，亲戚本来也多，加上邻里，再加上姐弟十个的同学朋友，肯定来不少人。”③

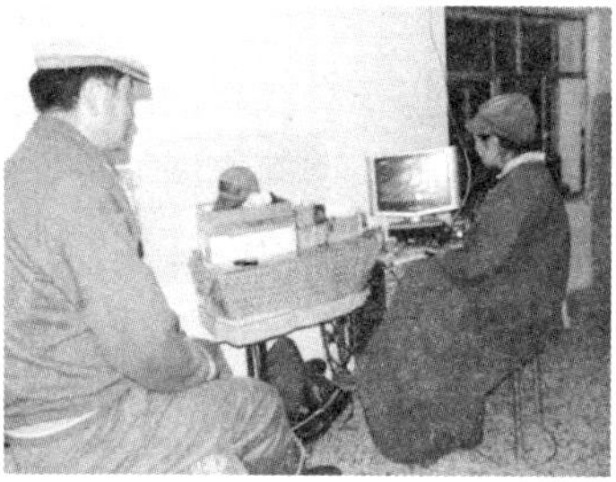

图3-23　休闲一刻

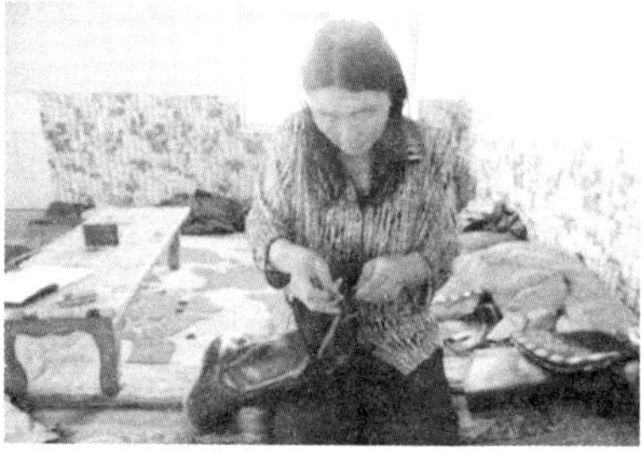

图3-24　缝制蒙古靴

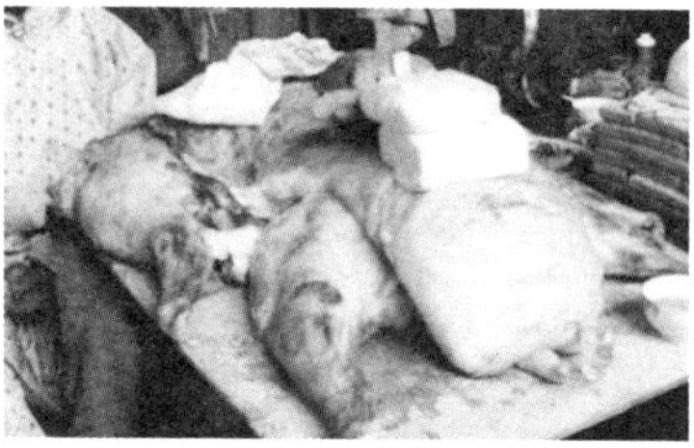

图3-25　73岁寿宴上的羊背

① 被访者：WYDLGR额吉，女，50岁，蒙古族，被访者家中；访问时间：2013年7月16日；访问者：玉荣。

② SRN是WYDLGR额吉的朋友，SRN的爸爸DRB老人即将过73岁的寿宴。WYDLGR额吉和BHEDN阿玛商量着暂定2013年7月21日出发去西乌珠穆沁旗巴彦青格勒嘎查参加老人的寿宴。据BHEDN阿玛讲，从家里到巴彦青格勒嘎查近100公里，主要是东乌旗至西乌旗有一段公路在修，要走土路，不好走。

③ 被访者：BHEDN阿玛，男，54岁，蒙古族，被访者家中；访问时间：2013年7月16日；访问者：玉荣。

短暂相处，得知夏季是牧区最为休闲的时节，雨水充足，畜群膘情好，乌珠穆沁女性的生活节奏既惬意又安然自得。“深描”她们的一天，以乌珠穆沁女性的日常生活实践为中心，记录她们的日常生活的片段，来呈现乌珠穆沁女性的个人生活空间以及生活习俗。（见表3-1）

表3-1 乌珠穆沁女性的一日时间安排[①]

角色 时间	WYDLGR （女主人）	BHEDN （男主人）	ALT （儿子）
凌晨4:30	起床	睡觉	睡觉
早上5:30	挤奶回来	睡觉	睡觉
6:30	准备早茶	起床	睡觉
7:30	赶羊群出草场	喝茶	起床
8:30	准备做奶食	听广播	喝茶
9:30	做奶食	看马群	看羊群
11:35	准备午饭	去羊倌家商量洗羊时间	在家
12:32	吃午饭	吃午饭	吃午饭
13:30	午休	午休	看羊群
14:46	做家务	看马群	看羊群回来
15:10	捡牛粪	准备饮马	准备饮马
16:30	做羊群回来前的准备	赶牛群回来	准备饮牛
18:00	圈牛犊	饮羊	饮羊
19:40	做晚饭、吃晚饭	吃晚饭	吃晚饭
20:30	做针线	看电视	陪父母看电视
22:05	休息	准备巡夜	玩儿电脑
23:00	休息	休息	休息

① 根据WYDLGR额吉连续半个月的生活规律总结而成。

第二节 “忙生活”：乌珠穆沁女性的日常生活

埃里文·普里查德在《努尔人》一书中，向我们深描了努尔人的日常生活。普里查德通过详细记录努尔人的日常生产生活，发觉努尔人在关于什么时间、什么空间和场合下进行什么活动有着一整套严格的规定，每个成员都遵循着此规范行事。他发觉这些规定或规范与努尔人自身日积月累的生活经验和观念有着密切的关系。这里所指的日常生活，即以人们的衣、食、住、行为核心，为了生存和发展而进行的各种各样的重复性生产生计活动。

蒙古族女性的日常生活则以灶火（tʊləg）为中心，形成了一个向外扩散的同心圆。灶台→蒙古包内→蒙古包外→畜群和草场，向四周扩散，甚至由此日常活动形成个人的生活空间，由生活空间不断扩大而形成了人与人之间的关系。乌珠穆沁女性的日常生活亦是从tʊləg开始，以同心圆的形式向外扩散。笔者根据东乌旗畜牧生产活动规律以及对访谈对象的深入访谈，以乌珠穆沁女性日常生活中最为核心的家用收支安排、饮食制作、服饰加工以及家庭教育为切入点，对乌珠穆沁女性的日常生活习俗做分析探讨。

一、家用：家庭收支的安排

日常生活中收支安排是一个家庭中最为关键的一项内容，“拥有财产的群体中，家庭是一个基本群体，它是生产和消费的基本社会单位”[①]。想要了解乌珠穆沁女性的日常生活模式，就必须对她们日常生活中的收入和消费有一个正确的认识

① 费孝通：《江村经济》，南京：江苏人民出版社，1986年，第25页。

和分析。对一个家庭而言，收入是生活和消费的核心，也是前提。家庭收入是指以家庭为生产经营单位，进行生产、经营而获得的各项收入和其他经营收入的总和。随着社会的发展，乌珠穆沁牧民的生活水平、收入以及消费情况发生了很大的变化。在家庭收入上出现了从单纯的畜牧业单项收入向畜牧业与商业相结合的多元收入转变。“东乌旗一直以来都是以畜牧业为主的纯牧业旗。历史上除了额吉淖尔附近少数以经营盐为生计的住户以外，全旗无其他经济，也没有农业。”[①]这是基于东乌旗的草场的土壤主要由黑钙土和栗钙土组成，夏天多雨，冬天多雪，加上地下水资源丰富，使得水源充足，最适合发展畜牧业。

畜牧生产是乌珠穆沁牧民最主要的生计手段。过去，“牧民从几百里远的地方用勒勒车驼队运输口粮，生产生活所用的木材也是从宝格达山和其他自然林场采伐和运输，从旅蒙商那里换取生产生活所需的日用品。除了寺庙以外没有其他建筑，不分贫富均居住在蒙古包里，过着游牧生活”[②]。这样的生产生活一直持续到中华人民共和国成立前[③]，牧民在自己的领地内以游牧方式从事“五畜”饲养，自给自足。“中华人民共和国成立前，我们有枪，可以打猎，主要打狼、狐狸、黄羊等野生动物。狼、狐狸都能卖皮子，黄羊的肉可以吃，皮子也能卖。”[④]

---

①② 乌力吉：《东乌珠穆沁旗志》，呼伦贝尔：内蒙古文化出版社，2013年，第5页。

③ 1946年7月在中国共产党领导下，内蒙古自治运动联合会锡林郭勒盟分会、锡林郭勒盟民主政府对乌珠穆沁左右两翼行政机构进行改造。1949年，锡林郭勒盟民主政府对所辖行政区域进行调整，把乌珠穆沁左右翼两旗和浩齐特左翼旗合并为东部联合旗。1956年7月，经国务院批准，撤销东部联合旗，分设东乌珠穆沁旗和西乌珠穆沁旗。东乌珠穆沁旗地域由原乌珠穆沁左翼旗的全部地域加乌珠穆沁右翼旗、浩齐特左翼旗、浩齐特右翼旗的部分地域组成。

④ 被访者：SBL额吉，女，81岁，蒙古族，被访者家中；访问时间：2014年8月22日；访问者：玉荣。

从1956年成立东乌旗以后，贯彻执行了锡林郭勒盟“合理利用自然草场为主，以水牧草，水草结合，积极建设，重点改善草场建设”的方针，全旗范围内实行了《锡林郭勒盟发展牧业经济远景规划》，开始走向科学养牧的道路。这一时期的大集体，牧民按劳分配，过着半游牧半定居的生活。一直到20世纪80年代，“草畜双承包制”全面实施为止，畜牧业还是以传统的自给自足为主的方式存在着。这一时期畜牧产品贩卖率较为低下，旨在满足自家的日常消费需求。畜牧生产更多是以家庭为单位，畜产品以奶制品、肉食品、绒毛以及皮革为主，其中肉食、绒毛和皮革成为牧民最主要的收入来源。东乌旗是“从1983年4月份，开始在各公社、生产队全面实行草畜双承包责任制”[①]。到“1984年4月，在全旗范围内开始实行畜群作价承包到户和草场承包到户的草畜双承包责任制，将畜群和草场的所有权、经营权和使用权落实到每一户牧民家，对原有畜牧业体制进行改革。同年，东乌旗的工、农、牧业总产值，首次突破6000万元。据1986年底的统计，全旗有371户牧民收入超过一万元大关，成为全旗实施草畜双承包制之后第一批‘万元户’牧民。1987年，全旗全面贯彻和落实‘念草木经，兴畜牧业’的发展方针，以此为方针为核心，制定了今后的东乌旗的整个发展规划”[②]。在国家政策的鼓励下，一部分牧民首先发家致富，在畜牧生产过程中，不断投入更多的资金建设居住地，从打井、草场拉铁丝围、暖棚到现代化机械，牧民的日子越过越红火。资金不断地投入就需要加大牲畜的饲养来弥补资金空缺，由此带来一定规模的“过牧”现象。

对于乌珠穆沁女性而言，家庭最主要的收入靠出售畜牧产

① 乌力吉：《东乌珠穆沁旗志》，呼伦贝尔：内蒙古文化出版社，2013年，第42页。

② 乌力吉：《东乌珠穆沁旗志》，呼伦贝尔：内蒙古文化出版社，2013年，第43—46页。

品而来，没有其他附加收入来源。畜牧业一直以来都是“靠天”，即使在“靠天”的基础上加入了许多防范措施，它自身的脆弱性也不可避免，尤其遇到外力的影响时，不堪一击。当一个家庭经过几年的努力脱贫致富，可是一场灾害（白灾、黑灾）、一个意外（家庭主力劳动力丧失）或额外的经济开支（孩子上学、高额的医疗费用）就会导致整个家庭重新脱富致贫。

“我是家里老大，有两个弟弟，小学一毕业我就没有继续念书，家里就父母两个人，刚从集体分出来，没有劳动力。其实，我很想念书，父母也不反对，可是我们姐弟三个一走，家里就剩父母两个人，太辛苦。我和爱人是在1994年底结婚的，我们是相识于朋友的婚礼上，他是男方的朋友，我是女方的朋友。结婚之后分家单过，婆家分给我们3000亩的草场，又分了200多只羊、10多头牛、2匹骑乘用的马。加上我出嫁时父母给我的陪嫁牛羊和生活用品，我们的日子过得很不错。我们俩都很能吃苦，起早贪黑的。刚成家没什么大的开支，主要买了摩托车、卫星电视、录音机等。1996年儿子出生。也是从这一年开始我俩商量着把成家时的200多只羊发展成以山羊为主，那时候羊绒值钱，一斤可卖到150~180元。到2000年的时候，我们有了500多只羊，其中300多只是乌珠穆沁白山羊，这种山羊的产绒量高，能提高收入。我俩计划着盖新房、建带有暖棚设施的羊圈，就把20多头牛卖了，又把绒毛卖了还不够，又向亲戚借了2万多块钱。这一年我们搬了新房子，又迎来了家里的新成员。2001年的时候，虽然外债没有完全还完，但是小孩要上学，为了来回方便，我们买了一辆车，4万多，又借了1万多的外债。我们很有信心，再过两年就能把外债还清了，日子过得很幸福。2003年的时候，我们住的地方发了大洪水，羊群和放羊的老公被洪水冲走了，只留下了我们母子三个和一些外债。父母把我们接回去，一直一起生活。我自己心情不好，姑娘也太小，没有积蓄，没有了收入来源。大弟弟帮我把3000亩草场租给了邻居，4.7元/亩，签了5年的合同。邻居家也知道我的情况，一次性付了3万块钱，剩下的来年卖了绒毛给。我把家里之前所欠的外债都还清了，还剩一些就存起来以防万一。儿子上学也需要钱，两个弟弟家的孩子也要入学，家里人商量着让我到旗里租房子给孩子做饭。2004年9月，学生开学的时候，我租了一间凉房给孩子做饭。平时除了准备孩子的饭菜和监督写作业，也没什么事情。和我们一个院子里的也是给孩子做饭的，我发现她经常缝制蒙古袍的配件，熟悉以后才知道，可以到专门做蒙古袍的服饰店接活儿做。通过她的介绍，我也开始接活儿，做一些蒙古袍简单的、局部的配件的缝制活儿。一个月辛苦一点，做好了也有一千多的收入。我从八九岁开始就帮助奶奶做一些简单的缝纫工作，后来大一些了家里所有人穿戴的衣服都是我和母亲完成的。我会用缝纫机，做工也比较细腻，很得蒙古袍服饰店老板的赏识，她也知道我的情况，一般的活儿都先联系我。孩子越来越大，要吃要穿、要上学，将来还要结婚，开支越来越多，我的压力和责任更大了。我们家两个孩子很懂事，学习又好，我想好好培养他们上学，将来能有个好的发展。他们要是不念书了，回去放牧不行，虽然有草场，但是羊价太高，没有本金建群。孩子们很争气，再说，儿子马上要考大学，于是我就决定自己开蒙古袍缝纫店。2010年，我在自己租的凉房开了‘乌歌德勒’乌珠穆沁服饰加工店。刚开始生意不好，我的店不在商业区，知道的人少，大部分是知道我会做蒙古袍的熟人，更多的时候，我是接其他服饰店来不及赶制的衣服。我以前刚来旗里时，经常接一些蒙古袍零碎的部件刺绣活儿，认识了几个店主，她们知道我的情况，有什么活儿都先尽着我，开了店之后，也是先照顾我。我这人，别的不说，手艺不错，价格也公道。刚开店，确实不容易，现在好多了，一个月平均有3000块钱的收入，父母把家里的在我名下分的草场补贴都给我，一年也有5000元。父母和两个弟弟又帮我供儿子上大学，加上上大学又能贷一些款，这样也就够了。等儿子大学毕业了，找到工作以后，我的负担就会减轻一些。以后，我决定把店开到商业区，这样顾客会多一些，收入会好一些，还能得到一些政府的补贴（房租减免、免费培训、下岗人员创业无息贷款等）。等生意做好了，就开始存钱，将来，孩子结婚也需要钱，不管多少也是要准备的。孩子的父亲去世得早，当时孩子太小，虽然他们俩懂事不和我提，可是哪有不想念父亲的孩子啊，（说着眼睛里就有了泪花）唉，总是希望能让他们俩少受罪，尤其是在钱的这方面。”①

对于家庭收支的安排，更多以孩子上学为主，其他的开支能省则省。调查过程中，所有的调查对象都在强调，上学对一个人的重要性：“上学好啊，不用像我们一样风里来雨里去地受罪，啥也不懂。我们那时候没条件上学，不像现在啥都方便。也不求他念出个啥，就是知书达理，识文断字就行。只要他念，我就供他上学，再难也不能苦孩子啊！”②可见，乌珠穆沁女性对孩子教育问题的重视。采访的绝大多数女性都有过在旗里租房子给孩子做饭陪读的经历。由于“撤乡并镇”政策实施之后，原来的苏木小学全部归到镇里，牧区儿童上学都要到离家较远的镇里，这样带来直接的后果就是导致牧民不得不选择“两地分居”的方式，应对孩子上学的问题。“我家孩子上学时，苏木已经没小学了，就在旗里租房子，由我妈妈帮着照看。我妹家的、我弟家的，加上我家的，一共给6个孩子做饭。妈妈一直高血压，又有风湿，身体不太好，照顾6个孩子很吃力，我们尽量在不忙的时候轮流过来帮助额吉。我们邻居，没有老人帮忙给孩子做饭，只能他家女主人自己在镇子上

①② 被访者：TY，女，42岁，蒙古族，被访者家中；访问时间：2014年8月22日；访问者：玉荣。

租房，他家里男人来回跑。平时还好，就是到了春天接羔保羔时，一个人根本忙不过来啊。两处房子花费很大，两个家啥都不能缺。唉！”[①]

表3-2　1985—1999年牧民人均纯收入表[②]

单位：元

年份	1985	1986	1987	1988	1989	1990	1991	1992
数额	768	964	830	1537	1591	1726	1766	2032
年份	1993	1994	1995	1996	1997	1998	1999	
数额	2466	3255	3608	3801	4101	4511	4962	

二、饮食："肉食"与"奶食"制作

"饮食的制作因火的发明而有了决定性的进步，陶器、铜器、铁器的不断改善，调味品种类的增加，为饮食制作技艺的提高奠定了基础，北方游牧民族也经历了这样的过程。"[③]乌珠穆沁人世居草原，以饲养五畜为主要生计，饮食习惯也受此影响。乌珠穆沁当地牧民的日常饮食主要以"肉食"（ʊla:n idgə:n）、"奶食"（ʧaga:n idgə:n）为主[④]，以"乳饮"（sa:li:n ʊmda:n）为辅。肉食即指牲畜的肉类，也被译为"红食"，奶食即指乳制品，也被译为"白食"，而乳饮包括奶茶和奶酒等。

① 被访者：WYDLGR额吉，女，50岁，蒙古族，被访者家中；访问时间：2013年7月16日；访问者：玉荣。

② 乌力吉：《东乌珠穆沁旗志》，呼伦贝尔：内蒙古文化出版社，2013年，第395页。

③ 张景明：《中国北方游牧民族饮食文化研究》，北京：文物出版社，2008年，第94页。

④ 乌珠穆沁当地将肉食也称之为"红食"，用刚宰杀的牲畜生肉的红色来形象地比喻所有肉类为"红食"；将奶食也称之为"白食"，用奶制品本来的原色来统称所有奶制品为"白食"。

乌珠穆沁人的主要饮食习惯与游牧生活方式密切相关，以“五畜”的肉为原料，主要以牛肉、绵羊肉为主，山羊肉、马肉、骆驼肉为辅，进一步加工制作而成，蒙古语称“ulan idg”。乌珠穆沁人关于肉食的习俗涉及很多方面，从牲畜宰杀、肢解、熟制、品尝、食用都有特定的礼节。而肉食的加工方法主要以煮（手把肉）、烤（烤肉）、晾（风干肉）为主，同时牛、羊的内脏均可以灌、填、烤等方式进一步加工成营养丰富、口感鲜美的美食。在“肉食”制作时，男女分工明确，男性负责宰杀、肢解，女性负责后期的加工熟制工作。而“肉食”中最为有名的是“手把肉”和血灌肠。

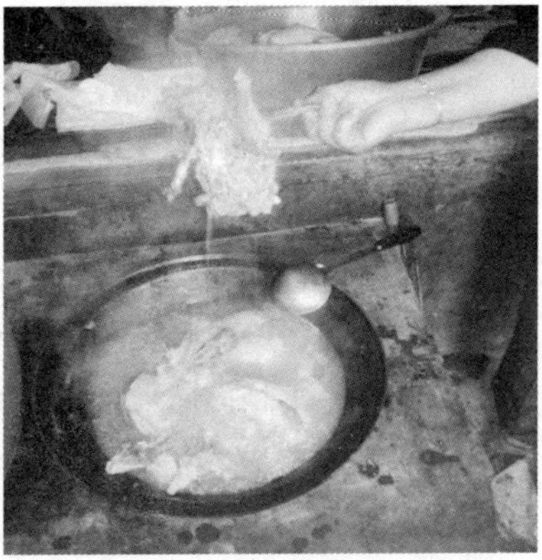

图3-26 刚出锅的手把肉

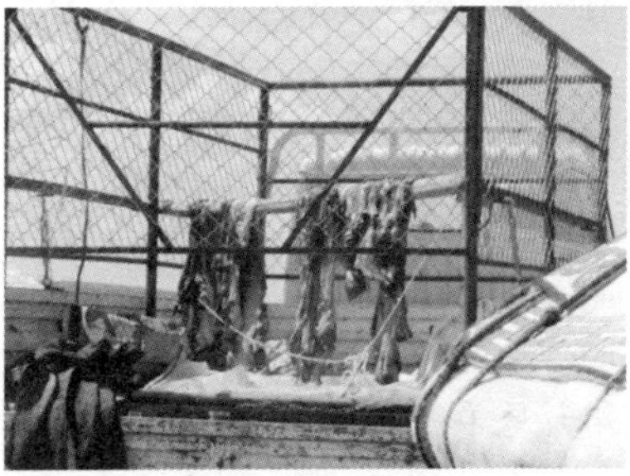

图3-27 刚剔下的牛肉

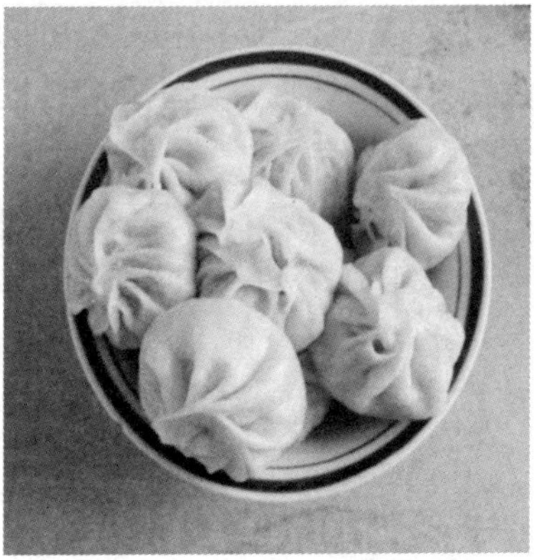

图3-28 刚出锅的蒙古包子

“肉食”的制作与材料有着密切的关系，首先要选好将要宰杀的牲畜，最主要是看牲畜的膘情，还要看年龄。一般不随便宰杀母畜，从畜群中选择“去势”过的公畜或者头一年没有产羔的母畜。一家人一年四季离不开“肉食”，从上年的冬季到来年开春主要吃上一年冬天储备的冻肉，等到天气稍微暖和，把未吃完的冻肉炒成肉酱，再加上冬天晾的风干肉；到了6—9月时，水草丰美，牲畜膘情好，可以挤奶做奶制品补充营养，以奶食为主，肉食为辅；到了秋天，开始大量出售牲畜，是一家一年主要的收入之一，选取畜群中膘情好的宰杀和出售。这一时期，牧民会越来越谨慎地选择需要宰杀和出售的羊，因为羊群已经放过种羊了。“自家吃的话，一般也舍不得宰杀膘情最好的，会选择处理不受孕的母畜或者腿脚受伤跟不了群的牲畜。但是，家里有客人来或者夏天给老人喝个鲜汤，或者祭敖包时祭献整羊背，或者孩子放假回来、开学等重要的时刻，都会宰杀一只羊。一般都会选择羊群里膘情最好的，绝不能宰杀体格小的或者山羊，那是对客人的不尊重。再说，牲畜膘情就是主人的脸面，如果用膘情不好的手把肉招待客人，会让大家看笑话的。对于牧人来说，牲畜的膘情就是他的另一张脸，是衡量牧人勤快、富有的标志。膘好的羊肉摆出来也好看。我们乌珠穆沁绵羊很有名的，是大尾羊，摆出来非常好看不说，还好吃呢。”[①]

乌珠穆沁人也和其他地区的蒙古人一样，宰杀羊不会先把牲畜的头割掉，而是把羊四肢朝天露出腹部，在腹部割开一个小口，把手伸进腹腔切断心脏的大动脉，这样既能减轻牲畜的痛苦，也会让牲畜躯体完好，同时能使羊皮完整、整洁，可以再次利用。“杀羊是技术活儿，掐动脉时要快、稳、准。不然牲畜会受罪，是在造孽啊。”[②]羊被宰杀了之后，要开始剥皮，这需要巧劲，一只手抓着割开的豁口，另一只手空握成拳，把力量集中在拇指和食指上，开始把皮和肉分离。接下来割开腹

① 被访者：SBD额吉，女，63岁，蒙古族，被访者家中；访问时间：2013年7月14日；访问者：玉荣。

② 被访者：BYT阿爸，男，76岁，蒙古族，被访者家中；访问时间：2014年8月15日；访问者：玉荣。

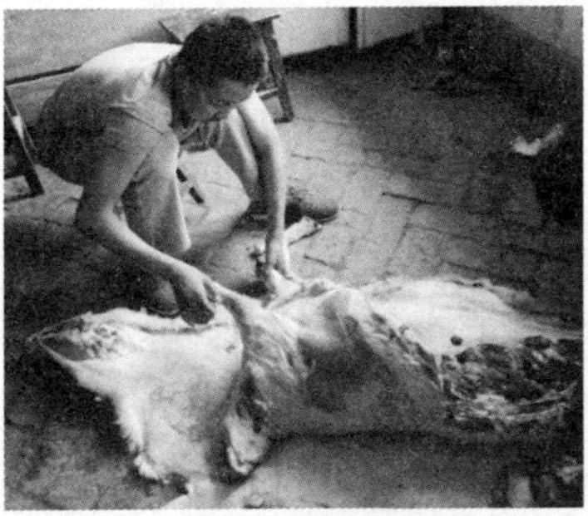
图3-29 宰羊

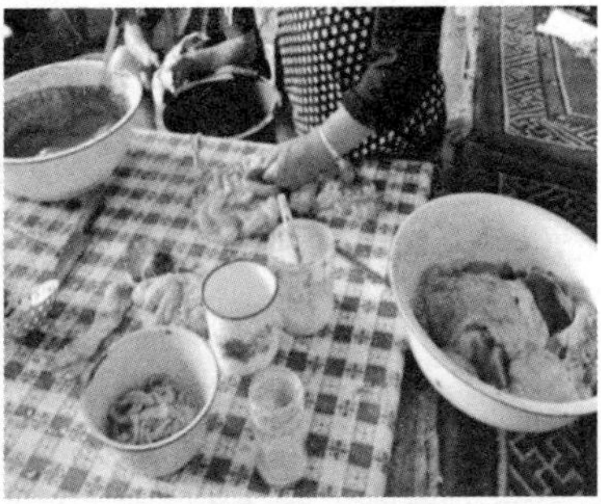
图3-30 灌血肠

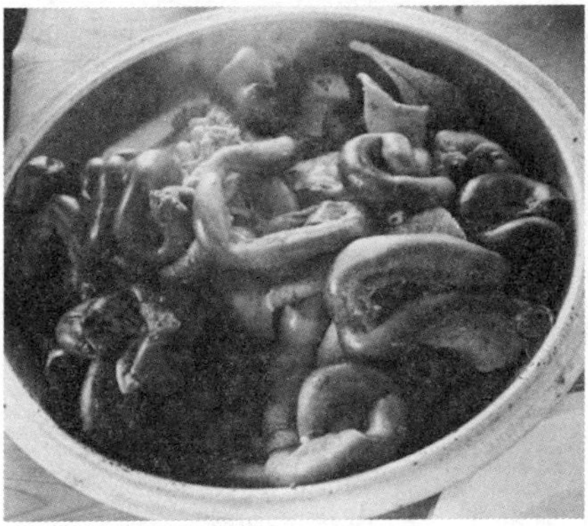
图3-31 煮好的血肠

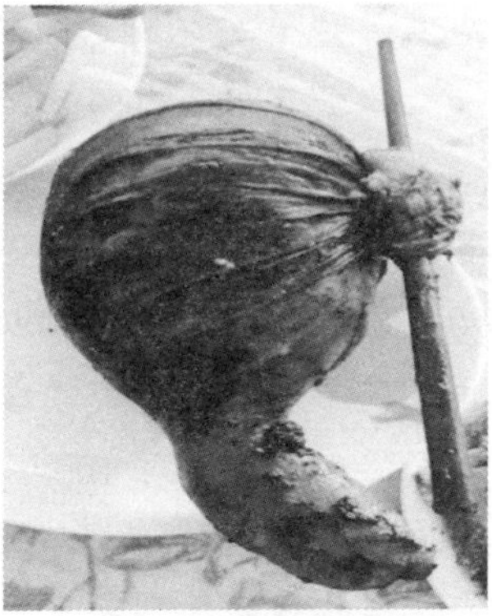
图3-32 煮好的羊胃

部，取出内脏，最后把牲畜的血另取出，用于灌制血肠。去除了内脏的整羊就剩躯干，按照羊骨的骨节将整羊卸开。在剥皮时，要把胸叉（脯）、羊头、羊蹄和尾尖留下毛皮，女主人要用开水烫掉毛之后再用火燎一下没有被处理干净的杂毛，把胸叉与其他骨头一起煮熟食用，而头、蹄、下水则另煮食用。羊皮要保存

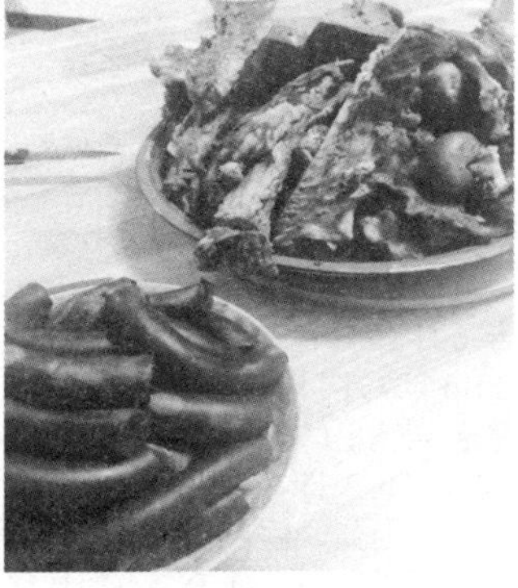
图3-33 煮好的血肠与手把肉

好，可以卖也可以加工成熟皮子做皮袄或熏皮袍。天气较热，现宰的羊皮容易变质，处理时要格外小心，用粗盐均匀撒到皮子上，放置阴凉通风处慢慢风干。到此为止，男性负责的部分已经完成，剩下的加工熟制工作由女性完成。

接下来，女主人把卸开的手把肉放入凉水锅里，加入少许葱和盐，等煮沸，把浮沫淋清，改温火煮熟。根据宰杀羊的年龄，三四岁的羊肉不可煮得过久，肉煮得过于软绵不好吃。锅烧开了，用汤勺舀出一小碗加一点沙葱或葱花，请家中的长者喝鲜羊肉汤。“人上了年纪要经常喝羊肉汤，前几年我家老人生病，一直好不利索，在盟里医院住院，医生开了好多的蒙药，都需要用羊肉汤做药引子服用，再说，今年还没来得及给额吉喝新肉汤（maxən ʃul ʊ:x）呢，没办法，我们就从附近的牧户家买了一只绵羊[1]，专门给额吉喝了今年刚吃饱青的羊肉汤。（从东乌旗到盟里距离远，来回不方便）不知道是药的作用还是羊肉汤大补，额吉气色好了很多，又住了一个星期就出院了。一只羊花了1000元，但是，额吉高兴，身体能好就行。现在羊肉价格上来了，我们自己都舍不得吃了，一般都省下来。我们现在搬到旗里，没羊群了，吃肉很不方便，都是买着吃。”[2]当地人讲究无论什么时候只要宰杀牲畜，都要与邻里分享，但是忌送桡骨、短肋、脖子以及腹股肉，被认为是对对方

---

① 乌珠穆沁人喜欢在重要场合或人情往来的时刻都以绵羊肉款待为主，绵羊的大圆尾巴被认为是主人家富有、有福气的征兆。额吉把绵羊看成是“xalu:n xʊʃu:t mal”，寓意善良、吉祥。

② 被访者：MGH，女，39岁，蒙古族，被访者家中；访问时间：2014年8月16日；访问者：玉荣。这样的现象在我2013年调研期间也看到过。2013年7月14日到BHED阿玛家调研，在坐他家车去牧区时，WYDLGR额吉就曾到镇里的肉店买过羊肉。记得当时羊肉一斤30元，额吉买了十斤，带回牧区冻起来日常食用。额吉家因为有太阳能，所以有冰柜。额吉家有一千多只羊，但是，额吉舍不得宰杀自己家的，宰杀一只一时半会儿吃不完，放着时间久了就不新鲜了，不如日常买着吃。家里来了亲朋好友、尊贵的客人时才会专门宰杀牲畜。

的不敬。对方也不能空还盛肉器皿，要放一些食物归还，不然会被误解为没礼貌、不懂规矩。

把肉煮进锅里，女主人开始另一项更重要的工作。草原上没有不会灌血肠的女性，这是每个女性最主要的一项技能。首先，把肠子放置在平整的地方，把要灌血的部分整理摆平之后开始清洗羊肠。准备温水，先往大肠里加入温水，两手交替向前推进，轻轻从小肠头开始往下走一遍。温水可以使粘在肠子上的污垢容易脱落，两手交替如同按摩使肠壁上的污垢更易于脱落。温水之后把事先切好的几块长形肺子从大肠填入，与前面用清水清洗肠子的手法相同。用肺子过一遍的肠壁已经达到卫生标准，非常干净了。“现在的人，总是觉得（肠子）脏，不洗干净不行。过去的人，灌血肠没有现在这么烦琐，清水洗过之后肺子一过就行了。羊是食草动物，很干净的，不像其他杂食动物那么脏。现在的城里小孩不能看灌血肠的全过程，看见了觉得还是没有清洗干净就不吃灌血肠了。（哈哈）看不见的就没事。”[①]但是，为了更卫生，可以在肺子后面用盐水走一遍，手法与之前相同。用盐水清洗肠子既可以消毒杀菌，也可以再一次清洗肠壁上粘的污垢。这样经过反复处理过的羊肠可以保证干净卫生。其次，将之前取出的羊血进行再加工，以备用。先将血块捏碎，再将羊的包肚油切成小碎块，与盐、葱（或沙葱）及白面（或荞面）加入血浆里搅拌均匀，适时加入适量的水，调好血浆的浓度之后灌入清洗干净的羊肠。灌血肠时，用勺子将调和好的血浆舀入大肠内，慢慢推入细肠中，这时技巧最关键，劲大了肠子会破掉，劲小了血浆会分布不均匀。一般采用清洗羊肠的方法两手交替缓缓地将血浆向前推进，均匀分布。接下来，将灌血肠剩下的血浆，灌入洗净后的

① 被访者：SBD额吉，女，63岁，蒙古族，被访者家中；访问时间：2013年7月14日；访问者：玉荣。

羊胃里，用细木棍或木筷子将其口别住，在口上用一条肺子封住，用包肚油包裹，再用灌血肠剩下的细肠将木棍缠绕，防止血浆流出来。如果灌血肠所剩的血浆不够用的话，还可以用切碎的肝脏或肉块儿来代替。乌珠穆沁人有时也会把肉、羊油切成小碎块，加入盐、葱等调味料，使得灌出来的羊胃更味美多汁。灌好的胃要与大家一起享用，将幽门窦给继承香火的孩子吃。最后，将羊直肠清洗干净之后，用腹膜、百叶割成条状，加入里脊肉条，一边填入，一边向里翻，这需要高超技巧。肉灌肠有肉有油，肥而不腻，味道鲜美。

一年四季，乌珠穆沁人的主食离不开肉类食品。肉食除了煮熟食用以外，还要进行妥善储备。夏、秋季宰杀羊，因为天气炎热不易保存，将肉割成细条，外面裹一层细盐或者面粉，挂到阴凉处风干，在肉条的下面放置刚点着的牛粪，熏赶苍蝇等。冬季每个家庭需要宰杀整个冬天和来年春天的肉食，储存非常关键。将牲畜宰杀后肢解，放置在水缸里，既保鲜又干净。还要专门准备过年用的整羊背，把宰杀好的羊大卸八块之后放置于清洁干净的羊肚里，等到祭火和年三十煮食，味道与现宰杀的羊肉一样鲜嫩美味。

“红食”作为礼物馈赠给亲朋好友，也是乌珠穆沁人的传统习俗。“红食”主要用于喜庆婚宴、长辈过寿、求亲、回门等隆重的带有仪式性的场合。2014年8月16日笔者参加了额吉淖尔苏木额尔敦达来嘎查SGB老人85岁寿宴。寿宴上主家[①]共宰杀了16只羊，在主包里摆放了整羊背[②]三只，其余的羊肉

① SGB老人有四个姑娘，老人跟三姑娘一起生活（招女婿），老人的寿宴也由三姑娘一家负责筹备。

② 此时应注意的是一定要将整羊背煮熟，或至少将其表面煮熟，褪其血色，忌讳将没煮熟的羊背盛盘，也忌将没煮熟的或生肉当作礼物。敬献时，要请寿星和长者入席坐好，然后将整羊背恭恭敬敬地放在其面前。羊头朝向长者和客人，羊尾朝外。

则以手把肉的形式摆放到临时搭建的蒙古包的餐桌上，供参加寿宴的客人食用[①]。SGB老人其余的三个姑娘除了备礼金外，每家还给老父亲一只羊[②]。可见，“肉食”除了日常食用以外，还在重要的场合（敖包祭祀、寿宴）发挥着不可忽视的作用。

“包产到户之前我们的吃食（红食）以牛羊肉为主，偶尔吃骆驼肉和马肉。但是，驼肉对老人尤其是有心脏病等慢性疾病的人不好，我们这儿一般都不吃驼肉。马肉抗寒性好，我们这儿以前在冬天几家人一起宰杀一匹马，到冬天最冷的时候吃，很多人都舍不得吃，马一家才分几匹，都要调驯，做交通工具。我家从大集体分了5匹马，立不起马群，卖了3匹，2匹用来骑乘。到冬天，关系好的两三户人家会一起宰杀一头牛，再加上3~5只羊就够一家人过冬了。当然要看家里人多少，人多需要的吃食就多，那就要多准备。听我父亲讲，在灾荒年，也会打黄羊等来补充。准备‘红食’时，男人负责宰杀和肢解，女人负责加工血肠和煮肉等后期的工作。”[③]由此可见，“红食”的制作和加工一直以来并不是一个人就可以独立完成的，而是需要男女合力，共同完成。

乌珠穆沁人的传统饮食除了“红食”之外，还以奶食

① SGB老人的寿宴上临时搭建了五顶蒙古包，其中三姑娘搭建了最大的主包和一个待客用的小包，二姑娘和小姑娘一家各搭建了一个小包，老人的侄子搭建了一个小包。据老人的小姑娘讲，她们在寿宴前一周就过来把蒙古包搭建起来，开始准备寿宴。而寿宴的承办方老人的三姑娘一家则半年前就开始筹划，一个月前开始准备寿宴所需的物品，包括整羊背、手把肉、奶食、盘碗等等。

② 根据SGB老人四女儿说，应该都要放成羊背，但是，夏天不宜保存又吃不完，容易变质，把活羊拉来，放到群里，什么时候想吃随时可以宰食。不然大家都拿来做好的羊背，吃不完不说，还没办法再次加工。因为，整羊背煮出来以后就没其他的吃法了，这样浪费。把活羊当礼物，主人可以随时宰食，老人还能喝到鲜羊肉汤，对身体也好。

③ 被访者：WLH额吉，女，68岁，蒙古族，被访者家中；访问时间：2013年7月11日；访问者：玉荣。

（ʧaga:n idgə:n）为主。冬季和春季以肉食为主（寒冷的天气需要热量，加之劳动强度大），夏季和秋季则以牲畜的鲜奶为原料加工、制作的奶制品，蒙古语称“查干·伊德”（qagaan ydg），汉语简称为“白食”。乌珠穆沁奶食制作流程与其他蒙古部落的奶食制作流程基本相同，都是蒙古族女性的看家本领。“我们小时候，女孩子最先开始干的活儿就是帮助额吉做奶食。我记得七八岁就开始帮助额吉搅动酸奶（ɛ:rəg）[①]，搅动的次数越多味道越好，一次搅动一千下，让酸奶中余留的油脂更充分地分离出来。搅拌这个活儿说简单也简单，说难也有一点难。那时（我）还小，个子不高，有一点够不着奶桶，就站到木墩上，额吉就在我身边做着其他的活，一边纠正着我的动作。”[②]蒙古族女孩子最早是从最简单的助手开始熟悉奶制品制作流程。“我们家哥哥和弟弟经常跟着父亲忙外面的，我们姐妹几个就和额吉忙屋里的。”[③]奶食可以说是女人的发明，从它的原材料开始，到它的种类、制作方法和流程都是由女性独立完成的，是女性勤劳朴实和智慧的结晶。

包括奶酪（xʊru:d）、白油（ʧaga:n tɔs）、黄油（ʃar tɔs）、奶皮（urəm）、奶酒（sa:li:n ɛrəx ʧəgə:）等在内的“白食”历来是蒙古人走亲访友、喜庆婚姻等场合互相馈赠的重要礼品之一，被认为是最珍贵的礼物，应用范围最广，也是体现女主人制作技巧以及畜群膘情的主要标志。甚至在赠送其他礼品，例如糕点、砖茶、糖果等时，通常要在最上面放置一些奶食，也会在馈赠酒类等饮品时在其容器口上涂抹一些黄油，以此仪式来把原本的酒类归类为奶食，用来充当奶食中最为珍

① 酸奶，也叫艾日可，将鲜奶放置两三天（夏季为一两天）发酵凝固成老豆腐状之后，用勺子撇去凝结在表层的奶脂，把剩下的脱脂酸奶集中倒入特制的木桶中发酵而成。

②③ 被访者：WLH额吉，女，68岁，蒙古族，被访者家中；访问时间：2013年7月11日；访问者：玉荣。

贵、稀有的部分出现在重要场合，以表示对对方的尊重和重视，显示礼品的珍贵性。蒙古语中将送礼也称为“gar ʧɛ:lga:x”，是干净、圣洁的意思。“以前走亲访友都会带上自家做的奶食做礼物，这样显示对主人的重视。从奶食还可以看出畜群的膘情呢，膘情好奶食味道好，膘情也意味着草场的好坏。”[①]奶制品不仅仅是美味的食品，也成为人际互动的纽带，是女性的才能体现。通过受礼者的品尝而得知制作者的技艺和畜群的膘情以及草场的好坏，通过这样含蓄的方式来显示自家的生活水准。

“我们这儿主要牛奶多见，羊奶和马奶有些人家会有，驼奶则非常罕见，我也是小时候跟着阿爸出门，在一家养骆驼的人家喝过，之后再也没有喝过。奶食从小吃到大，奶食也是我们小时候的零食。绵羊奶的颜色偏淡、稀薄，但是油脂多，属热性。与绵羊奶相比较，山羊奶属凉性，不宜生饮，尤其是肠胃不好的人忌讳直接饮用。羊奶我们更多用来熬制奶茶或者让它自然发酵成酸奶来饮用。我们这儿本地牛（乌珠穆沁牛）的奶更浓稠，而且油脂也多，再说，牛的挤奶期相比较其他牲畜要长，次数也比羊多，出奶量也比羊多，我们这儿的各种奶制品，都是用牛奶做成的。马奶比起羊奶、牛奶而言少见，有马群的人家才有条件挤马奶。我们家包产到户之后把分到手的大畜都处理了，马奶也成了又稀缺又珍贵的饮品。马奶比起其他牲畜的奶更为稀薄，而且属于凉性的，不易保存。但是，马奶有很多功效，有助于治疗多种疾病。我有一段时间身体不太好，就听蒙医大夫的建议，用马奶进行疗养，一个夏天喝了三个疗程，身体好了，整个冬天也没头疼脑热。我们这儿几乎没有骆驼，骆驼生活在戈壁，我们这儿的草场不适合饲养骆驼。

① 被访者：WLH额吉，女，68岁，蒙古族，被访者家中；访问时间：2013年7月11日；访问者：玉荣。

所以，骆驼奶我仅喝过一次，味道早忘了，听说味道最接近人奶，对人身体特别好。做奶酪时，火候非常关键，要用慢火熬煮。烧柴或炭火太急，容易焦煳，最好是要用牛粪或羊粪砖。”①

五畜的奶一般可分为最初的初乳、生奶、沸煮的熟奶（生奶加工）及酸奶（自然发酵）。各地区蒙古族的奶食品制作方法和技艺虽各有不同，但是基本的方法和目的是一致的。我们对奶食品进行加工制作一般采用三种方法，概括起来有搅拌发酵法、自然凝固法、温火烧制法等。利用这些不同的方法，制作出各种不同的食品及饮品。以搅拌发酵加工的奶食品有“塔日克”（tarəg）、“浩日马克”（xɔ:rməg）、“艾日克”（ɛ:rəg），以自然凝固法加工的奶食品有奶豆腐、酸奶干、奶酪干、干酪、奶油等，用温火烧制法制作而成的有熟奶皮、熟奶、黄油等。与此同时，在搅拌发酵、自然凝固、温火烧制法的基础上，以炼、酿等二次加工的方法制作酸油、黄油、酸奶油、奶酒等制品。②

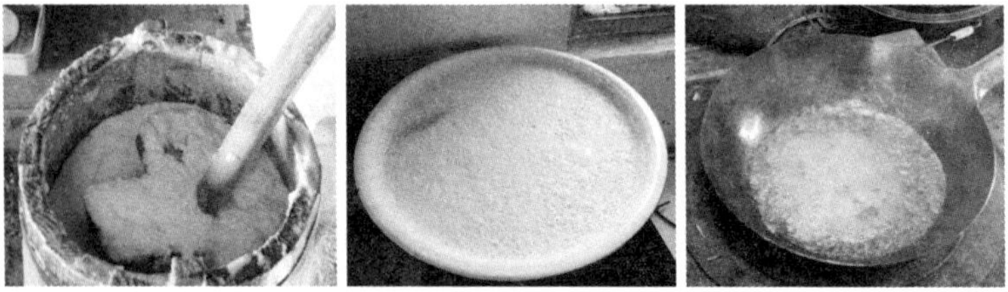

图3-34、3-35、3-36　各种奶制品

在世界各地的游牧民族中，没有几个像蒙古族制作那样多的奶食而闻名的民族。奶制品种类繁多，根据加工方法及地区

---

① 被访者：WLH额吉，女，68岁，蒙古族，被访者家中；访问时间：2013年7月11日；访问者：玉荣。

② 根据访谈资料和《东乌珠穆沁旗志》整理而成。

等特点，名称也有所不同。乌珠穆沁女性将谷物、粮食称为“宝日·伊德”(bɔr idgəːn)，把蔬菜、瓜果类的食品称为“呼和·伊德”(xug idgəːn)。以五畜奶为原料加工制作的饮品为奶饮，以野生茶或经过加工的砖茶熬制成的饮品为茶饮，以发酵的五畜奶加工成的饮品为奶酒类饮品。

三、穿着：“蒙古袍”的制作

改革开放之后，乌珠穆沁牧民的生活发生了巨大的转变，从蒙古包和勒勒车伴随的游牧生活，走向砖瓦房与暖棚圈的定居生活，再到如今的楼房。随着生活方式的转变，穿着的服装也悄然发生了变化。“乌珠穆沁”款式的蒙古袍是乌珠穆沁人的象征，是他们最主要的装束，到现在为止，在东乌旗身着“乌珠穆沁”款式蒙古袍的人相比其他款式蒙古袍的人而言更多见。在东乌旗，制作“乌珠穆沁”款式的蒙古袍时，男性主要选用深蓝色、浅蓝色、深绿色、棕色等颜色为主，女性则更多喜欢选用色彩鲜艳的各种绸缎、布料制作夹袍、棉袍或者羊皮袍。“乌珠穆沁”式蒙古袍外观漂亮、大方，做工细致、繁复，尤其是对制作者的刺绣能力有很高的要求。正值笔者在“苏敦民族服饰加工店”里采访店主MGH夫妇时，碰到有顾客上门做“乌珠穆沁”款式的蒙古袍。根据他们之间的聊天了解到，这一家人来自距离锡林浩特市不远的苏木，他们是专程来东乌旗找MGH做传统的乌珠穆沁样式的蒙古袍。待客人走后，MGH跟我说：“他们一家是专门来这儿找我做传统样式的蒙古袍的，他们其实不是乌珠穆沁人，是阿巴嘎人。但是，他们觉得乌珠穆沁样式的蒙古袍又好看又气派，比起其他样式的蒙古袍更有特点，什么时候穿出来都很有效果，好看。像他们这样从其他地方开车来做蒙古袍的人很多，他们订好了面料，选好了样子，说好取衣服的时间，等做好了我就托人或用班车给他们捎过去。这是人们对我手艺的认可和信任，不认真不行，做不好不仅仅是砸招牌事，甚至对我个人名誉也有影响。”①

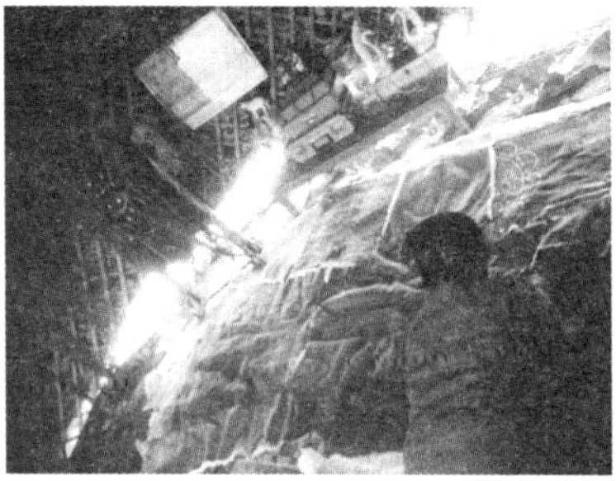
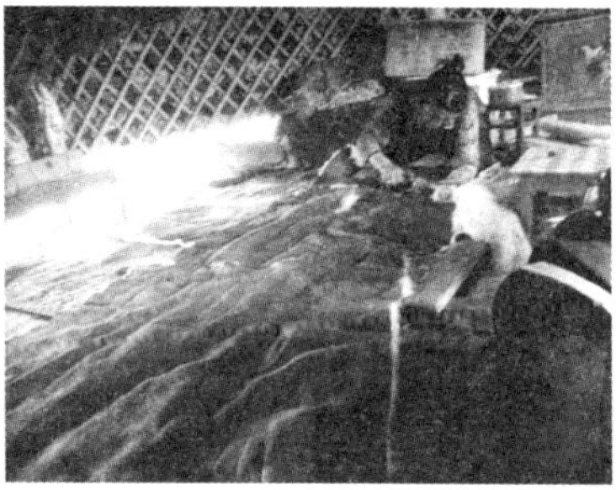

图3-37、3-38　额吉在缝制熏皮袍

可以说，在蒙古族所有部落的服饰中，乌珠穆沁样式的蒙古袍工艺尤其复杂，独具特色。无论是从材料的选择还是到做工技艺都精益求精。据老一辈的额吉说，若是通晓乌珠穆沁蒙古袍的做法，再去学习制作周边其他部落的蒙古袍会容易得多。“我是赤峰阿旗来的，我爱人打工，我就边给孩子做饭边做蒙古袍。来我这儿做袍子的大多数是要新款式的，做新式蒙古袍的人多一些。一般选择做乌珠穆沁样式蒙古袍的人都会找本地人做，（当被问到原因时）可能因为我不是乌珠穆沁人的缘故吧。其实，我也会做乌珠穆沁样式的，但是，大家还是会选择本地人开的店。”②可见，乌珠穆沁蒙古袍的制作者更多集中在本地有经验的中年乌珠穆沁女性当中。她们从小就随自己的额吉学习制作乌珠穆沁样式的蒙古袍，从最初简单的帮衬到后来独立的制作，都是额吉手把手地、一针一线地教着，使得她们的技艺越来越娴熟，越来越精湛。“苏敦民族服饰”加工店的店主MGH女士曾经是家庭主妇，为了孩子上学，夫妻俩

① 被访者：MGH，女，39岁，蒙古族，被访者服饰店中；访问时间：2014年8月15日；访问者：玉荣。

② 被访者：ATG，女，45岁，蒙古族，被访者服饰店中；访问时间：2014年8月14日；访问者：玉荣。

商量之后，到旗里租了房子给孩子做饭陪读。“那时候，刚来旗里，孩子还小，除了给孩子做饭，平时没什么事我就帮着别人做一些蒙古袍的部件，慢慢地越做越喜欢，大家给我的评价越来越高，我就琢磨着开店的事。2003年，我们俩商量着租店，开了现在的这个店。我从小就跟着额吉学缝蒙古袍，我母亲娘家的人在当地还是小有名气的手艺人呢。我的几个舅舅做的马鞍子、套马杆、马绊什么的又漂亮又结实，姨母也是附近有名的巧妇。我可能有一点遗传？（大笑着）以后，我要专心制作乌珠穆沁款式的服饰，也要多学习现代设计制作方面的知识。现在，也有一些年轻人上门学习，前一段时间刚走了一个，在我这儿待了三个月呢。”[①]她不仅仅制作传统的乌珠穆沁样式的蒙古袍，慢慢地也学习专业裁缝的技巧，也做加入现代元素和自己构思的蒙古袍，很受欢迎。她的手艺越来越受到大家的认可，从过去的纯手工加工到现在店里增加了两台全自动的缝纫机，还雇了10个机工，效率提高了，效益也提高了。MGH说，现在店里不愁没衣服做，但是会操作机器的人少，很多时候需要她手把手地教，她一个人忙不过来。她既要负责剪裁，还要负责设计，机工则负责缝制，分工不同。

与MGH不同的是，YJM额吉则专注于传统乌珠穆沁款式服饰的制作，不会做新样式的蒙古袍。YJM额吉最擅长缝制熏皮袍（ʊtməl dəːl或uŋ dəːl），2009年5月被东乌旗政府评为“熏皮袍制作技艺传承人”，2010年3月被锡林郭勒盟文体局评为“熏皮袍制作技艺”代表性传承人，成为盟级的非物质文化遗产传承人之一。“我不会做其他样式的蒙古袍，尤其是现在时髦的款式，我都不会。主要是不会给人家量尺寸，传统样式的蒙古袍尺寸量起来简单，再说，做了那么多年，闭着眼睛都

① 被访者：MGH，女，39岁，蒙古族，被访者服饰店中；访问时间：2014年8月15日；访问者：玉荣。

会呢。”[1] YJM额吉的儿媳妇目前跟着额吉学熏皮袍的制作技艺。调查过程中，很多人告诉我，如今的乌珠穆沁草原上穿熏皮袍的人少之又少，人们更多以轻便的、简单的棉衣和羽绒服来代替工艺复杂、成本又高、制作时间又长的熏皮袍。熏皮袍从过去的御寒衣物，逐渐变成以观赏性为主的工艺品，从日常生活走向博物馆[2]。“熏皮袍的制作过程很复杂，每一步都要认真细致，不然做出来的皮袍不好看不说，还不耐穿。熏皮袍主要以绵羊皮为原料，将绵羊皮经过反复清洗软化（用ɛ:rəg），用牛粪来烟熏，最后把处理好的羊皮缝在一起就成了。具体工序如下：首先，要选择毛色干净、颜色相近、大小相差不大的8~10张成年绵羊皮。将选好的羊皮用水打湿，在微干时候抹上一层黏土，用镰刀（打草刀）刮或用手来回反复搓，除去羊皮上的油脂。等油脂除干净了，再用清水清洗干净，放到阴凉干燥的地方晾干。其次，将晾干之后的羊皮进行软化。在羊皮上涂一层畜用盐和酸度较高的ɛ:rəg，叠成小方块阴干（3—4天，每天翻动一两次）。再把羊皮上的污渍去除干净之后，叠成小方块，放入装有酸奶黄水（ʃɛrs）的缸里泡着，四五天之后将泡好的羊皮取出来阴干，等羊皮晾干之后，在羊皮上再涂上一层畜用盐和ɛ:rəg（去原来皮子的颜色），每天用手揉一两次去除污渍，再涂一遍。如此反复，3—4天以后将羊皮铺在有露水的草地上，再用毡子盖住，放一天。一天之后，用工具将浸软的羊皮向外撑，必须注意的是不能太使劲了，否则容易裂开。再次，把弄好的皮子，三张三张地缝成一个桶状，再选一个干净的地方，挖一个坛形的坑（深60厘米，坑口直径15厘米），在坑口上用三个木杆支起一个架子，将缝合好的三张皮绷紧在

① 被访者：YJM额吉，女，65岁，蒙古族，被访者家中；访问时间：2014年8月23日；访问者：玉荣。

② 东乌旗博物馆里陈列着一男一女款式的熏皮袍就是由YJM额吉她们负责缝制完成的。

木架上，在挖好的坑中点燃牛粪①，熏烟1—2小时，至焦黄色就行了。熏好的皮子为了固色可以再用浓浓的砖茶水刷一遍，这样可以巩固皮子的颜色，使得颜色更好看。最后，剪裁熏好的羊皮，用小羔皮做袍子的领子和袖口，用小羔皮带毛的皮条和绸缎镶边，缝上特制的纽扣（一般都用银制的纽扣），这样一件熏皮袍就做好了。现在，人们都买半成品，回去裁剪缝制，或者直接到裁缝店加工。唉，会这样工序的人越来越少了。”②

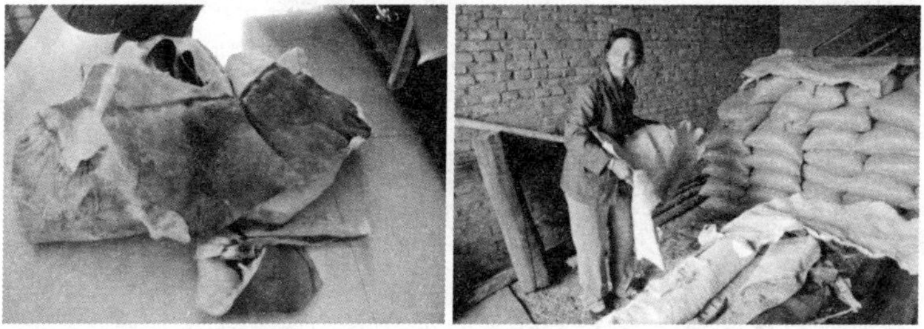

图3-39、3-40　YJM额吉做好的熏皮

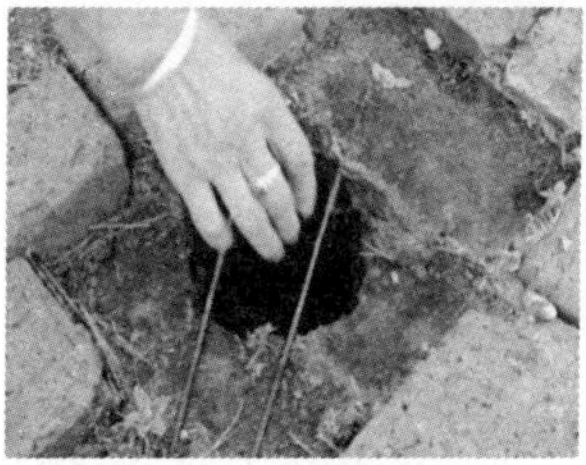

图3-41　用来熏皮的洞

到了冬季，蒙古高原非常寒冷，乌珠穆沁人为了适应这种严寒，创造出了具有浓厚地域特色的冬季服饰——熏皮袍。熏皮袍防潮、防虫性能好，适合冬季寒冷时节穿着。它是乌珠穆沁人不可缺少的防风御寒品，具有独特的文化价

① 这里所选的牛粪必须是放了二三年的陈年牛粪，而且是冬天拣好的牛粪，用这样的牛粪熏制上色好，褪色难。放置两到三年的牛粪燃烧容易，烟味清香不呛人。或者是选择放置二三年的秋季的干马粪也行。

② 根据YJM额吉（女，65岁，蒙古族）和HXGT额吉（女，67岁，蒙古族）的访谈资料整理而成。被访者家中，访问时间：2014年8月21日、23日；访问者：玉荣。

值和工艺价值，现在懂得制作这种皮袍的人越来越少，会按照传统技法熏制皮袍的人越来越少，熏皮袍技艺需要抢救和保护，进而引起人民的关注和重视。2009年旗政府申报盟级非物质文化遗产保护传承人，确定了一部分传承人，到2010年乌珠穆沁熏皮袍的制作技艺得到了锡林郭勒盟文体局的重视，被纳入盟级非物质文化遗产名录，正式由官方确认对其保护和传承，达到对传统民族服饰的保护目的。娴熟地掌握熏皮袍制作的传承人也好，普通的乌珠穆沁女性也好，有一个共同点，就是这些人的年岁已高，出现了后继无人的现象。

乌珠穆沁传统服饰的制作者队伍中，也有热爱乌珠穆沁服饰艺术的年轻人，像“额吉高毕服饰”加工店店主的女儿MZ。大学毕业后，家里人让她找工作，她却想着在妈妈的店里帮忙，学习制作蒙古族服饰。“我从小就喜欢缝东西，也喜欢自己瞎捯饬。家里的蒙古袍都是奶奶和妈妈做的，像我们这个年纪的都没人会做啦。我本人特喜欢做这个，我从上大学开始，寒暑假回来就帮妈妈做。现在毕业了，找一份不错的工作非常难，也就不想找工作了，跟着妈妈学做蒙古袍，目前我只想做这个。我怕以后都没有人会做了。”[①] 也许是从小耳濡目染，她很有灵性，用了一年多的时间，就可以设计和制作时装款的乌珠穆沁蒙古袍了，但还在学习制作传统蒙古袍的过程中。她说：“传统的蒙古袍制作技艺我必须要学，还要技术过硬，光会做流行的、时装款式的没用。现在很多顾客越来越喜欢传统样式的蒙古袍了，尤其是重要的场合，不仅仅要穿蒙古袍，还要穿最传统款式的蒙古袍。”[②] 传统乌珠穆沁蒙古袍的行线、沿边和刺绣工艺对她来说都是挑战，也是基本功，需要多练习。

乌珠穆沁蒙古袍的用料以真丝和绸缎为主，近两年流行一

①② 被访者：MZ，女，25岁，蒙古族，被访者服饰店中；访问时间：2012年7月15日；访问者：玉荣。

种类似绒面仿鹿皮的料子。传统的乌珠穆沁蒙古袍一般会选用真丝和上好的丝绸，生活装和时装款的袍子可以选用价位低一些的丝绸和流行的料子。现在有一种仿制的“熏羊皮”，可以用来做熏皮袍，外面是人造皮，内里是人造毛。这种料子没有熏制的羊皮保暖，但是制作起来相对容易，外观也平整一些，无须保养。市场上还出售丝绸和棉一体的袍子用料，用这种料子做棉袍，简化了一些工艺流程。料子可以在店里选，也有一些人会准备好做蒙古袍的面料和里衬，到店里加工。传统的乌珠穆沁蒙古袍的用色惯例为：女性多穿红、粉、绿色等艳丽的颜色，不穿黑色和蓝色；男性多穿深色材质的，如蓝色、浅蓝色或棕色等稳重大方的颜色；而白色则老少皆宜，没有性别之分。现在的年轻女孩可以穿深蓝色的蒙古袍，有些女孩子还会选择黑色、灰色等暗色系的料子，据说这些颜色会显得身材纤细。

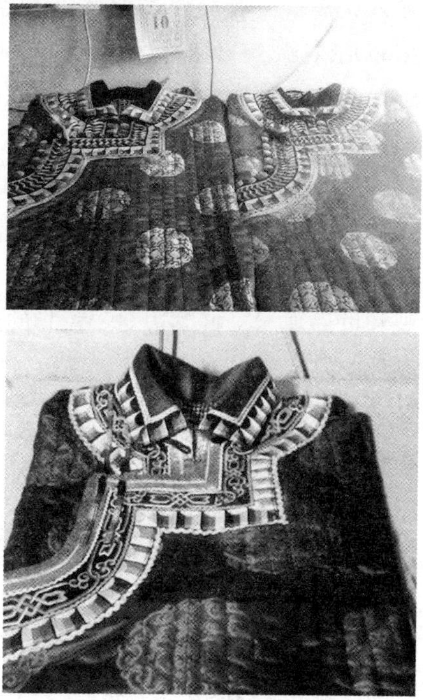

图3-42、3-43　乌珠穆沁样式的蒙古袍

乌珠穆沁蒙古袍最复杂的工艺在于其行线、刺绣和镶边部分，这也是最考验裁缝的技术环节。乌珠穆沁款式的棉袍和夹袍都需要全身行线，使得面料、棉花和里衬能够牢固地贴合在一起，耐寒、耐穿且美观。一般行线之前要用熨斗将面料像折扇的扇面一样熨出褶痕，然后与棉花、里衬一起行线。两行线之间间距很窄，针法不一样，棉袍和夹袍的

行线还略有不同。行线技艺对制作者的手艺要求高，只有行线针脚均匀，蒙古袍才会平整、美观。

“传统的乌珠穆沁蒙古袍采用库锦镶边，单边或多道边皆可，老人穿的蒙古袍通常为一道边，中年人和年轻人多一点。今天流行的彩虹镶边始于20世纪80年代，那时只镶半幅——领子、前襟和袖口使用，90年代出现了全幅的彩虹镶边，侧襟也使用。因为这种用五彩的线绣制而成的边儿，像彩虹一样绚丽多彩，人们喜欢叫‘彩虹边’。一般用黑色线开头，然后依次为蓝色、粉色、绿色、黄色或者白色，也可依个人的喜好排列。绣一对用于袖子镶边的彩虹边，需要一个星期的时间；绣全幅的彩虹边，需两个月。市场上出售机绣的彩虹边，很多不太挑剔的人会选择使用，这样一件全幅镶边的蒙古袍，十天就可以完成。一件纯手工刺绣，全幅彩虹镶边的袍子的价位在3000元以上，一件库锦镶边袍子价位在1000元以上。时装款一般都是单袍，价位在300元到1000元不等。店里定制蒙古族服饰的价格没有统一的标准，一般是制作者根据用料和手工定价，通常是整百的数额，如800、1700元，价格公道，很少有人讨价还价。”①可见，对于乌珠穆沁人来说，蒙古袍被赋予了许多意义，是一种文化符号，象征乌珠穆沁人的审美观、价值观和世界观。彩虹镶边对于色彩的运用，是乌珠穆沁女性对于颜色的象征意义的使用和重置。

四、教育：时雨润之的爱

家庭是社会的最基本单位，是组成社会的最基本、最重要的细胞。注重家庭教育，有养必教则是一个家庭最基本的职责。蒙古族自古以来就非常重视对子女的教育，认为“有养必

① 被访者：MGH，女，39岁，蒙古族，被访者服饰店中；访问时间：2014年8月15日；访问者：玉荣。

教”是为人父母最为基本的职责之一。

首先，道德修养的教育。蒙古族有许多格言、谚语都在强调忠诚守信的道德品质，“人好在诚实，马好在善走”“忠诚厚道能长久，奸诈狡猾难长久”“真诚是万美之根，虚假是万恶之源”等。道德修养是一种思想观念，它渗透到人们的生活的每个角落，对每个人的性格、行为习惯等影响巨大，指导着人们的言行举止。作为一个合格的母亲，必须要重视孩子的道德情操，在生产生活中重视团结友爱、忠诚守信美德的培养。例如，在《蒙古秘史》中详细记述的阿兰豁阿“五箭训子”的故事就是一个生动的例子。阿兰豁阿“人各与一箭杆命折之，一箭其何有哉？折而弃焉；又束五箭杆，与而命折之，五人将束五之箭杆，人各转持，轮而折之，而未能焉”[1]。阿兰豁阿以其生动的、富有启发性和创造性的教育方法，教育自己的儿子们知晓团结的重要性，以及不团结所带来的危险性。这样“寻旧言，引古语”[2]的悉心教育，鼓励自己的儿女们要有勤奋、勇敢、团结的好品质，并且注重在实践中锻炼儿女们射箭、骑马、狩猎的生存与征战的本领。《蒙古秘史》还记载了铁木真年轻时候与其弟哈萨尔一起射杀了同父异母的弟弟别克帖儿，母亲诃额仑以“除了影子没有别的伴当，除了尾巴没有别的鞭子”的古老谚语提醒成吉思汗兄弟要重视团结，点出团结的重要性。《蒙古秘史》还记载了一段成吉思汗母亲诃额仑教育成吉思汗的事迹。“大蒙古国建立之后，成吉思汗听信蒙力克父子诬告弟弟合撒儿。将胞弟合撒儿捆绑起来施治以威时，诃额仑夫人闻讯，用白驼驾车，连夜起行，日出时刻到达合撒儿处……盛怒盘坐，出两乳置膝上，问道：‘你见了吗？这是你

① 朋·乌恩：《蒙古族传统美德》，呼和浩特：远方出版社，2002年，第256页。

② 道润梯步：《新译简注蒙古秘史》，呼和浩特：内蒙古人民出版社，1978年，第40页。

吃的乳。合撒儿何罪？你自将骨肉相残！当初你小时，曾吃了我这一个乳，——唯合撒儿将我这两乳都吃了，使我胸中宽阔，能射，但凡百姓叛的用弓箭收捕了。如今敌人已尽绝，不用他了！’太祖见母亲怒息了，即说：‘怕也怕了，羞也羞了。’说罢遂退”[①]。诃额仑夫人能够及时发现儿女之间的矛盾，避免了出现骨肉相残、同室操戈的现象。

怎么能由家里分封出来，
就生离怨不满之心？
不是还在老像的右边吗？
还是要不断来往互通音讯。
怎么能由老群分出来，
就不闻不问各行其是呵，
其实你们更需注意团结，
这才符合骏马合群的习性。
彼此住地，
路程遥远，
谁是谁非，
何需争论？
即使争论也要多多思忖！
彼此住地高山遥遥相兮，
长短是非岂能评说不停？
要互相支援，
团结和睦最为当紧[②]！

① 朋·乌恩：《蒙古族传统美德》，呼和浩特：远方出版社，2002年，第244页。

② 载录于《成吉思汗箴言》。参见朋·乌恩：《蒙古族传统美德》，呼和浩特：远方出版社，2002年，第258—259页。

由《成吉思汗箴言》“交结朋友的时候要像牛犊一样温和，与仇恶的敌人交战的时候要像雄健的山鹰、饥饿的老虎一样凶猛”可见，蒙古人待人接物时更讲究诚实守信，这也是游牧文化的核心。

其次，生产技能的训练。蒙古族孩童能骑善射，是其重要的生存手段。“13世纪的文献《黑鞑事略》记载了蒙古族儿童学骑射的情形：‘其骑射则孩时绳束以板，络之马上，随母出入。三岁以索维之鞍，俾手有所执，从众驰骋。四五岁挟小弓短矢，及其长也，四时是田猎……’骑射十分娴熟，能左顾而右射。父母一般让孩子从三四岁开始学习骑马，七八岁随父参加狩猎、远征。十岁以后就成为一名出色的骑手，无论男女老少个个骑术极佳。”[①] 对于在草原上生活、从事畜牧生产的牧民而言，对于骑、射等技能的训练必不可少，是家庭和社会所积极倡导的生产生活技能之一，是每个人的必修课。

自古以来，从事畜牧业生产的蒙古人，有着区别于其他民族的独特的生产生活方式和技能。儿童早早开始接受来自母亲的亲身教导，从孩童时期起学会辨认牲畜，与牲畜相处，耳濡目染地接受教育。到了五六岁，孩童开始帮助大人，参与到畜牧生产劳动中，从事一些简单的、趣味性的劳动，例如，放小羔、拉牛犊、简单的家务劳动以及为额吉“跑腿”的活儿。到了七八岁，正式开始学习畜牧业生产知识，参与到畜牧业劳动中。同时，母亲也会经常讲述日常所见所闻，讲述春、夏、秋、冬四季更替对畜牧业生产劳作的影响，也讲授东、西、南、北这四个方向的知识，以及风、霜、雨、雪、天、地、日、月等相关常识，以此满足孩子在未来的生产生活中所必备的畜牧业和自然常识。例如，在《蒙古秘史》中记载了13岁时

① 朋乌恩：《蒙古族传统美德》，呼和浩特：远方出版社，2002年，第261页。

的成吉思汗在自家八匹骏马被盗后，一个人上路追击，“知众寡不敌，乃出奇从旁夹击之”，以巧妙的方法把八匹骏马寻回。正是在母亲诃额仑的教育下，培养出了“一代天骄成吉思汗”。成吉思汗的成功离不开其母的言传身教。

“小时候，妈妈告诉我，五畜的怀羔时间，马要5—6月份开始发情，要怀10个月才能下马驹，从4岁开始一直到10—12岁都有生育能力，下8~10次。牛要6—7月份发情，最佳生育期为4—8岁期间，怀8个月才能生牛犊。羊的话每年的10—11月期间发情，怀5个月生小羔。还教会我辨认牲畜，辨认牲畜的毛色，要知道自家羊群的耳记与其他人家之间的区别。每天跟着母亲捡牛粪、做奶食、收拾屋子、打扫羊圈等。妈妈去哪儿都会带着我，她干什么我就跟着看着，慢慢就会了，不会的问，妈妈细心地教给我，到了八九岁，我就能一个人放羊了。”①

最后，生活能力的培养。由于畜牧业生产劳动使得蒙古人自古以来生活在自然条件相对恶劣的环境中，要求人们要具备较强的生活能力来适应环境。因此，在家庭教育中，母亲特别重视对子女生活能力的培养。对女孩子，母亲要教给她们学做手工活儿，十岁时要学会纳袜底和做各种荷包，十五六岁时要学会做靴子、纳鞋帮、裁剪衣服，十七岁到二十岁要集中教针线活、结婚的相关知识、畜牧生产知识以及做饭等基本生活技能。这一时期，母亲对于孩子而言，是最佳的老师，以自身的言谈举止潜移默化地影响，言传身教培养孩子的生活能力。

在家庭教育方面，父母分工不同，“严父慈母”的亲子教育和相处模式最为常见。父亲通常被塑造为家庭的权威象征，不可冒犯，孩子一般服从父亲。而母亲则是孩子温

① 被访者：TY，女，42岁，蒙古族，被访者家中；访问时间：2014年8月22日；访问者：玉荣。

柔的港湾，对孩子而言，母亲更为亲近，容易建立起较为亲密的亲子关系。母亲的教养更为琐碎，更为贴心，是孩子与其他家庭成员之间的“润滑剂”，是家庭情感沟通的枢纽。“我有什么事情都和妈妈讲，妈妈最能理解我，也能给我很好的建议。找对象的时候，我父亲不同意，嫌对方家庭人口太多，又是家里老大，怕我嫁过去吃苦。但是，我自己觉得不错，和父亲顶嘴，惹得父亲不高兴了。都是妈妈中间来回调和，和父亲说我对象的好，和我说父亲是为我好，让我多体谅父亲。很多的时候，妈妈都是我的避风港，我一有事最先想到的就是妈妈，不管发生什么事情，一听到妈妈的声音感觉特别安心，心就不慌了。母亲刚查出病，大夫和我说的时候，我一下子蒙了，心里堵得慌。妈妈去世的时候，我特别接受不了，有很长一段时间接受不了，总是梦到她。虽然我有了自己的家庭，有

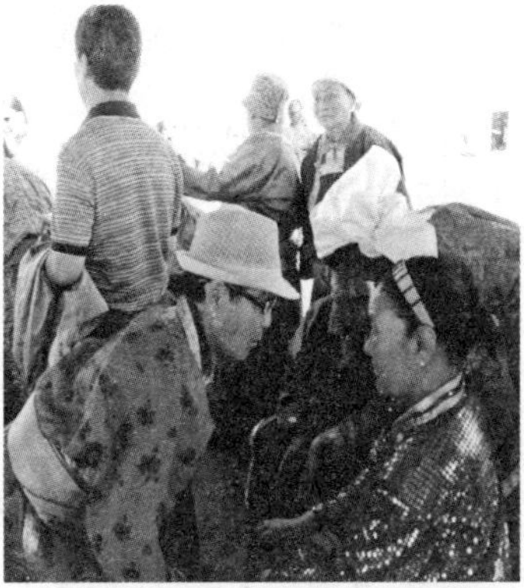

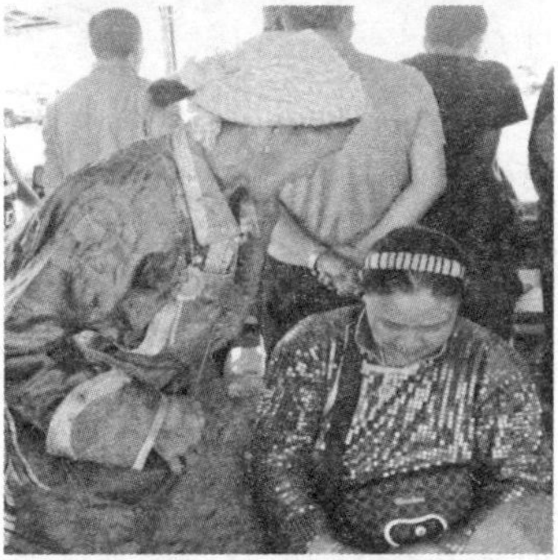

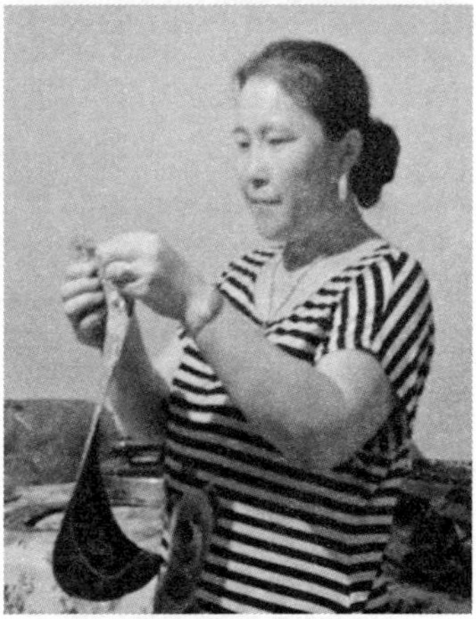

图3-44、3-45、3-46
乌珠穆沁妇女

了自己的孩子，但是，在妈妈面前我永远都是孩子。”[①]

第三节　“祭敖包”：祭祀中的乌珠穆沁女性

敖包祭祀在东乌旗相当普遍，在当地牧民的日常生活中有着很重要的位置，被当成是一年中为数不多的几个重要的节日，也是夏季举行的重大活动之一。“东乌旗境内有100多座敖包，自20世纪70年代末至1999年共恢复祭祀69座敖包。敖包那达慕主要进行摔跤、赛马两项传统体育比赛，平均每年会有4000~6000人次参加搏克比赛。”[②]敖包祭祀时间一般集中在夏、秋之间，充分考虑了牧区的气候、植被、牲畜膘情和牲畜生长发育的规律。

一般在农历五月中旬至七月中旬，这段时间里雨水足草场好，而且畜群肥壮。可见，节日时间与人们的生产生活相联系，很少有不适宜的情况出现。东乌旗大部分敖包都有明确的祭祀日期，只有小的敖包或个人敖包会每一年专请喇嘛看日期。调查中笔者发现，东乌旗的敖包祭祀不是全部用肉食祭祀，有的敖包直接用奶食祭祀。奶食祭是指将奶制品（奶制品有凝固状的奶酪、黄油等，有液体状的鲜奶、马奶、奶酒等）精华献给敖包神，进行叩拜、祈祷的祭祀仪式。肉食祭是指敖包祭祀者用专门准备的全羊“绣斯”（buxul ʃu:s）来祭祀敖包的形式。这两种形式目前都存在，前者体现了蒙古族崇尚白色、崇尚奶食品的心理，后者则反映出了蒙古族视全羊“绣斯”（buxul ʃu:s）为饮食之尊的观念。“以前我们都是拿家里最

① 被访者：WYDLGR额吉，女，50岁，蒙古族，被访者家中；访问时间：2013年7月16日；访问者：玉荣。

② 乌力吉：《东乌珠穆沁旗志》，呼伦贝尔：内蒙古文化出版社，2013年，第685页。

好的奶制品来祭祀敖包的，后来外来的（旗里和附近干活儿的汉族）人等我们祭祀完了，就过来拿袋子把我们祭祀用的奶食都装走，拿回去卖了。为了防止这种现象的发生，逐渐地人们都会把奶食撒到敖包上，就是你现在看到的这样，敖包上到处都是人们撒的奶食。”[①]“我们来祭祀敖包带着自己的奶食、熏香或者风马旗，全羊‘绣斯’由每年承担祭祀的组织者提供。无论是奶食还是全羊‘绣斯’都是我们最好的东西，把最好的东西献给敖包神，感谢它一直的守护。”[②]敖包祭祀对于从事畜牧生产的牧人而言，是通过“仪式性”的方式与神对话，获得地方保护神的认可，从而达到精神和物质的凝结，形成独特的游牧祭祀文化。

2014年农历的六月初二和初三（2014年6月27日、28日），笔者全程参与了额吉敖包和巴彦敖包[③]的祭祀活动。这两

① 被访者：ALT，男，42岁，蒙古族，东乌旗政府工作人员，访问时间：2014年6月28日，访问者：玉荣。

② 被访者：ML，女，44岁，蒙古族，东乌旗达布希拉图嘎查牧民，访问时间：2014年6月28日，访问者：玉荣。

③ 额吉敖包和巴彦敖包的祭祀由民间自发组织，每一次的祭祀都有20户人家共同出资出力。过去，巴彦敖包属于寺院敖包，由东乌珠穆沁旗的喇嘛库伦庙组织祭祀活动，从20世纪80年代开始，由当地牧民组成的民间组织来组织祭祀活动。民间祭祀活动由敖包“达”（敖包总指挥ɔbɔ:n darəg）领导下的敖包长（每一年一届组织祭祀的成员）制度来组织祭祀活动。本次的敖包祭祀组织者由东乌旗5个镇2个苏木共选出20户牧民参加敖包祭祀的组织工作，成为本年度祭祀敖包的组织者。选出的20位敖包祭祀组织者共同组织本一年度的额吉敖包和巴彦敖包的祭祀活动。这20户敖包祭祀组织者必须符合相关的要求才能担任。首先，要对敖包祭祀活动热心并自愿担当。其次，组织者必须要有一定的经济能力和接待能力。经济能力指敖包祭祀活动过程中的所有开支的负担能力，接待能力则是指应对整个祭祀活动中的各类复杂事务和各类人员的能力。最后，要求组织者的身份地位和对祭祀活动具有积极性。对申请者除了按申请的先后之外，还要考虑申请者在大众中的认可度以及申请者对祭祀活动的急切需求。而敖包祭祀的总指挥敖包“达”则要求更高。首先，敖包“达”是20户共同推举出的，众望所归。其次，具有较强的组织能力和协调能力以及具备祭祀相关的知识。敖包“达”要有较强的关系网，能够协调和处理与官方及社会各界的关系。最后，经济状况较好，敖包“达”要承担祭祀所需的费用要比其他20户多。敖包祭祀的组织者一辈子只能担任一次。

座敖包的祭祀在时间上一前一后，地点上一东一西，形制上一高一矮，规模上一个是单座敖包，没有其他的“沙比”敖包，一个是规模相对宏伟的一个主敖包与东西各建造的6个“沙比”敖包以及从山脚一路向上的70多个“沙比”敖包。据SBL额吉的回忆，这两座敖包祭祀最少有百年历史，而巴彦敖包[①]更是乌珠穆沁最有名的敖包之一。

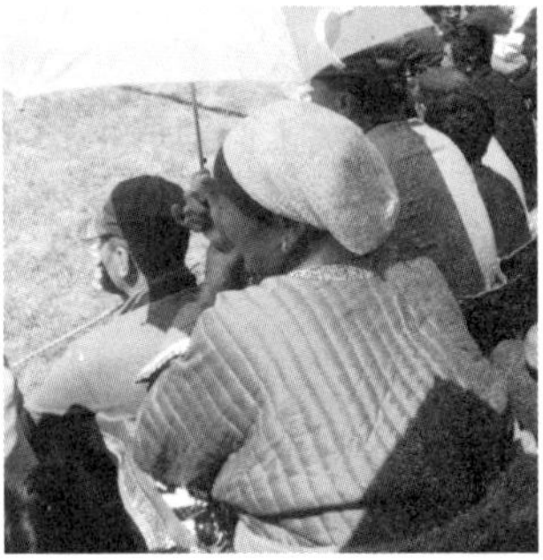
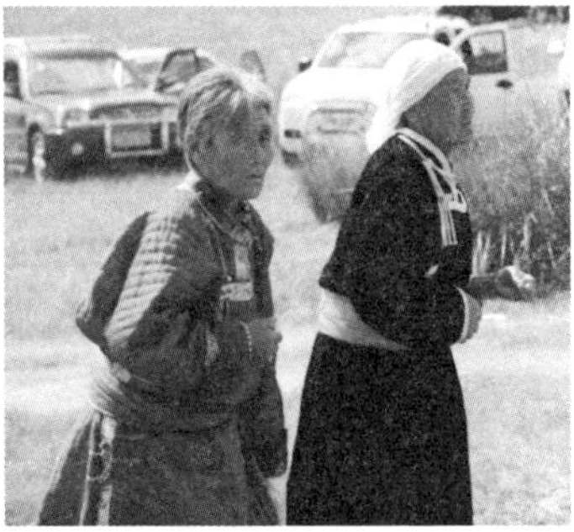
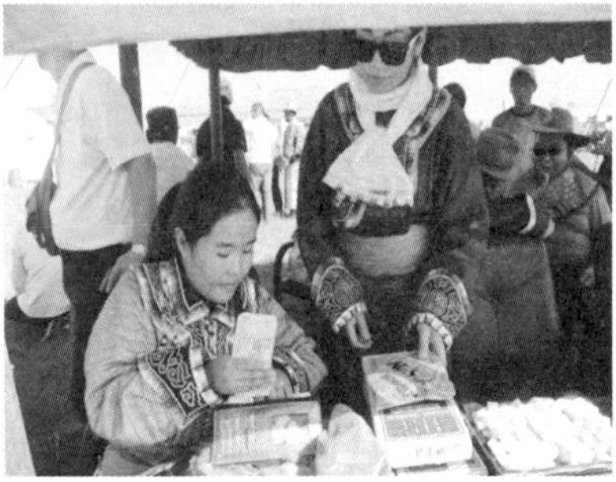

图3-47、3-48、3-49　敖包祭祀会场的乌珠穆沁妇女

① 巴彦敖包属于东乌珠穆沁旗萨麦苏木巴彦敖包嘎查，敖包祭祀时间为每年的农历六月初三，敖包那达慕主要项目是搏克和赛马。参加搏克的选手至少要有128~256名，获胜者的奖品则是大畜。赛马取前64名，奖品也是大畜。东乌珠穆沁旗所有敖包祭祀中巴彦敖包的祭祀规格最高、规模最大、奖品最丰盛，参加的人和组织者最多。

一、额吉敖包祭祀

额吉敖包位于东乌珠穆沁旗萨麦苏木的巴彦敖包嘎查巴彦敖包山以西3公里左右，柴达木湖畔。额吉敖包的位置处于柴达木湖北岸较高点，但是从巴彦敖包山脚下无法看到。额吉（əːʤ），在蒙古语里指母亲，额吉敖包是指母亲敖包，是一座单座敖包。有关额吉敖包的起源和传说有很多，内容大同小异。81岁的SBL额吉告诉笔者：过去，一个马倌丢了马群，非常着急，找了好久都没找到，他又饿又渴，走着走着不知不觉来到现在的额吉敖包所在地，看到有泉水就走过去，准备喝时，听到有人和他说话。仔细一听，是一个女人在和他说话，“你不要着急啊，马群没有丢，就在离这儿不远的东南洼地吃草呢，你赶快过去吧”。马倌一看泉水里冒出一个老妇，在跟他说话呢。他半信半疑地按照老妇指的方向寻过去时，看到了自家的马群就在老妇说的地方吃草呢。马倌非常高兴，当即返回来，磕头感谢，并用附近的石头堆积成包，插上柳树条做了标记，承诺每年来祭祀巴彦敖包时过来祭祀，慢慢地人们把这个敖包称之为“额吉敖包”。人们都会在每年的农历六月初三祭祀巴彦敖包时提前一天赶过来，提前祭祀额吉敖包[①]。有关额吉敖包的传说与SBL额吉讲的有一些不同的是柴达木湖畔碰到的NRTY额吉，她说，我们乌珠穆沁最有名的是马，牧人丢了马群都会来巴彦敖包祈祷，希望敖包神能给启示。某一年，一个马倌丢了马群，寻找丢失的马群时迷路了。这时，在他前面突然出现了一位老妇，微笑着问他：“孩子，你是迷路了吧？一直在这儿转悠。别怕，我知道你回家的方向。”按照老妇所指的方向，马倌不仅找到了丢失的马群，还找到了回家的

① 被访者：SBL额吉，女，81岁，蒙古族，东乌旗萨麦苏木牧民；访问时间：2014年8月22日；访问者：玉荣。

路。马倌将自己的所见所闻讲给后人，马倌去世后，家里人就在他当初遇到老妇的地方堆了一座敖包，取名为“额吉敖包”[①]。除了当地有关额吉敖包的传说之外，也有关于额吉敖包起源的另一种说法：“以前敖包祭祀女人是不可以登上参与敖包顶上祭祀的，只能在山脚下祭祀。额吉敖包以前都是不能上巴彦敖包祭祀的妇女过来提前祭祀。我妈妈她们那一代妇女只参加额吉敖包的祭祀。因为，额吉敖包祭祀没有性别的限制，男女老少都可以过来祭祀。”[②]

额吉敖包的祭祀，在每年的农历六月初二的下午4点钟开始。这一天，ML额吉早早起来，把全家人祭祀时要穿的蒙古袍拿出来，准备祭祀敖包的用品，有熏香、奶制品、哈达和风马旗等，按照全家人每人一份儿准备好，熏香和风马旗是之前有人去青海的塔尔寺时让他们捎回的，念过经开过光，奶食则是家里奶食中最好的。“额吉敖包和巴彦敖包的祭祀是全旗最大规模的祭祀，从很久以前就开始祭祀了，但是‘文革’时期停了，我记得好像是1982年开始重新公开祭祀的，那之前我们都是自己偷偷过来磕个头，转三圈，即使碰到熟人大家都默默地各干各的，一种默契，谁都不会到处乱说。额吉敖包和巴彦敖包是整个东乌旗西边的牧民，还有西乌旗离巴彦敖包近的牧民都来参加祭祀的敖包。”[③]祭祀开始后，ML额吉和家人双手合十，低头倾听喇嘛念的祈福经文。额吉和家人等敖包祭祀的

---

① 被访者：NRTY，女，41岁，蒙古族，东乌旗牧民；访问时间：2014年6月28日；访问者：玉荣。

② 被访者：ALT，男，42岁，蒙古族，东乌旗政府工作人员；访问时间：2014年6月28日；访问者：玉荣。

③ 被访者：ML，女，44岁，蒙古族，东乌旗达布希拉图嘎查牧民；访问时间：2014年6月28日；访问者：玉荣。

组织者举行完仪式之后[①]，开始自家的敖包祭祀仪式。额吉一边提醒孩子们注意事项，一边告诉我如何祭祀以及敖包祭祀的步骤。首先，额吉拿着刚刚被煨桑净化过的祭祀敖包用的祭祀用品分给大家。其次，领着大家绕着额吉敖包顺时针转三圈，嘴里叨念着"hurai hurai"，边走边将手里的奶食一点一点地撒向敖包，这个过程被称作"saŋ tɛbəx"。再次，ML额吉顺时针转完额吉敖包之后，将头抵着敖包，低头告念心中所想之后，向后退出来，找个干净的地方对着额吉敖包行三个五体投地的磕头大礼。最后，磕完头之后，ML额吉走到额吉敖包前面不远处的柴达木湖的源泉处，用源头活水净手洗脸[②]（ʧibər ʊsa:r nu:r gara:n ʊga:x）。在笔者旁边的一位大姐告诉笔者，"要用源泉水打湿额头，就可以洗去沾在身上的不干净的东西，泉水与额吉敖包都是有神灵保护呢"。还说，"以前附近的一个额吉身上起了特别难治愈的皮肤病。她每年祭祀额吉敖包时，用源泉水拍打患处，洗脸、洗手，慢慢地皮肤病就好了。我们这儿的好多人得了皮肤病，都用柴达木湖的源泉水来治疗，大家都觉

① 六月初二的下午3点15分左右，本次敖包祭祀的组织者20户牧民开车带着全家老小和为敖包念经的喇嘛一起来到额吉敖包前，每一户人家的男主人手持大约两米长的竹竿，上面拴有各色风马旗，当地人称之为"黑毛日"。"黑毛日"由五种颜色组成，蓝色、红色、白色、绿色和黄色，由上到下拴在竹竿上，这五种颜色分别代表了"蓝天、太阳、白云、草原和大地"。四点整，被请来的喇嘛到额吉敖包的西南席地而坐，开始煨桑吟诵敖包桑、祭祀词、祈祷词，而穿戴一新的20户敖包长高举自家的"黑毛日 xi: mœr"共同走向敖包，取下去年旧的"黑毛日 xi: mœr"，插上新的"黑毛日 xi: mœr"。只有敖包长（oboon tarag）才有资格取旧换新。每年的祭祀敖包长会提前一个星期来到巴彦敖包山脚下下榻，开始清理敖包，做好祭祀准备工作。敖包长插完"黑毛日 xi: mœr"之后围坐在念经的喇嘛身后不远处，凝神倾听喇嘛念诵祭祀词，其他来参与祭祀的人们自发围在念经喇嘛身后，形成一个半圆倾听喇嘛念有关祭祀敖包的颂词，主要是表达取悦神灵、赞颂贡品、祈求福祉的心愿。

② 额吉敖包前面不远处柴达木湖的源泉不是十分清澈，近几年更是水源不足，加上祭祀敖包的人们来回踩踏，泉水中混杂着许多杂物。当地人认为额吉敖包前面的泉水就像母亲的乳汁一样，非常圣洁和神圣，无论是饮用还是洗脸都会有好运，能保佑平安吉祥。

得柴达木湖的源泉水有神力”[①]。

额吉敖包的集体祭祀一直持续到下午5点左右，根据观察，也有一些牧民上午来祭祀。“祭敖包要12点之前啊，我们早早地过来祭祀额吉敖包。他们（今年敖包祭祀组织者）是专门请喇嘛看了时间的，我们按照自己的时间来就行。其实，祭敖包主要在于自己的bɔjintɛ:（福分、福气）和sudʒigtɛ:（心诚、信仰）。”[②]与额吉一家返回巴彦敖包山脚下，到临时搭建的敖包祭祀广场，等待明天巴彦敖包的祭祀。

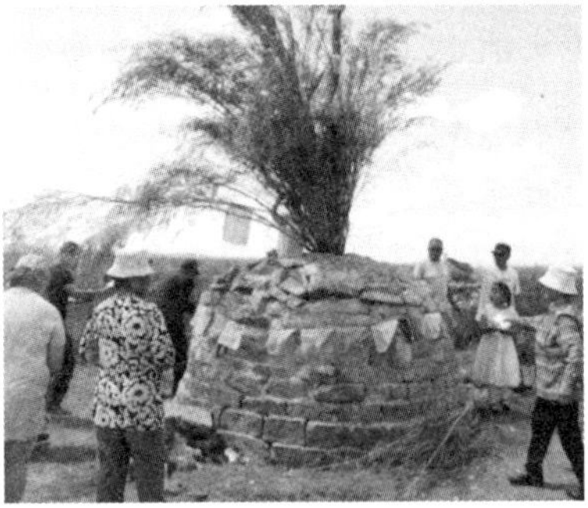

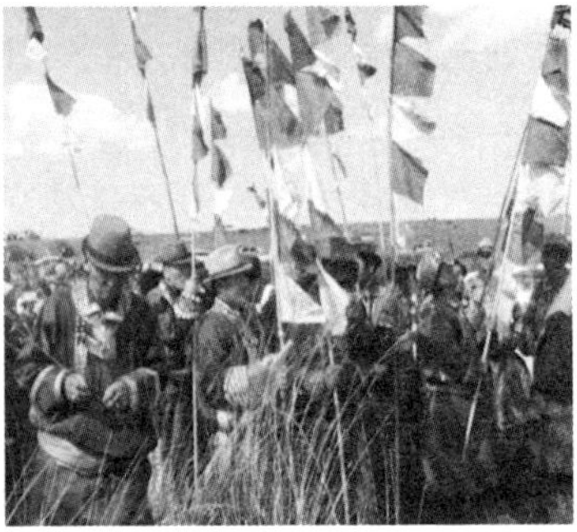

图3-50、3-51　额吉敖包祭祀

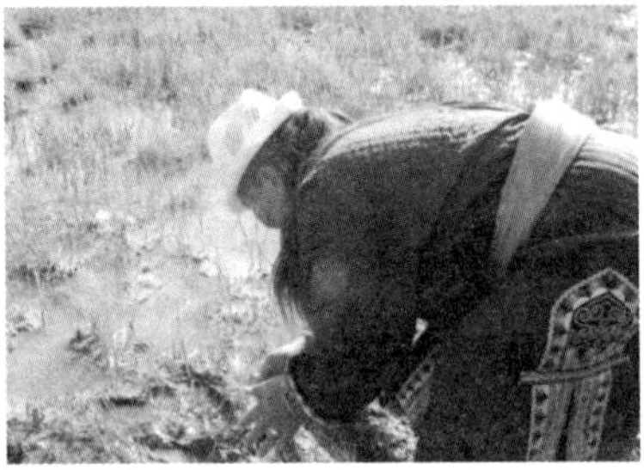

图3-52　用额吉敖包前的泉水洗手

① 被访者：NRTY，女，41岁，蒙古族，东乌旗牧民；访问时间：2014年6月28日；访问者：玉荣。

② 被访者：RQ，男，75岁，蒙古族，东乌旗牧民；访问时间：2014年6月28日；访问者：玉荣。

敖包祭祀广场是临时搭建的，由20户敖包祭祀组织者所搭建的蒙古包[①]组成。广场外面用铁丝网围成了一个大的圆圈，搏克比赛的开幕仪式、闭幕式，赛马比赛的颁奖仪式都将在这里举行。来参加祭祀的人们来回穿梭于广场，一些商贩在广场的外围搭起简易的柜台，牧民们或是买一些需要的东西，或是在简易的饭馆里喝着啤酒纳凉。额吉领着我们进了一家小饭馆，要了一壶茶，点了蒙古包子。额吉与这一家包子铺的老板娘认识。“我们每年来参加巴彦敖包祭祀都会来她们家吃东西，她们家包子和奶茶做得好。20世纪80年代末刚开始恢复敖包祭祀的时候，这附近哪有卖东西的，是从20世纪90年代中期开始有了小商贩。以前的小商贩都是从外地来的，没有我们这儿的本地人。最近十年开始我们这儿的也有人做生意，刚开始本地人开的都是饭馆，卖炖肉、包子什么的，这两年开始卖啥的都有了。来祭祀敖包，回去时再采购一点日用品什么的，挺方便的，暂时不用跑旗里采购。”而老板娘则告诉笔者：“我家前两年在旗里开了蒙餐馆，生意还行。每年到额吉敖包和巴彦敖包祭祀时，因为餐馆总是要留人照看，不能全家人参加敖包祭祀，挺遗憾的。后来，我家姑娘提议说，巴彦敖包祭祀的时候人们都来敖包这儿了，旗里几乎都没什么人。我们也来这儿开饭馆吧，生意肯定好不说，全家还都能来参加敖包祭祀。姑娘的这个提议我们老两口觉得不错，就把饭馆移到

① 敖包祭祀广场的蒙古包是由当年祭祀敖包的敖包长搭建，不仅是敖包祭祀人员汇集的地方，也是每个家庭成员、亲友和乡邻在敖包祭祀期间休息、吃喝和招待远方来的祭祀者的场所。蒙古包内部的结构几乎相近，每一个蒙古包的西北墙上都挂着成吉思汗的画像，画像上面用哈达装饰，下面的供桌上摆放着手把肉、奶食以及其他食品的“德吉”。在蒙古包的北面、东面和西面都放置长方形的短腿桌，人们可以席地而坐。桌上面摆放着手把肉、奶食、糖果等食品和用来喝奶茶的空碗。桌子前面放着一排暖壶，里面装有香浓的奶茶。无论你是谁，都可以随意进入蒙古包，女主人会马上奉上自家现熬制的奶茶，客人可以随意享用桌上摆放的食品。

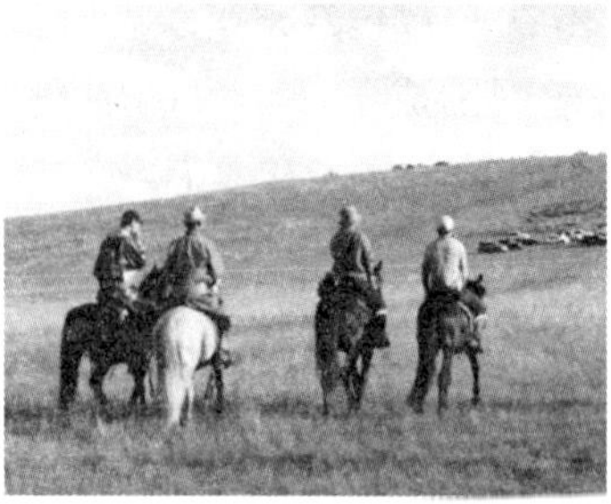

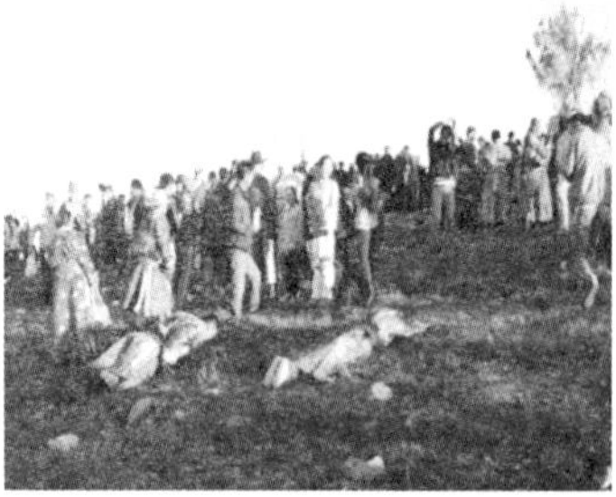

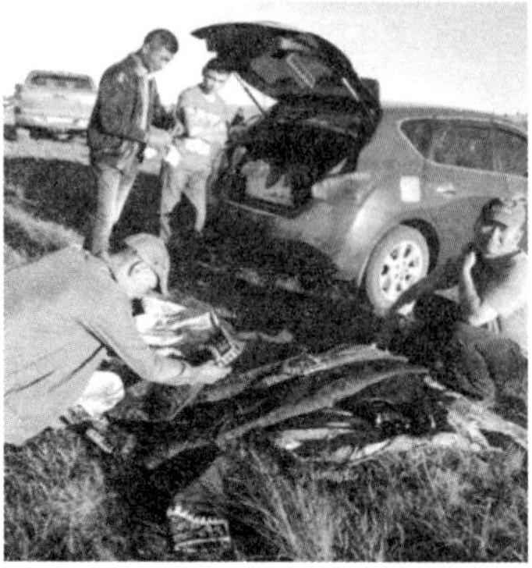

图3-53、3-54、3-55
祭敖包的牧民

敖包祭祀现场，一方面我们也能增加收入，不会因为这两天旗里没顾客而减少收入，另一方面也给来参加祭祀的人们提供方便，我们自己也能全家参加敖包祭祀。每年来这儿开饭馆也就交个管理费和卫生费，交的也不多。”店里不断地有客人往来，外面是发电机带动冰箱，做饭都是煤气灶，看着既干净快捷又方便。

二、巴彦敖包祭祀

巴彦敖包，位于东乌旗境内萨麦苏木的巴彦敖包嘎查，距离乌里雅斯太镇（旗政府所在地）45公里。巴彦敖包在东乌旗属于公祭敖包[①]，在整个锡林郭勒盟都很有名。原名为巴彦哈日敖包，慢慢地简称为巴彦敖包，“巴彦”（bajin）一词为蒙古语，寓意为富饶、富裕之意。每年的农历六月初三是

① 公祭敖包是指从最开始的个人或以一个家庭为主进行的祭祀活动，逐渐发展为社会集体的祭祀活动，从而产生了部落或一个行政辖区内的全体民众共同祭祀的敖包，这种类型的敖包称之为公祭敖包。公祭敖包的参与者可以是同一姓氏的人、同一部落的民众或外来者，新中国成立之后，主要以苏木、旗、盟为单位举行祭祀敖包的仪式。过去的部落敖包、旗敖包、会盟敖包、寺庙敖包、苏木敖包等都被归类为公祭敖包。

巴彦敖包祭祀日，这一天的祭祀活动被当地牧民特别看重。因为巴彦敖包的祭祀活动[①]无论是规模还是规格都高于额吉敖包的祭祀，当地牧民告诉笔者，因为巴彦敖包是地方守护神，地方的人们通过规模盛大的仪式性祭祀来悦神，以此来取悦保护神，祈求福祉。有关巴彦敖包和额吉敖包的传说，81岁的SBL额吉从小就听过："额吉敖包是上天派下来帮助牧民的天女化身，巴彦敖包是乌珠穆沁草原的守护神。天女下嫁敖包神，我们这儿也把巴彦敖包称作父亲敖包，他们两个共同守护乌珠穆沁草原。所以在祭祀巴彦敖包前要先祭祀额吉敖包，因为额吉敖包是天女的化身啊，身份尊贵。"[②]对于这样的祭祀区别，SBL额吉笑着说："有母亲才能十月怀胎啊，才会有孩子啊，所以要先祭祀额吉敖包，父亲则是一家之主，要隆重要气派嘛。"[③]

六月初三的清晨4点半，在紧挨敖包正前方的煨桑台上的熏香燃起，紧接着响起喇嘛的念经声，巴彦敖包祭祀活动正式开始。巴彦敖包主敖包是大小双层的圆形砖石结构的建筑，20户敖包祭祀的组织者们在敖包祭祀总指挥的带领下，将去年的风马旗取下，插上新的风马旗，再将煨桑净化过的祭祀品——整羊"绣斯"（buxul ʃu:s）和奶食摆在最上层（sang tabih）。额吉敖包和巴彦敖包祭祀品不同，额吉敖包祭祀没有整羊"绣斯"（buxul ʃu:s），而巴彦敖包则有。"整羊祭祀的都是像巴彦敖包这样的大敖包，这样显得气派，又隆重。"[④]"额吉敖包的

① 六月初三的凌晨3点多敖包祭祀广场热闹起来，人们开始爬山，准备祭祀敖包。从巴彦敖包山脚下往上一路有许多小石堆，将近有70个，ML额吉说，这些小石堆是"沙比"敖包（沙比一词为蒙古语，意为徒弟），一路上人们边爬边捡拾小石头添加到这些石堆上，到山顶上，入眼的是13座敖包组成的敖包组，由一个主敖包加两侧各有6个"沙比"敖包组成。这样的布局和结构比起过去有一定的变化，为2008年修缮建构。

②③ 被访者：SBL额吉，女，81岁，蒙古族，东乌旗萨麦苏木牧民；访问时间：2014年8月22日；访问者：玉荣。

④ 被访者：ALT，男，42岁，蒙古族，东乌旗政府工作人员；访问时间：2014年6月28日；访问者：玉荣。

祭祀品我们这儿的人都用白食（奶食），就像额吉的乳汁一样，不会用肉食祭。”[1]巴彦敖包祭祀的整羊“绣斯”（buxul ʃu:s）在祭祀仪式完成之后，被敖包祭祀组织者拿回敖包祭祀广场，进行敖包祭祀之后的另一个仪式——“分圣餐”（ɔbɔ:n xəsig xɔbɔ:x）。“分圣餐”仪式与蒙古族传统的送“份子”习俗[2]相似，是送“份子”习俗的升华。二者都具有分享和象征的寓意，但二者之间有一定的区别。首先，送“份子”习俗具有大众化，而“分圣餐”仪式则具有特殊性。其次，送“份子”习俗具有普世性，而“分圣餐”仪式则具有神圣性。最后，送“份子”习俗的操作者是女性，而“分圣餐”仪式的操作者则是男性，是敖包祭祀仪式中具有权威性的男性来操作。

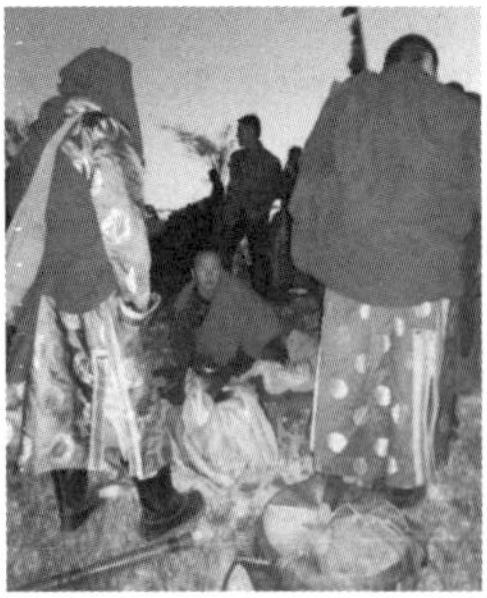

图3-56　喇嘛准备念经

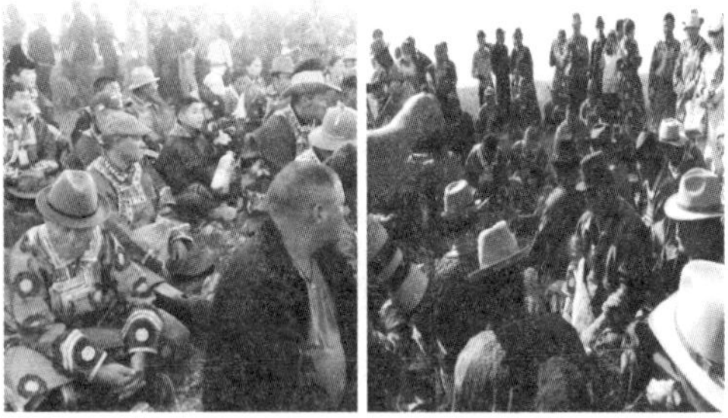

图3-57、3-58　听喇嘛念经的牧民

在敖包祭祀广场的20座蒙古包中，位于西边的第一座蒙古包是由每年度敖包祭祀组织总指挥搭建，面积最大，无论是包内还是包外的装饰都尽显尊贵。通过这些外显的、被人们肉眼所见的装饰品来诠释人与权力化的社会空间之间的关系，彰显敖包长（oboon darag）在整个敖包祭祀过程中的权威性。因

① 被访者：NRTY，女，41岁，蒙古族，东乌旗牧民；访问时间：2014年6月28日；访问者：玉荣。

② 送“份子”就是把煮好的肉、血肠等或者割下够全家吃一顿包子的生肉送给附近关系好的邻里。一般由家里的女主人操作，决定送哪家、送多少等等。

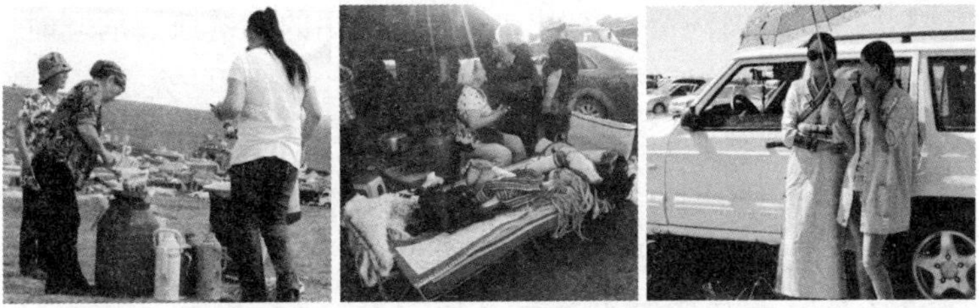

图3-59、3-60、3-61 祭祀现场忙碌的女性

为，在整个敖包祭祀仪式中，无论是前期的准备工作，还是祭祀仪式以及仪式之后的那达慕活动，都是由敖包祭祀组织总指挥来统领完成的，他具有不可替代的地位，是整个敖包祭祀仪式的话语权的象征[①]。将整羊“绣斯”（buxul ʃu:s）拿回来之后，由敖包祭祀组织总指挥和其他组织者分割羊肉，第一份给以喇嘛为首的客人，再分给本次参加祭祀的组织者。敖包祭祀组织者按照敖包祭祀广场蒙古包的顺序领取自己的份额，拿回各自的蒙古包之后，再分给包内的众人。“把神吃过的分给大家，这一年大家都会平安顺利！”[②]“分圣餐”（ɔbɔ:n xəsig xɔbɔ:x）仪式即是分食祭祀敖包神的食物。首先，牧民会把食物中最好的“德吉”（deej）献给敖包神。其次，经过仪式性的祭祀过程之后，敖包神接受了大家的心意，使得供神的食物具有了福分。最后，人们享用神享用过的食物，享受到了来自敖包神带来的福祉，达到了被敖包神护佑的心愿。这样的食物无法满足所有来参加敖包祭祀的人们的需求，“分圣餐”有延伸的仪式。敖包祭祀的组织者会在敖包祭祀开始前，在20座蒙古包后面架起七口大锅，用来煮敖包祭祀所需的肉食品。肉食品

① 敖包祭祀组织总指挥的蒙古包的重要性和权威性体现在它是接待敖包祭祀的参谋（具备敖包祭祀相关知识的地方文化精英）、旗里库伦寺庙请来念经的喇嘛以及政府派来维持治安的警察等重要人物的场所。

② 被访者：ML，女，44岁，蒙古族，东乌旗达布希拉图嘎查牧民；访问时间：2014年6月28日；访问者：玉荣。

煮熟之后，把肉汤留着备用。分享祭祀用的“绣斯”的同时，20户敖包祭祀组织者的女主人开始点着七口大锅的火，下米熬肉粥。这样熬制成的肉粥被称作“oboon heshig”（敖包神的恩赐、福祉），到中午12点时，香喷喷的肉粥被端到各个蒙古包里，供给参加敖包祭祀的所有人们食用。这也满足了没有分食到“圣餐”的其他祭祀参与者的需求。“每年吃一次oboon heshig，这次的敖包祭祀才有意义，才能圆满”[①]。

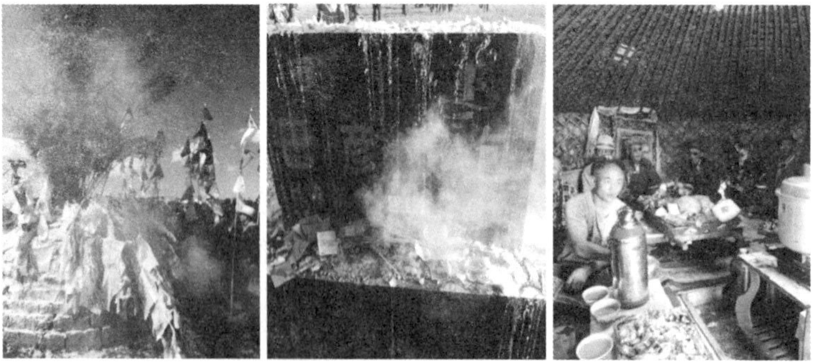

图3-62、3-63、3-64　巴彦敖包祭祀

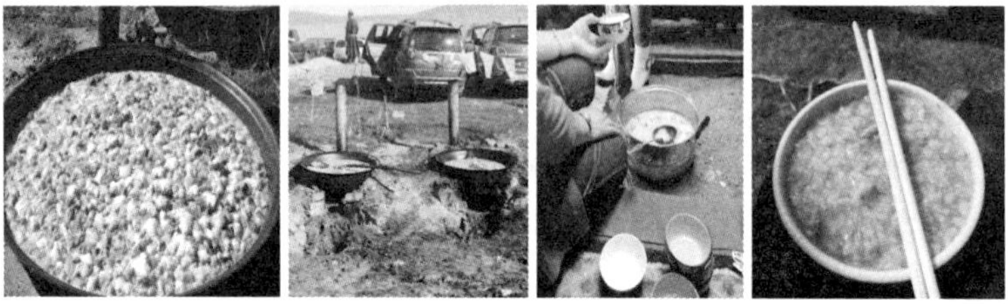

图3-65、3-66、3-67、3-68　oboon heshig

三、乌珠穆沁女性的祭祀生活

在整个额吉敖包和巴彦敖包祭祀活动中，包括ML额吉在

---

① 被访者：ML，女，44岁，蒙古族，东乌旗达布希拉图嘎查牧民；访问时间：2014年6月28日；访问者：玉荣。

内的所有参加祭祀的乌珠穆沁女性，都非常虔诚。无论是从服饰到祭祀用品的准备、祭祀用品煨桑净化、双手合十静听喇嘛诵经、手拿祭祀用品开始转敖包、叩拜敖包等行为都体现出敖包祭祀对她们而言的神圣性和重要性。“在蒙古人的心理空间上，敖包既是神灵汇聚的空间，也是世俗的人和神灵沟通的文化空间”[①]。敖包祭祀活动在乌珠穆沁女性的日常生活与节日祭祀生活中划分出了时间和空间领域，对于她们而言，祭敖包具有了神圣性和超世俗性。这恰恰切合法国社会学家涂尔干做的有关仪式研究中“神圣与世俗”这个命题。“每年祭祀敖包我都参加，自我懂事以来几乎没断过。‘文革’时候大家都不敢明着祭祀，都是父亲代表全家偷偷地去。对于我来说，来参加祭敖包是为了祈愿还愿。每次祭完额吉敖包和巴彦敖包之后，肯定会下雨，即使是最干旱的那些年，都会下小雨。”[②]

祭敖包无论是祭祀过程还是场所，都显示出其神圣性，这区别于乌珠穆沁女性的日常生活空间。她们是本次敖包祭祀的文化空间中的一员，是民俗文化传承中的“民”，虽然敖包祭祀的文化空间中，她们属于没有决策权，只有参与权的“民”，但是这个“民”的角色逐渐开始得到重视，乌珠穆沁女性从过去的不能参加敖包祭祀活动[③]到出现专门的“额吉敖包”不限性别的祭祀，从过去只能在山脚下祭祀慢慢走向山顶直接参与敖包祭祀的全程，从幕后走向台前，从家庭走向公共领域。“以前每年敖包祭祀的祭品都是我亲手准备的，把自家最好的、最干净的祭品准备好，全家早早过去听一听喇嘛念经

① 邢莉，邢旗：《内蒙古区域游牧文化的变迁》，北京：中国社会科学出版社，2013年，第494页。

② 被访者：ML，女，44岁，蒙古族，东乌旗达布希拉图嘎查牧民；访问时间：2014年6月28日；访问者：玉荣。

③ 敖包祭祀禁忌中不准妇女、有传染病等疾病患者、戴孝者、服刑者和处理丧葬者等参加祭祀。

的声音，绕着敖包转上三圈、磕磕头，向敖包神祈福。就是‘文革’那些年，不能公开祭祀，我们全家都会在敖包祭祀的这一天朝着敖包的方向磕头祈福呢。现在年纪大了，来回不方便，我也会朝着敖包的方向磕头祈求风调雨顺，全家平安！一直都没有间断过，祭敖包对每个牧民来说是一件大事，谁都不会随随便便糊弄敖包神，糊弄家人，糊弄自己。敖包是牧民心中神圣的地方，不能随便对待，解放前，祭敖包时女性都不让上敖包顶上，现在没人管了，男女老少都能上去，这样更好，更公平啊！女人也是人啊！”①

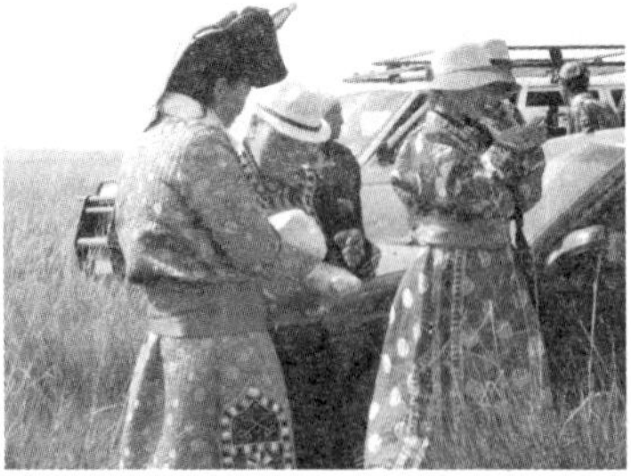

图3-69　向敖包神祈愿

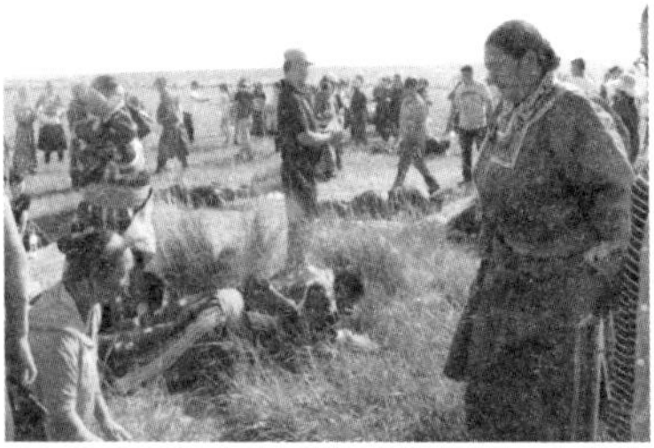

图3-70　嘱咐敖包祭祀注意事项

小结

本章以游牧生产方式到定居之后的牧区生活为背景，翔实地记录了额吉的日常生活和节日活动空间，勾勒出当代蒙古族妇女生活既特殊又典型的时空语境，把人们习以为常的、熟视无睹的民俗事象进行“深描”。这样立足于女性的视角，主要引用田野作业中男性和女性报告人的口述资料，对自在自发的典型的日常生活片段进行刻画，突破了以往有关蒙古族文化方

① 被访者：SBL额吉，女，81岁，蒙古族，东乌旗萨麦苏木牧民；访问时间：2014年8月22日；访问者：玉荣。

面研究中的无性别或男性视角的研究范式的局限性和蒙古族研究中有关蒙古族女性民俗生活方面的研究。

改革开放之前，畜牧生产方式下的东乌旗还是一个男性主导的社会，女性在整个社会生活中处于从属地位，在家庭内部女性有绝对的话语权，但对外更多通过男性来表达自身的权利。改革开放之后，无论是敖包祭祀的参与权到家庭收支的安排都体现了蒙古族女性在整个社会生活中获得了普遍的认同。额吉不仅参与家庭的生产经营、市场经济的竞争，女性在公共领域的行为也得到大家的支持，开始重视女性的作用以及女性的角色。从某种程度上来说，当前的东乌珠穆沁地区从传统的游牧生产方式走向定居饲养方式，生产方式的转变对蒙古族女性的影响不可忽视，性别话语权出现了转变。

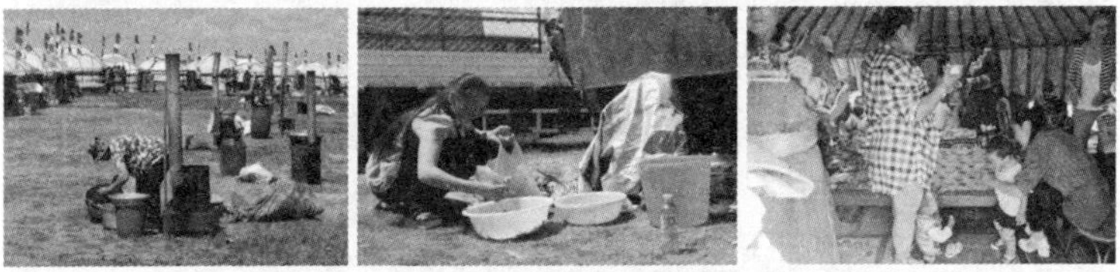

图3-71、3-72、3-73　祭祀活动中的女性

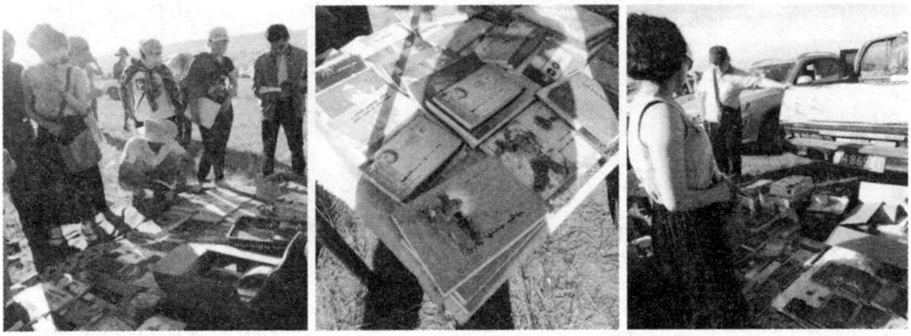

图3-74、3-75、3-76　敖包祭祀现场出售蒙古文字的书籍

第三章 “汰咯之歌”与蒙古族女性

“游牧经济的不稳定性、脆弱性大于农业经济，社会分工也比农业经济简单。这种状况，要求妇女不可能只做辅助性的生产，必须同男子一样，从事繁重的生产劳动。她们所付出的劳动及其强度，与男子相比，有过之而无不及。”[①]本章以畜牧业生产中最具特色的“劝羊的习俗”——“汰咯之歌”来指代畜牧生产，以此来投射蒙古族女性繁重的生产劳动。在牧区，到了接羔保羔季节，经常看到女主人哼唱着“汰咯、汰咯”来劝不认仔畜的母畜，通过女性用柔软的韵调反复吟唱，劝导母畜认领仔畜。这种声音是通过韵调来传递爱，传递亲情，“汰咯之歌”象征着母爱，被认为是畜牧业生产中人与动物的最佳互动。畜牧生产是草原牧人的日常活动之一，女性的日常生活以此为中心展开。“所谓日常活动，是围绕日历的活动”[②]，例如，在畜牧生产中春天接羔，农历的三四月要给牲畜去势，到了五六月要剪羊毛、抓绒，七八月份走敖特尔抓膘，九十月份抓秋膘打草储青，到了十一二月份则开始抓抗寒保膘的工作，来年的一二月份接羔保羔防“黑灾白灾”。这些是按畜牧生产活动的时间排定了的，不可更改，只会根据实际情况提前或推

① 明月：《蒙古族妇女优良历史传统分析》，《黑龙江民族丛刊》（季刊），2001年，第2期，第96—99页。

② 高丙中：《民俗文化与民俗生活》，北京：中国社会科学出版社，1994年，第133页。

后。这样针对四季不同、月份不同形成不同的畜牧生产习俗，再根据五畜种类不同的饲养习俗以及畜牧生产活动男女分工，形成了物质生产民俗中具有鲜明地域性特色和角色特征浓厚的生产习俗。“物质生产民俗是指一个国家、民族的特定地区、社会群体中的大众，在一定生态环境中所创造、享用和传承的物质文化事象。具有地域性、季节性、功能性和科学性的特征。”[①]畜牧生产则完全符合物质生产民俗特征的要求。这一章通过畜牧生产与蒙古族女性的劳作，点出在漫长的游牧文化中，蒙古族女性的历史作用和现实意义。

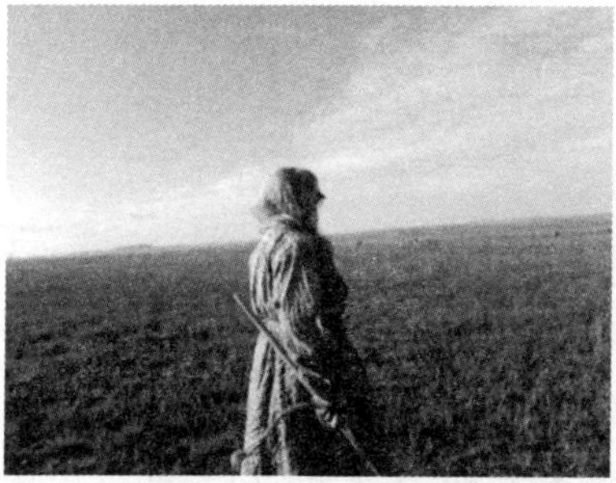

图4-1　额吉放牧中

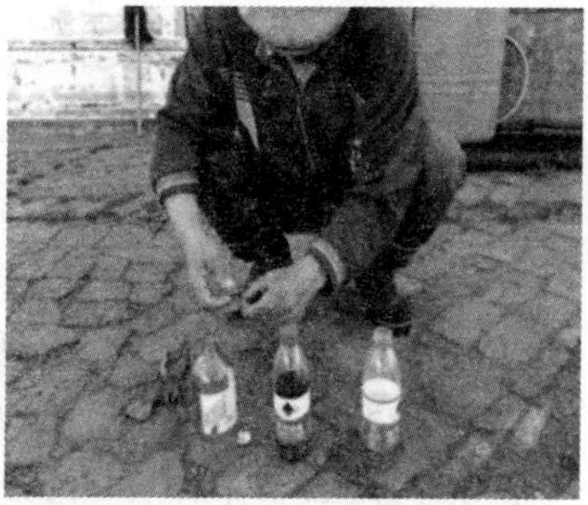

图4-2　准备兽药

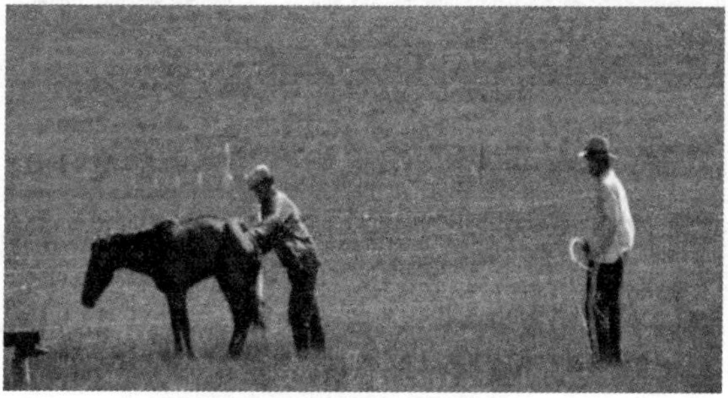

图4-3　照顾生病的牲畜

① 钟敬文：《民俗学概论》，上海：上海文艺出版社，1998年，第40页。

第一节　乌珠穆沁女性生活的节律性

乌珠穆沁女性生活的节律性与畜牧业生产的时间性有很大的关系。畜牧生产一年中哪一时、哪一天、哪一季做什么都是预定好了的，不可随意更改，有着一定的规律性。这样的规律性和前瞻性对女性的日常生活影响深远，以畜牧生产的活动规律为基础，以此来展开自身的生活，有规律可循。这样的规律性也使得畜牧生产活动具有物质生产民俗的共同性和普遍性。

一、冬季：抗寒防灾

额吉喜欢用“夏要壮、秋要肥、冬则瘦、春则乏”的说法，来描述一年当中牲畜的膘情。进入冬季，对于从事畜牧生产的人们来说至关重要，如果寒冷的冬季能够安然度过，那么来年的一切畜牧生产活动就会顺利开展，冬季的抗寒防灾工作是基础。“乌珠穆沁草原地处我国北部边疆，属于北温带内陆地区，冬季受蒙古高原大气压影响，气候寒冷，到冬天气温降至-20℃以下，容易引发雪灾或黑灾”[①]。（见表4-1）

表4-1　东乌珠穆沁旗东西部气温比对表[②]

地区 类别	乌里雅斯太镇	巴彦呼舒苏木	温差
年平均温度	0.7℃	-0.9℃	1.6℃

① 黑灾是指整个冬季不下雪，春天风沙大。

② 乌力吉：《东乌珠穆沁旗志》，呼伦贝尔：内蒙古文化出版社，2013年，第149页。

续表

类别＼地区		乌里雅斯太镇	巴彦呼舒苏木	温差
1月份平均温度		−21.3℃	−22.7℃	1.4℃
7月份平均温度		20.8℃	19.8℃	1.0℃
累计温度	≥0℃	2594℃	2391.5℃	202.5℃
	≥5℃	2350℃	2235.8℃	114.2℃
	≥10℃	1985.9℃	1928.7℃	57.2℃
收集资料时间		1956—1984年	1970—1980年	—

草原到了冬天气温开始偏低，如果牧草枯黄其营养价值就降低，畜群容易出现掉膘现象。因此，到了冬天，抗寒防灾的工作就成了畜牧生产最为重要的环节。过去牧民为了防止灾祸，尤其是冬季的白灾或黑灾，都会选择走场避灾。调查中，许多牧民告诉笔者，草畜双承包制执行之前，冬天遭灾，会选择到邻近的苏木或旗里避灾，甚至出现跨国、跨盟走场避灾的情况。

寒冷的冬季对于从事畜牧业的牧民而言，不仅意味着困难和挑战，而且同样意味着收获和喜悦。困难和挑战对每个牧民而言都会遇到，但是收获却因人而异，抗寒防灾工作做得好，准备充足，即意味着来年开春接羔保羔工作能够顺利。而接羔保羔工作则直接关系到牧民的畜群数量和质量，直接与牧民的收入挂钩。“我们小时候，冬天特别冷，雪又大，牲畜没办法吃草，只能走场避灾。1949年前，我们家住的地方离边境线很近，冬天遭灾了，我们几户人家一起走场避灾。大集体的时候，遇白灾或黑灾时，我家走场到过呼伦贝尔盟避难，还去过阿巴嘎旗、西乌旗等地方避灾。但是，更多的时候是到邻近的苏木或嘎查避灾。唉，冬天要是下特别大的雪，不仅仅是牲畜遭灾，人也会遇到威胁，容易走丢或冻死。冬天走场避灾有好处，但对我们来说，很辛苦。来回搬迁不易，交通也不容易，路上也会损失一部分牲畜，尤其是畜群中体质弱小的，它们本身膘情就差，加上天气冷，很容易扛不过去。”①

草原上自然灾害频繁，到冬季最容易出现白灾和黑灾。白灾是指冬季降雪量大，牧草被掩埋，牲畜无法顺利出场觅食。遇到白灾会使交通受阻，畜群难以牧放，甚至会出现牲畜腿部冻伤或饿死的情况，而牧民的日常生活也会受到燃料、日用品供应等方面的困难，使得生活和生产陷入两难的处境。黑灾则指整个冬季无雪或降雪量无法满足畜牧生产的需求。黑灾会使得开春牧草出青晚，出现出青情况不乐观的情况，甚至对畜群饮水、牧民日常生活用水带来一定的影响。黑灾还会导致整个春天狂风大作，土壤干燥，不仅牧草出青缓慢，还会影响牧草的生长，牲畜膘情和体力下降，甚至使得春季接羔保羔工作受到影响。

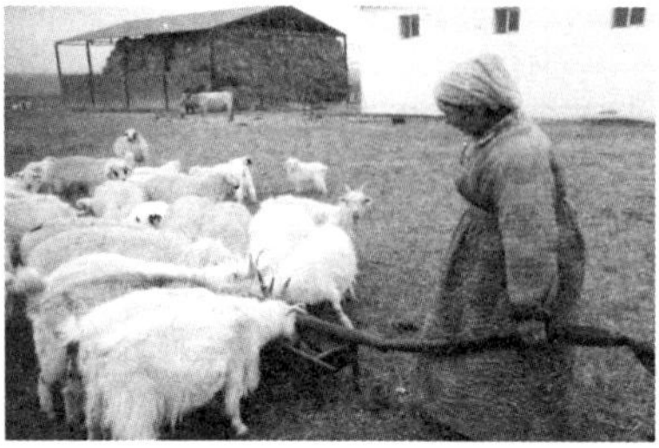

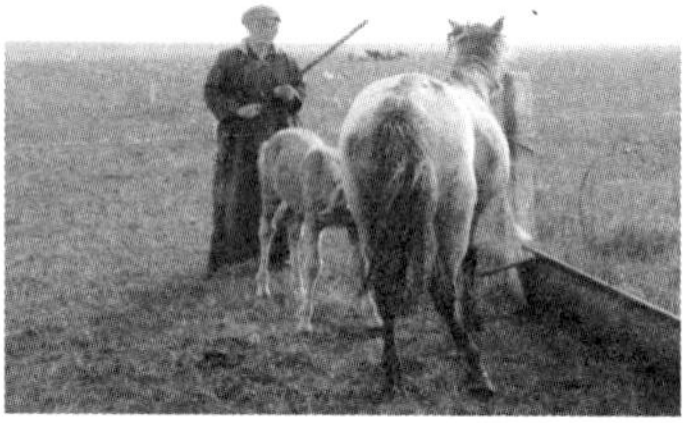

图4-4、4-5　额吉在照顾牲畜

传统的游牧生产更多的时候面对灾情时采取“靠天养牧”的方式，更多是根据长年累月积累的经验来应对。“靠天养牧”在面对天灾时给牧民带来的损失很惨重，虽然可以依靠走场避灾等方法躲避白灾或黑灾，但是无法做到万无一失，损失

① 被访者：SBL额吉，女，81岁，蒙古族，被访者家中；访问时间：2014年8月22日；访问者：玉荣。

还是不可避免。“在1977年东乌旗遭了特大雪灾，不仅是东乌旗，整个锡林郭勒盟都遭了灾，据说当时整个东乌旗就损失了大概30多万头大小牲畜。”[①]老一辈的牧民都还记得那一年的雪灾，回忆起来都心有余悸。“那一年的雪灾，太可怕了，我们家的羊不是冻死就是活活饿死了，雪太大，三四十厘米厚，牲畜吃不上草，饿死的特别多。好多人家的牲畜全部冻死或饿死，大风雪里还有一些牧人被冻死或冻伤，雪化了以后到处能看见牲畜的尸体呢。我的关节炎和风湿就是那时候留下来的，刚生完最小的儿子，身体不好，加上大雪灾，就落下了病根。”[②]可见，白灾或黑灾不仅仅对牲畜而言是灾祸，对牧人而言也是灾难。灾祸对牧民的打击是灾难性的，牲畜的损失、家庭成员的安危都成为头等大事。在游牧社会中，男性主外，主要负责畜群的看护等，而女性则不仅仅要照顾好家里的一切，还要帮助男性照顾羊群和牛群。

正因为想改变游牧时代“靠天养畜”在大灾面前损失惨重的状况，并且为牧民提供更为舒适便利的居住环境，政策逐渐导向定居和定牧，最终通过草畜承包责任制把牲畜和草场分到牧户，游牧式生产也基本上成了历史。来回游动饲养牲畜改为定居之后，牧民确实不用那么受苦了[③]。“一到冬天，天气越来越冷，不知道什么时候会下大雪，所以要做好准备应对寒冷和灾荒的准备工作。秋天从打草储青到棚圈修整都很关键。”[④]定居之后，牧民从过去的“游动避灾”趋向“就地抗灾”。为了应对恶劣的天气，要做好许多准备工作。首先，冬营盘的选址工作。选择一个合适的冬营盘是每个牧民安家之宝。“我家的冬营盘是我父亲帮助选的。当时分了草场，我们要盖冬营盘

①②④ 被访者：SBD额吉，女，63岁，蒙古族，被访者家中；访问时间：2013年7月14日；访问者：玉荣。

③ 韩念勇：《草原的逻辑——顺应与适度：游牧文明的未来价值》，北京：北京科学技术出版社，2011年，第7页。

时，专门请了父亲过来帮忙选址。选个适合过冬的地方，对于畜群来说，至关重要。父亲说，冬营盘要选择低洼地或背风的地方。这样的地方冬天会挡风，特别暖和，而且容易积雪，由于背风，开春积雪最先融化，容易出青。再说，这样的地势容易把雪积到洼地，牲畜可以吃雪，人也可以吃。”[①]其次，棚圈的建设问题。定居之后，牧民会在居住地用羊粪砖或石头简单搭建半开放式的棚圈[②]来预防灾害。草畜双承包制实施之后，在政府的鼓励下，牧民重新建设自己的棚圈，把过去的半封闭式棚圈改良为带有暖棚作用的土坯或砖瓦结构的羊圈，以此来抵御天灾。这样的暖棚设施只用在冬季和春节，夏季和秋季，则畜群随意休息于营地周围。20世纪90年代开始，草场被铁丝网围起来，牧民在营地的东南或西北选一块空地用铁丝网围起来，用于夏季和秋季圈小畜。再次，打草储青工作。冬季如果遭遇白灾或黑灾，最大的问题是畜群没有牧草可食。秋季的打草储青工作成为定居之后牧民的首要工作。传统游牧生产遭灾时避灾的方法是走场，但是定居之后，牧民从过去的“游动避灾”转为“就地抗灾”，遭遇灾害甚至没有灾害时，也必须要投入大量成本来储备牧草或饲料以防万一。由于灾害发生与否、灾害危害的程度都无法估量，因此，会造成储备欠缺或过剩的问题，给牧民生计带来严重影响。最后，燃料不足问题。在牧区，如果冬季没有燃料或燃料储备不足，后果非常严重。“燃料不足或短缺可是要出大问题的，过去我们都不烧煤，煤炭也少见，都烧牛粪、羊粪或者羊粪砖。燃料全靠整个夏天和

① 被访者：ALTTN，女，45岁，蒙古族，东乌旗额尔敦乌拉嘎查牧民；访问时间：2013年7月13号；访问者：玉荣。

② 棚圈是指傍晚羊群返回牧场的住地。羊群随意休息在蒙古包的四周，定居后牧民建起固定的房屋，在房屋的附近用羊粪砖或石头简单堆砌成圆形或方形的羊圈。草畜双承包制之前是半敞开式的棚圈，到了草畜双承包制实施之后，在政府的鼓励下，牧民建起了封闭式的带有暖棚效果的羊圈，用于冬天接羔保羔。夏天则用铁丝网围起，凉爽。

秋天捡拾的牲畜粪便或者枯枝，一定要早早地做好燃料的储备工作。以前没有煤炭时，每天都会领着孩子拣牛羊的粪，把捡好的都堆起来，让风风干。到了冬天要用旧的毛毡盖上最少十天的燃料，以防万一。1977年的大灾时，我记得母亲让我骑马拖着牛粪给附近的邻居送。邻居家的额吉带着孙子一起生活，日子过得特别不容易，平时我的额吉就会照顾她们，遭遇大雪灾更是害怕她们有什么事，让我们隔几天就去看看，送吃的，送燃料和饲料。”[①]除此之外，遭遇到“黑灾白灾”时，交通工具更为重要。在过去牧民主要的交通工具除了骑乘用的马和骆驼之外，还有勒勒车。每家每户对所要骑乘用的牲畜或役畜都非常重视和爱护，会精心饲养使其保存体力。改革开放之后，现代化畜牧工具逐渐代替过去的传统交通工具，因此，机械的保养以及燃油的准备都至关重要。

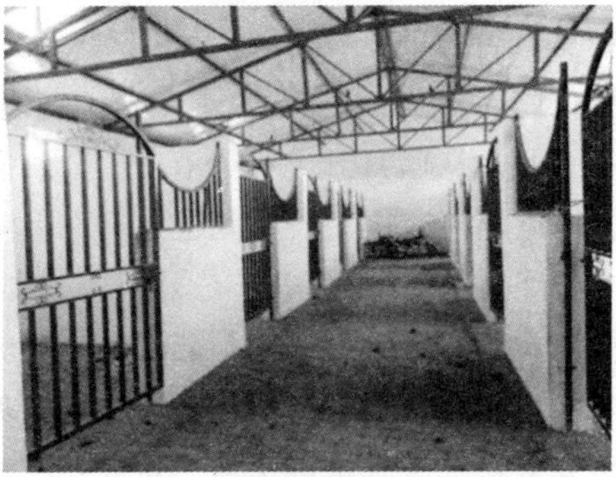

图4-6　暖棚

① 被访者：WLH额吉，女，68岁，蒙古族，被访者家中；访问时间：2013年7月11日；访问者：玉荣。

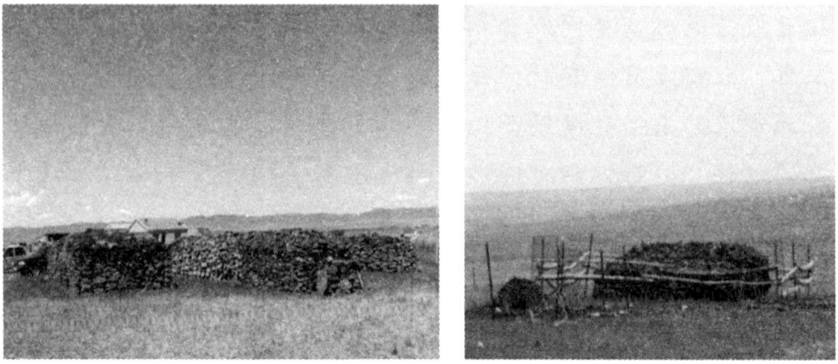

图4-7、4-8　冬营盘的燃料堆

二、春季：接羔保育

接羔保育对于乌珠穆沁女性来说，是一件非常重要的生产工作，幼仔的成活率将直接影响牧民全年的生产收入，因此，接羔育幼是牧民一年之中最为关键的工作。一年四季，牧民对畜牧生产劳作有着合理的安排，“春天接羔保羔，夏天催肥增膘，秋天配种保膘，冬天孕育仔畜”，这是乌珠穆沁女性生产生活最真实的写照。从腊月开始到开春4月份，整个接羔保羔生产工作才能接近尾声，这一段时间也是乌珠穆沁女性一年当中最为繁忙的时期。“母羊将产仔之前，可以根据乳房的形状、乳汁的颜色判断产期的远近。如乳房发硬、乳头突出、挤出的乳汁尚黄，表明产期未到，如果乳汁变白，那就表明快要下羔了，必须多留意，防止跟群出场时在野外下羔而发现不及时，冻坏小羔。发现快要产羔的母羊，会提前留在家里，不让其跟羊群出场。”[①]到了春季接羔育羔的时节，牧民进入生产劳动中最为劳累繁忙的时节，尤其是刚产下的小羊羔需要特别的照顾。一些小畜多的牧户，常常是这头还没有理清，那边又有

---

① 被访者：SBD额吉，女，63岁，蒙古族，被访者家中；访问时间：2013年7月14日；访问者：玉荣。

准备下仔的母畜，高峰时期会出现同时产羔的母畜，这时要仔细观察母畜对待仔畜的态度，如果发现有不要仔畜的现象需要马上采取措施，不能有一点点的疏忽大意，一旦疏忽刚生下的小羊羔，便有被大羊踩死或冻死的危险。这一时期，家里的女主人常常忙得连吃饭睡觉的时间都没有。

从腊月开始接羔保育，乌珠穆沁女性进入一年之中最忙碌的季节，既要准备春节过年，又要接羔保羔。为了应对，很多人家会采取一些必要的措施来推后或提前放种羊的时间，来控制母畜产仔畜的时间。牧民一般会选择在三四月份保春羔，这样的话需要控制母羊的生育时间，会在种羊的腰间系上一个围裙式的、用薄毡做的避孕毡片，防止牲畜随意交配，蒙古语称作“哈勒特”（xa:lt）[①]。“我们主要采用给种畜带胯裆，胯裆是用毡片做成的。从正月至七月给种羊带上胯裆，使其交配控制在八九月之间，这样春季下羔，母羊能吃上青草，奶水多而足。另外，还可分公畜群或母畜群来禁止其自由交配。”[②]一般牧民会选择在白露之后取下避孕毡片，到了农历九月再重新给种羊带上。白露之前是抓膘的最关键时期，有经验的牧民为了羊群抓好膘，会采取这样的措施。

“我们这儿靠北边，冬天特别冷，下雪早，对接羔保羔工作影响很大。记得1981年那场雪灾，很多人家的牲畜都没有了。所以，何时放种羊，有经验的人都会很谨慎。”[③]牲畜的交配与繁殖关乎牧业的收获和家庭的收入，所以，牧民早早就掌握了控制牲畜交配与繁殖的技术，不到交配季节则禁止牲畜自然交配。“山羊的怀孕期比绵羊短，4个月，一般农历八月发

---

① 哈勒特，xa:lt，蒙古语，对避孕毡片的称呼，意为遮住、挡住。

② 被访者：BYT阿爸，男，76岁，蒙古族，被访者家中；访问时间：2014年8月15日；访问者：玉荣。

③ 被访者：SBD额吉，女，63岁，蒙古族，被访者家中；访问时间：2013年7月14日；访问者：玉荣。

情、交配，到腊月下羔。但是，山羊羔怕冷，腊月是我们这儿最冷的时候，又加上过年，我们一般会选择让山羊在农历二月份开始下羔，这样天气开始转暖，有利于提高山羊羔的成活率。使用胯裆毡片可以把交配期和下羔期往后挪或者往前挪一些。我们这儿绵羊多，绵羊一般会在农历的七八月开始交配，孕期5个月，我们家会把绵羊和山羊的下羔期错开，这样不至于太忙，羔子的成活率也高。现在方便多了，都有暖棚，羊羔成活率特别高。”[①]

在东乌旗调研期间发现，许多人家选择放冬羔，绵羊的冬羔可以当年就出栏。牧民就采用这样的“本土化”知识，既解决了自然条件和畜群的关系，也解决了劳动成本的问题，同时合理地解决了劳动资源浪费问题，也达到了科学管理畜群的目的。从腊月到整个正月的数九寒天竟然成了一年中最繁忙的接羔保育季节。零下二三十度的平均气温，家家户户都开始投入新一轮的畜牧生产劳动中。“冬天接羔，因为各种微生物还没有繁衍，羔子正好不得病，成活率高。”[②]一般而言，男人会负责白天在野外放牧的工作，女性则负责夜晚的守夜[③]工作。如果羊群中有将要待产的母畜，不适合跟群出场觅食，会把它们专门留在家里生产。其实，在整个接羔保羔时期，蒙古族女性实际上就是在管理着一所流动的畜产科医院。这所医院里有难产的母畜、有第一次下羔的母畜、有不要自己仔畜的母畜，她们都会驾轻就熟地解决所有难题。如果遇到难产的母畜，她们会帮助母畜调整好胎位，使濒死的羔羊顺利产出。如果遇到第

① 被访者：WLH额吉，女，68岁，蒙古族，被访者家中；访问时间：2013年7月11日；访问者：玉荣。

② 被访者：ALTTN，女，45岁，蒙古族，东乌珠穆沁旗额尔敦乌拉嘎查牧民；访问时间：2013年7月13号；访问者：玉荣。

③ 根据调查了解到，过去没有暖棚设施，到了下羔密集时节，夜晚也有母畜下羔的情况，需要专人负责照看畜群，一晚上起夜数次，防止刚下的仔畜冻死冻伤。

一次产仔的母畜，就会耐心地抚慰母畜，使其情绪得到安抚，再进行按摩使其顺利生产。如果遇到不认自己仔畜的母畜时，就会哼唱“汰咯之歌”，唤起母畜的母爱，使其重新与仔畜建立起母子关系。这样的接羔保羔习俗千百年来传承着，在今天的内蒙古草原上随处可见。

定居之后，牧民开始在自家的冬营盘盖“板升”（baishinger），即土坯房或砖瓦房，附带着会盖起整齐漂亮的暖棚等辅助设施。“接冬羔又挣钱又节约草场，可是必须要盖暖棚，多储草料。上辈子那种靠天养畜的老习惯全都得改了。冬羔一开始时需要多费心，但冬羔吃青早，断奶早，对母畜也好，羊羔也能长膘。现在饲养条件好的牧民都在接冬羔。冬羔也可分批接，这样的话就不会太辛苦，效率高，成活率也高。再说，分批接羔可以使羊羔得到最好的照顾，这叫分群饲养，不同畜龄‘待遇不同’。以前接羔都是在4月份清明节前后，多数羊羔当年出不了栏，要养到第二年的九、十月份才出栏，一只羊白吃两年的草不说，按每只羊每天少吃1公斤草计算，假如400只羊就少吃掉2.4万公斤草。”[①]定居之后，根据有限的条件和经济收入的考虑，牧民不仅仅要根据传统知识来协调生态平衡，还要考虑经济效益。在“本土化”知识和市场经济之间寻找一种平衡，既能持续增加经济收入，又能从自身的立场改善草场退化。

每当接羔时节到来时，乌珠穆沁女性首先把“接羔毡袋”[②]拿出来清理干净。里面垫上干净的羊粪或干牧草，用奶

---

① 被访者：SBD额吉，女，63岁，蒙古族，被访者家中；访问时间：2013年7月14日；访问者：玉荣。

② 接羔毡袋是指牧民为防止初生仔畜在野外冻死或冻伤而准备的毡包，有些地方叫接羔毡包。接羔毡袋用长方形的毡子缝制而成，封口处会选用羊毛、马鬃等编制的窄绦子，并配有背带，方便放牧时携带。额吉会在接羔毡袋的四角缝上象征吉祥的图案，在接羔季节开始时会举行接羔毡袋的涂抹（mɛla:x jɔs）仪式。

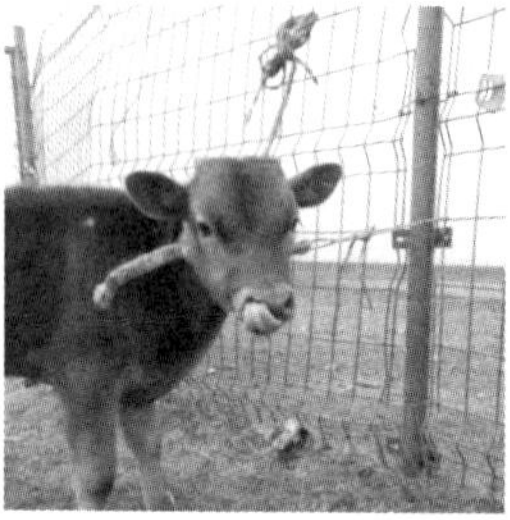

图4-9　网围栏

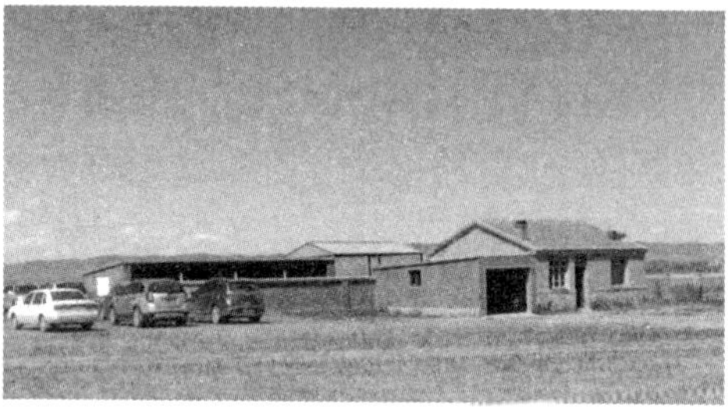

图4-10　现代化营盘

油涂抹接羔毡袋口，熏“阿日查”（杜松子）来净化接羔毡袋，顺便要吟诵有关保佑“小羔健壮、母子平安”等内容的祝颂词。“接羔毡袋”的发明和创造与畜牧生产的季节性、科学性有着密切的关系，是因地制宜，符合物质生产民俗发展规律。接羔保羔时节，天气寒冷，小羊羔生下来时不仅虚弱，胎毛还是湿的，最怕受冻，尤其是在户外，需要装幼羔的工具，由此接羔毡袋就应运而生了。接羔毡袋是用毡子缝制的，有背带，造型轻巧，便于携带，与现代意义上的“背包”有着异曲同工之妙。小畜多的人家产羔高峰期要有专人轮流带着接羔毡袋去野外接回刚产的小羔，每天都有几十只母羊产羔，需要准备两到三个接羔袋，需要时一天两次用骆驼、马或摩托车来回驮运刚出生的小羊羔。

在牧区，到了接羔保羔季节经常会看到女性哼唱“劝羊歌”，这种畜牧生产习俗称之为“劝羊的习俗”。劝羊歌主要针对母畜不认其刚产下来的仔畜、不给喂奶的现象，需要女性用柔软的韵调反复吟唱一种声音或一首歌曲，劝导母畜认领仔畜。这样的韵调被称之为“汰咯之歌”，意为劝羊歌、对羔歌。“劝不要小羔的母畜时，五畜有着不同的歌词和音调，对骆驼要唱‘kvvs-kvvs’，对马唱‘gorai-girai’，对牛要唱‘coig-coig’，对绵羊要唱‘toig-toig’，对山羊要唱‘jiig-jiig/

caig-caig’。五畜不同，劝羊歌也不一样，不能混了。”[①]SBL额吉告诉笔者，五畜中不接受仔畜的情况各不同，大畜遗弃自己仔畜的情况非常少见，主要是小畜出现得比较频繁。而小畜嫌弃自己的仔畜的原因很多，归结起来有以下几种：第一种是难产的母畜容易出现嫌弃自己仔畜的情况，不愿意喂奶。第二种是膘情不好的母畜产仔之后，没奶哺乳仔畜。第三种情况是下羔之后牧人没有让母畜熟悉自己仔畜的体味，直接装入接羔袋与其他仔畜混“味儿”，导致闻不出自己仔畜的味道，辨认不出自己的仔畜。最后一种情况是第一次产羔初次做母亲的母畜或性格孤僻的母畜也会出现不认仔畜的现象。

最早的“汰咯之歌”全歌词只有“汰咯”一个词，曲调简单，但凡听过牧羊女哼唱过这一首劳动生产歌的人永远都不会忘记。这首歌虽然曲调简单、单调，但在单调往复的旋律中藏有深沉的母爱、美好的愿望。这种简单的曲调调节着母畜和幼羔之间的关系，起到沟通情感的作用。这是草原人民在长期生产实践中总结出来的，根据母畜的习性，让一只抛弃自己幼羔的母畜重新“认领”幼仔；让一只死了幼仔的母畜重新“配”其他幼仔的一种方法；让双胞胎或吃不饱奶的幼仔重新“认”个母亲。“汰咯”的本意为膝盖骨，而“汰咯之歌”是因为羊羔吃奶需要前腿膝盖跪地，把头伸到母畜的胯下才能吸到母亲的乳汁，以此为创造根源，形成了富有情感色彩的劳动韵律。牧羊女半蹲着搂抱着母羊，把幼羔送到母羊的胯下，长时间地跪坐在地上，吟唱着“汰咯，汰咯……”这时母畜开始反刍，羊羔开始摇着尾巴有节奏地吸食着乳汁，牧羊女则在夜幕降临之前完成了一天的生产劳动。

“汰咯之歌”，使母畜重新认领幼羔，巩固母子关系，对遗

① 被访者：SBL额吉，女，81岁，蒙古族，被访者家中；访问时间：2014年8月22日；访问者：玉荣。

弃幼仔的母畜进行感化，把这种不正常、不合理的或者无血缘关系的母子关系通过牧羊女的歌声重新建立起联系，使得原本破碎的母子关系重新得到确认和肯定。这个过程中，牧羊女会把母畜的奶水涂抹在仔畜身上，实际上是通过涂抹母畜的奶水把母畜熟悉的味道转移到仔畜身上，进而使母畜能够马上认出自己的孩子。这种以外物为中介，重新建立母子之间的感情和联系，具有象征性作用。“首先把母羊抓住，来回抚摸母羊，再把母羊的奶水或盐水涂抹在幼羔身上，让母羊通过闻嗅气味辨认幼羔的同时，温柔、轻快地吟唱可以使母羊反刍，产奶会明显增加，让母羊慢慢认领幼羔。有时候还要拿小狗来吓唬仔畜激起母畜的保护欲。”[①]这样通过听、嗅、味、视、触觉来影响母畜，激发母性，提高幼仔的存活率。母畜遗弃仔畜是因为仔畜身上的体味发生了变化，有了异味，“脏着了”，所以要把母畜的奶水或盐水涂抹到仔畜身上，以此净化仔畜[②]，使仔畜经过洗礼仪式，重新建立正常的母子关系。“汰咯之歌”是建立在人与动物感情交流的基础之上，通过歌声对劳动对象直接产生作用，也通过歌声来抑制单调劳动的焦虑和疲劳感，是畜牧生产中最为特殊的习俗之一。

在蒙古族与五畜密切的、经常性的情感交流中，形成了特殊的意识观念和思想感情。蒙古人把五畜当成自己忠实的朋友和亲密的伴侣，把五畜的幼仔当成自己的子女来对待。这样特殊的意识观念和思想感情又使得蒙古人的畜牧业生产经营管理表现出与其他游牧民族不同的特点，而“汰咯之歌”这样的劳动生产习俗就是最佳的例证。

① 被访者：SBL额吉，女，81岁，蒙古族，被访者家中；访问时间：2014年8月22日；访问者：玉荣。

② 蒙古人认为畜产品是最为干净的，其中奶制品最为圣洁，在仔畜身上涂抹奶水是帮助仔畜消除异味、灾祸、秽气，起到净化作用。

三、夏季：“走敖特尔”

蒙古人为了保护生态环境的平衡，有一套非常科学的游牧方式，“走敖特尔”则是这种生活方式的最为典型的例子。“走敖特尔”，蒙古语叫“敖特尔雅布呼”（ɔtərt jɛbəx），意为移牧倒场。移牧倒场是“逐水草”而游动放牧方式的最佳表现形式。“牧民会根据季节不同，选择不一样的营地。到了春天，要寻找小白蒿多的营地，使家畜能够摄取足够的食物。夏天则主要寻找宽叶草多的牧场，而且为了尽量让家畜摄取充分的水分，寻找接近河流的地方扎营，使家畜为秋天的育肥做准备。到了冬天，就会寻找凉爽的、羊草多的地带扎营。在这样的游动过程当中，既可以消除家畜身上可能有的病虫，也可以寻找特殊草本植物，有利于畜群吃到营养各异的牧草。”[①]可见，寻找合适的牧场对于游牧生产而言多么重要，是牧民最为基本的技能。

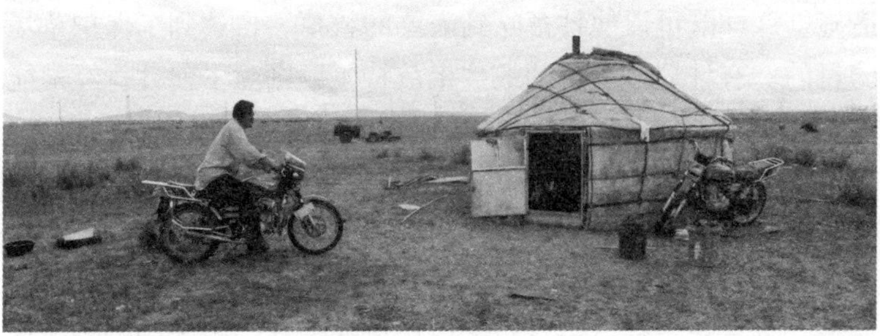

图4-11　夏营盘

① 阿拉坦宝力格：《游牧生态与市场经济》，呼和浩特：内蒙古大学出版社，2013年，第42—43页。

为什么要不停地换地方来回游走呢？SBL额吉告诉笔者，如果在一个营地停留时间过长的话，就会造成土地贫瘠、草场退化，甚至造成植被破坏、地貌改变、难以继续利用等生态失衡问题。在采访中，额吉们反复强调，五畜饲养和养自己的孩子一样，必须要尽心尽力，要从了解五畜的习性，了解草场开始。其实，牲畜和人是一样的，如果老吃一个味道的东西，它们也会出现厌食现象。牧民就是抓住了牲畜这种对牧草“喜新厌旧”的生理特点，采取游动放牧的方式，随时能够转换牲畜的口味，让牲畜吃到不一样口味的食物（草）。经常转换草场，使得牲畜能够吃到新鲜的牧草，进而刺激牲畜的食欲，吃得越多，膘就长得越快。按季节有计划地换草场，既可以实现草场较高的利用率，也可以减少畜群漫无目的到处游走，节省了牲畜的体力，保存膘情。同一个营地内，由于大畜和小畜的觅食草场不同，要根据其各自的习性来选择不同的地点放牧，也可以延长畜群在一定地点采食所需牧草的时间。这种有计划地游动放牧可以实现对草场利用的细分化，也是畜牧生产发展的标准之一。

草场划分给个人之后，牧民对自家的草场利用采取了许多措施，这样既可以使牲畜吃到需要的牧草，也达到了保护草场的目的。有计划、有目的地“走敖特尔”则除了使牲畜经常能吃到新鲜的草之外，还可以减少牲畜对牧草来回踩踏的损失，也可以预防畜群密集在一片草场之后传播疾病的可能性。此外，有一些牧民做了更为精细的划分，例如根据牲畜种类、牲畜的习性及植被类型等情况，对自家的草场做了进一步划分和调整。这是牧民针对定草定畜定居生活方式，无法随意游牧现象所采取的民间智慧，是对游牧生产方式的重建，这是现代意义上“走敖特尔”养牧方式最为核心的价值和意义所在。

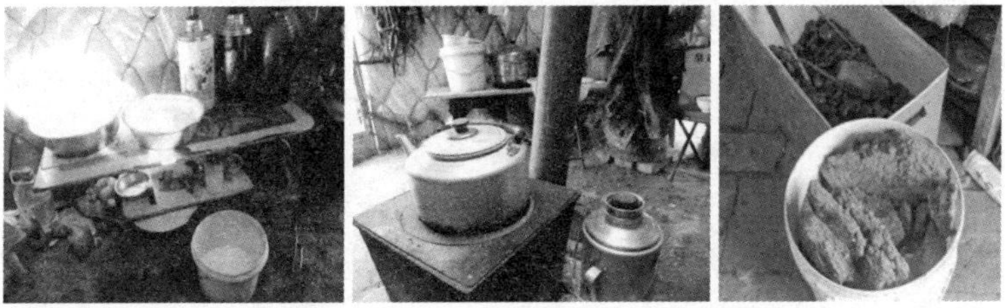

图4-12、4-13、4-14　蒙古包内生活用具

牧民为牧畜抓膘，一直采用四季轮牧的畜牧生产方式从事着畜牧业生产。从清末民初开始，草原被大量开垦，移牧倒场的范围逐渐缩小，原来的四季游牧变成三季或者两季游牧。冬营地逐渐成为永久性定居根据地，只有夏季、秋季选择走敖特尔，草原上“走敖特尔”逐渐失去四季的区别，只是区别于畜群走的远近而已，而移近移远主要根据畜牧业生产条件来决定。新中国成立后，在较小范围内的走敖特尔，主要以行政区域划分为主，最大范围的游牧出现在一个盟内部各个旗县之间，或者是一个旗境内部各个苏木之间，慢慢地变为在一个苏木内部各个嘎查之间的来回走场。直到1984年实施“草畜双承包责任制”之后，草场和牲畜承包到户，牧民趋向完全定居化，大范围的、跨区域、跨草场的游牧方式在草原逐渐消失。

“1984年我们这儿开始包产到户，草场和牲畜分给了个人。一开始人们都没有拉网围栏围住自家的草场，虽然大家心里明确知道自己家的草场面积和范围。但是只是大致知道，草场证书上有，那时候还是可以到邻居家的草场上放牧。到了90年代末，人们开始拉网围栏，彻底没有了走远距离敖特尔的可能性了。有些人家会把自家的草场划分一下，到了夏天，从冬营盘搬出来一段时间，最多也就10公里以内，让冬营盘歇一歇，让羊群走一走。”[①]而

① 被访人：MDG额吉，女，73岁，蒙古族，东乌珠穆沁旗额尔敦乌拉嘎查牧民；访问时间：2014年8月16日；访问者：玉荣。

这里所说的冬营盘则是以定居的形式固定下来，盖有房屋、棚舍和水井等基本设施，适合于永久性的定居生活。而夏营盘则不固定，一般会选择水草好的地段搭起蒙古包，能够随时迁走。营盘转换的时间一般在春秋两季，春季大约在5月份，仔畜已经长大一些，可以跟着畜群出草场，冬营盘草场的草场也吃得差不多时，择好吉日，“五畜”同时搬迁。秋季一般会在10月前后从夏营盘搬迁，这时冬营盘的草长得非常茂盛，“五畜”回迁到冬营盘过冬。在搬迁过程中，女性负责照看小畜、照看老人和孩子，负责赶勒勒车，男人负责照看大畜、探路，整体把握搬迁进度，可见游牧生产方式更讲究男女分工合作。（见表4-2、4-3）

表4-2　内蒙古牧区牲畜转场时间①

地　　区	春季	夏季	秋季	冬季
呼伦贝尔市北部牧区	5月上旬	6月下旬	9月上旬	11月下旬
锡林郭勒市北部牧区	4月下旬	6月中旬	9月中旬	11月上旬
乌兰察布市北部牧区	4月中旬	6月中旬	9月下旬	11月中旬
西部牧区	3月下旬	6月下旬	9月下旬	11月下旬

表4-3　东乌珠穆沁旗牲畜转场时间②

季节／地区		冬季	春季	夏季	秋季
东乌珠穆沁旗	四季营地	11月上旬	4月下旬	6月中旬	9月中旬

① 转引自邢莉，邢旗：《内蒙古区域游牧文化的变迁》，北京：中国社会科学出版社，2013年，第32页。

② 根据调查和被访问者提供的资料整理制作而成。转场时间是根据被访问者回忆提供，只是一个概括性的时间，根据每一年的年景有所变化。

续表

季节 地区		冬季	春季	夏季	秋季
东乌珠穆沁旗	三季营地	11月上旬至来年的5月下旬		6月中旬	9月中旬
	两季营地	5月中旬		10月下旬	
	定居	不游牧，定居饲养			

走敖特尔时，一般男性负责外围事务，女性则负责内围琐事。白天放牧照顾牲畜是男人的活儿，五畜皆结群而行。搬迁时人们要精心穿着打扮一番，因为搬迁过程本身就是他们物质和精神状态的一种展示。家庭主妇是搬迁驮运队的领队，因此不管是家里还是路人对她都表现出相当的尊重。户主要为她备好坐骑，她则负责整个搬迁过程中的后勤工作。户主在搬迁驮运队的最后，他要负责全队安全。马群在前面，牛羊赶在后头，中间则是驮运蒙古包、家什的勒勒车。

为什么走敖特尔呢？实际的情况是，干旱少雨的蒙古高原上绝大部分的时间和很大一部分草原相对贫瘠。在这样的生态环境下，迁徙本身即是一种对草原植被恢复性的建设。是协调人、自然与牲畜三者关系的自然法则，是人类在生产生活过程中所发现的重要哲理之一。先人世代依赖着并小心翼翼地经营着这块土地，一代一代全靠的是“迁徙”的生产生活方式。现如今，环境恶化，矿业的无序开发，草原不断沙化，导致草原面积逐年减少，使得走敖特尔成为奢望。改革开放之后，国家在政策上采取农区做法，将草原像耕地一样承包到户，用铁丝网分割，“禁牧”“轮牧”“休牧”等系列政策的推行，使得牧民的游牧生活发生极大变化。没有宽阔的草原，没有流动的牧民，牧民长期生活实践的游牧知识正以最快的速度消失，因此保护草原、保护游牧知识势在必行。

走敖特尔时，即便是素不相识的路人，遇到搬迁的人家，一定会按传统习俗完成一定的礼节，例如，从搬迁人家的右侧错过，不下马也要把右脚从马镫里抽出一下以表示敬意，并友好地向他们问好、祝福。

四、秋季：抓膘打草

在牧区，进入秋季是最繁忙的时节。首先要抓好畜群的秋膘，同时要打草储青。这对一个以畜牧业为主要经济来源的家庭度过整个寒冷的冬季和迎接来年开春幼畜出生都具有至关重要的作用。天然的草场可以为畜群提供多种多样的营养价值丰富的牧草，牲畜通过采食营养丰富的牧草，来提高牲畜产品的价值。有经验的牧人会抓住秋天的机会，给牲畜增“油膘”，提高牲畜抵御灾害、疾病的能力，保证畜群安然度过寒冷多风的冬季和来年的春天。

目前，定居式放牧最显著的特点是草场围栏化。即固定了草场的情况下，牲畜能够觅食到的牧草种类单一，种类减少，造成畜产量、品质的降低和牲畜种类出现异化的趋势，从而给畜牧生产带来了不利的影响。定居式放牧的条件下，牧民为了增加收入，牧区出现了“超载”或“过牧”等不利于畜牧生产发展的现象。牧民为了保证畜群安全顺利地过冬，需要一定数量的干草，以防万一。因此，打草储青的工作一直以来都是牧区整个畜牧生产的重要环节。打草储青工作的数量和质量，不仅直接关系到当年收获的干草的数量、品质，也影响着畜群的整体状况，甚至间接地影响着草场今后的肥力。

“我家是2013年夏天买了成套的打草机和捆草机，花了2万多。去年孩子他爸一整个秋天都在牧区给别人打草，都是承包，2.7元/亩，油钱、人工都是自己的。很辛苦，但是哪有什么工作是不辛苦的呢？以前，打草都是人工的，都是用长把镰刀或者是短把镰刀。这两种镰刀使用在不同的地势上，长把的用在比较平坦一点的地带，大约有2米长。而短把镰刀则用在不是特别平坦的地段上，大概有40~60厘米。打草的时候，亲朋好友、邻居都是互相帮忙，不然都忙不完。现在，都用打草机和捆草机来收割牧草，这样又快又省事。我们嘎查本来草场就少，每户平均也就一二千亩草场，都不够牲畜吃，就无法专门预留打草的草场，只能买现成的干草。这些干草一部分来自我们旗的其他苏木，更多的来自外地。实际上，外地来的干草营养价值不是很高，牲畜吃了都上火。你想想看，我们乌珠穆沁草原和呼伦贝尔草原的草能一样吗？肯定是不一样的吧！人们为了省事直接从外地买草，一些人发现了外地买来的干草对畜群有影响，就早早地和自己嘎查或者附近苏木联系买草的事，说好价格，到时候直接带车去拉或者让对方送来。去年成本没回来，今年整个夏天孩子的阿爸就忙着联系需要打草的牧户。现在有手机，很方便，什么时间、去哪户人家都安排好，这样就不那么冲突了。今年希望能把买机器借的钱都还上，有外债的日子不好过啊！主要怕人家也急用钱，能借钱的，大家的关系都特别好，彼此的情况都很清楚，就怕还不了，给人家带来压力。孩子他爸人好，着急借个钱什么的都没问题，现在借钱都要给人家算利息，关系好利息少一些，和银行的存款利息差不多。现在有很多专门借高利贷的地方，专门针对牧民的，利息特别高。现在牧区就出现了冬春借贷、夏秋还贷的现象，一年都给借高利贷的打工了。”① “我大儿子，给人担保（据说是关系很好的朋友，一直有来往，他又爱喝酒，按手印时，都不清楚人家上面写了什么内容，给人家担保了多少钱都不知道），最后，借钱的人跑了，债主把我们家里半群羊都拉

---

① 被访人：BYJRGL，女，37岁，蒙古族，东乌珠穆沁旗额吉淖尔镇牧民；访问时间：2014年8月19日；访问者：玉荣。

走了，将近300只呢。说是利滚利，能给人贷款的人，都有门路，不敢惹啊，只能吃哑巴亏。整个家都散了，我大儿子给人放羊打工，儿媳在旗里打工，家不像家，一家人四分五裂。我把自己留下来养老的家底儿都给他了，现在住的房子是姑娘和女婿给租的。现在牧区给人担保或者借高利贷的人家特别多，都受害了。”（老人说着沉默了）[①]

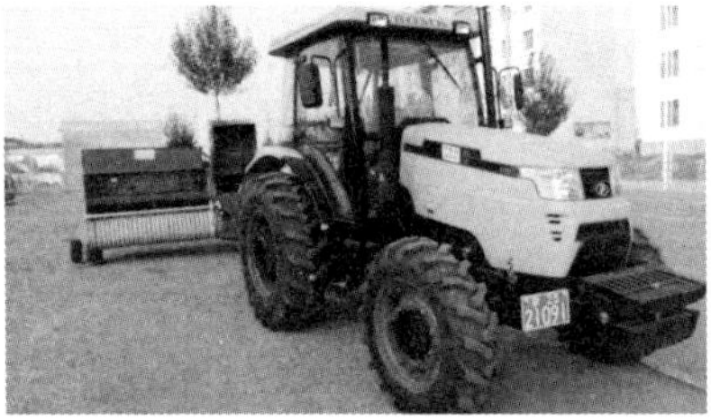

图4-15 `机械化打草机

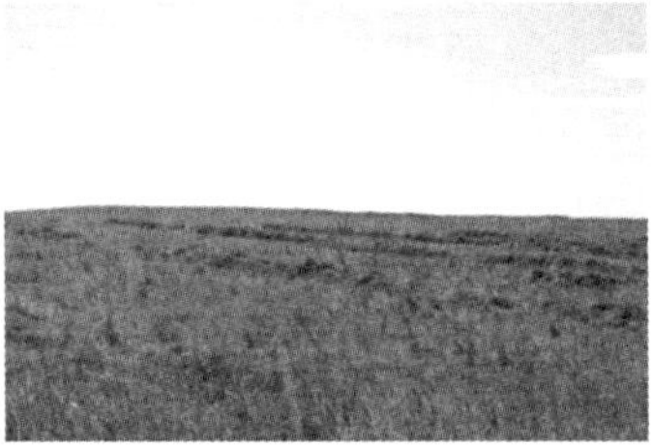

图4-16 打好的草

牧民对于天然的草场如何使用有着科学的划分，把草场按需要利用的情况分为三种：首先，把草场中草势最好的，来年长势最好的留为固定的割草专用地。对其每年秋天进行收割，而且刈割的要彻底，通常会采用大片的“剃光头式”的打草方法。这种类型的草地在草场中属于自然及经济性比较优越的草场，假如在打草的过程中管理不当或者连年打草，可能会或多或少造成草场退化的现象，牧民通常会采取缓一年再割的方法避免草场退化。新中国成立后，牧区开始采取了草库伦的方法，防止牲畜踩踏或采食。其次，不专门固定割草的地点。按照当年的草场草的长势来确定，不会连年割草，一般隔一年或隔两三年才会割一次，情况不一。这类型的草地牧草有恢复和重新生长的机会，源于有停割休闲的缓冲，草场退化的现象不

① 被访者：BYT阿爸，男，76岁，蒙古族，被访者家中；访问时间：2014年8月15日；访问者：玉荣。

是特别显著。最后一种是临时确定的割草地。这种类型的草场不是正式的专用的割草地。牧民会根据当年的雨水来确定是否要割草，只在雨水充足的年份才会进行割草。而这种类型的草场并不是固定的、一成不变的，一般来说，这种割草地面积都不是很大。这样对割草地的选择和划分有利于保护草场，是牧民在日常生活实践中总结出来的宝贵经验和知识。

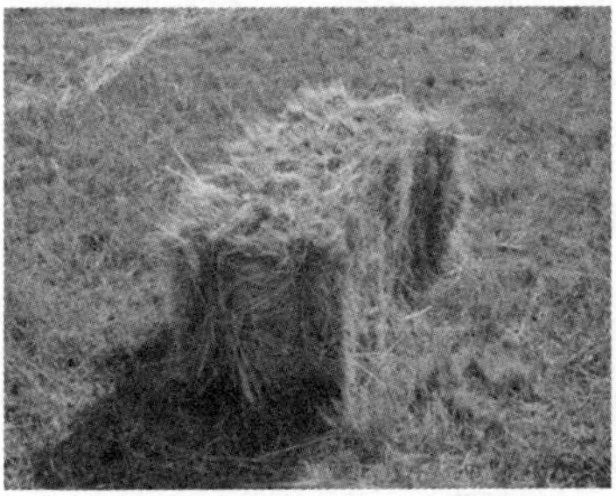
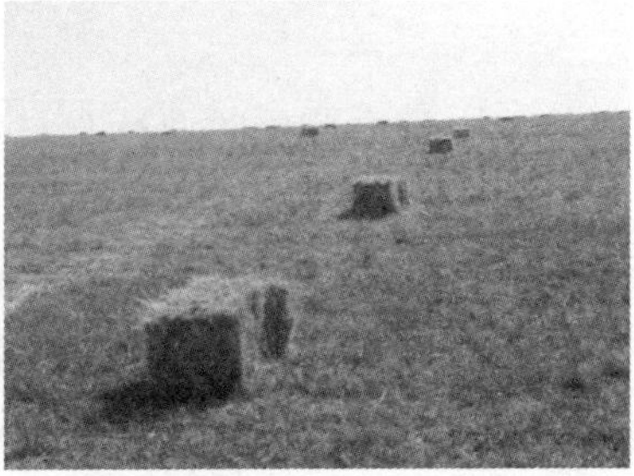

图4-17、4-18　草捆子

然而，草畜双承包制开始实行之后，牧民开始放弃传统的游牧方式，开始定居，畜群开始舍饲圈养，草场承载量过大，草场与牲畜之间失去了平衡。这就意味着五畜饲养需要进行人工收割牧草或购买一定数量的草料以防万一。但是，任何的干草、青储的保存方法都会造成一定的浪费。例如，生长的牧草如果制成青储，其营养价值就会有很大的损失，而制备成干草的损失则更大；打草的过程中，机械的使用不仅会造成牧草收获量的损失，也会降低牧草的品质。而现代机械打草机和捆草机作业时，来来回回的碾压对草场也是一种无形的破坏；收割之后的牧草在干燥的

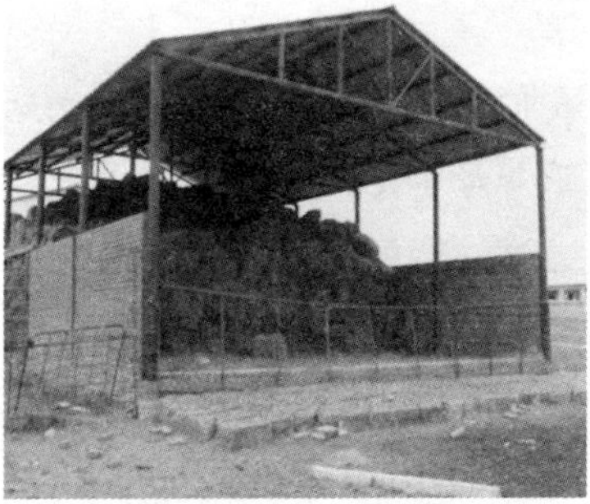

图4-19　储备好的草料

过程中由于水分的丧失，造成了牧草营养大面积流失，使得牧草的营养价值大打折扣；收割后的牧草也会成为微生物繁殖的天然基地，这不仅会造成牧草品质的显著下降，更可能造成牧草的发霉变质。

第二节　乌珠穆沁女性与现代牲畜饲养

从内蒙古草原牧业社会与畜种管理的变迁脉络可以看到，从大集体时期至今，在外部力量的干预下，牧区进行了不同于以往的畜种改良，由此引发了整个畜牧业生产方式的改变，从原来对自然环境的依赖与适应变得越来越依赖人工投入和牧民的物质性投入，如基础设施建设、畜种改良等[①]。作为牧民的乌珠穆沁女性也受到了影响，也加入到了现代畜牧业饲养的潮流中，积极响应政策号召，从畜群结构与草场分配，牲畜的繁育、护理、处理和选择都有其身影。“就这点儿草场，只能养这么多的牲畜，哪能不上心哪！”“养不活就没收入哇！”“科学的东西好啊，你看那些肉牛、肉羊，产肉量高，能卖上价钱。但是，有些品种不适合我们这儿，成活率不高。”这些是调研过程中乌珠穆沁女性的感慨，对于科学养牧，她们的态度是积极的，但是更多强调“适应性”。“以前我们邻居养了一群细毛羊，产肉量和产毛量高，可是一到冬天她家就忙得不可开交。我们本地羊出生一会儿就能站起来，又耐冻，一两天之后就能跟着母羊走了。而细毛羊每天都需要专人给羊羔找妈妈，不能受凉，一受凉了特别容易拉肚子，消化系统出问题，可缠手了（辛苦）。细毛羊得病率高，又不禁冻，到了冬天下羔时，晚上

① 韩念勇：《草原的逻辑——探寻另类市场制度》，北京：北京科学技术出版社，2011年，第47页。

表4-4 1949—1999年打草贮草基本情况表[①]

年份	草库伦	打草机（台）	捆草机（台）	贮草（吨）	年份	草库伦	打草机（台）	捆草机（台）	贮草（吨）
1949	—	—	—	470	1975	8.9	115	29	27540
1950	—	—	—	1375	1976	22.43	171	38	71230
1951	—	—	—	1075	1977	4.42	202	52	55000
1952	—	—	—	1390	1978	43.89	237	57	59410
1953	—	—	—	2270	1979	33.52	209	78	61700
1954	—	—	—	4760	1980	29.76	207	70	45570
1955	—	—	—	5400	1981	30.2	334	109	49800
1956	—	—	—	11655	1982	8.4	355	117	39700
1957	—	—	—	5404	1983	34.6	312	100	20710
1958	—	23	23	65000	1984	70.9	335	118	44190
1959	—	98	94	141720	1985	116.8	243	95	25000
1960	—	100	73	175000	1986	131	619	184	41420
1961	—	114	52	20000	1987	158.9	709	382	77680
1962	—	159	86	9915	1988	215.2	728	632	56660
1963	—	168	81	9600	1989	228.2	714	563	72750
1964	—	208	98	21610	1990	236.2	749	579	91820
1965	—	227	111	32915	1991	251	892	715	107515
1966	—	266	137	103765	1993	229.6	989	747	106884
1967—1969	—	—	—	—	1994	231.6	901	768	130000
1970	—	249	103	51170	1995	262	904	789	136000
1971	—	214	99	58070	1996	330.3	907	810	183770
1972	0.32	243	104	29505	1997	353.4	910	821	162500
1973	0.5	264	103	39785	1998	364.7	912	843	99715
1974	0.96	228	81	22520	1999	581.5	915	863	192500

① 乌力吉：《东乌珠穆沁旗志》，呼伦贝尔：内蒙古文化出版社，2013年，第192—193页。

根本不敢睡。但是，细毛羊和本地羊杂交的第三代开始适应我们这儿寒冷的冬季，成活率高了，适应了。”[①]

一、畜群的结构与草场

“牧人放牧五畜的牧放区构成一个大的圆形区域，而牧放五畜的远近距离和次序是一定的。他们习惯把牲畜分为短腿的和长腿的两种：牛和羊是短腿牲畜，而马和骆驼则是长腿牲畜。他们以蒙古包为中心参照点，把短腿的牛和羊放牧在离蒙古包比较近的圆形区域内，而牛的放牧区域离蒙古包更近一些。长腿的骆驼和马的放牧区则较牛和羊的放牧区域更远，通常马的放牧区域是离开蒙古包最远的，而马的放牧也是整个放牧区的最外围，是圆形区的边缘。五畜的圆形放牧区域尽管不是几何意义上严格的正圆，但都是以蒙古包为中心的。”[②]可见，一家人家的牧场是以居住点为中心，形成一个向外扩散的放牧区，根据牲畜的觅食草类、路线、距离的不同，不断向外扩散。一个合格的牧民对于放牧区域的选择至关重要，要对草场和畜群有着非常敏锐的观察力和判断力，分配草场和划区放牧是牲畜饲养最为基础性的工作，草畜平衡是整个游牧文明的核心。牧民对多大的草场养多少牲畜有着各自的经验。“我阿爸曾告诉我，他可以根据草的味道来判断草是否成熟，这片草场是否适合放牧，放养何种牲畜。根据牧草的影子深浅来判断牧草的长势好坏，还根据土壤的湿度和温度来判断是否适合成为营盘地。有时候要品尝牧草的草尖，根据唾液的颜色来判断草场好坏，以及适合养哪种牲畜，养多少合适。多年的放牧生活使得阿爸能够根据草场的情况马上判断出五畜的组合和畜群

① 被访人：MDG额吉，女，73岁，蒙古族，东乌珠穆沁旗额尔敦乌拉嘎查牧民；访问时间：2014年8月16日；访问者：玉荣。

② 刘迪南：《天似穹庐——从蒙古包看蒙古人的圆形世界》，硕士学位论文，北京大学学位论文库，2004年，第12—13页。

的头数规划，让他成了远近小有名气的‘专家’，附近牧民经常向他请教疑难问题，向他讨教如何考察草场，交流放牧技术和经验。”[①]这样有非常丰富的放牧经验的牧民，大家一般尊称为“努图格沁”（nɔtəgʧin）。“努图格沁”凭借个人经验和实践成果来选择放牧区域。在乌珠穆沁当地，“努图格沁”的寓意为“地方性知识”的拥有者，是畜群结构与草场分配的圣贤。他们具备了勘查草场和营盘、选择草场游牧、合理利用草场等地方性的知识和民间智慧。这些有着丰富的放牧经验的“努图格沁”，在当地人心目中有着较高的威望。“努图格沁”可以是经验丰富的男性，也可以是女性，只要在畜牧方面知识丰富，就享有较高的权威性和社会地位。

“在东乌珠穆沁旗有36000平方公里的可利用草场，露天水池可供面积6300平方公里，占全部草场的20%。大面积草场属于无水草场，只有在降雪期才可利用的干旱草场。”[②]因此，东乌珠穆沁旗从中华人民共和国成立之后开始动员牧民打井开发干旱草场。“解放前，无水草场只会在冬天有雪的时候迁过去，其他季节没法住。不仅仅是人吃不上水的问题，连牲畜也是没水喝。解放后，苏木干部下来动员我们打井，那时候打一口井，几家人家一起用。”[③]到1964年时，用于牧业生产的普通井有1678眼，把10000多平方公里草场扩大为四季可利用[④]。1984年在东乌旗实行草畜双承包制之后，许多牧民在自家草场打井定居。据统计，1999年用于畜牧业的机井有87眼，普通

① 被访者：SBL额吉，女，81岁，蒙古族，被访者家中；访问时间：2014年8月22日；访问者：玉荣。

② 乌力吉：《东乌珠穆沁旗志》，呼伦贝尔：内蒙古文化出版社，2013年，第191页。

③ 被访者：SBL额吉，女，81岁，蒙古族，被访者家中；访问时间：2014年8月22日；访问者：玉荣。

④ 乌力吉：《东乌珠穆沁旗志》，呼伦贝尔：内蒙古文化出版社，2013年，第191页。

井3436眼，压井1109眼，总灌溉面积36383.6平方公里，占全部草场的78.9%[①]。可见，对于旱草场的开发，水井的作用不可忽视，现在草原上随处可见的水井对草场和畜群的影响也是不可忽视的。

"畜群一直以来都是牧民赖以生存的根本。衣其皮、食其肉、织其毛、饮其乳、骑其身、驾曳车帐、狩猎、放牧、旅行、征战，一刻也离不开它们。畜群的习性、类型和需求必然也就规定了游牧人的生活规律。"[②]中华人民共和国成立之后，秉承旧社会的放牧习惯，会按照畜种和季节来有计划地集体安排和使用草场，在一定范围内进行迁徙游牧，草场退化速度较慢。但是从1984年开始，由大集体到"包产到户"以后，人们开始越来越趋向定居，大、小牲畜通用一个草场，不分季节地轮番放养，草场没有休养生息的余地。SEB阿爸说："刚包产到户时，人们分到的牲畜不多，家里人口不少，大家都争着发展畜群，才能生活好。有些人家给儿子娶媳妇，一下子就会把家里一半的牲畜分走。我们大儿子结婚时我就把草场一半分给大儿子，把家里的牲畜的1/3分给了他们，好让他们建立畜群。大儿子结婚后和我们分开过，二儿子比大儿子小三岁，到他结婚前要把畜群发展起来，他娶媳妇时候要给他再分。家里孩子多，牲畜少怎么养活啊！姑娘出嫁需要陪嫁，出嫁的姑娘不分娘家草场。"[③]

① 乌力吉：《东乌珠穆沁旗志》，呼伦贝尔：内蒙古文化出版社，2013年，第191页。

② 孛尔只斤·吉尔格勒，超太夫：《游牧生活的努图格沁——草原生境资源合理利用和保护的使者》，见王静爱，［日］小长谷有纪，色音：《地理环境与民俗文化遗产——"自然环境与民俗地理学"中日国际学术研讨会论文集》，北京：知识产权出版社，2008年，第190页。

③ 被访人：SEB阿爸，男，73岁，蒙古族，东乌珠穆沁旗额尔敦乌拉嘎查牧民；访问时间：2014年8月16日；访问者：玉荣。

表4-5 畜群结构与草场[1]

类别 / 户主	1984年				1990年				1995年				2000年			
	羊	牛	马	骆驼	羊	牛	马	骆驼	羊	牛	马	骆驼	羊	牛	马	骆驼
BYT	210	21	21	0	1000多	100多	200多	0	1200多	100多	200多	0	500多	65多	90多	0
MGH	480	0	6	0	600多	0	12	0	800多	0	12	0	90多	0	3	0
MDG	200	32	32	1	500多	35	40多	0	800多	40多	30多	0	0	0	0	0
HXGT	200	12	6	0	600	20	20	0	1000	20	35	0	1000多	50多	40多	0
SRH	350	12	16	1	350多	25多	20多	0	500多	30多	0	0	800多	14	0	0
YJM	297	27	36	0	1000多	60多	26多	0	1000多	70多	30多	0	1000多	70多	30多	0

从上述表格可见，草畜双承包制实施之后，大畜的数量逐渐减少，小畜的数量不断地增加，这样的畜群结构变化对草场的影响是不可忽视的。而畜群结构出现变化有着内因和外因。内因则与牧民的自身选择有关。在访谈中，很多牧民告诉笔者，自家小畜增多的原因是小畜相对好养活，经济效益高，适合定居后的生活。外因则是来自政策的导向性（草畜双承包制、铁丝网围封草场、禁牧轮牧休牧政策等）和经济效益（羊绒价格的上涨、肉价的上涨）以及畜牧改良等因素直接带来牲畜饲养的单一化。畜群结构的变化和草场承包制度的实施带来了草场流转的问题。据研究，流转出去的草场超载过牧程度极

① 根据被访问者提供的数据制作而成。数据是被访问者根据回忆提供的，只是一个粗略的数字。

高，草场退化速度和程度都要高于其他草场[①]。

1984年内蒙古草原先后实行了畜群与草场双承包责任制。1984—1996年第二轮草场承包严格划定了各家草场界限，给草场出租、流转打下了基础。1985年国家出台了《草原法》，规定了草场可以参照承包农地进行有偿流转。2000年以来，草原上灾害频发，在灾害中损失惨重，成为无畜户的牧民越来越多，他们只能将自家草场出租来换取租金，同时，东乌旗的外来户也越来越多起来[②]。“我家自己的草场特别小，根本不够，我们家从2003年就开始租草场，租了附近3户人家的草场。今年就要到期了，还想续租，前一段时间打了几次电话都定不下来，看来是要涨价，但是，他家也愿意租给我们，乡里乡亲的，不会糟蹋草场。”[③]WYDLGR额吉家以一亩地5元的价格签订了5年的合同，预先支付租金的70%，到期时付剩下的30%。WYDLGR额吉说：“我们这儿的草场一般都会选择租给嘎查里的乡亲，我和他家爱人关系好，我们是发小，一起长大的，他们家出租草场肯定是先给我们，不然前面也不会一下签10年的合同，现在附近的租金都在涨，他们没有涨太多，我们也能接受。”

草场流转并未规定流转给什么人，虽然在一般认知中，在嘎查内部流转的草场较容易受到舆论和众人的监督，载畜量限制较容易实施，事实上，草场却仍然按市场规律自由出租，“价高者得”，使得大部分的草场流转到外来人手中。[④]这样的情况在牧区调研时也碰到过，在WYDLGR额吉家采访时，额

①② 韩念勇：《草原的逻辑——探寻另类市场制度》，北京：北京科学技术出版社，2011年，第30页。

③ 被访者：WYDLGR额吉，女，50岁，蒙古族，被访者家中；访问时间：2013年7月16日；访问者：玉荣。

④ 韩念勇：《草原的逻辑——探寻另类市场制度》，北京：北京科学技术出版社，2011年，第30页。

吉看羊回来跟BHED阿玛说，西面的人家又来人开始挖草药了，阿玛给草原监理站和草原警察打了电话，反映了情况。原来，他家西面的那户人家，夫妻两个到镇里做生意，不放牧了，把草场租给了外地的人（主要是河北），这些人租了草场主要为了挖草药。“不打电话报警怎么办呢，好好的草场就这样被糟蹋了，唉！”

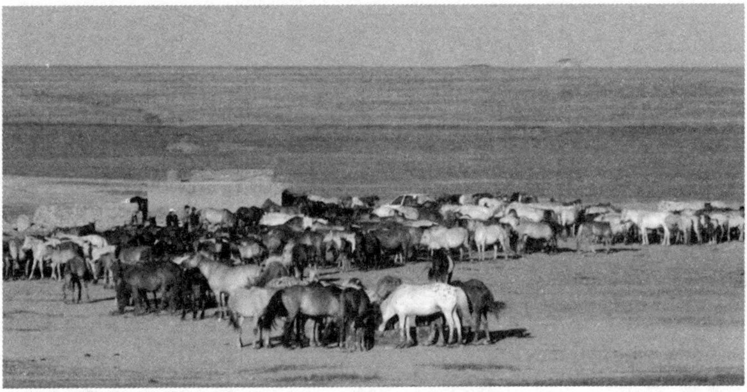

图4-20　机井周围退化的草场

二、牲畜的繁育与护理

在牧区，牲畜的繁育工作关系到整个畜群和家庭的收入，是畜牧生产最为关键的一个环节。提高畜群的质量，增加牲畜的经济效益以及畜群的繁殖成活率，最根本的问题在于选放种畜的工作上。首先，要观察和了解备选种畜的父母情况，父母的血统、体质、体格、体能、生育能力以及绒毛的产量和肉的产量。其次，仔细观察和了解备选种畜自身的条件，形体特征、毛色模样、体格体态等，以此来判断其是否符合条件。再次，对备选种畜进行一定时期的审核复查，选好种畜之后，用半年或一年的时间来观察其是否符合要求。最后，留用之后的种畜，用于配种，根据所产仔畜的体态、毛色等来确定是否最终留用。除了上述四点选种畜的方法以外，牧民也会根据自己的畜群情况，会与亲朋好友、邻居或者相识的关系好的牧民互放种畜，以此来提高畜群的抗病抗寒能力，还要考虑种畜的繁殖能力和质量。乌珠穆沁人一直以来都是根据这些“本土的”知识来维持畜牧业发展，这些知识是每一个牧民应该具备的最基本的，也是重要的知识。

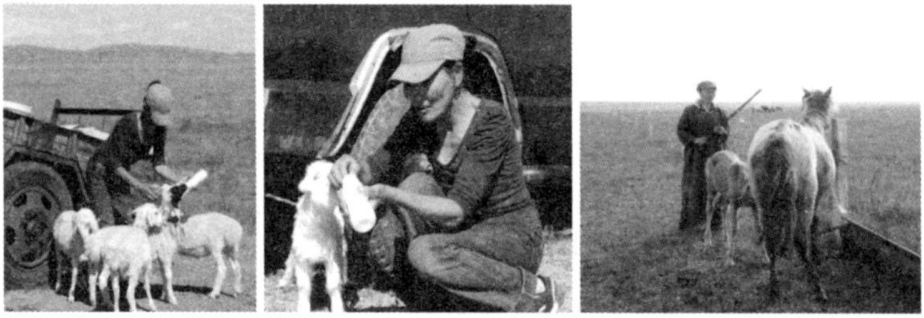

图4-21、4-22、4-23 照顾牲畜

除了本土的知识以外，乌珠穆沁人也积极响应政府号召，进行牲畜改良，科学养牧。东乌旗从1956年开始了对绵羊种畜的品种改良工作。从外地引进细毛高加索种公羊、新疆细毛种公羊、苏联美利奴种公羊、内蒙古细毛种公羊、茨盖细毛种公羊等毛用种公羊2047只，母羊742只，同时引进肉用品种福海种公羊30只，母羊30只，利用羔皮的卡尔库利品种种公羊7只，托再德种公羊2只，至1999年从外地引进的良种种公羊2084只，母羊772只[①]。（见表4-6）

① 乌力吉：《东乌珠穆沁旗志》，呼伦贝尔：内蒙古文化出版社，2013年，第222页。

表4-6　1958—1999年良种和改良畜统计表①

年份	共计	大畜			小畜		
		共计	牛	马	共计	绵羊	山羊
1958	524	1	—	1	523	523	—
1959	47460	85	78	7	47375	47375	—
1960	64244	201	154	47	64043	64043	—
1961	70831	353	306	47	70478	70478	—
1962	65736	726	672	57	65007	65007	—
1963	67927	1321	1202	119	66606	66606	—
1964	80000	874	706	168	79126	79126	—
1965	97471	883	676	207	96588	96588	—
1966	136760	1486	1180	306	135274	135274	—
1967	225898	1459	1178	281	224439	224439	—
1968	220030	2056	1627	429	221006	221006	—
1969	160657	1204	1047	157	159453	159453	—
1970	180952	1778	1306	472	179174	179174	—
1971	195641	1973	1427	546	193668	193668	—
1972	235876	2364	1903	460	233513	233513	—
1973	295877	3321	2712	609	292556	292556	—
1974	344511	3445	2583	862	341066	341066	—
1975	368709	4650	3512	1138	364059	364059	—
1976	333286	5299	4077	1222	327987	327987	—

① 乌力吉：《东乌珠穆沁旗志》，呼伦贝尔：内蒙古文化出版社，2013年，第192—193页。

续表

年份	共计	大畜			小畜		
		共计	牛	马	共计	绵羊	山羊
1977	419026	5884	4606	1278	431142	431142	—
1978	223581	2509	1609	902	221072	221072	—
1979	260644	3618	2604	1014	257026	257026	—
1980	260252	4382	3427	955	392258	392258	—
1981	353658	7532	6842	690	346126	346126	—
1982	329722	8693	7845	848	321029	321029	—
1983	251764	5582	5140	442	246182	246182	—
1984	271787	4057	3703	354	267732	267732	—
1985	195978	3262	3159	103	192716	192716	—
1986	168500	2189	2178	11	166311	166311	—
1987	101522	2741	2637	104	98781	98781	—
1988	159073	2234	2234	—	156839	156839	—
1989	200606	2163	2163	—	198443	198443	—
1990	337112	1658	1658	—	335454	335454	—
1991	388081	2929	2929	—	385152	385152	—
1992	459222	7086	7086	—	452136	452136	—
1993	487282	8972	8925	47	478310	478310	—
1994	774924	8082	8082	—	766842	766842	—
1995	1228757	11097	11097	—	1217660	1008726	208934
1996	1566275	14397	14397	—	1551878	1266512	285366
1997	1656915	14877	14877	—	1642038	1335260	306778

续表

年份	共计	大畜			小畜		
		共计	牛	马	共计	绵羊	山羊
1998	1767870	16578	16578	—	1751292	1364935	386357
1999	1830829	41008	41008	—	1789821	1474027	315794

相对于畜群繁育工作的谨慎和细致，牲畜的护理工作则更见真功夫。采访中，MDG额吉详细地向笔者讲述了接羊羔和保育小羊羔的注意事项。“牝羊快到了下羔时，看乳汁的颜色，乳汁变白，就表明快要下羔了。刚下的羔羊身上有一层薄膜，湿漉漉的，特别怕冻，很容易冻死冻伤，要尽快采取相应的措施。快到接羔时期，放羊的时候要注意观察母羊的体态和乳房，快要下羔的母羊要提前留在家里，这样防止把小羔下到野外而没被发现，而丢了小羔。开始下羔时，放羊都要带上接羔袋，在野外母羊下羔就可以把小羔放到接羔袋中，防止冻伤冻坏。我们家的接羔袋是用毡子做的，也有一些人家是用熟皮子缝制。接羔袋一家有好几个，一个袋子一般装二到三只小羊羔。接羔袋一般为长1米左右的长方形，上面有盖子，用的时候里面垫一层干草或羊粪，防潮保暖。以前没暖棚的时候，晚上都要起夜，每隔一个小时到羊群里看看是不是有母羊下羔了，稍不留神就有可能冻死小羔。到了接羔高峰期，一晚上会下二三十只呢，要是不小心睡着了，冻死一两个，那才叫心疼呢。现在都有暖棚了，方便多了，晚上不用起夜。傍晚，羊群归来，把可能会生产的母羊与羊群隔开，圈到暖棚里，这样就不会出现冻死冻伤小羔的情况。每天白天要把羊圈打扫干净，在暖棚里铺上厚厚的一层干净的羊粪，这样防潮保暖，或者在暖棚地上垫上废弃的毡子或皮子，这些都有很好的保暖保温作用，也方便羊羔便溺之后的打扫工作。有时候，羊羔体弱、不

足月或出现拉肚子等情况，可以把羊羔放屋里。在屋角临时用毡片或皮子搭一小棚，放置体弱或不足月的小羔。羊羔刚生下来，还不会找自己的妈妈，有些母羊产后死了或者母羊没奶等情况时需人工喂乳。以前我们都用牛角奶羔，选一个合适的牛角，把它里面清理干净，再将其角尖钻通，用布片或薄皮包在牛角尖上，就可以用了。现在，更多的人直接买现成的奶瓶，既方便又干净卫生。一些母羊有时也会出现不认自己幼仔不给吃奶的情况，这时要抱住母羊，把小羔放到母羊胯下，一边用手搬弄母羊的乳房，让小羊羔吸吮，与此同时挤出一些鲜奶涂抹在小羊羔的身上，让母畜闻到熟悉的气味，进而认领自己的小羔。牧羊女哼唱'汰咯……汰咯……'这时候母畜会被感动，眼睛里含着眼泪，甚至会滚出大滴大滴的泪水呢，等母畜动感情了，就会反刍下奶。羊羔过了15天之后，就可以让小羊羔练习吃草，熟悉牧草的味道了。这时，将一束干草吊起来，让小羊羔好奇，激发它的好奇心，让它试着从舔到慢慢会吃为止。白天母羊跟畜群出场，要把羊羔关到打扫干净的暖棚里，尤其注意打扫干净羊粪里的杂物（一些掉了的羊毛）。在羊圈里要放置一些干草，羊羔长到一个月，便能独自吃草了。这些干草也可以防潮湿，起保温保暖的作用。只有会吃草后，羊羔才发育得快，长得结实，毛色也逐渐好看起来。等天气暖和出青了，就把小羊羔放出来，在家附近的草场吃草，这个时候羊羔更多以吃草为主，吃奶为辅。每天早上羊群出场之后把羊羔赶出去，到下午羊群回来之前赶回来。根据每年草场好坏、羊的膘情以及羊羔多少来决定挤不挤羊奶。羊羔多的人家，到了挤奶时节，会与邻居家换放小羔，这样小羔跟着羊群出场也不会出现偷吃奶的现象，可以防止羊羔偷吃母羊奶的现象。"[1]

---

① 被访人：MDG额吉，女，73岁，蒙古族，东乌珠穆沁旗额尔敦乌拉嘎查牧民；访问时间：2014年8月16日；访问者：玉荣。

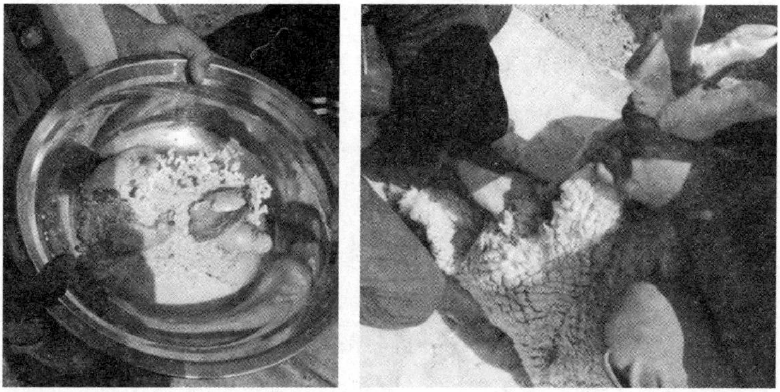

图4-24、4-25　公羊羔去势

乌珠穆沁女性对待仔畜的态度犹如对待自己孩子的态度一样，一样的细致、耐心和谨慎，每一个步骤都充满对牲畜细致入微的观察和爱护，按照自己的一套养护方法来迎接一次又一次新生命的到来。

三、牲畜的处理与选择

在东乌旗调查了解到，乌珠穆沁人对于牲畜的处理和选择工作是非常谨慎和慎重，绝不随便宰杀怀胎的牲畜，也不随便处理和选择种畜，因为这关系到畜群的繁衍和质量。他们会根据自家的需求宰杀一定数量的牲畜来食用，宰杀的时间也是固定的，根据季节和膘情来决定，一般冬至之后到来年的夏初不会宰杀牲畜。冬至之前，肉食开始能冷藏时，牧民会集中宰杀整个冬天至来年夏初的肉食，根据家里的人口数量以及畜群情况来确定宰杀数量。一般中等生活水平的牧民，会选择宰杀一头牛，再加10~15只羊，把2/3的肉冷冻起来，1/3会晾干，等到来年的春天吃。而夏秋之季，牲畜膘情最好，肉质最鲜美，牧民会根据需要宰杀少量的小畜来食用。

牧民历来除了自己食用的牲畜以外，还会通过交易大小牲畜来满足生产生活的其他方面的需求。“我们家草场小，四口人，我们夫妻俩加两个孩子，孩子上学，平时就我和孩子爸爸两个人，忙不过来。包产到户时我们还没结婚，到1989年我们结婚后从婆家分到了草场。婆家给了200只羊、10头牛、5匹马，我的嫁妆在当时也算丰厚，娘家给了50头母畜。我和丈夫商量着，把大畜都卖了，原因主要是照顾起来比较吃力不说，大畜也费草场。到了90年代末开始，我家的羊群发展到了800多只，主要以绵羊居多。我们俩那时候年轻，也吃苦，就保冬羔，这样到了秋天冬羔就可以出栏了。冬羔抗寒能力强，长膘快，到了10月底出售时也能卖上好价钱。”[①]

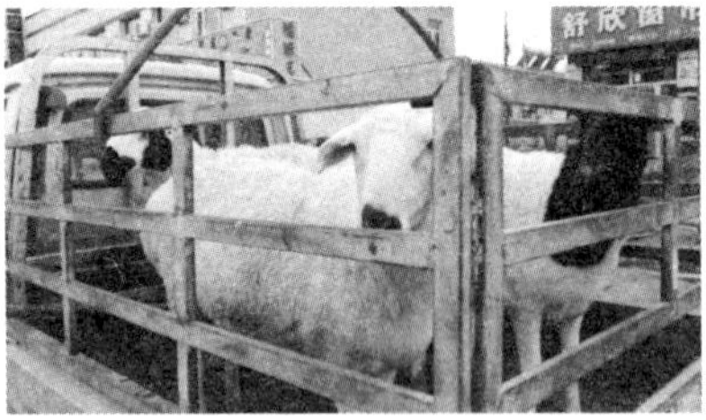

图4-26　已出售的牲畜

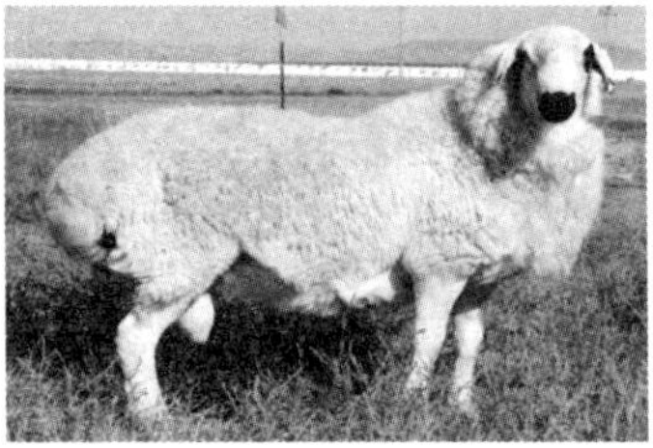

图4-27　乌珠穆沁种羊

从中华人民共和国成立到改革开放之前，牲畜的交易基本上是国家与个人或者是国家与集体之间，没有涉及个人与个人之间。根据统计，东乌珠穆沁旗每年出售牲畜头数从开始的10万头（只）增加到了100万头（只）。尤其是乌珠穆沁绵羊市场销路好，1984—1989年，乌珠穆沁绵羊出口科威特12万多只，创外汇540万美元[②]。“我们主要靠旗商业局食品公司和供销社来卖，他们统一收购，再统一卖出。价格也是统一的，一

① 被访人：ALTTN，女，45岁，蒙古族，东乌珠穆沁旗额尔敦乌拉嘎查牧民；访问时间：2013年7月13号；访问者：玉荣。

② 乌力吉：《东乌珠穆沁旗志》，呼伦贝尔：内蒙古文化出版社，2013年，第251页

般都是活挂，就是活称斤数。”[①]东乌旗地处边疆，主要以畜牧业为主。到了20世纪80年代末旗政府开始建立肉联厂，可当地宰杀牲畜，不用费更多的人力、物力和财力来解决牲畜宰杀、出售问题，减少了成本，增加了牧民的收入。东乌珠穆沁旗在1987年建立肉联厂，又有了现代化配套的牛羊肉加工流水作业车间，每年屠宰牛250头，绵羊2500只，冷冻储藏800吨肉，年加工3000吨肉[②]。1989年，出售315614吨羊肉，创利润139万元[③]。这一时期，畜产品更多是通过国家统一购买牧民手头多余的牲畜，来满足市场需求。改革开放之后，经济迅速发展，个体小商贩开始出现在牧区，牧民称他们为“二道贩子”。这些“二道贩子”成为牧民与市场之间的连接部分，起到了润滑剂的作用。“从五六月份牧区就会有很多收购羊绒羊毛的贩子，到七八月份开始有收购活羊和羊皮的贩子，九十月份大量的贩子出现，有的时候一天来好几拨呢。以前消息不灵通，那些贩子价格压得狠，现在不一样了，信息发达了，我们都能收到大致的价格方面的信息，价格就会公道一些。”[④]

牧民主要是在自己的畜群中选育较为优良的母本和父本[⑤]，同时也通过交换的方式，从社区内其他畜群中引入较为优良的父本。一些传统习俗对于牲畜的基因交流和畜种优化起到了促进作用[⑥]。例如，中华人民共和国成立前，王爷之间相互赠送礼物大多数以公畜、母畜或带仔母畜为主；婚嫁祝寿等

① 被访人：BGN，男，46岁，蒙古族，东乌珠穆沁旗额尔敦乌拉嘎查牧民；访问时间：2013年7月13号；访问者：玉荣。

②③ 乌力吉：《东乌珠穆沁旗志》，呼伦贝尔：内蒙古文化出版社，2013年，第251页。

④ 被访人：BYT阿爸，男，76岁，蒙古族，东乌旗道特淖尔镇牧民；访问时间：2014年8月15日；访问者：玉荣。

⑤ 母本或父本指母畜或公畜。

⑥ 韩念勇：《草原的逻辑——探寻另类市场制度》，北京：北京科学技术出版社，2011年，第48页。

场合也会以牲畜为礼品；也会用牲畜作为祭祀品献礼与敖包祭祀或寺庙活动，会给牧民提供串换种畜的机会；走敖特尔时，也会与当地牧民交换放种畜，使不同地域的牲畜之间有基因交流。除了人们有意识地选育之外，严酷的生存环境也对牲畜进行着自然选择。在适应频繁发生的自然灾害、躲避肉食动物的捕食、抵抗疾病的过程中，不适应环境的个体被淘汰，畜群的质量得到优化①。

对于乌珠穆沁人而言，牲畜选择关系着整个畜群的建群和繁衍工作。因此，都会当成为整个家庭头等大事来抓。“每年到了秋末，我们家会处理一部分牲畜，主要针对老弱病衰的牲畜和膘情好的成年牲畜。这时候的牲畜膘情好，能够卖上好价钱。每年一到这个时候，会有好多羊贩子，来回跑。以前都是骑马，后来骑摩托，再后来开车跑，现在都是电话联系，不用事先专门来，在电话里定好大概的价格，说好时间就行。我们一般都会选择经常有联系的二道贩子，大家互相都熟悉。要不然是有认识人领着，一般不熟悉的人来了，不会卖给他们。现在骗子也多，卖给不认识的人怕出什么事，特别麻烦。准备处理的牲畜，都是事前选好的，根据草场的草势、雨水来定一年的畜群总数。年景好的话，多留一点，来年能有个好收入。老弱病残的牲畜选的时候需要长时间的观察，还有会选一些不合群的、不下羔的牲畜，再选一些膘情好的成年牲畜，这样搭配着卖能卖个好价钱。全部是膘情不好的、老弱病残的话卖不上价钱，二道贩子也不愿意，要是搭上一些膘情好的成年牲畜，整个价格就会上来。每年的这个时候，我就躲着，太难受，尤其是牲畜装车拉走的时候。牲畜也是有感情的，被拉走时，眼睛里都会有眼泪，看着都不忍心。以前有一匹我经常骑的马，

---

① 韩念勇：《草原的逻辑——探寻另类市场制度》，北京：北京科学技术出版社，2011年，第48页。

不知道怎么回事突然腿就开始瘸，加上年龄也大了，就不能骑乘了，决定卖掉，一开始我答应了。等到和人家算完账，准备装车时，它一直看着我，眼睛里流着泪，我就反悔了，说啥也不卖了，硬是从车上放下来了。后来直到它老死，我都没动过再卖掉它的念头。从那以后，我就不能看到卖掉的牲畜被拉走，每次都躲起来，太难受了。”①

额吉说，牲畜的选择和处理主要集中在秋季出售和冬季宰杀食用上。在整个一年的饲养过程中，会对牲畜进行摸底和观察，不停地留意，对畜群中老弱病残牲畜、几年空肚不孕的母畜、习惯性遗弃仔畜的母畜及奶水不好的母畜、性情粗暴对仔畜不好的母畜、毛色杂乱的牲畜、不合格的种畜以及膘情好能卖上好价钱的牲畜采取出售、处理或自食的方法来调整整个畜群结构，使畜群与自己家的草场载畜量能够适合，更为合理化。这种选择和处理的方法有利于提高和保证畜群的质量，也能防止“过牧”现象，防止草场退化和预防重大灾害。

千百年来，游牧于草原的牧民都是以这样的方式来平衡草场与牲畜之间的博弈，在畜群和草场载畜量之间寻找平衡点，借助简单的“草根”知识来妥善解决复杂的生态问题。

第三节　畜牧生产工具的现代性

作为游牧文化的象征符号——牧具，因时代的变迁、市场经济的发展以及人们的审美观念的变化，发生了一系列的变化。在牧区生产工具中，除了传统的畜牧生产工具之外，还有新的、符合时代发展的、提高生产效率的新型工具不断加入，

① 被访者：WYDLGR额吉，女，50岁，蒙古族，被访者家中；访问时间：2013年7月16日；访问者：玉荣。

使得过去单一化的牧具逐渐复合化，与牧民的收入、受教育程度都有着密切的关系。“我们嘎查最早买电视、买汽车，后来安装太阳能的，都是年轻人，我们都不会操作。家里这些东西都是孩子们来弄，他们上过学，都懂呢。”[①]由于牧民的生产生活方式发生了变化，使得一些折射传统游牧生活的牧具逐渐消失，被新型的、现代化的牧具所取代。

一、乌珠穆沁传统牧具

蒙古人在悠久的历史过程中，用自己的劳动智慧创造了属于自己的文化，形成了至今犹存的独特的社会文化生活风貌。蒙古族自古以来就被形容为“逐水草而迁徙，无城郭常居”，故养牧为其主要生产方式。牲畜是蒙古族的唯一生活和生产资料，也是他们的主要财产。蒙古族的衣、食、住、行和其他的一切生产资料完全依赖畜牧业的供给。畜牧业发展过程中形成了独特的生产工具，牧具是游牧文化的符号之一，作为有形的、看得见摸得着的器物，贯穿于游牧文化的整个过程。乌珠穆沁人所使用的牧具与内蒙古其他牧业地区大致相同，制作技艺与使用范围随着游牧文化的发展而发展着，是乌珠穆沁人一代又一代不断改良、不断创新的成果。

东乌旗主要以畜牧业为主，由于游牧生产活动的相似性，牧具的制作和使用情况，大体与我国其他牧业地区的情况相同，但又颇具地方特色，这与该地区的民族、文化与生存环境有着密切的关系。乌珠穆沁人从新疆以北蒙古国境内的“乌珠穆·查干·乌拉”山一带迁徙到戈壁以南从事牧业至今，东、西乌旗一带一直都是以乌珠穆沁部落为主体的牧业地区。可见，乌珠穆沁人的牧具制作技能和使用是一代一代地传递并且

---

① 被访人：BYT阿爸，男，76岁，蒙古族，东乌旗道特淖尔镇牧民；访问时间：2014年8月15日；访问者：玉荣。

与其他游牧部落不断迁入该地区有关，是游牧文化纵向传递和横向传播共同作用的结果。例如，乌珠穆沁传统畜牧工具中，马具的种类最多、最齐全，而且在部件构成和工艺方面最为讲究。马具包括马鞍、马嚼子、笼头、马绊、前腿绊、马汗板、套马杆、鞭子、拴绳、套索、套马绳、马桩子、马牵绳、马夹板等等。就拿乌珠穆沁牧马人所使用的套马杆来说，其制作工艺或使用功能上，都与其他游牧部落的套马杆相似，没有特别显著的区别。“我们使用的套马杆，主要用柳条、桦树、旱柳等木材做直线套马杆或者连接柞木辐和胫骨做折叠式套马杆。套马杆由末端、中杆、杆梢、小扣、皮套绳、细绳、绑绳、牵引皮环组成。其中主杆的选材一定要注意，要选择枝杈少、疮伤少、笔直的木头。套马杆的细杆部分，要用尖部分叉的柳条或山藤枝来做。制作时将细杆的粗头削出腭状的纹，与主杆的腭状纹扣起来，要用细皮条捆在一起。而套马杆中杆，是接在主杆和细杆之间的木头，要用寻找到的细黄柳条或杨树之类的脆木来制作。接中杆的主要目的是为了防止套马杆被折断和伸长套马杆时使用。”[①]乌珠穆沁人为马具赋予了不同的寓意，将它与马群的繁殖和个人的福禄联系到一起，把马具看作是个人运气甚至是整个家庭运势的象征，例如，忌讳行走时跨过套马杆；忌讳送他人马鞭；忌讳将马鞍倒着朝天放；忌讳将马嚼子、笼头等朝下放；忌讳用打马印在地上随意扣盖烙印等[②]。

除了马具之外，还有育羔工具、挤奶工具、收剪绒毛工具、棚圈以及其他生产用具，由此衍生出了许多生产方面的忌讳和禁忌。例如，忌将奶桶等开口盛器翻扣着放置；忌刀锋尖向着他人传递利器；剪羊毛的剪子严禁张开放置；忌讳将接羔袋掏空或随

①② 被访者：BHEDN阿玛，男，54岁，蒙古族，被访者家中；访问时间：2013年7月16日；访问者：玉荣。

意存放；忌讳朝上放置空粪筐也忌讳在粪筐上坐，等等①。

二、传统牧具的使用现状

牧具作为一种有形的、可以摸得到的器物，是乌珠穆沁人在长期从事畜牧业生产过程中积累下来的生活经验和生存智慧。作为牧业文化的象征符号——牧具，是与“游牧生活”相契合，是游牧民族在长期的生产劳动过程中的结晶。牧具既承载着游牧民族的精神，也是游牧民族情感的寄托和身份地位的象征。正如BYT阿爸所说，“套马杆是牧马人的身份象征”。其实，牧具也是物质生产民俗的一个重要的组成部分，也是游牧生活的一种展示。

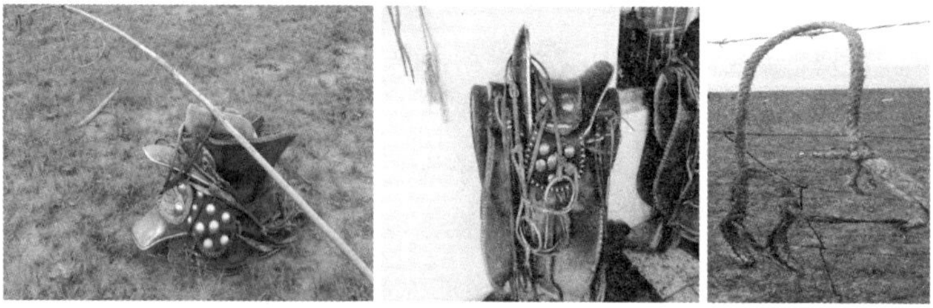

图4-28、4-29、4-30　套马杆、马鞍和马绊子

在役畜中，乌珠穆沁人更多使用马和牛，骆驼并不多见。乌珠穆沁马主要用来骑乘和挽车，牧民在饲养五畜、就近或者赶远路、长途运输、狩猎、娱乐竞技、传递信息等生产活动中最大限度地发挥了马的用途和效能。调查中发现，从1984年包产到户开始，好多人家将分到的大畜都处理（卖了）了，因为自己家的草场根本不够建立大畜群。到1990年时，很多人家只留下一两匹供骑乘的马，到90年代末，摩托车取代了马，成为

①被访者：WYDLGR额吉，女，50岁，蒙古族，被访者家中；访问时间：2013年7月16日；访问者：玉荣。

最主要的交通工具。“1984年时我们家分到了6匹马，成为我们家主要交通工具。当时和邻居一起建了马群，到90年时，羊群发展得快，收入也多了，我们家买了摩托车，我就把马和牛都处理了。羊多了草场不够，植被退化，马开始吃不饱，老是到别人家的草场，可怜的，瘦的，还不如早一点处理了。”①牧民处理马匹的原因主要有两个方面：一方面生产工具出现了可代替的、更为便捷的摩托车，另一方面，选择卖掉马的牧民是因为爱它，觉得与其看着它挨饿、受罪，不如干脆卖掉。而牛，也从过去主要的拉车工具慢慢被更便捷的拖拉机和汽车所取代，很多牧民只留下十几头牛，供吃奶食和肉食。随着草原的进一步退化，也随着草场的进一步的分割，马群和牛群的数量还在减少着，甚至在一些地区开始消失。役畜大规模地消失，是随着改革开放的进程，被更为现代化的、机械化的生产工具所取代的结果。

缰绳、鞍具类的牧具中，马缰、套马杆、马绊子、马鞍等传统牧具与乌珠穆沁人的畜牧生活有着直接的联系。马缰是指戴在马头上束缚马的工具，乌珠穆沁叫“xɛʤaːr”，有马群的人家还能看到。在过去，马是牧人主要的骑乘工具，一个好的马倌是非常受人尊敬的，在邻里中享有很高的威望。在2014年8月18日东乌旗昂格尔嘎查那达慕大会上，奖励了嘎查最优秀的马倌和优秀的搏克选手。“奖励的就是他们对民族文化所做的贡献，我们嘎查这样的做法特别好，我们很赞成。我们嘎查小畜多，大畜少，每次那达慕会上从我们嘎查出不了几个参赛的马和搏克选手。这是一种鼓励。”②“男儿三艺”中的赛马项目也体现了游牧文化中马的重要性和必要性。

① 被访人：BHJY，男，40岁，蒙古族，东乌珠穆沁旗哈达布奇镇夏日哈达嘎查牧民；访问时间：2014年8月16日；访问者：玉荣。

② 被访人：EDBYR，男，52岁，蒙古族，东乌旗昂格尔嘎查牧民；访问时间：2014年8月18日；访问者：玉荣。

笔者在东乌旗调查时发现，很多当地的牧民在实行“草畜双承包”责任制之后，就把家里分到的马也处理掉了。牧民BYT阿爸的解释是：“马是群居的牲口，大集体分的时候按人口数分，好多人家分得不超过10匹马，草场又小，家里孩子大的结婚另分草场，小的要上学，劳动力少，分不开身，草场退化得也厉害，马群建不起来。看着马可怜，很多人家就处理了。有一段时间，都看不到骑马的人，到处都是摩托车轧出来的车辙。现在，除非专门租草场养马，不然自家的草场根本不够用。人们都把自己家的草场用网围栏围起来，这样更不适合养马了。在过去，一个不会骑马的牧人会招人耻笑，最起码大家都觉得他不是一个合格的牧人。”随着摩托车、汽车等新的交通工具的普及，传统交通工具受到极大的影响，这种影响也波及了由马衍生出来的其他牧具。

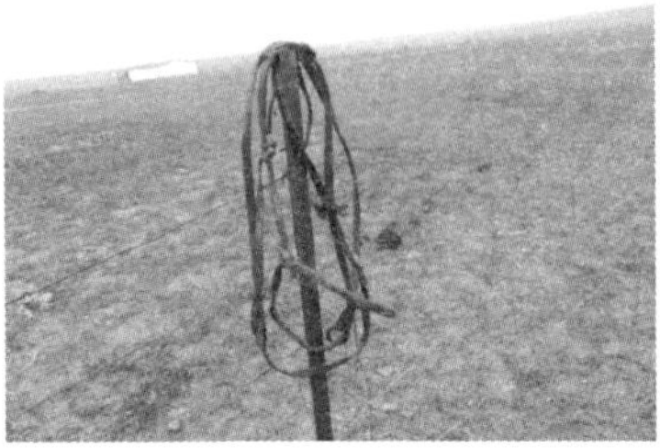

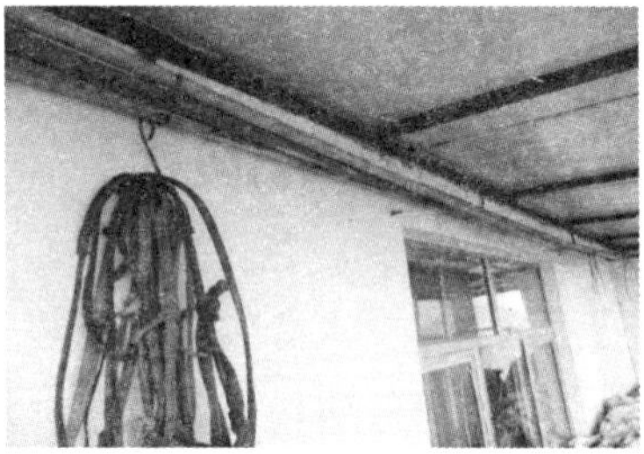

图4-31、4-32　马笼头和套马杆

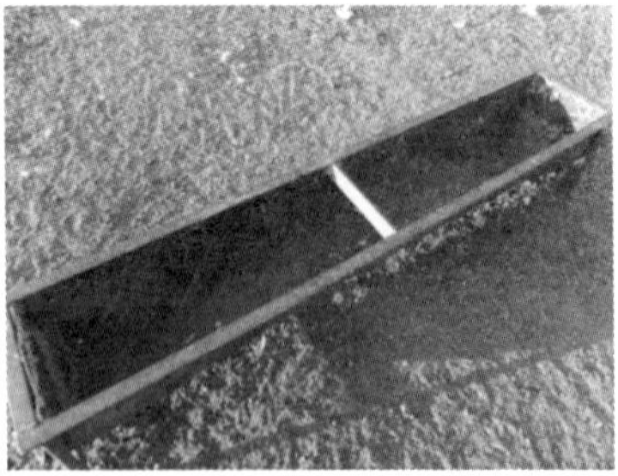

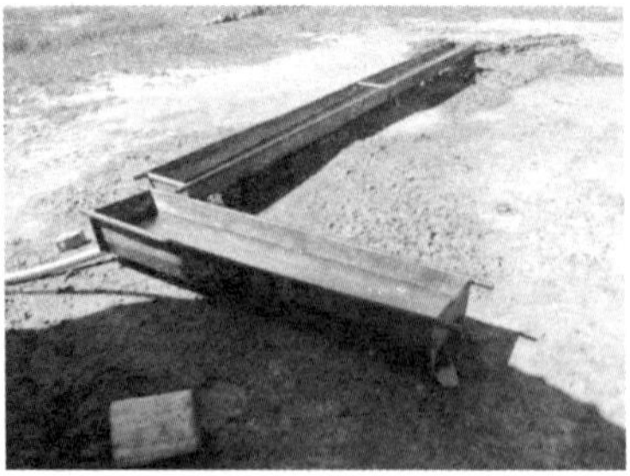

图4-33、4-34　饮水槽

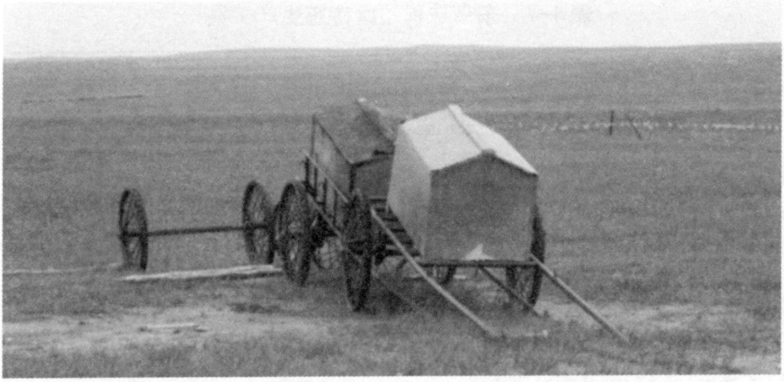

图4-35　闲置的勒勒车

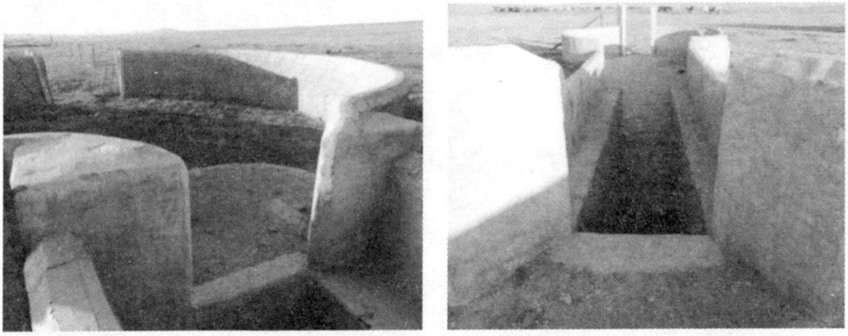

图4-36、4-37　洗羊槽

对牧民所使用的牧具进行了解时，应该注意到牧具具有地域性的特征。很多牧民为了方便生产劳动，常常需要结合现实的生产条件来选取最适宜的工具。过去乌珠穆沁人制作牧具时，选择牲畜的皮、毛等畜产品、木材质材料或就地取材制作生产工具最为常见，也有一些铁、铝等质地的牧具。牧民在制作牧具的过程中，不仅仅要考虑其使用价值和寿命，还要考虑制作材料的来源问题。（见表4-7）

表 4-7　东乌珠穆沁旗传统生产工具[①]

工具类型	工具名称	工具用途	现状
役畜	马	四季放牧、长途运输、打猎、娱乐竞技、传递信息	有
	牛	搬迁、走场、长途运输	有
	骆驼	冬季放牧、长途运输、搬迁	无
羁绊、驱策	套马杆	用于放马、下夜、套马，甚至是牧马人的装饰	不常见
	鞭子	赶牲畜、装饰、武器	皮条做的不多见
	马缰（笼头）	用皮条做的束缚牲畜的工具	有
	马绊子	用于马吃青时限制走远的工具	皮质的不多见，大多数是尼龙绳
	牵绳	手牵绳	有
	前腿绊、顺绊	羁绊两条前腿称为前腿绊；羁绊前后各一条腿的称为顺绊	皮质的不多见，大多数是尼龙绳
鞍具、车	鞍子	主要指骑马用具	有，不常用
	驼鞍	骑骆驼专用工具	无
	勒勒车	驮运工具	有，不用
收绒毛	剪子	修剪工具	有
	挠子	挠山羊绒的工具	有
	薄刀	专门用于剪马鬃的工具	有
棚圈	浩特	在牲畜的上风头为避风而立的遮挡物	有
	柳笆圈	用柳条编制的畜圈	无

① 根据访谈资料和《东乌珠穆沁旗志》整理而成。

续表

工具类型	工具名称	工具用途	现状
	羊粪砖畜圈	用起出的羊粪砖垒成羊圈，羊粪砖干后用于燃料	无
	芦苇畜圈	用割下的芦苇打捆围畜群	无
	暖棚	砖瓦结构的暖棚	普及
育羔	避孕毡片	配种前给羊群中的公羊带的用毡片做的	有
	接羔袋	装幼羔的毡制背袋	有
	哺乳器	将牛角钻孔，在细端安上布奶头，给幼畜喂奶的工具	无，塑胶奶嘴
	脖套	拴牛犊或驼羔的系带	无
其他	水槽水斗	饮牲畜的工具。水槽用木、铁、石料制作；水斗用牲畜皮或帆布制作	有
	纺锭	捻紧毛绒搓线的工具	有，不常用
	禁奶叉	戴在牛犊嘴上防止吮母乳用具	无
	解锥	用黄羊犄角制作的松绳结工具	无
	烙铁	骟马或骟驼时用来止血的工具	有，限于养马牧户
	夹板	骟马、骟驼时夹扎睾丸的工具	有，限于养马牧户
	钐刀	用于刮牲畜皮或者打草	有，不常用
其他	连绳	夏季挤羊奶时用的毛绳	无
	长皮绳	将鞣制的牛皮割成条连接后用于捆绑货物的长皮绳	有

三、现代化工具的使用现状

牧业生产工具随着时代的发展不断更新，有的已经退出历史舞台，新型工具不断登场。生产工具的更新对生产民俗产生了深远的影响，游牧生活出现稳定化、集约化的倾向，牧区的畜牧生产工具机械化和棚圈化，传统的游牧生产习俗发生了改变，一些与游牧生活有关的牧具退出了历史舞台。牧区棚圈建设是从20世纪六七十年代开始的。开始时，主要由大集体统一筹划建设，从刚开始的土木结构慢慢转变为水泥加固的砖木结构，到20世纪90年代初牧民开始用铁丝网。“到1999年东乌珠穆沁旗已经拥有棚圈3751座，面积达186.7万平方米。”[①]而机械化也是从新中国成立之后开始的，畜牧生产逐渐倾向定居。“从四季游牧到三季，再到后来的两季，慢慢只有在重大灾荒时人们才会转场到其他水草好的地方避荒避灾。”[②]

从游牧到定居，机械化生产工具的大规模引入，使得畜牧生产发生了重大的改变。“东乌旗从50年代末到60年代初引进并使用宝昌牧业机械厂生产的9G–1.4型马拉打草机、马拉搂草机、马或人力抽水机、水泵，代替了用钐刀打草和用水斗提水。”[③]“我家的水井是大集体时候打的机井，那时候整个大队的大畜都来这个井上饮水。后来划分草场，机井正好在我们家的草场里，也就归我们家自己使用了。这口井是（20世纪）70年代时候打的，是最先使用电力抽水机的机井。我们在（20世纪）90年代初，请工人重新收拾了机井，重新买了雅马哈发电

① 乌力吉：《东乌珠穆沁旗志》，呼伦贝尔：内蒙古文化出版社，2013年，第237页。

② 被访者：BHEDN阿玛，男，54岁，蒙古族，被访者家中；访问时间：2013年7月16日；访问者：玉荣。

③ 乌力吉：《东乌珠穆沁旗志》，呼伦贝尔：内蒙古文化出版社，2013年，第237页。

机抽水。旧的不好使了，（机器）都老化了。”[①]BHEDN阿玛家是他们嘎查第一家买了新的抽水机机器的牧户。“（20世纪）80年代末，我们这儿的牧民家都有了四轮拖拉机，来回搬家、拉水、拉草，非常方便。过去，来回倒场[②]，都用勒勒车，一个家庭是否富裕，就看外面停着几辆勒勒车，越多越能说明家境好。现在，看的主要是谁家有摩托车、汽车等新的工具。”[③]BYT阿爸的话也说明，东乌旗的牧民在20世纪90年代初开始重视畜牧生产机械化的优越性和重要性。笔者在2012—2015年几次的调研中发现，很多牧民家门口闲置着过去作为主要交通工具的勒勒车。

BHEDN阿玛和BYT阿爸一再强调水的重要性。BHEDN阿玛从（20世纪）90年代开始使用雅马哈发电机抽水饮牲畜，到2005年买了太阳能发电机抽水，一直是走在附近邻居的最前面。按照他的说法：“我小的时候，放养牧可以不跟人，但是一定要注意牲畜的饮水问题，特别是在天热时，不能让牲畜缺水。春天草场开始返青，牲畜都喜欢吃嫩草，会追着青草跑，吃不饱就会掉膘，膘情不好容易生病，也容易奶水不足。山羊更是容易出现流产现象。春天，还会出现黑灾，大风天气，很容易发生牲畜死亡的情况。这时候，我们家会搬到巴彦敖包附近低洼的地方，一方面低洼地有草，还暖和，再者低洼地积雪融化容易出青草。另一方面巴彦敖包附近有9个大小不一的淖尔，可以解决人吃水和畜群饮水问题，用不着必须到有井水的地方。离巴彦敖包不远的额吉敖包前面还有柴达木盐水湖，让牲畜饮用带有盐碱的水和吃淖尔附近的低洼草场，来增强抵抗

① 被访者：BHEDN阿玛，男，54岁，蒙古族，被访者家中；访问时间：2013年7月16日；访问者：玉荣。

② 倒场，即指走敖特尔，迁徙、搬迁游牧。

③ 被访者：BYT阿爸，男，76岁，蒙古族，被访者家中；访问时间：2014年8月15日；访问者：玉荣。

疾病和寒冷的能力。”[1]但是，这样随着天气和水资源移动的游牧生活，到了20世纪80年代末改为定居，更多的人在自己的牧场上打井，有了井水就不用“逐水而居”了。

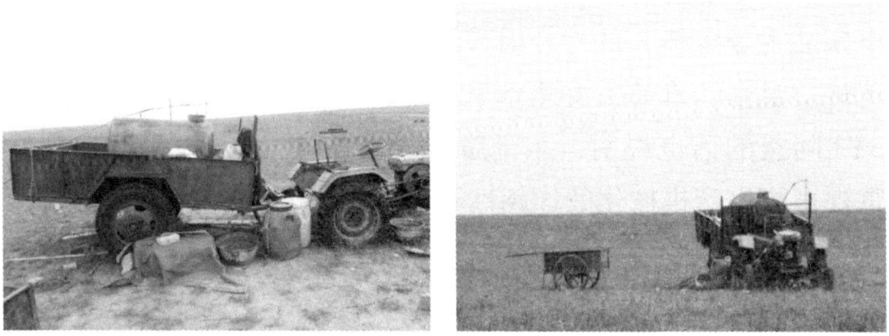

图4-38、4-39　拖拉机

一直以来，牧民们遵循着祖先的传统习俗，认为水是生命之源，没有水，世间万物都将走向枯竭。牧民十分爱惜水源，也养成了以此为基础的生产习俗。WYDLGR额吉告诉笔者，她们会按照五畜不同的习性来安排饮水的时间。“夏天中午最热的时候不宜饮马，饮马的水要用流动的水，不能用晒热的水，饮完马要马上将马赶往草场，如果马在河流处停留时间过长，不仅会耽误吃草的时间，还容易掉膘；秋季是抓马膘的黄金季节，草料中的水分少，需要大量饮水来促进草料的消化，从而补充马的体力；在冬季里，马具有很强的刨雪能力，能够吃到深雪层下面的好草，在刨食雪层下面的好草的过程中吃了雪水，因此冬季马的饮水次数和数量最少。”[2]

① 被访者：BHEDN阿玛，男，54岁，蒙古族，被访者家中；访问时间：2013年7月16日；访问者：玉荣。

② 被访者：BHEDN阿玛，男，54岁，蒙古族，被访者家中；访问时间：2013年7月16日；访问者：玉荣。

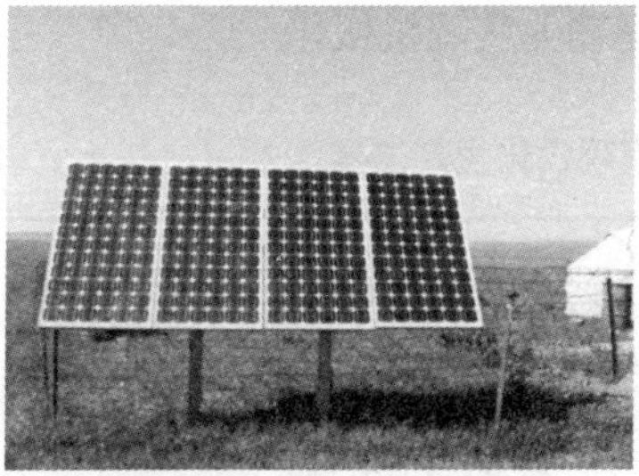

图4-40 太阳能

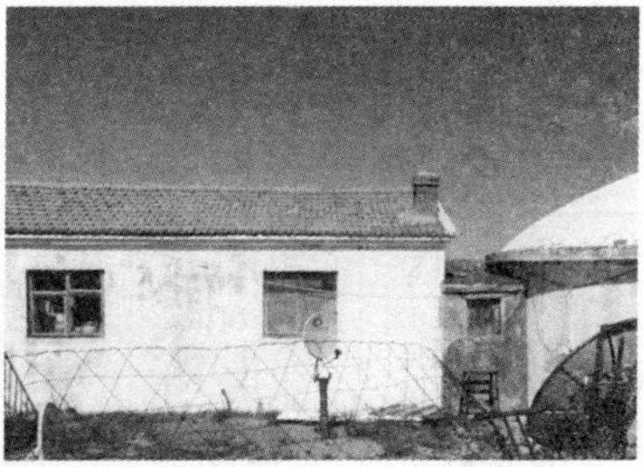

图4-41 屋后的卫星锅

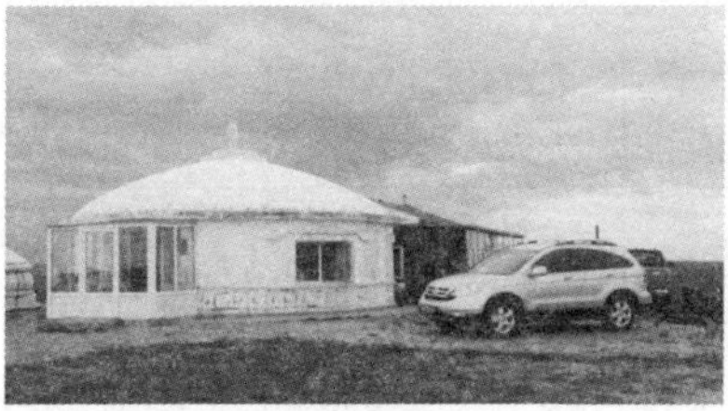

图4-42 牧区现代化交通工具

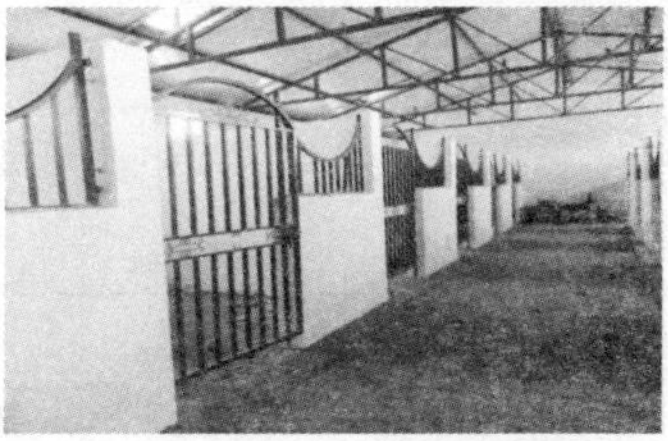

图4-43 设施完备的暖棚

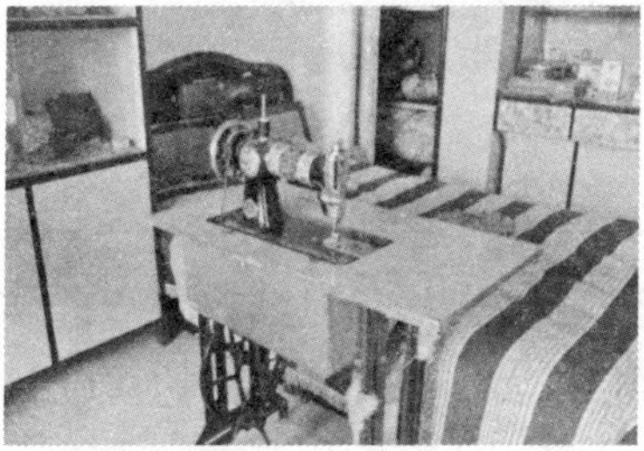

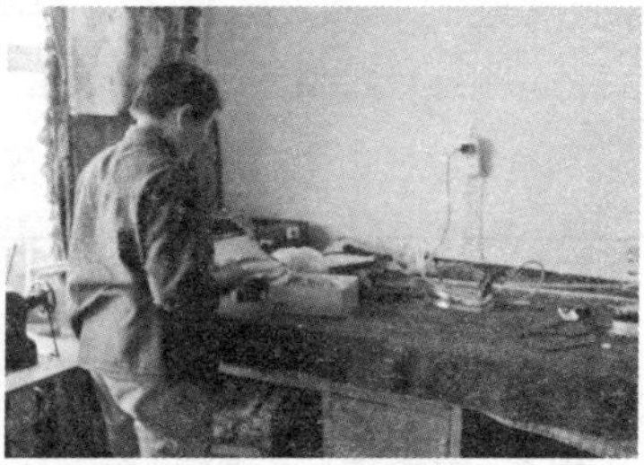

图4-44、图4-45 现代乌珠穆沁女性使用的缝纫机和操作熨烫一体机

“到1999年为止，东乌旗各苏木、嘎查有大、中型拖拉机95台、小型拖拉机2451台、三轮摩托车463辆、两轮摩托车4216辆、载重车223辆、小汽车1340辆、打草机915台、搂草机863台、人力或机械抽水机5358台、中型小型洗浴池各189座，每个

牧户拥有1—3台生产机械工具，运输业实现机械化。”①

表4-8 东乌珠穆沁旗现代化生产工具②

工具＼年代	20世纪50、60年代	20世纪70年代	20世纪80年代	20世纪90年代	2000年之后
打草机	马拉	机械	机械	机械	普及
四轮拖拉机	集体	集体	个人	普及	普及，被卡车取代
摩托车	无	无	少见	普及	普及
捆草机	集体	集体	少见	少见	普及
风力发电机	无	无	多见	普及	普及
太阳能	无	无	无	少见	一部分人家
雅马哈发电机	无	集体	少见	少见	普及
网围栏	简易	草库伦	铁丝网	铁丝网	普及
汽车	集体	集体，少见	个人，少见	一部分人家	普及
缝纫机	无	无	个人，少见	大部分人家	普及

现代牧具的出现和普及甚至不断更新换代对游牧生产影响巨大，不仅提高了劳动效率和经济效益，还使得牧民的物质生活更为丰富多彩。新型生产工具不断引入畜牧生产中，牧民的知识面不断拓展，但传统畜牧生产工具迅速被取而代之，向整个传统游牧民俗传承与发展提出了挑战。

① 乌力吉：《东乌珠穆沁旗志》，呼伦贝尔：内蒙古文化出版社，2013年，第237页。

② 根据田野访谈资料和《东乌珠穆沁旗志》整理而成。

小结

从20世纪80年代开始，东乌旗与其他地区的牧业旗县一样实施了“草畜双承包责任制”的政策，草场和牲畜由集体所有转变为个人所有。从20世纪90年代中期开始，东乌旗的草场大面积被铁丝网围住，出现网围栏化的趋势，牲畜则开始棚圈饲养，牧民从过去的游牧转向定居，导致草原生态退化和牧草退化，也使得许多有利于畜群饲养的“本土化”的、“地方性”的民间生产习俗逐渐失去了发挥作用的空间和意义。“我们一直都忽略了‘在那里生活的人们’的生活和生活道理，无视他们自身构筑的认知法、环境保护方面的知识和实践。”[①]深谙草原环境和地方性知识的牧民，也随着游牧生产生活方式的终结而处于消失和失去利用价值的尴尬处境中。一个优秀的牧民成长过程，除伴随着“潜移默化”地从上一辈牧民身上习得畜牧生产知识以外，自己还会在生产实践过程中有意识地观察或思考，在长期饲养五畜过程中对牲畜的采食习性以及不同牲畜的行为特征等，形成独特的生产实践经验和生态知识，充分体现了勤劳务实的游牧民一代一代总结和传承下来的集体智慧。在漫长的游牧历史当中，这些地方性的、本土化的生产习俗促进了畜牧生产发展，使得草原生态能够可持续发展。

“牲畜的放养中，最为重要的是如何做到草畜平衡，抓膘工作在畜牧业生产工作中是最主要的，也是最为重要的。如果畜群的膘情不好，那后果是很严重的。到了夏天，要选择水草丰美、凉爽的草场放牧；秋天则主要抓畜群的油膘，需要让牲畜多吃咸碱草，注意饮水问题；到了冬天，主要是要为畜群保

① ［日］古川彰：《向地方性知识学习的方法——生活环境主义思想》，见王静爱，［日］小长谷有纪，色音译：《地理环境与民俗文化遗产——“自然环境与民俗地理学”中日国际学术研讨会论文集》，北京：知识产权出版社，2008年，第175页。

膘，膘情决定牲畜能不能安然度过寒冷的冬天，好的膘情则会增强畜群的抗寒能力。在放牧时，有意识地驯导牲畜寻找牧草的本能。我就爱观察牲畜，很有意思的，每个牲口习性都不一样呢，除了平时自己观察和总结以外，我也愿意和大家交流经验，多听一听人家的宝贵经验很有帮助。老一辈的牧民有很多宝贵的经验，那是书本上没有的，我小的时候喜欢听爷爷讲有关保护草原、保护水资源、选择牧场、畜群结构等方面的知识，长大了，也喜欢和别人聊这些。我是牧民，我一辈子就懂这些，现在住在城里，这些知识都没用了。和孩子们聊，他们好多都不懂了，但是，很多的时候都会来问问我的意见。”[①]

“在我们平时的生活当中，蕴藏很多智慧和制度，那些或许是不明晰也不科学的事物，但也不能一下定义为不合理的，我们认为地方性知识中蕴含着保护地方社会和环境的力量。”[②]如何去学习和掌握这些地方性习俗和知识呢？又如何传承和保护呢？这些习俗和知识都是游牧文明的“精华”，是游牧文明的核心内容，是地方社会生产生活中孕育出来的智慧结晶，是牧民一代一代实践出来的宝贵经验，不应该被否定或忽视，而应该得到重新开发利用。如何保护和传承“地方性”“本土化”民间知识和千百年来传承下来的游牧文明成果，成为当前最为重要的一项课题，是社会主义新牧区建设和发展的必要的议题。

① 被访者：SBL额吉，女，81岁，蒙古族，被访者家中；访问时间：2014年8月22日；访问者：玉荣。

② ［日］古川彰：《向地方性知识学习的方法——生活环境主义思想》，见王静爱，［日］小长谷有纪，色音译：《地理环境与民俗文化遗产——“自然环境与民俗地理学”中日国际学术研讨会论文集》，北京：知识产权出版社，2008年，第173页。

第四章　乌珠穆沁女性的互动网络

对于蒙古族女性而言，其所扮演的角色并非孤立存在的，而是依存于与其他各种类型的角色扮演者之间的互动关系中。我们把这种角色之间的互动关系称为蒙古族女性的互动网络。互动在蒙古族女性的生活中是最基本、最为普遍的现象，是蒙古族女性体验到的最直接的社会现实。“‘角色’历来被定义为对某一个社会位置或特定身份的人有关的期待行为，谁占有一个身份，谁就得扮演一个角色，学习一个角色就必须要了解社会对这一身份所期待和所要求的行为是什么，所以每个人都要学习扮演与自己所扮演相关的角色。”[①]角色与互动则是密不可分的，而互动是指角色与角色之间的往来，形成一个“为人处世”的“为往”网络。从角色扮演者自身而言，她的角色成功与否与自身有关，更是与其互动的另一方有关。任何角色的形成或扮演都会依赖其他角色扮演者，是在与他人的互动中完成的。在现实生活中，互动更多以“会不会来事”“处关系”“跟人接触”等词汇展现出来，进而获得与他人的人际关系。而这种人际关系又反过来成为确立此人具有“社会人”资格的重要指标。换句话说，个人在建立起社会关系的同时，也在建构社会中的自我，以及所扮演的角色类型和角色集。特定的互

① 乌丙安：《民俗学原理》，沈阳：辽宁教育出版社，2001年，第126页。

动网络形成能衡量一个“社会人”人际交往能力，这与与他人互动的次数、深度和交往范围有着密切的关系。因为，一个人只有在与其他人发生社会联系时，才称其为“人”[①]。本章以乌珠穆沁女性与亲人之间的关系、邻里之间的关系，以及其他社会成员交往时所扮演的角色与形成的互动网络，来塑造其在整个家庭和社会中的角色地位，突显其重要性和必要性。

第一节　家人间的互动

在日常生活实践中，“每个民俗活动的参与者，都会担当着一定的民俗角色，而且常常因他在各种民俗活动中都有适当的位置而不得不常常转换角色或身兼若干角色”[②]。在亲缘关系的互动中，女性是家人联结的关键所在，扮演着不可忽视的、举足轻重的角色。乌珠穆沁女性身上有着多重角色，是多个角色集于一身，一人同时扮演着许多个独立的角色。在人生的不同阶段，有着不一样的角色地位，只有从其所扮演的角色入手，才能更好地了解乌珠穆沁女性，才能对游牧文化背景下的蒙古族女性有更深入的了解和认识。

一、女儿、媳妇、母亲

对于蒙古族女性而言，一生中最为主要和重要的是“女儿、妻子、母亲”这三个角色的成功扮演。她们通过这三个角色来确立其社会成员的资格，而社会则对她们所扮演的角色有所期望，即意味着她们所扮演的角色有一定的规定性。“女

① 李霞：《娘家与婆家——华北农村妇女的生活空间和后台权力》，北京：社会科学文献出版社，2010年，第43页。

② 乌丙安：《民俗学原理》，沈阳：辽宁教育出版社，2001年，第125—126页。

儿”（ixən、xu:xən）[1]的角色使其在娘家享受到家庭成员的待遇和爱；“媳妇”（busgi:）的角色则作为由娘家到婆家的过渡，进入新的人生阶段，进入新的家庭角色，由最初的个体延伸为“夫妻”的共同体；而“母亲”（ə:ʤ）的角色更是“妻子”角色的升华，孩子的出生带给女性的不仅仅是称呼上的变化，还有心理和生理上的变化。乌珠穆沁女性在获得“母亲”这个角色的同时，也获得了夫家乃至整个社会的认可，认可其角色的转变。随着新生儿的诞生，使原来的“夫妻”共同体加入了新的元素，形成丈夫（父亲）、妻子（母亲）和孩子为中心的核心家庭。

（一）作为女儿

蒙古族一直以来“重男轻女”的观念较淡薄，而且对必须要生儿子传宗接代的观念不认同。据调查了解，365名妇女中认为生男生女无所谓的占62.2%，认为生女孩子也满意的占33.4%。特别需要指出的是，“在牧区从来没有弃溺女婴的陋习”[2]。在这样的男女平等观念的影响下，女孩子受到了家庭甚至整个社会更多的重视。“我从5岁开始帮我奶奶穿针，因为奶奶的眼睛不好，看不清楚。帮助额吉放小羊羔，帮着额吉让母羊认羔，‘汰咯之歌’也是那时候学会的。到了八九岁，我就开始帮额吉挤羊奶、挤牛奶、拾牛粪、拾羊粪、放小羊羔、放小牛犊，还能帮着额吉缝制一些简单的东西，劳动量也增加了。到了15岁，我就完全能独立完成各种工作，做饭哪、接羔保羔、做奶食呀，还有缝衣服，这个时候已经熟练掌握了蒙古袍的裁剪和缝纫技术。那时候家里的牲畜数，我比阿玛和额吉都知道得清楚呢。一直到19岁出嫁，家里的里里外外都靠我们

---

① 在蒙古语里“女儿”的称呼有两种，xu:xən多指其身份，如某某人的女儿；ixən则多指其年龄段，指未婚的姑娘。

② 朋·乌恩：《蒙古族传统美德》，呼和浩特：远方出版社，2002年，第251页。

兄妹几个呢。那时候哪里有什么棚圈哪、发电机什么的呀，都是人工的，一天下来，特别累。到了晚上还要帮助额吉赶制全家人的衣服、鞋、帽呢。”[1]

女孩子，和母亲在一起的时间最多，即使到了上学的年纪，与家里其他人比起来，母亲也是她最亲密的人，而她则是母亲最佳的伙伴，帮着母亲出谋划策，解决各种家庭事务。由于游牧生活的分工，父亲经常外出放牧或者外出办事，兄弟一般与其同龄群体“玩”在一起。因此，家里更多时候是母亲与女孩子在一起，所以女孩子与母亲最是“贴心”。作为女儿，会与自己的母亲共同承担家务、一部分的生产劳动以及处理亲友邻里的关系，早早地参与了家庭内部事务。母亲则是女儿最初的老师，以自身的言行示范并指导着女儿，是女儿最好的启蒙者，教导着女儿的行为举止。“我母亲这人，人特别好，人缘也特别好，一辈子没跟人吵过架红过脸，谁都喜欢和她在一起。从来没有大声地责骂我们，非常端庄大方。母亲是远近出了名的孝敬老人的媳妇，乡里乡亲都夸她。无论是家里家外的活儿都上手，什么都做得尽善尽美。同样，对我也是这样的要求，做什么事都要做到最好。我们家兄妹三个，就我一个姑娘，母亲有什么事都会和我商量，我也是，有什么问题都喜欢和妈妈说。”[2]TY对自己母亲的感情很深，她说，一直到出嫁之前，在家里她与母亲的交流最多，超过了家里的其他人。可见，女儿与母亲互动最多，边干活儿边聊天，从家事到家长里短、从劳动到各种生活技能，形成一个相互依恋的情感关系。甚至女儿出嫁组成新的家庭后，这样的亲密关系也一直延续着。

---

① 被访者：SBL额吉，女，81岁，蒙古族，被访者家中；访问时间：2014年8月22日；访问者：玉荣。

② 被访者：TY，女，42岁，蒙古族，被访者家中；访问时间：2014年8月22日；访问者：玉荣。

女儿除了与母亲之间的亲密互动之外，也是家人之间的润滑剂。“我哥要是有事，都会让我先和父母透露一点，探探口风。尤其是稍微为难的事需要征得父亲的同意，比如想去旗里啊、想买摩托或汽车啊、想出去打工之类的事情，都是先跟妈妈或我说，由我们去说服父亲。有时，父母和哥哥有什么事情不好说，都会和我先说，我选择最合适的时间与哥哥沟通。爸爸妈妈比较信任我，哥哥也是特别在乎我的意见。”[①]与家人之间的亲密关系，使得女儿成为家庭内部的调解者，能够调解家人之间的矛盾，成为矛盾的缓冲地，避免直接冲突带来的伤害。

在调查中发现，乌珠穆沁女性对于生男生女没有特别的偏好，认为孩子是“腾格里”的恩赐。其实在生育子女性别的选择上，蒙古族女性相当的开放，69.4%的人认为生男生女无所谓，即使是被问到只允许生一个孩子时，多数人依旧选择了无所谓。但其中有32.4%的人希望生女孩子，甚至认为家庭中至少应该有一个女孩子的人占15.9%，这与传统的重男轻女观点是相冲突的，这种转变与我们的生活方式以及价值观念的变化密切相关[②]。在访谈的女性中普遍认为，女孩子“懂事”（ʊxa:ntɛ:）得早，更容易理解父母家人，女孩子相比较而言比男孩子更贴心、更会照顾家人。

（二）作为媳妇

所有女孩子从开始懂事起就被母亲精心教育，从行为举止到言谈都会被约束着。在牧区，只有品行好、为人好、吃苦能干的女孩才受大家欢迎，人们才愿意为她说亲。每个蒙古族女孩子在这样的标准下，都会不断改进和完善自己。

---

① 被访者：TY，女，42岁，蒙古族，被访者家中；访问时间：2014年8月22日；访问者：玉荣。

② 玉荣：《当代城镇蒙古族女性婚姻观的社会学探析》，硕士学位论文，内蒙古师范大学社会学专业，2008年，第16页。

女孩子就这样在娘家"精养"[1]着，完成作为"女儿"的角色，到了成婚年龄准备着进入人生下一个角色。在娘家完成女儿的角色，开始步入人生另一个重要的阶段，准备扮演"媳妇"这一人生关键的角色。"媳妇"，蒙古语称"bvsgvi (hon)"，意为不扎腰带的人，特指已婚妇女。在东乌旗，老人则不分性别都扎腰带，可见不扎腰带的女性更多指有性行为，在生育龄阶段的女性。腰带成为身份、年龄的象征，腰带被赋予了象征婚姻、性行为的寓意，不能随意互借互换。

所有女孩儿的"媳妇"角色都需要仪式性行为来完成，是一种通过婚礼仪式获得的全新的角色。新娘从未婚状态到已婚，从单身到夫妻的状态改变，新娘完成从陌生人、外来者到"自家人"的过程。在牧区，由于畜牧业生产方式导致人们的居住点相距较远，出嫁意味着离开娘家到另一个陌生的地方生活，相距几里到几十公里远，甚至更远。"我们家是额吉淖尔苏木额尔敦达来嘎查的，我爱人家是呼布沁高毕苏木希热哈达嘎查的，相距较远。我和爱人是通过朋友介绍认识的，不是现在的相亲，而是朋友一起玩儿时介绍认识的。我们一开始来往不多，只是见面打招呼的程度，大概认识了第三年他才提出来想要来往，我觉得他人不错，就同意了。我们两家住得也远，结婚以后，只能在逢年过节或有事情时才能回娘家住两天。刚结婚时，特别不习惯，想家想得有时候会偷偷地哭，尤其是大年三十晚上。那时候通信不发达，没办法像现在这样天天能打电话。"MGH说，在娘家时会更自由、更随意一些，"在家时，想干活儿了就干，不想干了额吉也不说我，全靠自觉，也不用顾及别人的感受。结婚之后，在婆家与婆婆公公和小姑子一起

① 精养是指蒙古族女孩子从出生就被期待着，被父母、兄弟姐妹所爱戴着，从言谈举止到生产劳动都被训练成为合格的社会成员，适应艰苦的游牧生活。

住，要多注意自己的言行举止，不能那么任性。其实，他们对我很好，不会说我什么，但是，和娘家时肯定不一样。”[①]而作为丈夫却没有这样的烦恼，不需要经历这样的适应过程。MGH的爱人BHJY说：“我们结婚时，我去哪儿都会带上她，怕她想家。家里人都会围着她，让她熟悉和习惯我们家。”可见，媳妇的角色扮演离不开作为丈夫和夫家家庭成员的支持和理解。

“我和爱人是中专同学，当时在（锡林郭勒）盟里念书时认识的，他家是（正）蓝旗的，我们毕业之后就结婚了。我跟着他在（正）蓝旗与婆婆家一起生活了两年。我爱人他们家人口多，除了他父母以外还有爷爷奶奶一起住，他自己兄妹就五个，他排行老二。一大家子一起生活，他平时在苏木里工作，周末才回来，我跟着婆婆做家里家外的活儿。因为刚结婚，大家在一起生活，没有分家。夏天，早上天亮前要起来和婆婆、小姑子一起挤牛奶，白天放羊，中午回来饮羊、挤羊奶。晚上做针线活儿，我要做爱人和自己穿的、用的，也帮婆婆做。每到过年时，就特别激动，每天盼着，大年初二我们俩就出发回东乌旗，给我家人拜年。我婆婆公公人很好，从来不说我，什么活儿都抢着干，对我特别好。和婆婆一起生活一直到大儿子出生，爱人的工作调动，我们才来到东乌旗生活。我一直没工作，到东乌旗之后，我一边看孩子，一边帮人做蒙古袍补贴家用。等孩子上学了，我就自己开了蒙古袍缝纫店，现在收入不错。爱人也体谅我，家里的活儿他帮着，给孩子辅导主要靠他。”[②]

从女孩子到新娘，通过结婚仪式角色发生了转变，在这种角色扮演中增加了新的角色——媳妇的角色。而媳妇身份的进

① 被访者：MGH，女，39岁，蒙古族，被访者服饰店中；访问时间：2014年8月16日；访问者：玉荣。

② 被访者：GRLQMG，女，47岁，蒙古族，被访者服饰店中；访问时间：2014年8月14日；访问者：玉荣。

一步确认和肯定需要通过生育来完成。一般在婚后一到两年内，夫妻会迎来第一个孩子，夫妻二人的家庭迎来新的家庭成员。随着新家庭成员的到来，女性自身的角色中不断增加新的内容。“女儿——妻子——母亲”，从单一的女儿角色到新媳妇，从熟悉的场所更换到陌生的场所，从新媳妇再到母亲的角色，女性不断实现自身价值，使女性的人生更加饱满。

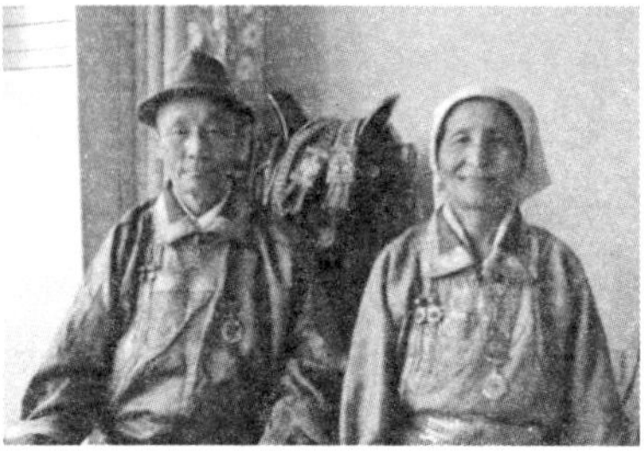

图5-1 老两口

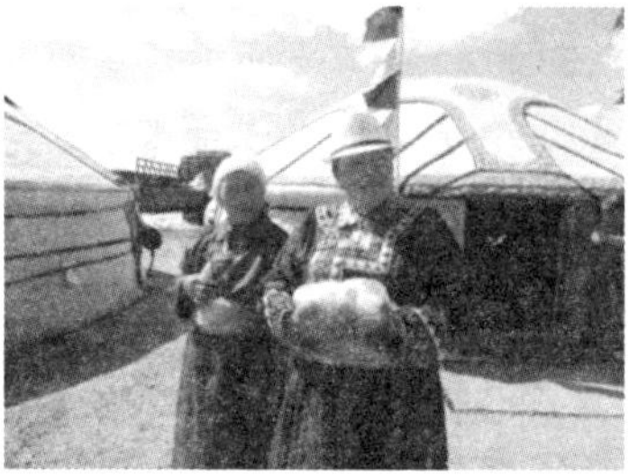

图5-2 婆媳俩

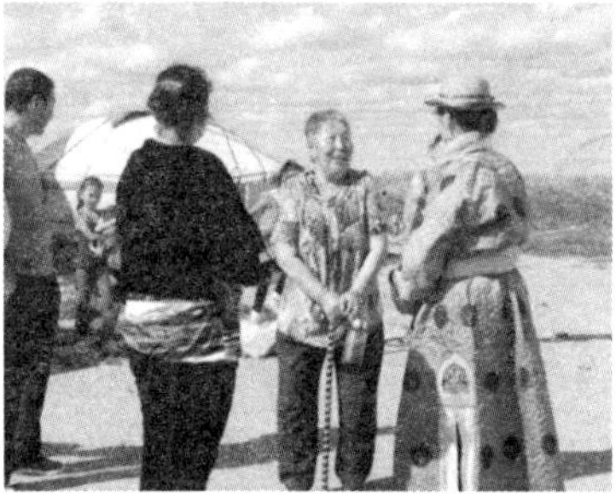

图5-3 亲戚之间

（三）作为母亲

蒙古族女性无论是生儿育女，还是家庭生产生活，处处都有她们的身影。其中，最为重要的一个角色是“母亲”，是蒙古族女性扮演着的众多重要角色之一。在蒙古族的许多民歌中有着大量歌唱母亲的歌，甚至将草原比作母亲，认为是生命的源泉。在蒙古族历史中曾涌现出许多杰出的女性，如哺育成吉思汗兄弟成长的诃额仑夫人，养育蒙哥汗、忽必烈汗、旭烈兀汗的唆鲁贴尼夫人等，她们作为母亲无疑是最成功的。在《蒙古秘史》中，对诃额仑夫人给予了最高的赞颂：

诃额仑夫人生来是贤能的夫人，
养育她幼小的儿子们，
端正地戴上罟罟冠，
沿着斡难河上下奔走，
拣些杜梨山丁日夜糊口。

诃额仑夫人生来是有胆识的女人，
养育她有福分的儿子们，
拿着杉木橛子，
沿着斡难河上下奔走，
剜红蒿野葱养育子嗣。①

可见，蒙古族女性作为母亲被记录、被歌颂着，母亲的地位崇高且神圣。在东乌旗调研期间见到了许多母亲，年迈的、漂亮的、勤快的、善良的……其中印象最深的是QMG额吉，她讲述了她的故事："我老家是兴安盟科尔沁右翼前旗，3岁时母亲去世，和爷爷奶奶一起生活。4岁时奶奶去世，和爷爷去吉林姑姑家，与姑姑一家一起生活到10岁，姑姑家也在农区，自己有6个孩子，加上我和爷爷，家里10口人，生活过得特别清苦。10岁那一年，父亲和继母结婚，才把我接回来一起生活。11岁时父亲把我送到公社上小学一年级，我属于班级年龄最大的，比同龄孩子大，觉得不好意思，念了四年书就回来帮助家里干活了。继母生了弟弟和妹妹，家里全靠父亲的工分维持。在家待了四五年之后，经过别人介绍结识了前夫，婚前就见过一面，家里人觉得挺好的，19岁就嫁人了。我前夫是军人，老家巴林右旗的，婚后我随他到了东乌旗，在这儿我们安

① 转引自朋·乌恩：《蒙古族传统美德》，呼和浩特：远方出版社，2002年，第245页。

家落户。我们是1967年结婚，婚后我一直都没怀孕，到（锡林郭勒）盟里一趟，做了检查，他们让我到呼和浩特市检查，后来在1979年到呼和浩特市做了检查。大夫说了很多，我一句都听不懂，大夫建议去北京。总之一句话，就是不可能生孩子了吧，我很伤心，回来谁都没说，大家问我，我就说没事。我前夫爱喝酒，经常喝了酒打我。我们是1982年办理的离婚手续。1983年经人介绍认识了现在的爱人，觉得他人挺好的，那时他爱人刚刚过世，留下了四个孩子，最小的9岁，最大的19岁，还有79岁的母亲。我家人觉得他的条件太差，怕我吃苦。我这人不怕生活苦，当时觉得这是上天给了我一次机会，让我能有机会做母亲。我们结婚后，我把他的四个孩子当成自己的孩子一样照顾，一直到他们各自成家立业。就是现在都帮着带孙子（外甥）。孩子们对我特别好，喊我'额吉'，我有时候都忘记了他们不是我生的，（笑着）所以说，人啊，还是养着亲。两个姑娘结婚时，我给准备了当时最好的陪嫁品，两个儿子娶媳妇时，都给盖了新房。"[①]QMG额吉虽然没有自己生过孩子，可是她作为母亲无疑是成功的。"我老伴儿这个人特别实在，我们结婚时孩子都小，还要照顾年迈的母亲，和她见面前托介绍人说了我的情况，希望她能慎重地考虑。她一听说，没有犹豫，和介绍人说只要我人好，其他都不是问题，照顾孩子应该的。我永远记得她的好，对孩子特别好，照顾得无微不至的，对我老额吉更是好，邻居们都夸她。"[②]这是WLJ阿爸对QMG额吉最高的评价。

草原上生活着许许多多像QMG额吉这样的善良淳朴、勤劳勇敢的女性，她们谱写着草原最生动的乐章。如，曾有3000

① 被访者：QMG额吉，女，66岁，蒙古族，被访者家中；访问时间：2013年7月13日；访问者：玉荣。

② 被访者：WLJ阿爸，男，74岁，蒙古族，被访者家中；访问时间：2013年7月13日；访问者：玉荣。

名上海孤儿被送到草原，额吉们用最无私的爱抚养他们长大成人。在调研期间，访谈到有关上海孤儿故事时，额吉们都记得这段往事，都表示要像自己的孩子一样爱这些孩子，教育他们，使他们成为家庭的一分子。

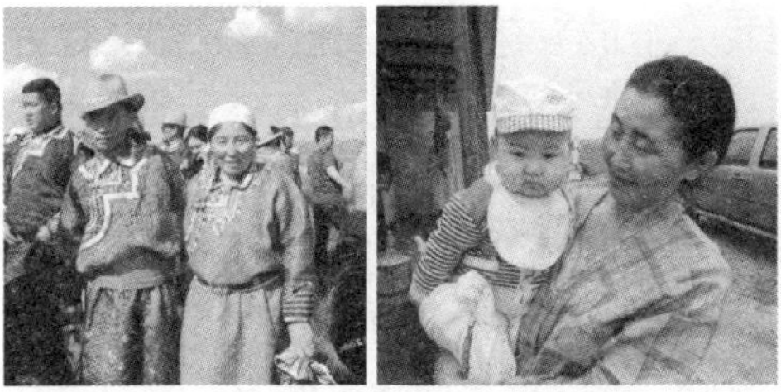

图5-4、5-5　母子俩

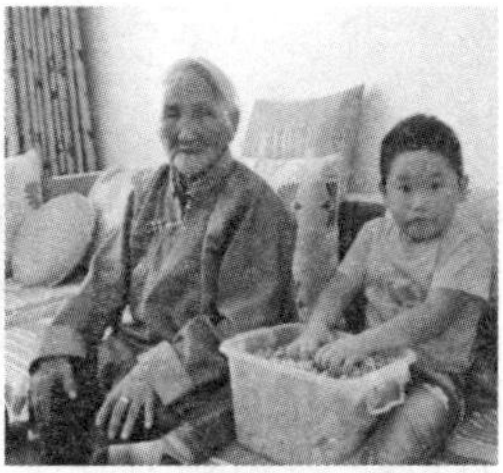

图5-6　81岁的SBL额吉与重孙

在家庭教育方面，父母分工不同，“严父慈母”的亲子教育和相处模式最为常见。父亲通常被塑造为家庭的权威象征，不可侵犯，孩子一般服从父亲。而母亲则是孩子温柔的港湾，对孩子而言，母亲更为亲近，容易建立起较为亲密的亲子关系。母亲的教养更为琐碎，更为贴心，是孩子与其他家庭成员之间的“润滑剂”，是家庭情感沟通的枢纽。“我有什么事情都和额吉讲，额吉最能理解我，也能给我很好的建议。找对象的时候，我父亲不同意，嫌对方家庭人口太多，又是家里老大，怕我嫁过去吃苦。但是，我自己觉得不错，和父亲顶嘴，惹得父亲不高兴了。都是额吉中间来回调和，和父亲说我对象的好，和我说父亲是为我，让我多体谅父亲。很多的时候，额吉都是我的避风港，我一有事最先想到的就是额吉，不管发生什么事情，一听到额吉的声音就感觉特别安心，心就不慌了。额吉刚查出病的时候，大夫和我说的时候，我一下子蒙了，心里堵得慌。额吉去世的时候，我特别受不了，有很长一段时间接受不了，总是梦到她。虽然，我有了自己的家庭，有了自己的孩子，但是，在额吉面前我永远都是孩子。”[①]在每个孩子的眼里母亲是最伟大的，是整个家庭最核心的部分。

二、“梳头额吉”

在东乌珠穆沁旗姻亲关系中，有一个令人不可忽视的角色，就是夫家要给新娘找一个最为合适的“梳头额吉”，蒙古语称为“usnɛː əːʤ”。“梳头额吉”这个角色在姻亲互动和亲缘关系中具有举足轻重的作用和重要意义。调查了解到，要成为“梳头额吉”的女性必须要具备以下几点要求：首先，“梳头额吉”必须是品行端正、勤劳淳朴、善良孝顺的女性。其次，是与新娘属相相合的人，例如，夫家寻找“梳头额吉”时，属马的新娘最好要找属虎、属狗的女性认梳头额吉，但是忌找属鼠和属牛的人。再次，要找全福的女性，即父母健全、有儿有女的女性担任。最后，年龄要比新娘高出一个辈分的中年女性为佳。“找梳头额吉不仅仅要考虑人品、属相合不合适等问题，还要考虑对方与自家的关系好坏、远近。”[②]

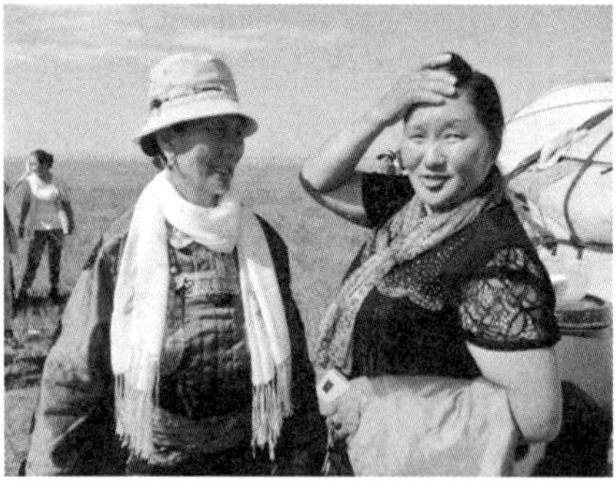

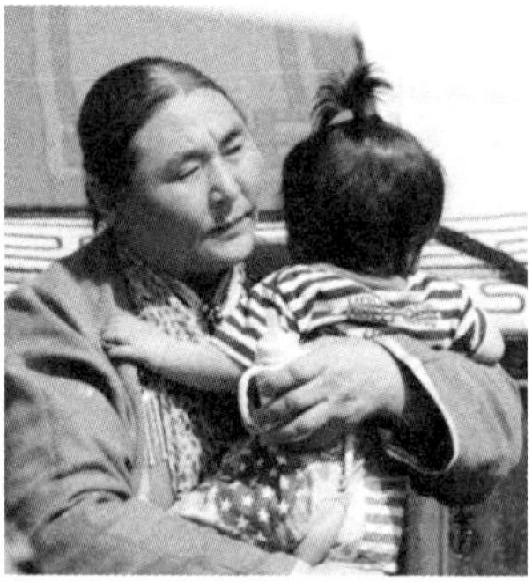

图5-7、5-8　与额吉一起

① 被访者：WYDLGR额吉，女，50岁，蒙古族，被访者家中；访问时间：2013年7月16日；访问者：玉荣。

② 被访者：BHJY，男，40岁，蒙古族，被访者家中；访问时间：2014年8月16日；访问者：玉荣。

“梳头额吉”是从最开始新娘远嫁到婆家，婆家在当地给新娘找的靠山，让新娘有依靠有归属感。“我的梳头额吉现在还健在，我们一直都有来往，关系很好。不仅平时往来，逢年过节更是要全家过去探望，带上家里最好的奶食和礼品。我母亲去世以后，每当看到我的梳头额吉，就像看到了自己的母亲一样亲切。现在交通便利了，来回方便。我刚结婚那会儿，也就过年回去一趟，夏天不忙的时候回去看看自己的额吉。那时候也没个电话，没有消息就是好消息。平时有事都会去找梳头额吉帮忙。我和她们家的孩子的关系也很好，一直都以姐妹相称呢。”[①]ADH额吉在讲到自己的“梳头额吉”时，满眼都是泪花。“现在的人，找梳头额吉更多的是看对方生活条件，生活条件好的优先考虑，不仅有面子，将来也能有个照应。”[②]根据了解，ADH额吉所说的“照应”更多体现在“经济往来”和“人情往来”上，梳头额吉由过去的“情感关照”慢慢趋向于“经济关照”。这样的变化与改革开放之后，经济发展迅速，使得人际关系趋利化和现实化有关，在梳头额吉的选择上更是突显出来。WYDLGR额吉的家庭条件好点，她告诉笔者：“我已经当了5次梳头额吉了，关系好的过来求，没办法的事。每一次都要准备合适的认姑娘的礼品。以前都是亲手缝制蒙古袍或者布料、缎面等，现在要么给红包，要么给成年母畜。我第一次当梳头额吉时，给了新娘一个4克左右的金戒指和一件我亲手缝制的蒙古袍，后来的都给了钱。”[③]而BHJY大哥则自己给新娘找的梳头额吉：“我是自己去找的，除了考虑人品和属相之外，主要考虑年龄问题。以前找梳头额吉时都会找年纪稍大的，我找的是和我年龄一样的同辈，虽然叫额吉，我更愿意以

①② 被访者：ADH，女，47岁，蒙古族，被访者家中；访问时间：2014年8月18日；访问者：玉荣。

③ 被访者：WYDLGR额吉，女，50岁，蒙古族，被访者家中；访问时间：2013年7月16日；访问者：玉荣。

朋友的方式相处。我爱人也赞同我的观点。我们现在和她们（梳头额吉）来往特别好，本来是给我当姐姐的人（比我大4岁），现在更是亲上加亲。”[①]BHJY大哥的选择更多考虑认亲链的连续性和持久性，区别于传统意义上的梳头额吉作用，增添了新的选择范围。在今天，梳头额吉在婚礼仪式上表演色彩增强，情感色彩逐减，梳头额吉更多成为带有功利色彩的角色。“我们家就一个儿子，没有其他的兄弟姐妹，平时有个事帮忙的人都没有。我当梳头额吉一方面人家是看得起我，另一方面我也希望能给儿子认个干姐姐，将来能照顾他一些。”[②]

梳头额吉在整个姻亲关系中扮演着新娘的另一个母亲，虽然没有生物学意义上的血统关系，但是通过“认亲仪式”——梳头额吉给新娘分发的过渡仪式（us xagləx），使原本没有任何骨肉联系的两个人联系在一起，使她们之间形成“后天的”“虚拟的”母女关系，成为更为牢固、真实和永久的亲缘关系。认母分发仪式使新娘在夫家有了可依靠的“母亲”，代替亲生的母亲关照新娘，使得新娘在夫家有归属感，开始新的生活。“我没有吃过她的奶，但是她对我来说，是生活在身边的额吉。我们来往得很好，我和她们家的孩子都以兄妹相称，在家里或重要场合，待遇与亲生子女一样。”[③]

这样的认母分发仪式还具备了象征性的作用，由夫家寻找适合担任梳头额吉这个角色的“合格”人选来完成分发的仪式，头发象征人的骨血，由梳头额吉给新娘分发意味着新娘第二次出生，象征新娘进入生命中崭新的阶段和状态。“婚礼上，人们都

---

① 被访者：BHJY，男，40岁，蒙古族，被访者家中；访问时间：2014年8月16日；访问者：玉荣。

② 被访者：WYDLGR额吉，女，50岁，蒙古族，被访者家中；访问时间：2013年7月16日；访问者：玉荣。

③ 被访者：ADH，女，47岁，蒙古族，被访者家中；访问时间：2014年8月18日；访问者：玉荣。

会关注婆家给新娘妇找了什么样的梳头额吉，主要看人品、性格、家庭等。要是找的梳头额吉不靠谱，人们都会笑话。”[①]一方面通过认母分发的仪式连接“母亲”和“女儿”之间的关系，使陌生的、互不熟悉的两个人能够建立新的“母女关系”，促进“母女”之间的情感沟通。另一方面通过认母分发的仪式意味着新娘有了新的“母女关系”，表示她们之间有了不可分割的关系，通过仪式化来确认新娘是梳头额吉的孩子，像亲女儿一样。而梳头额吉通过给新娘分发的仪式来明确自己作为母亲的角色，又以母亲的角色见证了新娘成为人妻的神圣时刻。梳头额吉给新娘分发的仪式就是建立母亲和女儿链的民俗过程，是重建和确定母女关系的过程。

第二节　亲属间的互动

在日复一日的日常生活中，人与人之间联系紧密，是各种活跃的人际关系网构成乌珠穆沁女性的生活世界。这其中最为醒目的、最为重要的则是以血缘关系或姻亲关系形成的亲属关系网络。对于女性而言，亲属网络以娘家和婆家为基础向外扩散，关系的远近则以与己身的血缘关系远近或姻亲关系的远近来衡量，形成相应的互动规范。

一、婆媳关系的处理

对已婚的女性而言，婚后生活中除了夫妻关系之外，还有一个更为重要的内容就是与婆婆的相处。由于畜牧生产的独特性使得蒙古族女性承担着和男性一样的生产生活重担，造就了

① 被访者：ADH，女，47岁，蒙古族，被访者家中；访问时间：2014年8月18日；访问者：玉荣。

蒙古族女性的独立性和自主性，她们大胆追求自由的婚姻和平等的家庭地位，通常不靠媒人，更多是双方意愿。男女双方婚前相识相恋，最后步入婚姻殿堂的居多。

在东乌珠穆沁，婚后女性不局限于参加家务劳动，更多时是与夫家其他的家庭成员一起承担生产劳动，与婆婆一起承担家庭内部事务。“结婚以后，和婆婆公公一起生活，每天跟着婆婆干活儿，她慢慢教我，毕竟娘家和婆家很多生活习惯不同。出嫁前，妈妈就嘱咐我必须要孝顺老人，尊敬自己的婆婆，爱护老公的弟弟妹妹。妈妈每天都会念叨几句，就怕我使小性子。我婆婆人特别好，刚嫁过来时，怕我不习惯会想家，尽量不让我干活儿，让小姑子领我出去转一转，她自己要是不忙，也会带着我到附近邻居家串门。家里有什么好东西都会先尽着我，我们的关系一直很好。”[①]可见，婚后婆媳关系成为女性初期婚姻生活中最为主要的关系，初期相处得如何决定了后期的关系质量。婆媳关系相处好坏决定着与夫家其他家庭成员关系相处融洽与否，也是新媳妇适应夫家生活的关键，甚至婆媳关系的融洽决定着在新环境中的人们对待新媳妇的态度，也是娘家关注女儿在夫家生活的关键。

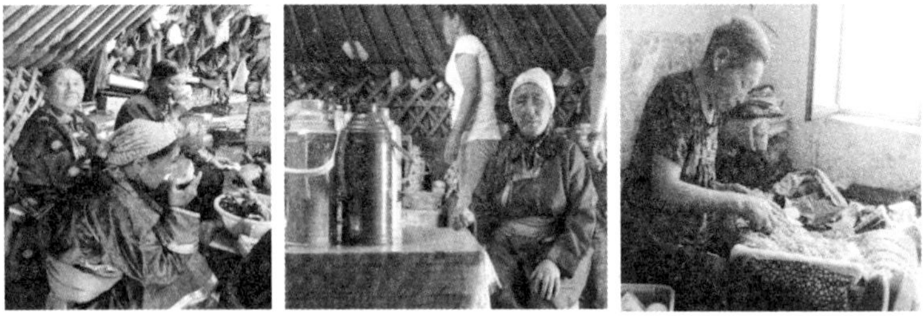

图5-9、5-10、5-11　乌珠穆沁妇女

① 被访者：MGH，女，39岁，蒙古族，被访者服饰店中；访问时间：2014年8月16日；访问者：玉荣。

一般情况下，刚结婚的新媳妇到夫家一直到第一个孩子出生为止，都会按照婆婆的安排向婆婆学习做各种家里家外的活儿，成为婆婆的助手，从属于婆婆的权威。新媳妇适应夫家的生活，有了孩子之后，婆婆开始逐渐退出家庭权力的核心，家里以媳妇为核心。婆婆帮忙带孩子，家里家外媳妇开始掌权，婆婆退居二线，成为媳妇的助手。“有了孩子之后，婆婆开始不管事了，家里的大小事都是我和爱人出面，例如，买牲畜、盖房、参加婚宴寿礼时随礼等大事婆婆开始听我们的。记得最清楚的是小姑子结婚时要陪嫁多少东西，婆婆让我做决定，记得她当时说：‘你看着办吧，家里情况你也知道。’冲着这句话，我给小姑子的陪嫁是当时最好的。难得婆婆信任我，相信我。我习惯在婆家的生活，我和婆婆这么多年没红过脸。我们这儿大部分人家都是这个情况，刚开始听婆婆的，慢慢听媳妇的。”[①]这也与蒙古族尊老爱幼、孝敬长辈的美德有着密切的关系，如1640年制定的《卫拉特法典》中，明确规定了有关子女、儿媳要尊敬父母的条款[②]。

蒙古族妇女在恶劣的自然环境和艰苦生产劳动中养成勤劳勇敢、自觉奉献的精神，使得她们自然而然地形成追求自由平等的婚姻观念，造就了她们艰苦奋斗、尊老爱幼的性格，从而赢得了大家的一致认可和好评。因此，在蒙古族社会“婆媳”之间的冲突没那么激烈，更多的时候大家相安无事，相敬相爱，以情感来维持彼此的关系，避免冲突。针对婆婆的指责或唠叨，儿媳通常不还嘴。MGH说：“她说她的，对的就听，不对的听过就过去了。老人嘛，哪个不希望孩子好呢，往好处多想呗。”MGH对待婆婆的态度也是许多蒙古族妇女对待长辈的

---

① 被访者：MGH，女，39岁，蒙古族，被访者服饰店中；访问时间：2014年8月16日；访问者：玉荣。

② 朋·乌恩：《蒙古族传统美德》，呼和浩特：远方出版社，2002年，第216页。

态度。老人丰富的生活经验和无私的帮助，常使不谙世事的年轻人受益匪浅[1]。

二、婆家与娘家

对于婚后的女性而言，“亲戚”关系包括娘家人和婆家人。维持与亲戚之间的正常往来是主妇们的一项重要“家务”。过年过节亲戚之间相互“走串”，礼尚往来，在一定程度上，一个家庭的人际网络与家庭主妇有着密切的关系。通过主妇与亲戚之间的互动使人际关系朝着有利于自家的方向发展，主妇对此负有很大责任。

（一）婆家关系的处理

对已婚的女性而言，婆家的亲属关系主要指包括公婆以及丈夫家的兄弟姐妹在内的关系。与夫家的人处理好关系是已婚妇女的必修课，与她贤惠的声誉有直接联系。对公婆则更多的是赡养和被赡养的关系，对夫家的兄弟姐妹能否和睦相处至关重要。蒙古族是幼子继承习俗，幼子则是兄长们成家之后最后留守在父母身边的人。嫁给家里最小儿子的媳妇要赡养公婆，尽“孝道”。当然也有特殊情况，父母不跟幼子，跟着家里诸多儿子中的一个儿子儿媳生活，在蒙古社会很少有父母单独过或者在孩子之间轮流吃住的情况。“我生了四个儿子，爱人34岁就去世了，家里由大儿子和儿媳掌家，下面的三个儿子娶媳妇都是大儿子和媳妇负责，结婚之后就分出去过了。我没有跟着最小的儿子儿媳，他们刚成家，日子过得紧张，我那时还年轻，就帮着大儿媳看孩子，等孩子上学了我就到旗里陪读，大孙子一直跟着我。大儿媳人非常好，等大孙子结婚以后，大儿子和儿媳要接我回去，但是我舍不得离开孙子，孙媳对我很

① 明月：《蒙古族妇女优良历史传统分析》，《黑龙江民族丛刊》（季刊），2001年，第2期，第96—99页。

好，想要给我养老送终，我就跟着大孙子一起过了。而大儿子和儿媳则跟着二孙子，帮忙看孩子呢。我家的香火（图拉嘎）由大孙子继承。”①

在赡养老人方面做得如何，是人们评判儿媳贤惠的一个重要标准，会影响妇女本身和其家庭的声誉，也会影响夫妻关系，进而影响到整个家庭生活。“和公公婆婆的关系处理得好，对他们好，他们也会护着我，经常替我说话。我爱人特别孝顺，听父母的话，有时我俩戗戗，公公婆婆就说他，护着我，我特别开心。我娘家额吉年纪大了，弟弟又有一些残疾，妹妹也是生活相对困难。娘家全靠我招呼，把妈妈和弟弟接到我们嘎查，我就近照顾，公公婆婆非常支持，爱人跑前跑后帮忙租草场、收拾住的地方，卖一些生活必需品等。人与人之间啊，就是要将心比心，人们都说我孝顺，是一个好媳妇儿，其实这都是双方的，他们（婆家人）对我好，我更要对他们好，照顾好他们，让他们过得开心快乐。”②可见，公婆有时是儿子儿媳关系的润滑剂，但是公公与儿媳之间的互动少之又少，更多体现为婆媳之间的互动。

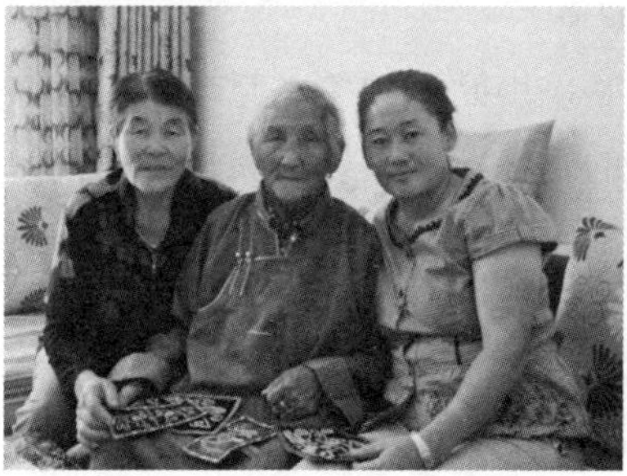

图5-12　SBL额吉与孙媳和亲家

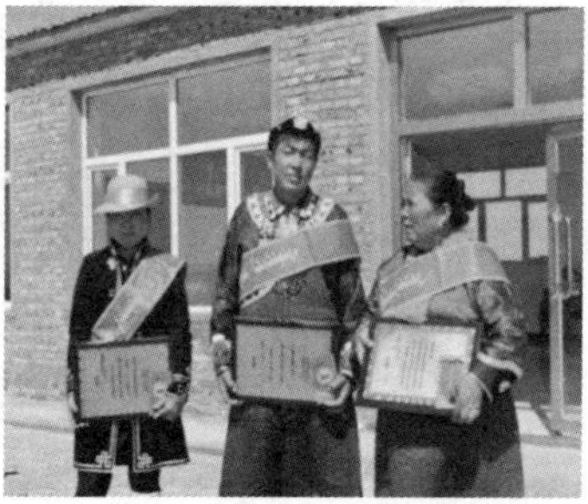

图5-13　BLGHRC与爱人和婆婆

① 被访者：SBL额吉，女，81岁，蒙古族，被访者家中；访问时间：2014年8月22日；访问者：玉荣。

② 被访者：ADH，女，47岁，蒙古族，被访者家中；访问时间：2014年8月18日；访问者：玉荣。

除了与上一辈的长辈互动之外，平辈之间的关系好坏也是妇女日常人际互动的主要内容。其中妯娌之间、与大小姑子之间的关系好坏与女性的“为人”技巧有着很大的关系。对于夫家而言，娶进来的媳妇都是家庭新成员，媳妇之间形成“妯娌”关系。“我爱人有两个弟弟，我和两个弟媳关系都挺好，大家平时也不在一起，只有家里有重要事件或者特殊时才会碰面，接触多一些。我和大弟媳关系更好一些，她也是牧区的，我俩在一起有话说。小弟和媳妇都有工作，在旗里，只有过年时或者夏天孩子放假时才会回牧区住几天，平时我们有事到旗里时会去他们家看看。本来公公婆婆要跟着小儿子儿媳一起生活，但是在旗里老人住不惯，我爱人就把父母接回来和我们一起住了。小弟媳有文化也会来事儿，经常托人给老人带东西，给我们捎瓜果蔬菜等日常用品。我家孩子上学也住在她家，她一直帮忙照顾，对孩子很好，在学习上也能辅导，让我们很放心。她觉得我们照顾父母辛苦，她在其他方面给予补偿。我们妯娌之间处得很好，大家都很羡慕。也有处不好的，我们嘎查就有处不好的，因为草场分配的事亲兄弟之间闹得很不愉快，尤其是妯娌之间，相互见面不说话。”

与夫家亲戚关系中，与大姑、小姑子的关系互动是妇女人际关系的又一个关键。与丈夫的姐妹形成良好的关系可以使原本的父系亲属关系转变为个人情感，成为妇女在夫家有力的支持者。“我有两个妹妹一个弟弟，我弟媳这个人不让人省心。常年住在旗里，孩子放假都不回牧区，我弟弟一个人在牧区忙里忙外，忙完了回家连个热饭都没有。我们也没法说得太厉害，终究人家是一家人。我特别心疼弟弟，一个大男人挺不容易的，我和另外两个妹妹尽量多照顾弟弟一些。”[①]但是，丈夫

① 被访者：WYDLGR额吉，女，50岁，蒙古族，被访者家中；访问时间：2013年7月16日；访问者：玉荣。

姐妹也有可能是夫妻关系的破坏者或者是阻碍者。在东乌旗调研期间，好几个访谈对象提到夫家出嫁的姑娘回来争草场的现象。实行草场承包责任制之后，每个家庭成员都分得了草场，以前姑娘出嫁时，除了娘家陪嫁的，草场与其无关。但是近几年国家开始不同程度地对草场进行补贴，许多已经出嫁的女儿回娘家争草场补贴。但是，大部分大姑姐和小姑子对此并不热衷。“我们家几个小姑子就没有说过这个事，但是，我和爱人商量着把她们那一份儿都给她们。兄妹之间没必要计较那么清。”[①]在MGH的服饰制作店里碰到了前来送饭的小媳妇，两个人亲亲热热地说着家里的事，等送饭的小媳妇走了之后MGH介绍说，来送饭的是她最小的小姑子，“经常给我送饭，我每天忙得不能按时按点吃饭，外面的饭菜我又不爱吃。这些年因为忙店里的生意没有注意保养，胃经常不舒服，小姑子知道了之后，经常隔三岔五地给我送热饭过来，就像我的亲妹妹一样，她也把我当成姐姐，有什么事都和我说，和我商量呢。我爱人是家里老大，也是唯一的男孩儿，下面都是妹妹。从我成亲以来一直与婆婆公公和小姑子们一起生活，直到孩子上学我来旗里陪读为止。小姑子出嫁时，都是我和我爱人出面，看着她们现在过得好，我心里也特别高兴。”[②]

（二）娘家亲属关系的处理

在蒙古社会，长辈尤其是女性长辈受到了普遍的尊重和爱戴，晚辈也同样受到长辈们的关爱，这是严酷的自然条件和生活环境所形成的民族性格。对父母的养育之恩不能忘怀，要心怀感激，父母对子女更是疼爱有加，长幼之间形成固定的养和赡的关系。例如，在婚礼上男方迎接新娘从女方家出发之前会举行“答谢母乳（əxi:n ʧaga:n su: xɛru:ləx）”和“嘱咐女

---

①② 被访者：MGH，女，39岁，蒙古族，被访者服饰店中；访问时间：2014年8月16日；访问者：玉荣。

儿”的民俗仪式，即将成为新媳妇的女儿给母亲敬鲜奶，报答母亲的养育之恩，还要附上一定数量的礼品——钱财或衣物等，母亲则要嘱咐女儿到夫家勤俭持家、尊老爱幼，由仪式的主持者念诵词。

答谢母乳词：

圣主成吉思汗
大统天底下
审定大法典
我等不可违
女儿要出嫁
慈母请上座
女儿三叩头
深表感激情
父母赐给了我生命
怀孕十月艰辛苦
拜托菩萨保佑
生下了女儿我
用清水洗浴身躯
用软棉包裹御寒
放在精致的摇车里
唱着美妙的宝贝歌
用您的甘乳养育了我
养育之恩比海深
您的体热给了我温暖
您的双手给了我支撑
您的关怀给了我幸福
您的教诲给了我知识
如今女儿长大成人

娶亲的马队即将起程
女儿跪在母亲的膝前
请您接受谢恩的礼品
斟满奶子的洁白银碗
圣洁无比的锦丝哈达
织金缀银的苏杭绸缎
珍珠玛瑙首饰和皮靴
外加骏马等五畜
恳望母亲开恩笑纳
但愿母亲吉祥长寿[①]

女儿出嫁前要感谢慈母的养育之恩，举行“答谢母乳”的仪式，以此仪式来表达对母亲的感激之情。在“答谢母乳”仪式之后，作为新娘的母亲会谆谆教诲自己的女儿，希望即将成为人妇的女儿能在婆家孝顺公婆，尊老爱幼，勤俭持家，用爱心和牺牲精神呵护老人和孩子。

嘱咐女儿词：

圣主教诲不能违
男婚女嫁天之理
送亲马队就要归
真心嘱语请牢记
女儿自幼是娇气
亲家用心多教育
事事留心赐教诲
处处关心助完臻

① 乌力吉：《东乌珠穆沁旗志》，呼伦贝尔：内蒙古文化出版社，2013年，第652—654页。

女儿近前听我说
今后持家要记住
苍天高祖要祭祀
长辈公婆要尊敬
兄弟姐妹要团结
邻里朋友讲和谐
夫妻恩爱勤劳动
里里外外讲卫生
遇事不懂多请教
多加思考练修养
不搞特殊讲奉献
和睦人生树榜样
女儿记住多上心
愿你一生多幸福①

出嫁之后，妇女的生活领域从娘家转变到婆家，娘家人转变为亲戚，自己的生活逐渐远离娘家，开始属于自己的生活。女性通过婚礼仪式的方式象征从娘家过渡到婆家，从单身到媳妇，完成人生仪礼的一个重要阶段。从娘家的“闺女”对父母和其他家人的情感、经济等方面的依赖逐渐转变为对娘家人尤其是父母的生活状况负有一定的责任的出嫁女，女性的角色随着“过渡仪式”发生了变化。已婚女性与父母的关系开始从获取转换为付出，从依赖转换为独立。“我嫁得远，没办法经常回去看望父母，对父母的照顾没有像和他们在一起生活的兄妹多，她们住得近，也方便照顾父母。但是，只要我回娘家了，一定尽量多干活儿，让自己的父母休息休息。带他们去旗里转

① 乌力吉：《东乌珠穆沁旗志》，呼伦贝尔：内蒙古文化出版社，2013年，第652—654页。

一转，买衣服，买吃的，下饭馆。我妈妈胃不好，每一次都是我领着去蒙医大夫那里号脉抓药，顺便给父亲看看老寒腿。等弟弟家的孩子大了，上学父母跟着陪读，我家的孩子也跟着沾光，父母一起照顾，我们也能安心在牧区干活。到夏天，孩子放暑假就把他们都接到我家住一段时间，把公公婆婆也接来，宰羊让老人们喝‘鲜汤’，父母酷爱看赛马和摔跤，附近有敖包祭祀那达慕的话就领着他们去看一看，散散心，让他们开心。人老了，图个啥，就是让他们开开心心、快快乐乐。有了电话之后更方便了，每天都会给妈妈打电话，问问家里的事，聊一聊。2000年，我父亲突然生病住院，我接到消息时立马赶到医院陪床照顾父亲，一直到他去世为止。那时候家里就我和爱人两个人，我去旗里医院照顾父亲，牧区全凭他（爱人）一个人忙活。2007年时，母亲生病住院我也陪了一个多月的床，一直到去世为止。住院的时候，父母更喜欢自己的姑娘在跟前，自由一些，吃呀喝呀的，跟儿媳有时候会不好意思。”[①]可见，女儿对父母的照顾更多以情感为主，父母会对女儿倾诉，女儿作为倾听者，甚至是父母的传话者，来协调父母与其他家庭成员之间的关系。多数情况下，已婚的女儿不大可能将父母接回自己家养老，父母随幼子，由幼子来守护家庭之灶，幼子成为家里香火的继承者——守灶人。但是，自从计划生育制度实施之后，出现了父母依靠女儿来养老的情况。

已婚女性生养之前对父母的情感依赖更为强烈，归属感还在娘家，但是随着女性在夫家生活的深入，她们的情感归属感逐渐发生转变，由娘家转向自己的家庭生活。生活重点从娘家过渡到婆家，更为关注自己的家庭，娘家则从“自家”转变为“亲戚”。

① 被访者：ALTTN，女，46岁，蒙古族，被访者家中；访问时间：2013年7月13日；访问者：玉荣。

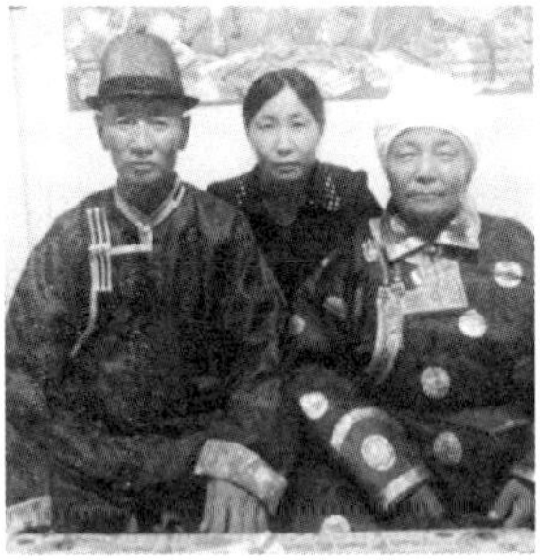

图5-14　父母与姑娘

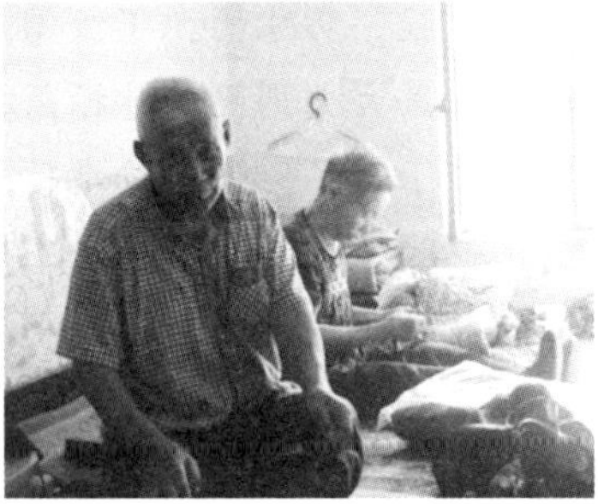

图5-15　老两口

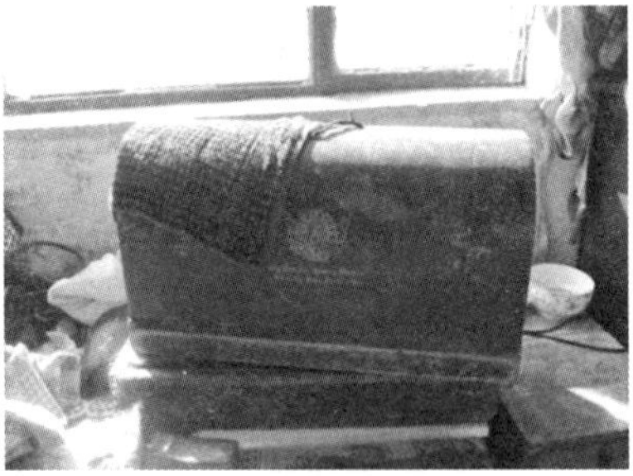

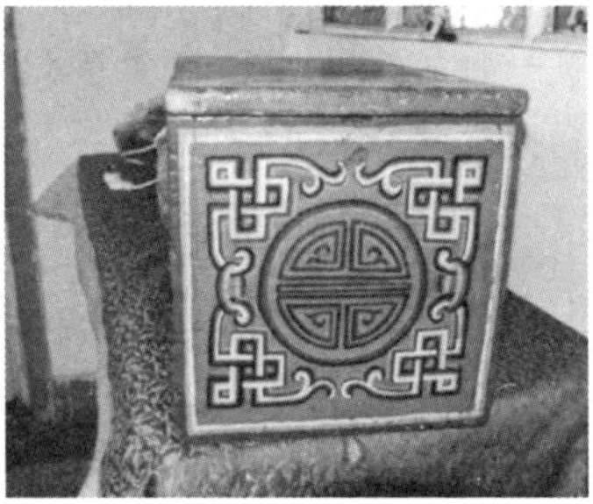

图5-16、5-17　乌珠穆沁妇女的嫁妆

第三节　邻里间的互动

“邻里间的关系更多属于地缘性关系，地缘关系是指人类社会的区位结构关系或空间与地理位置关系。人类要生存就必须占有一定的空间或位置，由此形成了人们之间的地缘关系。”[①]早在人类形成之初就已经开始形成，然而较为稳定的、相对牢固的地缘关系则是在人类逐渐定居之后才出现的。虽说游牧生产“逐水草而居”，更多强调以血缘为纽带的族群或以

① 郑杭生：《社会学概论新修》（第3版），北京：中国人民大学出版社，2002年，第62页。

部落为核心的亲缘性互动，但到了1644年，女真人的后裔建立了清朝，后来统治中国，对蒙古采取了联合、同盟以及“盟旗制度”的分而治之政策[①]。从这一时期开始整个蒙古社会趋于定居化，以血缘为纽带的人际互动范围缩小，以一个行政区域为核心的地缘性人际互动增强。地缘性互动是指人们的社会交往和人际互动以空间和地理位置关系为核心形成的现象。蒙古族女性生活在一定的地域中、处在所生活的地缘性关系中，在与自己生活有着密切关系的邻里之间和整个畜牧社区中扮演着重要角色，而这一角色的扮演又对蒙古族女性的角色塑造有着不可忽视的影响。

一、邻里的交往

民俗学中所指的邻里不仅指其地缘关系，更多地认为邻里是以地缘关系为基础形成的互动关系。可见邻里之间互动，首要条件必须是住地毗连，需要住在左邻右舍的地缘条件；其次是同一住地的人们认同特定的一组角色，由此形成人们相互之间密切的互动关系；最后，人们之间有着显著的认同感和感情的联系，基于地方性的共同承认的文化规范。邻里关系中女性所扮演的角色不可忽视。“我们平时有什么事需要帮忙，大多靠左右邻居。再近的亲戚，要是不来往，慢慢也就淡了，来往也就少了。但是，邻居不一样，你来我往的，俩好轧一好。有啥事邻居都能第一时间赶来帮忙。”[②]邻里之间的交往互动关系更多由女性来完成，例如，谁家的孩子考上大学要送什么礼；谁家的老人要过寿准备什么礼；谁家的媳妇生孩子要给孩子准备什么礼物，等等。

① 常宝：《漂泊的精英——社会史视角下清末民国内蒙古社会与蒙古族精英》，北京：北京大学出版社，2012年，第2页。

② 被访者：ADH，女，47岁，蒙古族，被访者家中；访问时间：2014年8月18日；访问者：玉荣。

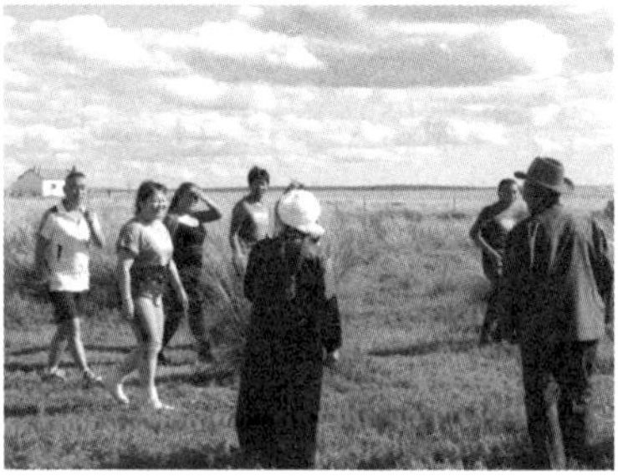
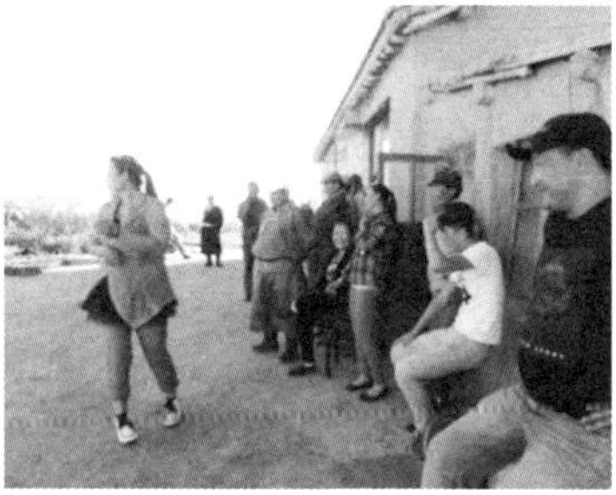

图5-18、5-19　来参加SB老人73岁寿宴的邻里

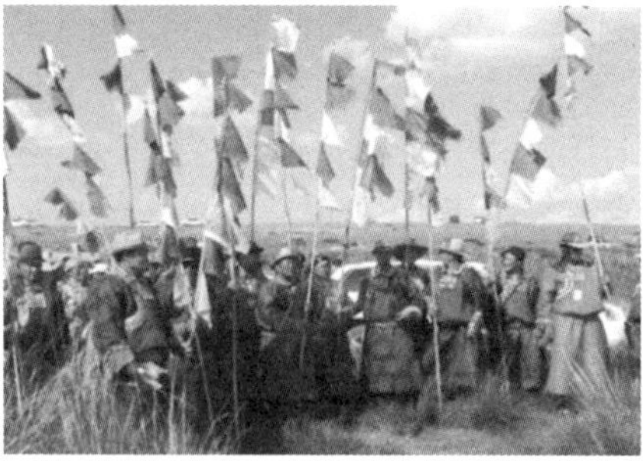

图5-20　祭敖包的牧民

费孝通先生在其乡土中国的研究中认为，村庄的人际互动更为强调血缘性，认为血缘关系在村庄中起到基础性作用。在一些宗族性的村庄或血缘性较强的村落中，结构性的约束发挥着强有力的作用，规制着村庄内的关系和秩序。这样的血缘性的约束对邻里关系影响巨大。但是，农耕生产方式与畜牧生产方式的差异性导致二者在人口密度、交往方式等方面有着很大的区别。从事畜牧生产方式的人们由于饲养牲畜所需要的地域广阔，以一户牧户来讲，以居住点为核心，方圆几公里到几十公里都属于自己的草场，没有其他的住户。这样的分散居住，以游动的方式饲养牲畜，交通不便利，人际交往的密度相对低一些。“1949年前，我们冬营盘固定，邻居都是冬营盘相邻。

一到其他季节大家都离开冬营盘，寻找适合牲畜抓膘的草场，邻居都是在搬迁的路上相识，有时结伴来回走，能够互相照顾，大半年的时间会一起相处，很有感情。到了10月份大家开始启程返回冬营盘。这样认识的人，有的会一直来往，逢年过节时让孩子们过去拜年问候。那时候，人少，突然在家的附近有人家搬过来，很稀罕啊！"[①]可见，定居之前，随着季节性的游动，邻里关系也是具有一定的随机性和可变性。定居之后，虽然居所固定，草场固定，可变性减少，但是相互之间的交往的随机性还存在。"我们放牧时，还是会碰到其他的人，见面相互交流信息，有关草场好坏、畜群情况、最新的新闻。还有时候外出寻找牲畜时，可能走很远，尤其是大畜，本来它的觅食范围就远，它们会一直寻找好的草场，有时候还会跨旗跨盟呢。这时候就需要借住别人家，与主家建立联系。如果成为很好的朋友，以后有什么事情都能互相帮忙。我年轻的时候放马，经常来回找马群，一路打听行踪，和人来往交流是必不可少的。我爱人也是在一次我找马群出来时路过她们苏木，正好赶上祭敖包，我就报名参加摔跤比赛，这样就和她认识了。我们不是一个苏木的，但是父辈都互相知道，那时候都来回游牧，老人互相都认识。人口本来就少，加上来回游牧、找牲畜，难免的（互相认识，熟悉）。我们认识了，大家都知道谁是谁的孩子，正好第二年夏天转场，我们两家住得很近，这样有了更进一步了解彼此的机会，父母也不反对，我们就结婚了。"[②]这与以农耕为主的村落邻里关系有着很大的不同。

笔者在2014年8月16日参加了额吉淖尔额尔敦达来嘎查的SGB老人85岁寿宴。在寿宴上，除了亲朋好友以外，最多的是

① 被访者：SBL额吉，女，81岁，蒙古族，被访者家中；访问时间：2014年8月22日；访问者：玉荣。

② 被访者：BHEDN阿玛，男，54岁，蒙古族，被访者家中；访问时间：2013年7月16日；访问者：玉荣。

附近的邻居，得信儿专程赶来参加老人的寿宴。笔者跟着MGH夫妇参加了寿宴。“SGB阿爸是我们这儿最长寿的老寿星，也是最受尊敬的老人。比我的父母辈分都要高，他的寿宴一定要来参加。你看，几乎我们嘎查的人都来了，那几个负责端茶倒水的小媳妇，都是邻居，这么大规模的寿宴，光靠亲戚哪能忙过来，都是大家互相来帮忙。他看着我的父母长大，看着我们出生的。阿爸就四个姑娘，给三姑娘招了女婿上门，一直跟着三姑娘过呢。今天的寿宴就是三姑娘主办的。他们家四个姑娘的日子都过得好。”MGH一边和笔者说着，一边不停地与碰到的熟人打招呼。MGH在1998年出嫁到呼布沁高毕苏木希热哈达嘎查之后，只是逢年过节才能回来娘家小住两天。这次属于回娘家，碰到了儿时的闺蜜，三个人不停地说笑着。“我们三个从小就好，后来嫁到了不同的苏木，平时都见不到，以前联系特别少，现在好了，都用手机，隔两天通一次电话，有事说事，没事就瞎聊聊。大家都忙自己的生活，很少能三个人都碰上。”可见，邻里之间的交往更多是以情感为主的地缘性互动，具有较强的情感性。“我们家差不多孩子上学之后（2003年）就搬到了旗里，开始租房子，都是平房，左右邻居也不是很熟，也就是打个招呼。后来买了楼房之后，更是不来往了，上下楼住着什么人、干什么的我都不知道。对面的也就碰到了

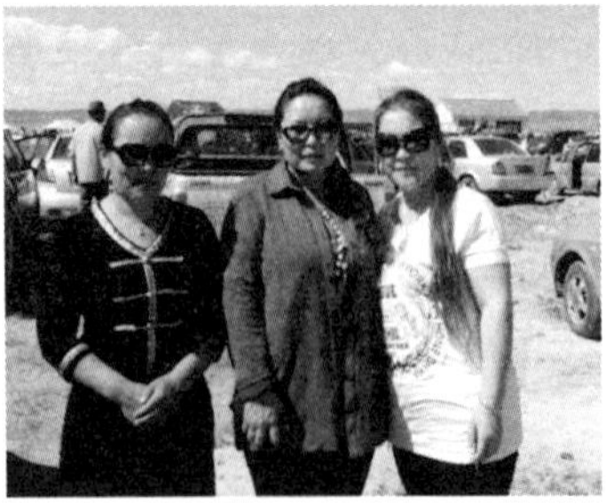

图5-21　MGH与她的发小

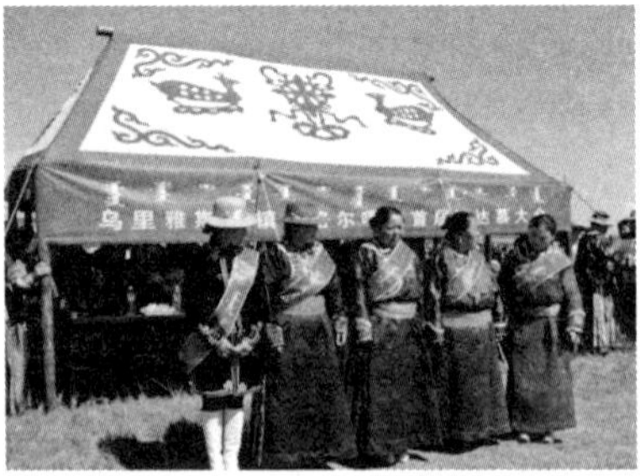

图5-22　“三八”红旗手和劳动模范获奖者

点头打招呼。”根据笔者的观察，整个寿宴上男人们更多关注赛马、摔跤等活动。而女人们则三三两两地聚在一起聊着各自家里的情况以及彼此熟悉的人的情况。女性在这样的聊天中建立交情，甚至会扩展到以后的相互往来和互助中，甚至将这种交往和互助延伸到家庭之间。蒙古族自古以来就有的送“份子”的习俗就是最直接的说明。

2013年夏天在牧区调研时，赶上WYDLGR额吉家宰羊，她家就三口人。大清早额吉就把儿子叫醒，在羊群出草场觅食之前从羊群里面选了一只肥羊留下待宰。额吉喝完茶开始给附近的两家关系好的邻居打电话，邀请对方今天过来喝鲜汤。额吉告诉笔者，以前附近的邻居来往得特别勤，无论谁家宰羊，大家都会赶来帮忙，男人们宰羊收拾，女人们灌血肠、煮肉、洗涮等，大家分工明确，对于因为有事没能赶来的，主家都会送“份子”[①]。据了解，给什么人送、送多少一般都由家里女主人操作。送“份子”体现了牧民之间友好互助、互相分享的行为习惯。这样一种送“份子”的习俗从人类学的观点思考的话，是在自然条件恶劣、生存资源匮乏，甚至食物短缺的情况下而采取的一种互助行为。从社会学的交换理论来看，通过物的分享来达到情感的互动。

“现在，我家附近大多数草场都租出去了，就剩下几户，新租来的来往得少，就不送了，把关系好的叫来一起吃，顺便聚一聚。家里安装了太阳能，能带动冰箱，剩下的都冻到冰箱里，随时吃都可以。前几年，我们没有冰箱时，夏天的肉都会炒成肉酱，又方便又耐吃。”[②]“现在，草场越来越不好了，牲畜膘情没以前好了，膘情最好的要等10月份出售，自己吃不用

① 送“份子”就是把煮好的肉、血肠等或者割下够全家吃一顿包子的生肉送给附近关系好的邻里。

② 被访者：WYDLGR额吉，女，50岁，蒙古族，被访者家中；访问时间：2013年7月16日；访问者：玉荣。

太讲究。现在宰一只羊也就够全家吃，所以不送了。”[①]“我家人口少，整个夏天宰两只就够了，有一些人家夏天孩子们回来，人多，自家都勉强够呢，再给别人送，那不合算啊。”[②]“平时家里就我们俩吃肉酱或从旗里买来吃，我们一般都是等孩子放假，像五一啦、十一啦宰羊，孩子还可以解馋。”[③]这是调查中，对于送“份子”渐渐减少，额吉们给出的解释。究其引发这种现象的原因，首先，草场退化、市场经济的影响再加上牲畜饲养投入太多，牧民的商品经济意识增强。其次，现代化生活用品出现在牧区，食品保存方法发生了变化。最后，邻里之间的互动减少了，只限于较小的范围。据了解，送“份子”习俗在东乌旗还存在，只是限于亲戚或关系特别好的邻里之间。年轻一代都没有此习惯，送“份子”的美德逐渐消失，被人们淡忘。

随着工业化与城镇化的发展，牧区出现了纵横交错的道路、发达的交通工具以及便利的通信联系方式，使得传统意义上的邻里关系受到了挑战。这对邻里的内涵、构成与互动、凝聚力等产生了影响，发生了很大的变化。以地域性为主形成的邻里关系，越来越受到外界的影响，除了情感为纽带，更多加入了其他的元素。例如，邻里内的人群可能关系不再像过去那样密切，而不住在近邻的人们却借助通信设备与交通工具而加强彼此的联系。邻里关系从过去的随机性和可变性慢慢发展为固定的、长久的互动联系，从过去注重情义逐渐过渡到以考虑个人利益为先。

---

① 被访人：BGN，男，46岁，蒙古族，东乌珠穆沁旗额尔敦乌拉嘎查牧民；访问时间：2013年7月13号；访问者：玉荣。

② 被访者：ADH，女，47岁，蒙古族，被访者家中；访问时间：2014年8月18日；访问者：玉荣。

③ 被访者：ALTTN，女，45岁，蒙古族，东乌珠穆沁旗额尔敦乌拉嘎查牧民；访问时间：2013年7月13号；访问者：玉荣。

二、畜牧社区的互助

社区是指进行一定的社会活动、具有某种互动关系和共同文化维系力的人类群体及其活动区域。可见社区必须具备以下几个条件：首先，社区占有一定的地域，如村落、集镇等。其次，社区的存在离不开一定的人群。再次，社区中共同生活的人们由于某些共同的利益，面临共同的问题，具有共同的需要而结合起来进行生产和其他活动。最后，社区的核心内容是社区中人们的各种社会活动及其互动关系[①]。从上述社区的概念可见，畜牧社区也符合其内涵，是相对农村社区而存在的。二者最大的区别在于生产方式的不同。畜牧社区是以畜牧生产为主要谋生手段，具有某种互动关系，形成共同的行为规范、生活方式以及文化意识，如共同的文化传统、民俗、归属感等等。蒙古人以“逐水草而居”的游牧生产方式形成具有特色的畜牧社区，其最大的特点就是地域广阔、人烟稀少、居住分散，因此，人与人之间的互动更难能可贵。

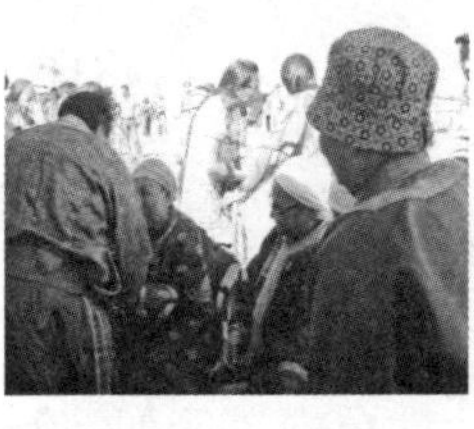
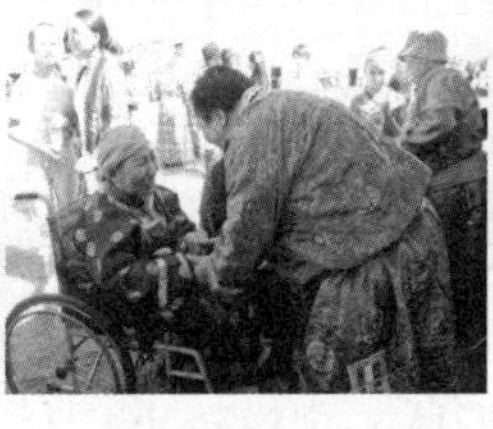
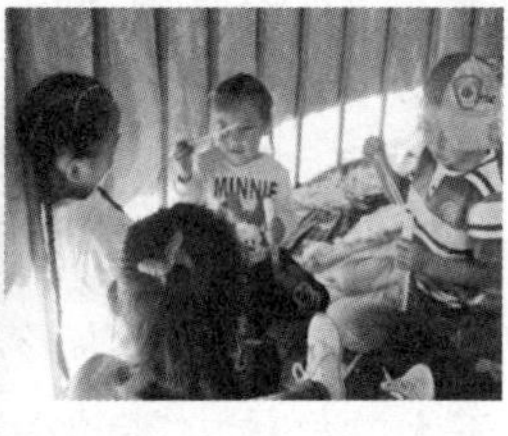

图5-23、5-24、5-25　参加老人寿宴的邻居们

畜牧生产方式，首先要考虑不同的草场放养什么样的牲畜；其次，如何放养以及放养多少等实际问题。比如，“五畜”的习性、速度等各不相同，牧民要分别积累不同的经验和

① 郑杭生：《社会学概论新修》（第3版），北京：中国人民大学出版社，2002年，第272—273页。

技巧，针对不同的问题及时发现异样，采取对策。由于个体的差异使得每个个体所掌控专长各不相同，既要学会单独作业，也要学会根据实际需要与其他牧户合群放养。因此，畜牧互助活动成为牧民生产活动中必不可少的一项互动行为，也是一种互惠行为。不仅可以确保牧民在恶劣的自然环境中获得帮助，还能实现维护草原生态稳定的愿望。自古以来，蒙古族就不同程度地采取一定的互助行动，在互助过程中分工明确，责任到人。但是，这种随机性强的分工合作，必须要有一个完全了解每个人专长的人来组织大家，指挥整个互助过程。因此，畜牧社区内的互助更多是熟人社区中人与人之间的相互依存、相互扶助。这样的熟人社区的互助，小到家族，大到部落，进一步发展为部落联盟，慢慢成为国家。

在古代蒙古社会有过大规模的“阿延（ayan）”的互动互助行为。这里讲的ayan更多的是与商贸、运输，甚至与战争有关。除了“阿延”之外，还有khot ail、khuree、ailsah等。而这样大规模畜牧社区的互助行为更多以男性为主导，女性则从属于男性以及以家庭为中心的互助机制中。在这样的畜牧社区互助中完成畜牧业生产活动，例如围猎、牲畜去势、打烙印、打马鬃、驯调役畜等生产劳动。

上述生产劳动中，女性除了作为主要参与者，更多是去辅助男性，以男性为核心。以女性为主的畜牧社区互助，更多属于大的群体内部的小群体，规模较小、专业性更强。例如，制作毡子、剪羊毛、挤奶等生产劳动更多以女性为主，女性作为组织者、策划者和实施者。

（一）挤奶互助

挤奶工作一般都由女性来完成，这是夏日畜牧生产中一项最普遍、最典型，也是最重要的工作。挤奶不仅为牧民提供营养、改善饮食，还有利于畜群的繁育工作。春末夏初，牧民搬到夏营盘，就会与相邻的几户牧户商量换群放养羊羔的相关事宜。一般会选择二三户人家形成临时性的互助小组，以此来控制羊羔吃奶，为挤奶提供方便。每天清晨先将自家的羊羔从畜群中分出圈起来，一直关注交换放养人家的畜群走向。等自家畜群出场后，再把自家的羊羔赶到对方的畜群中，到晚上再接回来。如果羊羔大了、膘情好，就以此次机会为由，给羊羔彻底断奶，不用每天来回接送，一直放到挤奶期结束为止。“母畜一般都拒绝为其他羊羔喂奶，羊羔与自己的母亲分开，使得母畜涨奶，有利于提高产奶量，同时母畜也愿意让人挤奶，挤奶工作更容易一些。”[①]母畜与羊羔之间的亲子关系被人为地区隔开来，使羊羔慢慢学会独立，学会吃草，学会跟群，离开母亲习惯群体活动，让羊羔不再贪恋吃母奶，有利于羊羔的成长。

对于挤奶互助，首先要考虑与谁家建立合作互助关系，要审查对方的女主人会不会挤奶；要不要挤奶；羊羔在对方畜群时会不会得到良好的照顾等问题，不能大意，都是要考虑清楚才能决定。“人品很重要啊，羔群放到人家群里，对方要是不精心，那就麻烦大了。羔群的膘情也是这个时候抓起来的，对方要是不管不顾，膘情上不来，羊羔就很难过冬了。我们那时候都是固定的人家，不认识不熟悉的不会互换羔群。羔群是我们一年的劳动成果啊，要是不小心损失了，那真的是很难过。一方面心疼自己的劳动，另一方面保活一个羊羔不容易啊。”[②]挤奶互助是畜牧生产劳动的结晶，有一定的科学性和可操作性。乌珠穆沁女性对畜群、对互助对象有着自己的认识，在长期的生产实践中总结出独特的经验。挤奶互助随意性强，结构也比较松散，更多以人与人之间的情感交流为主，形成乌珠穆沁女性的人际互动网络。

①② 被访者：WYDLGR额吉，女，50岁，蒙古族，被访者家中；访问时间：2013年7月16日；访问者：玉荣。

（二）擀毡子

毡子的制作工艺，由游牧民族所开创、流传。蒙古族在前人的基础上，制毡子的技艺也得到了空前的发展。“五畜身上没有没用的东西，都是宝。”WDLGR额吉的这句话，精确地概括了五畜对于牧民的重要性。其中牲畜的绒毛更是具有多种用途，是生活必需品。牲畜的绒和毛都可以出售，但更多的绒、毛被制作加工成毡子、绳子等畜牧生产生活用具。毡子是搭建蒙古包的主要原材料之一，也是御寒的必需品。擀制毡子是女性的一项重要劳动，将需要的羊毛选好，选择好天气，提前一天通知帮忙的人，大家一起组成互助团队来完成。一般会选用绵羊的二茬毛或羊羔毛来擀制毡子。擀制毡子的时间选在夏初或者秋天，3~5个人一组来完成。擀制毡子主要的工作由妇女来完成，家里的年轻媳妇或姑娘负责拍羊毛，而男性则帮忙搬运水、准备拉毡子的牲畜。擀制毡子是季节性劳动，大家一起边工作边娱乐，等工作结束了主人会准备丰盛的食品和礼物来表达谢意。擀毡子这种单纯的自产自销的传统制毡子的技艺到今天逐渐退出历史舞台，被现代机械所取代。“现在住蒙古包的人家少了，都住房子，所以毡子用不着那么多，就是炕上铺着用。我们直接拿着羊毛去旗里的加工厂换毡子，不用自己擀制了。也可以用自家的羊毛，给一点加工费就行了，省事不少。但是，这样的毡子做工不如以前自己擀的，太薄了，用不了两年就要换新的。以前自己擀制的用十几年都没什么问题。现在会擀毡子的人太少了，年轻人都不会了，人们都嫌麻烦。”①

观察乌珠穆沁女性的日常互助互动时发现，这是一种互相帮助、捧场的交换关系。这种互助性的互动是维护畜牧社区互

① 被访者：WYDLGR额吉，女，50岁，蒙古族，被访者家中；访问时间：2013年7月16日；访问者：玉荣。

动的关键，既能体现彼此的亲密关系，又能进行生产技能的相互切磋和学习。女性以自身娴熟的技能和优秀的品行来建立畜牧社区的互动网络，使得这种互助关系本身成为一种资本，只有加入互助群体的圈内人才会享有这种权利。

上述畜牧社区的互助互动由于定居和草场承包政策实施，逐渐减少，慢慢地消失了。牧民之间的互助减弱，人们更多关注自家的草场和畜群，以自家经营为中心，从过去对草场整体性的关怀到合作互惠关系弱化，进而丧失了原先在游牧传统中建立起来的合作互助精神，给畜牧生产带来了一定的负面影响。

但是，新的互助形式在牧区悄然产生，“我知道我们嘎查有一些牧民搬到旗里给孩子做饭[①]时都会选择到有自己嘎查的人的地方买房子或租房子。或者附近几家一起租房子，轮流给孩子做饭”[②]。人们这样选择的原因，一方面是一个嘎查或一个苏木的住得近，等孩子开学可以一起结伴，互相有照应，还可以节省人力。另一方面，女性一直都负责家庭教育，由家里的女性来照顾孩子更符合孩子的情感需求。几家一起租房子节省开支，也节省劳动力。由于知根知底，孩子彼此熟悉，能够形成良好的情感氛围，彼此能照顾。“孩子开学的时候，我就到旗里陪着孩子，家里就孩子的爸爸一个人，3月份是最忙的时候，我们几家就弄一辆车，由一家的男人负责送，其他几家负责帮忙照看畜群。把我们安顿好了，再帮各家采购所需要的东西，返回去。”[③]

---

① 牧区苏木小学都合并到旗里，孩子上学都要到旗里，小学孩子太小，需要家长跟读，很多牧民都在旗里租房子或买房子陪读。笔者在东乌旗林源小区大门旁边的门店采访BYJRGL时，她告诉笔者整个林源小区大部分人是蒙古族，因为挨着蒙古族中学，好多牧民或是买房或是租房陪读。

②③ 被访者：ADH，女，47岁，蒙古族，被访者家中；访问时间：2014年8月18日；访问者：玉荣。

小结

“蒙古草原养育了伟大的蒙古民族，蒙古妇女犹如辽阔草原上盛开的鲜花，以艳丽的风姿，把草原装点得绚丽多彩，生机勃勃。蒙古族妇女优良的历史传统，深深影响着这个伟大的民族，是草原文明的重要组成部分。”①蒙古族妇女承担着与男性一样的生产生活重任，与此同时，各种活跃的人际关系网络也使她们扮演着各种角色，与其他不同类型的角色进行互动。乌珠穆沁女性的互动网络从内到外、由近到远，不断向外扩散，形成自己的人际关系网。民俗角色在绝大多数情况下是自发产生的，源于群体角色的自发性分工。民间的多种民俗角色就是这样在群体任务与习俗活动中发挥作用而产生的。②蒙古族女性在自己的生活中更多是无意识地、自然而然地扮演着属于自己的角色。

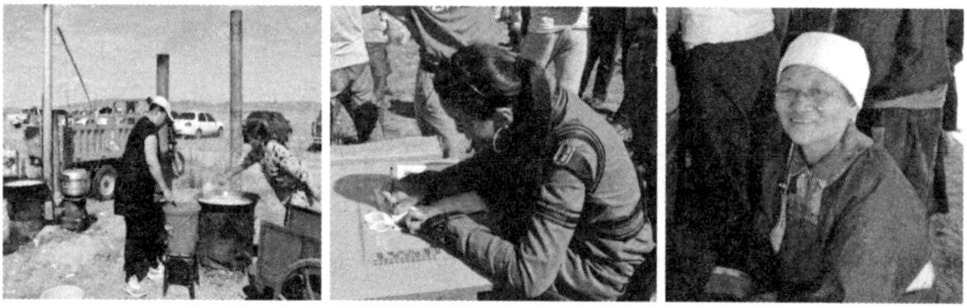

图5-26、5-27、5-28　乌珠穆沁妇女

“蒙古族一直以勇敢无畏、勤劳纯朴、豪放热情的民族性格及坚毅进取的民族精神著称，先辈的英雄业绩、英雄精神、

---

① 明月：《蒙古族妇女优良历史传统分析》，《黑龙江民族丛刊》（季刊）2001年，第2期，第96-99页。

② 乌丙安：《民俗学原理》，沈阳：辽宁教育出版社，2001年，第132页。

英雄品格增强了蒙古族女性的责任感和使命感。”[①]蒙古族女性无论是在其自身的言行举止，还是对家人、亲戚、邻里或整个畜牧社区，都表现出了优良的品德和娴熟的人际交往能力。游牧生产的游动性以及恶劣的自然条件使得女性难以做到“大门不出，二门不迈”。她们在生产劳动、休闲娱乐、人际往来中，展现出独特的智慧和魅力，与“自家”“亲戚”“邻里”等互动往来中形成自己的人际互动网络。

① 明月：《蒙古族妇女优良历史传统分析》，《黑龙江民族丛刊》（季刊）2001年，第2期，第96—99页。

结 语

本论文关注的核心问题，是从游牧到定居之后乌珠穆沁女性的民俗生活，包括宏观上对游牧时期的游牧生活方式游动性、季节性、牲畜饲养的多样性以及草场管理的科学性的理解。1984年草畜双承包责任制实施之后，牧民开始定居生活，由此导致生活空间上的变化、牲畜饲养的单一化趋势、草场的不断缩小和定型化，使得以畜牧生产为基础的生活习俗发生了根本性的变化。而游牧文化与蒙古族女性之间有着千丝万缕的关系，蒙古族女性在整个游牧文明中发挥着不可忽视的作用和意义。蒙古族女性作为游牧文化的创造者、传承者之一，无论是在政治、经济、文化领域，还是社会生活等方面都获得了与男性相同的权利，同时也受到了来自法律、家庭等各个方面的保护和认可。微观上，以乌珠穆沁女性的日常生活、生产活动和人际互动为切入点，以对东乌旗这个微观个案点历时三年的田野调研为依托，探讨了蒙古族女性的角色在日常生活、生产活动以及人际互动等事项中的表现及其意义。笔者在论文撰写过程中有收获，也有需要进一步思考的问题。

一、蒙古族女性：日常生活的践行者

民俗学中有关日常生活的研究，更多在“民”和“俗”的争论中呈现，并成为民俗学研究中的主要取向。高丙中在《民俗文化与民俗生活》一书中，将胡塞尔的“生活世界”的概念引入民俗学研究中，用“生活世界”的概念来囊括民俗之“民”的日常生活，提出了“生活世界”应该成为民俗学研究的领域和范畴。认为“生活世界是人类本来的世界和人类世界的基本领域”[①]。“民俗学以‘生活世界’为其研究范畴，而‘生活世界’研究的核心就是对置身于‘生活世界’中的‘人’的研究。”[②]“人”是“普通的人”，是具有行动力的人。而所谓的日常生活则是在“普通人”的活动中得以自我呈现。蒙古族女性是具有行动力的普通人之一，她们会按照既定的社会规范和制度来行事，通过不断地思考，不断重复和展现着她们的言行举止。同时，她们又以重复性的、习惯性的行为规范来创建着属于自己的生活世界。

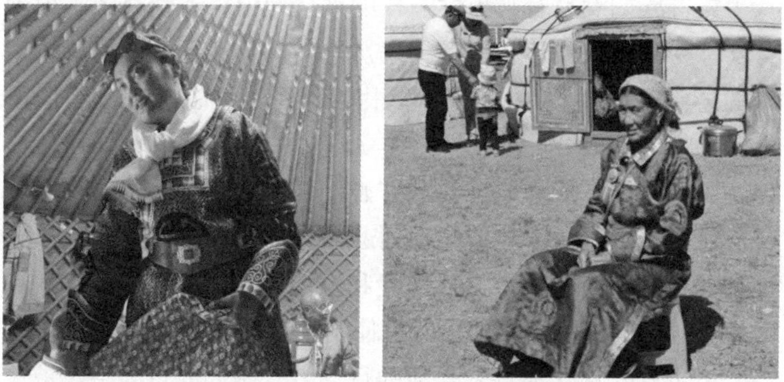

图6-1、6-2　勤劳善良的乌珠穆沁女性

蒙古族主要从事畜牧经济，而畜牧经济的脆弱性以及不稳定性使得劳动分工相对简单。男女分工不是特别的清晰，女性不仅仅做家务活，还要从事高强度的辅助性生产劳动。在草原上，蒙古族女性必须同男性一样一起劳作，无论劳动的强度还

① 高丙中：《民俗文化与民俗生活》，北京：中国社会科学出版社，1994年，第130、131页。

② 张翠霞：《神坛女人：大理白族村落“莲池会”女性研究》，博士学位论文，中央民族大学民俗学专业，2013年，第192页。

是参与的程度，她们所付出的与男性相比较有过之而无不及。“由于游牧民族的生产生活方式的游动与移动，在劳动力上既需要更多的男子，亦需要所有的妇女积极参与，这与生活在一小块土地上，在封闭在闺房中恪守妇德的汉族女性有着天壤之别。”[①]与农耕经济的“男耕女织”不同，女性只是在农忙时节参与一些“轻体力”的生产劳动。而蒙古族妇女除了做家务、抚育子女、放牧之外，还要参与到很多牧业生产劳动中。如剪羊绒羊毛、接羔保羔、擀毡子、做熟皮、挤奶做奶食、割草、骑马放牧等。除此之外，她们还需要在下羔季节夜间看护羊羔，她们的劳动极为辛苦。因此，在草原，男尊女卑的观念相对淡化。

蒙古族妇女享有与男性一样的社会地位，备受尊敬，很少有女性受到歧视或不公平的待遇。恶劣的自然环境加上游牧生产的游动性，使得蒙古族女性很难做到“大门不出，二门不迈”。她们在生产生活的“公共领域”中参与意识较强，与男性一起享有同样的地位和权利。她们在有关草场的选择、防御自然灾害等重大事件中有发言权。她们提出自己的观点和意见，尤其是有着丰富的生活经验和知识的老额吉更受到尊敬和爱戴。她们的意见被拿来参考，使不谙世事的牧人受益匪浅。

蒙古族女性作为日常生活的行动者，她们的行为举止被认可、被肯定，并不是作为男性的附属品或依附者，而是作为日常生活的实践者，控制和主导着自己的生活，获得与男性一样参与“公共领域”的权利。

就蒙古族女性的“私人领域”而言，以自己、爱人和子女为核心组成自己的家庭，形成个人生活的“私人领域”。这样的“私人领域”是出于安全感和情感归属感的需要建立起来

---

① 明月：《蒙古族妇女优良历史传统分析》，《黑龙江民族丛刊》（季刊），2001年，第2期，第96—99页。

的，是主要的活动领域。蒙古族女性要建立一个以家庭为核心的生活空间，担任核心角色，是连接家庭内部成员的纽带，情感互动成为蒙古族女性“私人领域”的基本特色。在蒙古族女性的“私人领域”——家庭中，家庭成员之间以情感互动为主。她们用爱心和牺牲精神呵护老人和孩子，孝顺父母。针对全家的衣、食、住、行以及对家中各种事务的体察和解决，使蒙古族女性成为家庭生活的核心，能动地、积极地营造着自己的生活。

此外，蒙古族女性无论在畜牧生产还是在日常互动中，建立权威的形式与男性不同，更为“温和”，可以说是“显性”的。严酷的自然环境和艰辛的生产方式造就了蒙古族女性不畏艰难、积极向上、乐观豁达、勤劳持家、俭朴为荣的性格。无论是在畜牧生产、家庭生活还是在日常人际互动中，蒙古族女性都展现出独特的魅力。从游牧到定居，蒙古族女性的生活发生了很大的变化。从过去的“逐水草而居”，根据草场、畜群不断迁徙的生活方式到定居、定畜和固定草场的生产方式，女性在畜牧生产、日常生活与人际互动中的角色和作用不断凸显。在这个过程中，蒙古族女性作为行动者，践行着自己的幸福观、人生观和世界观，由此塑造了蒙古族女性形象。通过对乌珠穆沁女性生活的“深描”，表达蒙古族女性的终极性价值追求。

二、关于民俗学中女性民俗志的书写

“民俗志研究发源于西方‘发达’国家的学者对世界上其他地区残存‘原始’文化的兴趣，认为‘落后的’民族是人类进化链中的一个环节，希望通过对异文化的了解反观自己的文化发展历程，了解整个世界的‘本相’，以此修正西方学界有关人类社会的知识框架。”[1]而在中国，钟敬文提出了“民俗志”，即“记录的民俗学”。他在《建立中国民俗学派》一书中谈到了有关民俗志方面的内容：“民俗是一种民众文化事项，对它的研究，不仅仅是理论考察，它的资料本身也是有价值的。这就关系到民俗志的问题，我把它叫作记录的民俗学。民俗志是很重要的。民俗学的理论，是从实际中来的。这里所说的‘实际’，不外乎两个方面：一是民俗学学者从事田野作业，直接获得有关民众的知识；二是学者通过他人记录的民俗志来间接地认识研究对象。”[2]可见，钟敬文先生强调民俗志的重要性，“民俗志是再现民众文化”，“民俗志资料来源于田野调查和文献资料”。

20世纪60年代之后，民俗学开始借鉴其他学科的理论与研究方法。民俗学研究领域不断扩大，从过去对民俗事象的研究到对民俗事件的研究，从关注历史慢慢过渡到关注当下，从文本研究转向对语境研究，从静态文本研究到动态事件的关注，等等。民俗学的发展较快，特别关注处于社会底层的民众文化以及田野调查方法。这样的转变促使民俗学研究者对民俗生活和民俗生活中的行动者的关注增加了新的研究视角。民俗生活是由“社会性别”不同的男性和女性扮演不同的角色构成的。关注民俗生活中与女性相关的民俗事象，女性是民俗生活的另一半创造者，女性同男性一样具有文化创造能力和生存的智慧。民俗学研究者不仅仅把女性作为研究对象，还应更多关注有关女性的民俗事象研究和女性“俗民”的主体性表达，更要关注性别关系下的女性民俗群体和个体的主体性意义。

无论是女性研究的哪个维度，都是为了更好地揭示女性在

---

① [美] 大卫·费特曼，龚建华译：《民族志：步步深入》，重庆：重庆大学出版社，2007年，第2—3页。

② 钟敬文：《建立中国民俗学派》，哈尔滨：黑龙江教育出版社，1999年，第45页。

社会发展中的角色与地位。“女性民俗”从性别角度来关注民俗主体（俗民），并对女性在整个民俗生活和民俗文化中的角色和地位进行思考，将女性主义研究理论与民俗学研究有机地结合起来，以弥补传统民俗学研究和女性主义研究理论的不足和偏颇。同时，女性民俗不局限于对女性的研究，其研究范围也涵盖包括男性在内的社会性别研究、性别关系研究，力图建立一种由女性视角和男性视角交错共视的人文视野。女性主义民俗研究还是多元文化视野下的女性民俗研究，它们都试图将研究中心放到有关女性民俗的“深度描述”上来。为女性民俗学的形成以及完善增添了色彩，使女性民俗研究越来越科学化、系统化，逐渐形成一个独立的学科。女性民俗学的形成将成为学术理论界和妇女界普遍关心的问题，特别是在民俗学的研究队伍中，将逐渐凝聚成一支侧重于研究女性问题的力量，把过去分散的、没有系统的、涉及女性问题的民俗学研究从整体中分离出来，形成独立的女性民俗学。

女性民俗学尊重观点的多元，提倡通过各抒己见的广泛讨论逐步达到对人和社会的关系，特别是对女性和社会的关系的理解，达到对民俗学这门学科的核心问题，即“生活世界”的理解。就研究方法而言，女性民俗学研究应该倡导撰写“女性民族志”。“女性民族志”书写主要采用田野调查及个案研究的方法，以女性的视角通过参与观察、深入访谈等进入被研究文化主体的语境中去解读女性，真实地表现日常生活中的女性及其女性文化[①]。受到反思民族志的影响，女性民俗学的理论和民族志研究方法相结合，形成“女性民俗志”的书写方式，更多关注社会性别、个体经历、女性民俗文化等民俗学领域中有关女性方面的内容，记录有关女性的民俗事象研究和女性民俗

① 张翠霞：《神坛女人：大理白族村落“莲池会”女性研究》，博士学位论文，中央民族大学民俗学专业，2013年，第2页。

的主体性表达，更关注性别关系下的女性民俗群体和个体的主体性意义。目前，学界对有关女性民俗方面的研究，最主要的困惑是未能脱离主流民俗学男性话语的研究的范式。女性民俗学在当代民俗学转向“民俗之民”的研究范式的学术背景下，关注民俗主体的性别意义，无疑有助于拓展传统民俗学研究的领域和视角。采用“女性民俗志”的研究方法可使得不同国家、不同地域、不同族群的女性及其文化能够被关注到，被考察到。

在中国，妇女在社会地位、文化生活及妇女解放运动历程等方面，与西方国家相比较而言，有明显的差异。中国有56个民族，对于具有少数民族身份的女性而言，她具有双重身份，既是本民族文化的创造者和传承者之一，作为女性的身份，又是民俗生活的实践者，是真正意义上的少数群体中的少数群体。采用“女性民俗志”的研究方法，通过描述和记录少数民族妇女的日常生活，展现少数民族妇女在家庭及社会中的双重角色实践，对她们的关注和研究具有划时代的意义。对于进一步了解少数民族地区以及生活在少数民族地区的女性有着重要价值，而且也将为女性民俗学的研究提供新的研究视角，具有填补民俗学中有关少数民族地区女性研究空白的作用。“这不仅对民俗学研究范式转换所主张的关注民俗主体之‘民’，即日常生活中的‘人’这一研究旨趣是个有益的尝试，同时也对当前女性民俗及‘女性民俗学’这一学术领域的实践研究和理论开拓具有一定的意义。”①

三、余论：民俗变迁与传统文化的重构

“但是，今天的草原离我们很远又很近，说它很远是因为

---

① 张翠霞：《神坛女人：大理白族村落“莲池会”女性研究》，博士学位论文，中央民族大学民俗学专业，2013年，第198页。

在现代化语境里它是一个被边缘化的话题，说它很近是因为人们在被笼罩在沙尘暴里的那一刻都会想到它。”[①]对于乌珠穆沁人而言，“逐水草而居”的游牧生活中，牧场是不断变化的，土地更多归为流动的、移动的范畴内，连接乌珠穆沁人的是“部落——血缘”关系凝结而成的文化共同体。在祖先、语言、历史、服饰、习俗等方面形成归属和认同，形成具有地域特色和民族特色浓厚的相对稳定的乌珠穆沁文化。随着现代化进程的加快、生态环境的恶化、草畜双承包责任制政策的深入实施，传统乌珠穆沁文化受到影响，有关游牧生活的民间智慧面临着巨大危机。乌珠穆沁人开始关注到这样的变化，采取了相应的保护措施。首先，当地政府部门积极响应国家的有关“文化多样性保护”“非物质文化遗产保护”政策，来宣传和保护地方文化，为此采取了一些措施。其次，许多民间的文化精英、“文人”以及热爱民族文化的牧民积极参与各种文化活动，旨在保护和宣传传统文化。

（一）乌珠穆沁服饰制作培训班

乌珠穆沁服饰用鲜明的外部特征来展现乌珠穆沁文化的内部特征，将内部的共性和外部的特性融为一体，区别于其他部落的服饰。乌珠穆沁服饰成为众多乌珠穆沁人关于自我历史记忆的一部分，将世世代代乌珠穆沁人的历史记忆、文化认同融为一体，是智慧与情感的体现，是蒙古族女性独特的智慧结晶。为家人缝制衣物一直都是蒙古族女性日常生活里一项必要的劳动，当属于家务劳动的服饰制作、加工成为一种部落的象征、地域文化的象征时，就会充分认可和发挥蒙古族女性的能动性和创造性。

在全球化、现代化的发展背景下，整个内蒙古草原发生了

① 韩念勇：《草原的逻辑——探寻另类市场制度》，北京：北京科学技术出版社，2011年，第1页。

前所未有的变化：草场微型化和围栏化、四通八达的公路纵横交错在草原上、牲畜棚圈饲养和种类单一化以及牧民从传统的游牧生产方式转向定居饲养牲畜，导致草原生态退化和牧草种类减少以及牧草质量的下降。东乌珠穆沁旗与其他内蒙古地区的牧业旗县一样发生着这样的变化，不仅仅是自然生态的退化，蒙古族的传统文化、民间智慧也面临着重大危机。这样的变化也使得乌珠穆沁服饰从款式、剪裁、选料到加工技术都受到影响，许多具有地域性的、“本土化”的服饰逐渐失去了发挥作用的空间和意义。针对这样的变化，近年来，“东乌珠穆沁旗先后出台了《2004—2010年东乌旗民族文化大旗建设规划》《进一步加快民族文化发展实施方案》《关于进一步加强文化工作的意见》《东乌旗文化事业和文化产业发展若干政策》等一系列中长期规划和政策，确立了‘保护、传承、创新’并重的文化工作指导思想，在保护和发展乌珠穆沁服饰文化方面做了大量有益的探索”[①]。旗政府不仅组织举办了培训班，同时也举行了各级各类民族服饰表演大赛及展览，还参加区内外各级各类民族服饰展览。

“我们这个培训班已经举办三年了，来报名参加的人越来越多，有旗里民族服饰制作者，也有牧民专门来参加培训。我们考虑学员的情况，第一次培训班结课之前做了摸底工作，了解大家主要缺乏哪方面的知识、需要我们为她们请什么样的老师、培训的时间如何安排合适、每次授课时长等问题。当时，我们没有经验，摸底工作主要集中在镇里的民族服饰加工者中进行。第一次我们请了蒙古族现代服饰设计者斯日古楞老师来为我们授课，主要讲授现代蒙古袍的设计制作。培训结束前我们针对学员又进行了一次了解，让她们提出意见和建议，希望

① 东乌珠穆沁旗政府网：http：//wtgdj.dwq.gov.cn/wtj_xgyw/wtgdj_mzwh/201112/t20111213_723668.html；访问日期：2015年1月20日。

下一次培训能够不断改进。上点年纪的学员希望能学到现代服饰裁剪、测量方面的知识，而年轻的学员则希望能加入传统蒙古袍裁剪、制作方面的知识。我们听取学员的意见和要求，在第二次的培训中加入了这方面的内容。”①

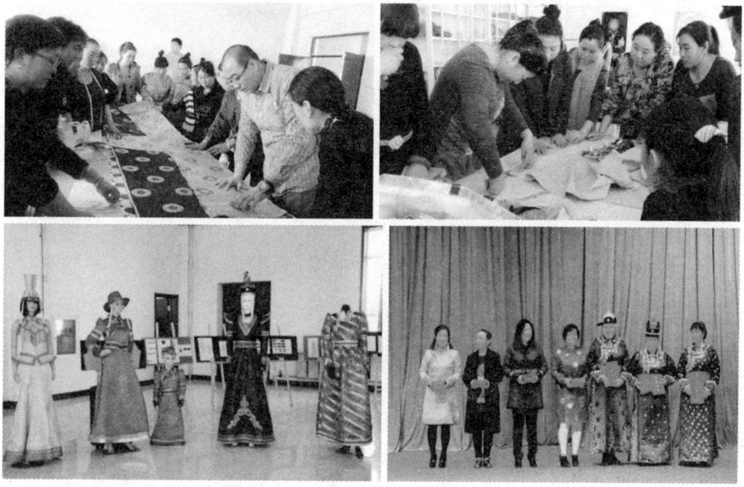

图6-3、6-4、6-5、6-6 参加服饰培训班的乌珠穆沁女性

“有关乌珠穆沁服饰方面的保护工作始于2006年，当时旗里举办了全区首届‘阿尔哈达杯’吉祥·乌珠穆沁民族服装设计表演大赛、全旗首届乌珠穆沁传统服饰大赛、全旗乌珠穆沁服饰展览，赴鄂尔多斯参加了第四届中国蒙古族服饰服装艺术节暨第四届中国蒙古族服饰服装大赛，荣获团体二等奖、团体优秀组织奖和头饰设计金奖，向世人展示了乌珠穆沁服饰的独特魅力。”②同时还鼓励牧民进城从事服饰制作行业，并且把乌珠穆沁服饰制作工艺引入市场机制，把文化资源向文化资本转

① 被访者：ZL，女，30岁，蒙古族，东乌珠穆沁旗文体局；访问时间：2014年8月24日；访问者：玉荣。

② 东乌珠穆沁旗政府网：http://wtgdj.dwq.gov.cn/wtj_xgyw/wtgdj_mzwh/201112/t20111213_723668.html；访问日期：2015年1月20日。

变，达到了弘扬乌珠穆沁服饰文化与牧民增收双赢的目的，使得乌珠穆沁服饰设计、制作、加工逐步走向了文化产业化发展轨道。“目前，东乌旗共有43家乌珠穆沁服饰制作加工点，从业人员达200余人，年加工量3000余件，年销售量1500余件，年均收入达到40余万元。”①

东乌珠穆沁旗第二期蒙古族现代服饰制作培训班函②

2013年3月26日—4月26日在东乌珠穆沁旗乌珠穆沁博物馆三楼会议室、乌里雅斯太民族工艺品制作中心举行的“东乌珠穆沁旗第二期蒙古族现代服饰制作培训班”培训对象由东乌珠穆沁旗户籍者或在东乌旗工作的各苏木镇服装店工作人员、乌珠穆沁服饰协会会员、进城务工人员组成，参加培训的人员达到117名，其中98名学员是我旗乌珠穆沁服饰协会会员。

东乌珠穆沁旗文体广电局

东乌珠穆沁旗劳动就业服务局

表5-1 东乌珠穆沁旗第二期蒙古族现代服饰设计制作培训班开班仪式流程③

时间		内容	主持人	地点
2013年3月26日	9:30-10:00	主持开班仪式介绍领导嘉宾	萨仁苏和	博物馆三楼会议室
		宣读开班目的、相关须知	孟克巴特尔	博物馆三楼会议室

① 东乌珠穆沁旗政府网：http://wtgdj.dwq.gov.cn/wtj_xgyw/wtgdj_mzwh/201112/t20111213_723668.html；访问日期：2015年1月20日。

② 资料来源于东乌珠穆沁旗文体广电局，2014年2月11日。

③ 材料提供者GRLQMG，2014年8月14日。

续表

<table>
<tr><th colspan="2">时间</th><th>内容</th><th>主持人</th><th>地点</th></tr>
<tr><td rowspan="5">2013年3月26日</td><td rowspan="3">9:30–10:00</td><td>劳动就业服务局领导致辞</td><td>薛杰</td><td>博物馆三楼会议室</td></tr>
<tr><td>培训老师讲话</td><td>巴图陶古斯（蒙古国）</td><td>博物馆三楼会议室</td></tr>
<tr><td>旗政府领导讲话</td><td>巴图孟克</td><td>博物馆三楼会议室</td></tr>
<tr><td>10:00–10:30</td><td>全体合影</td><td>哈斯达赖</td><td>博物馆门口</td></tr>
<tr><td>10:30–</td><td>培训开始</td><td>乌尼尔其其格</td><td>乌里雅斯太民族工艺品制作中心</td></tr>
</table>

东乌珠穆沁旗第三期蒙古族现代服饰设计制作培训课程时间安排[①]

1. 基础的色彩，然后实践进行色彩的设计。（3月5—6日）

2. 设计的基础，各种服装怎么去设计。（3月9—11日）

3. 讲制版，各种服装的精确裁剪。（3月12—16日）

4. 从自己设计、制版、裁剪、配料到成衣的制作环节。（3月12—16日）

5. 制作环节，每个部位怎么去制作。（3月17—21日）

传统的民族服饰随着审美观念变化和实用性，开始退出人们的日常生活。如何把传统服饰的特点与现代人的审美理念结合起来，进行创造或革新，是传统乌珠穆沁服饰遇到的挑战和机遇。在东乌旗服饰一条街做调查时，MGH夫妇就提出："针对不同的消费者，设计制作出既有经济价值，又有传统乌珠穆沁服饰元素，还符合人们的审美观的蒙古袍。""我是从小就跟

---

① 资料来源于东乌珠穆沁旗文体广电局，2014年2月11日。

着妈妈学着做蒙古袍，各种款式的我都会。2009年我自己开了蒙古服饰加工店之后，发现光会做传统样式的蒙古袍是不够的，一些上班族和爱美的人经常来定做现代改良样式的蒙古袍。我之前没有学过现代款式衣服的裁剪、测量，每次都把客人顶走，很不好意思。人家是信任我能做好，才过来，做衣服也是讲究口碑的。第一次参加培训班是2012年4月7日，当时是旗文体局组织的，请来了斯日古楞老师给我们上了5天的课，记得当时学员大概不到30个人吧。到2013年我又参加了两次培训，一次是3月份旗里请来了蒙古国的老师给我们做了10天的培训。另一次是锡林郭勒职业学院在4月份举行了培训，时间是15天，请了盟里的老师和蒙古国的老师。每一次的培训，我都学到了很多新的东西，启发了我，让我有了很多创作灵感。今年我又报名参加了，今年报名的学员多，将近70个人呢，有和我一样的个体户，也有牧民专门来参加培训呢。"①

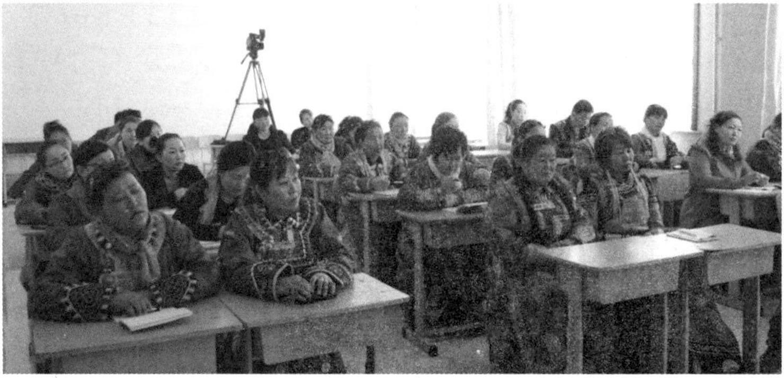

图6-7　参加服饰培训班的乌珠穆沁女性

（二）射箭协会的成立

蒙古族历来是崇尚智慧、速度和力量的民族。为了适应严

① 被访者：GRLQMG，女，47岁，蒙古族，个体户；访问时间：2014年8月14日；访问者：玉荣。

酷的自然环境，在生产生活中无处不显示着这样的草原精神。“男儿三艺”就是这种精神的最佳写照。在成吉思汗建立蒙古帝国时，“弓箭”“快马”和“善战的勇士”起了非常重要的作用。而“善射的弓箭手”“奔驰的快马”“善战的勇士”都是通过“那达慕”大会竞技产生的。射箭作为“男儿三艺”中核心的符号之一，在传统“那达慕”中占有不可忽视的地位。在“那达慕”发展的过程中，搏克、赛马和射箭一直以来都是互相补充，互为整体，形成蒙古人的节日生活空间。

但是，现代意义上的“那达慕”仪式，这三项内容经常不能够同时展现。例如，笔者2012年7月在东乌旗调研期间参加的“那达慕”大会上，传统的“男儿三艺”之一的射箭比赛没有像其他两项那么受到重视。到2014年8月18日笔者参加乌里雅苏台镇昂格尔嘎查举办的“阿日德·那达慕”大会时，大会议程上除了赛马、搏克比赛之外，有了传统意义上的射箭比赛。“我们协会是在今年（2014）3月份成立，目前一共有107名会员，会员中三分之一是镇里有工作的人，三分之一是各个苏木的牧民，还有三分之一是蒙古族中学和东乌旗民族综合高中的学生。6月4日在镇里召开了第一次动员大会，动员大会上我们宣读了协会的一些章程和活动安排，也选出了协会的秘书长、会长和副会长。”①

射箭协会组织者之一的TGS说：“我们组织成立射箭协会是为了保护和发扬民族体育文化、游牧文化，也是为了丰富牧民和一些射箭爱好者的业余生活。所有参加协会者都是希望通过参加射箭活动丰富业余生活，身体得到锻炼。射箭不应该从我们的生活中消失，虽然现在不用打仗、打猎，用不着弓箭了，但是可以锻炼身体啊！我们几个（组织者大多数是有工作

① 被访者：CK，男，30多岁，蒙古族，东乌珠穆沁旗射箭协会秘书长；访问时间：2014年8月18日；访问者：玉荣。

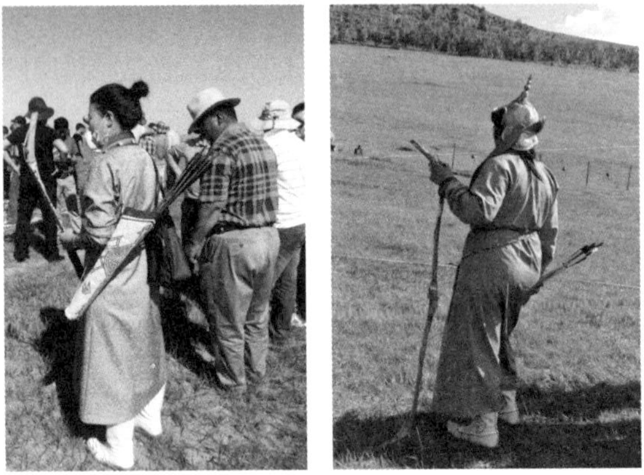

图6-8、6-9　参加射箭比赛的蒙古族女性

的知识分子）从2010年起就开始探讨这个问题，一直到2012年大家开始商量着该怎么成立协会，到2013年我们开始找旗里的有关领导，希望他们能重视我们的提议。协会成立主要涉及弓和箭的购买问题，我们这儿买不到，要专门从外地订购。到年底，民政事务局很重视我们的提议，给我们拨了30万元购买设备的费用。我们联系厂商、寻找练习场地和教练，一直到今年的3月，协会才正式成立。

“协会成立之后，我们组织练习了将近4个多月，每天一个半小时，周末休息。协会成立之后，每一次的练习大家都会自觉来参加，每个人的积极性都很高。我们内部也举行小规模的比赛，彼此切磋一下。协会成立之后，我们开了小规模的会，商量如何让更多的人关注我们协会，让他们参与到我们的活动中来。一开始我们动员协会成员做小范围的宣传，又利用各自工作之便（协会的骨干都有各自对口负责的苏木）进行宣传。再后来，我们决定联系认识的苏木领导，直接参与苏木那达慕大会。这样一来会有更多的人知道我们协会，一个苏木的那达慕一般是一个苏木的牧民和附近的牧民都会来参加。我们协会的成员都是非常热爱自己民族文化的人，希望能通过参与和宣传引起更多人的关注。”①

射箭协会主要是在民族文化爱好者和知识分子的组织、带领和提议下创建的。这些人通过社团、协会来宣传和保护蒙古族传统文化，举办各种活动，既有利于大家身心健康，同时又能丰富大家的生活。近些年来，联合国教科文组织以及国家对非物质文化遗产保护的重视，使得许多地方精英、文人以及政府官员开始更关注民族文化，甚至直接参与到民族文化的保护活动中，对民族文化的延续和传承发挥了积极作用。

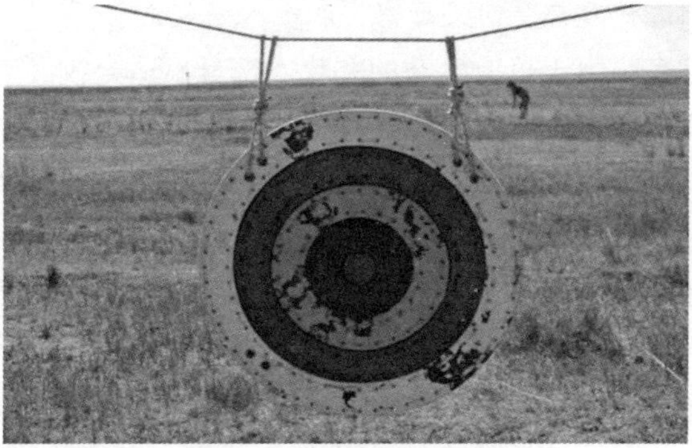

图6-10 射箭比赛现场

（三）集体祭火仪式

乌珠穆沁传统的祭火习俗是以蒙古包为文化空间的家庭祭祀习俗。当下，整个游牧生活定居化之后，以蒙古包为居住空间的蒙古家庭越来越少，而这种蒙古包内的传统家庭祭祀习俗已经变成一种文化记忆存在于当地上了年纪的老牧人的记忆中。祭火的时间为腊月二十三或二十四，相传，腊月二十三是平民（xartʃ）祭火的日子，腊月二十四是台吉（tɛ:ʤ贵族）祭祀的日子。直至今日，东乌旗孛儿只斤姓氏的蒙古族依旧保持

① 被访者：TGS，男，30多岁，蒙古族，东乌珠穆沁旗射箭协会组织者；访问时间：2014年8月18日；访问者：玉荣。

着腊月二十四祭祀的传统。蒙古人认为腊月二十三“祭火”这一天，是火神升天向上天汇报这家这一年以来所做的好坏善恶事，再通过“祭火”的仪式性行为来祈求火神赐福，保佑全家安康、五畜兴旺、无病无灾，也为来年草原风调雨顺祈福。ALT说：“听老一辈讲，‘祭火’这一天，要早早起来，打扫屋子，中午喝奶茶，下午煮手把肉。‘祭火’的时候要准备最好的羊胸叉、五彩的布条、各种奶食、红枣、葡萄干、哈达、白羊毛等81种物品呢。要把这些祭祀用品放到火里，向火神献祭。我们这一天都要回父母家，和老人一起祭祀。”①

近年来，由于草原生态的恶化，部分不适合牧民生存的草场实行禁牧政策，以及“撤乡并镇”的政策实施使得苏木合并，苏木小学集中，孩子上学困难或者进城务工等因素导致很多牧民选择入城生活，成为城市居民。传统的“祭火”在城镇中遇到了一些难题，“城里的房子主要用暖气，做饭烧的是煤气，没办法用‘图拉嘎’，而且有一定的火灾隐患”②。ALT说，一部分住进楼房的牧民只能将“祭火”仪式简化，例如，在楼底的空地上点一小盆火来进行；或把自己家的“图拉嘎”重新做小，可供在煤气灶上进行；或直接把自家准备好的物品带上参加集体祭火仪式等。生活方式的变化导致一些民俗事象由于条件的限制正悄然地发生着变化，变得越来越简化，有的民俗事象甚至面临着消亡境地。集体“祭火”仪式就在这样的背景下产生，具有时代性特征。

东乌旗退休干部、著名的民俗专家DMQG阿爸说：“火在蒙古族心中是非常神圣的，用尖物刺火、往火里倒水等行为都是坚决不允许的，‘祭火’本来就是一项隆重而复杂的传统民俗活动。这样与每家每户都有关的习俗不能因为居住方式变了

①② 被访者：ALT，男，42岁，蒙古族，东乌珠穆沁旗干部，访问时间：2013年7月11日，访问者：玉荣、周梦然、吴明泽。

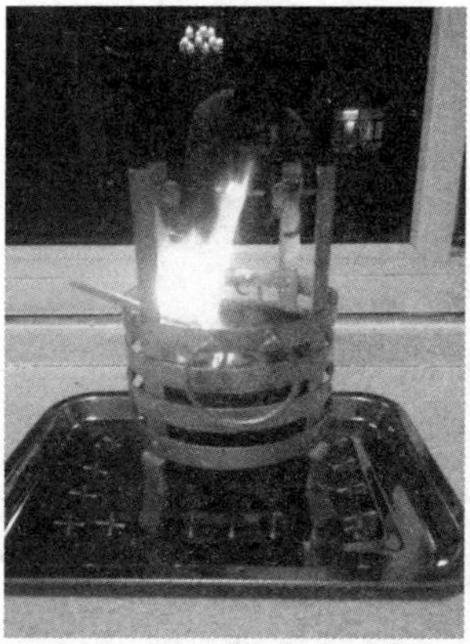

图6-11　城里蒙古族的祭火“图拉嘎”

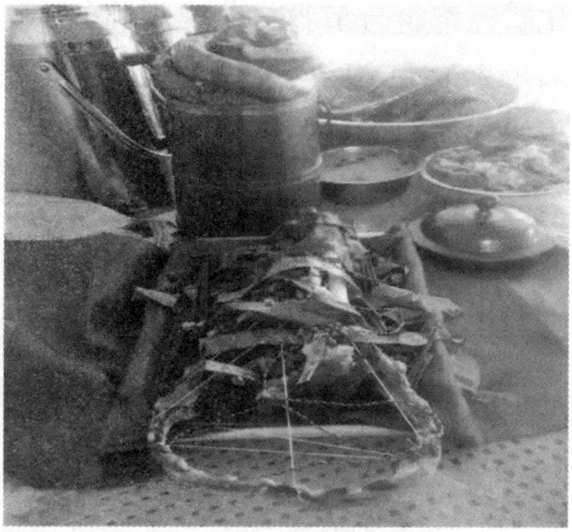

图6-12　祭火用的羊胸叉

就舍弃它，应该变通，这也是一种发展，也是一种适应和延续。我是集体祭火仪式的发起人之一，也是主要的策划者。东乌珠穆沁旗的集体祭火是从2009年开始的，希望今后将每年举行这样的活动，使草原上千百年来传承的‘祭火’习俗能够在城镇中得以延续。”①

蒙古族的“祭火”习俗与农耕文化中的“祭灶”习俗有很大的不同，“祭火”习俗的文化空间是广袤的大草原。“祭火”习俗由来已久的历史和不断地随着时代的变迁增加的新文化符号，使得集体“祭火”仪式形成了草原文化所特有的节日文化空间。“文化空间从其自然属性而言，必须是一个文化场所，即具有一定的物理空间或场所，必须具有周而复始的循环性；从其文化属性看，则应该具有岁时性、周期性、季节性、神圣性、娱乐性等”②。集体“祭火”仪式无论是自然属性还是文

① 被访者：DMQG阿爸，男，70多岁，蒙古族，东乌珠穆沁旗退休干部；访问时间：2013年7月11日；访问者：玉荣、周梦然、吴明泽。

② 向云驹：《人类口头和非物质文化遗产》，银川：宁夏人民教育出版社，2004年，第166页。

化属性都符合节日文化空间的范畴。节日文化空间的出现更能满足人与人之间的交往需求。无论是人们在家庭内部祭祀还是集体祭祀，“祭火”习俗更多地以个人与家人之间、个人与社会之间的交往形式体现，满足族人的社交需求。“祭火”仪式的变迁也是在文化交往的需求背景下产生的。

集体“祭火”仪式是向更多的人展现游牧文化的精髓，除了传统符号的继承和展现之外，还有新的文化符号被加入进来，这些符号的加入折射出了当下社会的政治、经济特征，以及全球化背景下，多元文化相互交融的时代趋势，符合人们的物质、精神的交往需求。文化传承是一个循序渐进、耳濡目染的过程，需要一定的历史文化生境和条件。蒙古族的“祭火”仪式范围从刚开始的家庭慢慢发展为社会大众，从个人家庭的私人领域到集体领域，是蒙古族的个体记忆与族人集体记忆的融合。在“祭火”仪式的变化过程中，乌珠穆沁人通过集体祭祀的方式保存其“历史的记忆”，更是民族文化延续和发展的重要形式之一。“祭火”仪式从过去单一形式发展为复合形式的、具有节庆仪式的节日文化，集体祭火以仪式性的方式展演了游牧文化的精髓。在整个祭火仪式中，涵盖了蒙古族多种文化符号，成为民族文化集中展演和符号化表现的最佳舞台，成为构建民族文化认同和塑造民族文化自觉的最佳方式。

现代意义上的乌珠穆沁服饰、射箭协会的产生、集体祭火仪式的出现，是文化自觉和文化创新的结果，是对传统的“发明”和构建。具有记载和传递集体记忆的重要功能，是文化记忆的延续和重构的产物，为了回应社会变迁而被重新建构起来，在传统的符号基础上增添了新的内涵。乌珠穆沁服饰、射箭、集体祭火仪式里都蕴藏着博大精深的游牧文明，是游牧文明的载体，是民族文化的载体，是每个蒙古族集体记忆的一部分。“我从很早就开始关注很多传统的民俗不断消失的现象，就想着做一些什么。这些年东乌旗发展得非常快，来这里旅游和观光的人也多了起来。我发现，来的许多人包括一些年轻人对蒙古族的文化和草原是向往的，愿意接触和了解我们民族的文化，这是天大的好事。从2009年我们就策划了集体祭火活动，请了好多上了年纪的老人，商量着最大限度地展现祭火仪式的原貌。政府也给了我们很大的支持，认可我们的提议。后来我又倡议从著名的乌珠穆沁搏克都仁扎那[①]的故乡请来他亲手堆起的敖包上的三块石头，移到我们举办那达慕的会场外（东乌珠穆沁旗乌里雅苏台镇以东2公里），堆了'搏克敖包'，后来又把著名的歌唱家宝音德力格尔老人请来，在乌里雅苏台山下（东乌珠穆沁旗乌里雅苏台镇往北10公里）堆了'歌手敖包'。这样做就是希望更多的人关注我们乌珠穆沁文化，让年轻的一代了解自己民族的文化，不要忘本。当然，也有一些人很反对，认为我这样的行为是破坏传统，不伦不类，瞎闹呢，说啥的都有啊。但是，我是很着急，眼看着很多东西慢慢消失不见了，没有自己文化的民族，没有未来啊！"[②]"搏克敖包""歌手敖包""集体祭火"等民俗事象的出现意味着什么呢？有什么意义呢？目前，在内蒙古许多地方有着与东乌旗一样的行为，大家都热衷于对传统的重构和"发明"，当地的"文化人"是凭着什么发起这样的活动呢？"我们这样做就是希望人

① 都仁扎那，蒙古族，乌珠穆沁布力彦台吉岱日布之子，别名都仁德力格尔。他自青年时在远近的那达慕上多次获得冠军，获尊称"冠军扎那"，故称"都仁扎那"。18岁时，都仁扎那以乌珠穆沁右翼旗亲王搏克的名义参加在王爷庙（今兴安盟乌兰浩特市）举行的那达慕大会，战胜王爷著名搏克，获得九九八十一大奖。此后，锡林郭勒草原上盛传着"企盼多时的启明星哟，迎着黎明在闪烁哟，乌珠穆沁旗的都仁扎那哟，从遥远闪烁走过来哟"的民歌。转引自乌力吉：《东乌珠穆沁旗志》，呼伦贝尔：内蒙古文化出版社，2013年，第731页。

② 被访者：DMQG阿爸，男，70多岁，蒙古族，东乌珠穆沁旗退休干部；访问时间：2013年7月11日；访问者：玉荣、周梦然、吴明泽。

们不要忘记我们的文化，让更多的人理解我们的文化。”[①]将非物质的、无形的东西物质化、有形化，将精神与物质、信仰与生活衔接起来，赋予新的意义和广阔的想象空间。而这些象征乌珠穆沁文化的符号是乌珠穆沁人在长期的游牧生活中创造和流传下来的具有浓郁民族特色、地方特色的文化符号。在这些传统的文化符号中加入新的元素只不过是借用传统文化的概念，将其符号化，通过它来构建对自己文化的表述，表达对自然、生态、社会、历史以及文化等诸多方面的诉求而已。这些文化符号已成为乌珠穆沁对外宣传的窗口，是国内外人士旅游观光的一项重要内容，是乌珠穆沁旅游的“黄金”卖点。

蒙古族自古以来以饲养五畜为主要生产方式，以畜牧业为主的民俗文化变迁导致整个民族文化的传承和保护遇到了挑战。畜牧业的衰微使得与之相关的民俗知识和相关的文化也随之消失。无论是从“生物多样性”的角度还是从“文化多样性”的角度，我们都应该关注这样的变化，及时采取相关措施加以保护。在东乌旗调研期间，很多牧民和热爱民族文化的精英们都热心、不厌其烦地接受笔者的询问，提供帮助。YD阿爸说：“让更多的人了解我们蒙古族，了解东乌旗，了解我们的文化，这样才能保护我们的文化。我们自己都不关心，还会有谁记得呢？其实，我们就是做了力所能及的事，应该的！”[②]

① 被访者：YD阿爸，男，70多岁，蒙古族，东乌珠穆沁旗退休干部；访问时间：2012年7月11日；访问者：玉荣、周梦然、吴明泽。

② 被访者：YD阿爸，男，70多岁，蒙古族，东乌珠穆沁旗退休干部；访问时间：2012年7月11日；访问者：玉荣、周梦然、吴明泽。

参考文献

一、中文文献

（一）地方文献

1.（明）萧大亨：《北虏风俗》，内蒙古史志资料选编（第三辑）。

2. 锡林郭勒盟志编纂委员会：《锡林郭勒志》，呼和浩特：内蒙古人民出版社，1999年。

3. 乌力吉：《东乌珠穆沁旗志》，乌达巴拉编译，呼伦贝尔：内蒙古文化出版社，2013年。

（二）专著、论文集

1. 道润梯步：《新译简注蒙古秘史》，呼和浩特：内蒙古人民出版社，1978年。

2. ［伊朗］志费尼：《世界征服者史》，何高济译，呼和浩特：内蒙古人民出版社，1980年。

3. 田家英：《中国妇女生活史话》，北京：中国妇女出版社，1982年。

4. 张紫晨：《民俗学讲演集》，北京：书目文献出版社，1986年。

5. 费孝通：《江村经济》，南京：江苏人民出版社，1986年。

6. 罗布桑却丹：《蒙古风俗鉴》，赵景阳译，沈阳：辽宁民族出版社，1988年。
7.［美］欧文·戈夫曼著：《日常生活中的自我呈现》，黄爱华，冯钢译，杭州：浙江人民出版社，1989年。
8.［匈］阿格妮丝·赫勒：《日常生活》，衣俊卿译，重庆：重庆出版社，1990年。
9. 郑晓云：《文化认同与文化变迁》，北京：中国社会科学出版社，1992年。
10. 衣俊卿：《现代化与日常生活批判》，哈尔滨：黑龙江教育出版社，1994年。
11. 李小江：《性别与中国》，北京：生活·读书·新知三联书店，1994年。
12. 高丙中：《民俗文化与民俗生活》，北京：中国社会科学出版社，1994年。
13. 邢莉：《中国女性民俗文化》，北京：中国档案出版社，1995年。
14. 沙吉才：《当代中国妇女家庭地位研究》，天津：天津人民出版社，1995年。
15.［英］查·索·博尔尼：《民俗学手册》，杨成志译，《民俗学问题格》，上海：上海文艺出版社，1995年。
16. 道尔吉帕拉木：《集约化草原畜牧业》，北京：中国农业科技出版社，1996年。
17. 色音：《蒙古游牧社会的变迁》，呼和浩特：内蒙古人民出版社，1998年。
18.［法］波伏娃：《第二性》，陶铁柱译，北京：中国书籍出版社，1998年。
19. 费孝通：《乡土中国生育制度》，北京：北京大学出版社，1998年。
20.［英］吉登斯：《社会的构成》，李康译，北京：三联书店，1998年。

21. 钟敬文：《民俗学概论》，上海：上海文艺出版社，1998年。

22. 马可·波罗：《马可·波罗游记》，梁生智译，北京：中国文史出版社，1998年。

23. 定宜庄：《满族的妇女生活与婚姻制度研究》，北京：北京大学出版社，1999年。

24. 定宜庄：《最后的记忆：十六名旗人妇女的口述历史》，北京：中国广播电视出版社，1999年。

25. 布林特古斯：《蒙古族民俗百科全书》（经济卷、民俗卷），赤峰：内蒙古科学技术出版社，1999年。

26. 钟敬文：《建立中国民俗学派》，哈尔滨：黑龙江教育出版社，1999年。

27. 包智明：《科尔沁蒙古族农民生活》，沈阳：辽宁民族出版社，1999年。

28. ［美］格尔兹：《文化的解释》，纳日碧力戈等译，上海：上海人民出版社，1999年。

29. 徐万邦：《中国少数民族知识丛书》，北京：中央民族大学出版社，1999年。

30. 魏国英：《女性学概论》，北京：北京大学出版社，2000年。

31. 阎云翔：《礼物的流动》，上海：上海人民出版社，2000年。

32. 王玉海：《发展与变革——清代内蒙古东部由牧向农的转型》，呼和浩特：内蒙古大学出版社，2000年。

33. 衣俊卿：《回归生活世界的文化哲学》，哈尔滨：黑龙江出版社，2000年。

34. ［法］吉尔·里波韦兹基：《第三类女性》，田常晖等译，长沙：湖南文艺出版社，2000年。

35. ［美］保罗·康纳顿：《社会如何记忆》，纳日碧力戈译，上海：上海人民出版社，2000年。

36. 乌云巴图，葛根高娃：《蒙古族传统文化论》，呼和浩特：远方出版社，2001年。

37. 马戎：《中国民族社区发展研究》，北京：北京大学出版社，2001年。

38. 色音：《内蒙古牧区蒙古族生产与生活方式的变迁：巴林右旗洪格尔苏木调查》，马戎等主编：《中国民族社区发展研究》，北京：北京大学出版社，2001年。

39. 乌丙安：《民俗学原理》，沈阳：辽宁教育出版社，2001年。

40. 郑杭生：《社会学概论新修》（第3版），北京：中国人民大学出版社，2002年。

41. 朋・乌恩：《蒙古族传统美德》，呼和浩特：远方出版社，2002年。

42. ［美］罗斯玛丽：《女性主义思潮导论》，艾晓明等译，武汉：华中师范大学出版社，2002年。

43. 孛尔只斤・吉尔格勒：《游牧文明史论》，呼和浩特：内蒙古人民出版社，2002年。

44. ［法］莫里斯・哈布瓦赫：《论集体记忆》，郭金华译，上海：上海人民出版社，2002年。

45. 李银河：《生育与村落文化》，北京：文化艺术出版社，2003年。

46. 董晓萍：《田野民俗志》，北京：北京师范大学出版社，2003年。

47. 包玉山：《内蒙古草原畜牧业的历史与未来》，呼和浩特：内蒙古教育出版社，2003年。

48. 乌云巴图，葛根高娃：《蒙古民族的生态文化——亚洲游牧文明遗产》，呼和浩特：内蒙古教育出版社，2004年。

49. 向云驹：《人类口头和非物质文化遗产》，银川：宁夏人民教育出版社，2004年。

50. 马京，金海：《蒙古族——内蒙古正蓝旗白彦胡舒嘎查调查》，昆明：云南大学出版社，2004年。

51. 孙立平：《转型与断裂：改革以来中国社会结构的变迁》，北京：清华大学出版社，2004年。

52. 闰天灵：《汉族移民与近代内蒙古社会变迁研究》，北京：民族出版社，2004年。

53. 王晓毅：《国家的视角：那些试图改善人类状况的项目是如何失败的》，北京：社会科学文献出版社，2004年。

54. 张立忠：《中国草原畜牧业发展模式研究》，北京：中国农业出版社，2004年。

55. 杜芳琴：《中国历史中的妇女与性别》，天津：天津人民出版社，2004年。

56. 新吉乐图：《中国环境政策报告：生态移民》，呼和浩特：内蒙古大学出版社，2005。

57. 徐安琪：《社会文化变迁中的性别研究》，上海：上海社会科学院出版社，2005年。

58. 亓·巴特尔：《跨文化视野中的"白鹿文化"——以〈蒙古秘史〉为例谈蒙古族女性意识》，陈岗龙，额尔敦哈达：《奶茶与咖啡——东西方文化对话语境下的蒙古文学与比较文学》，北京：民族出版社，2005年。

59. 王晓东：《日常交往与非日常交往》，北京：人民出版社，2005年。

60. 王金玲：《女性社会学》，北京：高等教育出版社，2005年。

61. 额尔敦高娃：《蒙古英雄史诗的女性形象文化学研究》，呼和浩特：内蒙古人民出版社，2006年。

62. 周星：《民俗学的历史、理论与方法》（上、下），北京：商务印书馆，2006年。

63. 达林太：《内蒙古土地沙漠化成因研究》，载《草原之友第二届会议论文集》，2006年。

64. 阿拉腾：《文化的变迁》，北京：民族出版社，2006年。

65. 孟慧英：《西方民俗学史》，北京：中国社会科学出版社，2006年。

66. 林继富：《解释民俗学》，武汉：华中师范大学出版社，2006年。

67. 王建革：《农牧生态与传统蒙古社会》，济南：山东人民出版社，2006年。

68. ［美］詹姆斯·克利福德：《写文化——民族志的诗学与政治学》，高丙中等译，北京：商务印书馆，2006年。

69. 金一虹：《女性叙事与记忆》，北京：九州出版社，2007年。

70. 林继富：《民间叙事传统与故事传承》，北京：中国社会科学出版社，2007年。

71. ［英］弗里德曼：《女权主义》，雷艳红译，长春：吉林人民出版社，2007年。

72. 董晓萍：《现代民俗学讲演录》，桂林：广西师范大学出版社，2007年。

73. 陈桂蓉：《和谐社会与女性发展》，北京：社会科学文献出版社，2007年。

74. 包斯钦，金海：《草原精神文化研究》，呼和浩特：内蒙古教育出版社，2007年。

75. 扎格尔：《草原物质文化研究》，呼和浩特：内蒙古教育出版社，2007年。

76. 宝力格：《草原文化概论》，呼和浩特：内蒙古教育出版社，2007年。

77. 刘高，孙兆文，陶克套：《草原文化与现代文明研究》，呼和浩特：内蒙古教育出版社，2007年。

78. ［美］大卫·费特曼：《民族志：步步深入》，袭建华译，重庆：重庆大学出版社，2007年。

79. 杨思远：《从草场承包到草场整合——巴音图嘎嘎查草场使用权流转调查报告》，载《第一届中国政治经济学年会应征论文集》，2007年。

80. 鄂云龙：《草原文明与生态和谐：生态文化高层论坛论文集》，北京：民族出版社，2007年。

81. 张景明：《中国北方游牧民族饮食文化研究》，北京：文物出版社，2008年。

82. 高尚玉：《京津风沙源治理工程效益》，北京：科学出版社，2008年。

83. 王静爱，［日］小长谷有纪，色音：《地理环境与民俗文化遗产——“自然环境与民俗地理学”中日国际学术研讨会论文集》，北京：知识产权出版社，2008年。

84. 王明珂：《游牧者的抉择——面对汉帝国的北亚游牧部族》，桂林：广西师范大学出版社，2008年。

85. 李文军，张倩：《解读草原困境——对于干旱半干旱草原利用和管理若干问题的认识》，北京：经济科学出版社，2009年。

86. 王晓毅：《环境压力下的草原社区：内蒙古六个嘎查村的调查》，北京：社会科学文献出版社，2009年。

87. 陈洁，罗丹：《中国草原生态治理调查》，上海：上海远东出版社，2009年。

88. 敖仁其：《制度变迁与游牧文明》，呼和浩特：内蒙古人民出版社，2004年。

89. 郝亚明，包智明：《体制政策与蒙古族乡村社会变迁》，北京：中央民族大学出版社，2010年。

90. 达林太，郑易生：《牧区与市场：牧民经济学》，北京：社会科学文献出版社，2010年。

91.［英］马林诺斯基：《文化论》，费孝通译，北京：华夏出版社，2010年。

92. 李新灿：《女性主义观照下的他者世界》，北京：中国社会科学出版社，2010年。

93. 李霞：《娘家与婆家——华北农村妇女的生活空间和后台权力》，北京：社会科学文献出版社，2010年。

94.［美］迈克尔·林奇：《科学实践与日常活动：常人方法论的社会研究》，邢冬梅译，苏州：苏州大学出版社，2010年。

95. 韩念勇：《草原的逻辑——顺应与适度：游牧文明的未来价值》，北京：北京科学技术出版社，2011年。

96. 韩念勇：《草原的逻辑——探寻另类市场制度》，北京：北京科学技术出版社，2011年。

97. 韩念勇：《草原的逻辑——警惕新名义下的农耕扩张》，北京：北京科学技术出版社，2011年。

98. 韩念勇：《草原的逻辑——国家生态项目有赖于牧民内生动力》，北京：北京科学技术出版社，2011年。

99. 宝贵敏：《额吉河——17位蒙古族妇女的口述史》，北京：民族出版社，2011年。

100. 潘毅：《中国女工——新兴打工阶级的呼唤》，北京：九州出版社，2011年。

101. 王志清：《语言民俗与农区蒙古族村落的文化变迁》，北京：中国社会科学出版社，2011年。

102. 常宝：《漂泊的精英——社会史视角下的清末民国内蒙古社会与蒙古族精英》，北京：社会科学文献出版社，2012年。

103. 邢莉：《内蒙古区域游牧文化的变迁》，北京：社会科学出版社，2013年。

104. 阿拉坦宝力格：《游牧生态与市场经济》，呼和浩特：内蒙古大学出版社，2013年。

105. 那仁毕力格：《蒙古民族敖包祭祀文化认同研究》，沈阳：辽宁民族出版社，2014年。

106. 赵静蓉：《文化记忆与身份认同》，北京：生活·读书·新知三联书店，2015年。

（三）期刊、报刊

1. 嘎尔迪：《古代蒙古族妇女的英雄代表——略述〈蒙古秘史〉中的女豪杰们的事迹》，《西北民族学院学报》，1987年第3期。

2. 额尔敦别力格：《诃额仑夫人及其历史作用》，《西北民族学院学报》，1989年第1期。

3. 包智明：《变动中的蒙民生活——三爷府村实地调查》，《社会学研究》，1991年第1期。

4. 色音：《〈蒙古风俗鉴〉的民俗学价值》，《中央民族学院学报》，1992年第1期。

5. 王俊敏：《一种新型社区——牧区社区》，《内蒙古大学学报》，1993年第2期。

6. 陈岗龙：《试论蒙古族现代民俗学的形成》，《民俗研究》，1996年第2期。

7. 格·孟和：《论蒙古族草原生态文化观》，《内蒙古社会科学》（文史哲版），1996年第3期。

8. 色音：《从牧民到农民：蒙地开垦后蒙汉经济文化的冲突与交融》，《传统与现代化》，1996年第2期。

9. 赵永铣：《蒙古族婚礼的形成与婚礼祝词》，《内蒙古社会科学》，1997年第4期。

10. 贺其叶勒图：《蒙古族游牧经济与传统生态环境意识》，《内蒙古大学学报》，1998年第4期。

11. 何日莫奇：《蒙古族妇女敖包探源》，《内蒙古社会科学》（汉文版），2000年第2期。

12. 王建革：《定居与近代蒙古族农业的变迁》，《中国历史地理丛论》，2000年第2期。

13. 明月：《论蒙古族民俗及其在当代的变迁》，《内蒙古社会科学》，2001年第3期。

14. 奇格，阿拉腾，盛明光：《古代蒙古生态保护法规》，《内蒙古社会科学》（汉文版），2001年第3期。

15. 麻国庆：《草原生态与蒙古族民间环保意识》，《内蒙古社会科学》（汉文版），2001年第1期。

16. 明月：《蒙古族妇女优良历史传统分析》，《黑龙江民族丛刊》（季刊），2001年第2期。

17. 钟敬文：《民俗学：眼睛向下看的学问——在田传江同志与北师大研究生座谈会上的致辞》，《民俗研究》，2001年第4期。

18. 波·少布：《蒙古族女性敖包的文化内涵》，《内蒙古社会科学》（汉文版），2002年第5期。

19. 葛根高娃，薄音湖：《蒙古族生态文化的物质层面解读》，《内蒙古社会科学》（汉文版），2002年第1期。

20. 苏日娜：《罟罟冠形制考》，《中央民族大学学报》，2002年第2期。

21. 葛根高娃，乌云巴图：《内蒙古牧区生态移民的概念、问题与对策》，《内蒙古社会科学》（汉文版），2003年第2期。

22. 敖仁其：《草原放牧制度的传承与创新》，《内蒙古财经学院学报》，2003年第3期。

23. 明月：《经济发展与蒙古族妇女的传统道德观念》，《北方经济》，2003年第4期。

24. 阿德力汗·叶斯汗：《从游牧到定居是游牧民族传统生产生活方式的重大变革》，《西北民族研究》，2004年第4期。

25. 杨善华：《理解普通妇女——兼谈女性研究的方法论问

题》，《妇女研究论丛》，2004年第5期。

26. 翟学伟：《人情、面子与权力的再生产——情理社会中的社会交换方式》，《社会学研究》，2004年第5期。

27. 安德明：《家乡——中国现代民俗学的一个起点和支点》，《文化研究》，2004年第2期。

28. 陈巴特尔：《试论蒙古族传统文化的形成、变迁及其特点》，《内蒙古大学学报》，2004年第3期。

29. 孟琳琳，包智明：《生态移民研究综述》，《中央民族大学学报》（哲学社会科学版），2004年第6期。

30. 王杰文：《反思民俗志——关于钟敬文先生的“记录民俗学”》，《西北民族研究》，2004年第1期。

31. 易小松：《民俗文化视野中的女性研究》，《西南民族大学学报》（人文社科版），2004年第3期。

32. 那顺巴依尔：《内蒙古牧区亲属制度变迁研究》，《中央民族大学学报》，2005年第1期。

33. 恩和：《蒙古高原草原荒漠化的文化学思考》，《内蒙古社会科学》（汉文版），2005年第3期。

34. 王晓毅：《政策的管理缺失——一个半农半牧区草场管理的案例研究》，《华中师范大学学报》（哲学社会科学版），2005年第6期。

35. 敖仁其，达林太：《草原牧区可持续发展问题研究》，《内蒙古财经学院学报》，2005年第2期。

36. 刁统菊：《亲属网络与性别建构——以红山峪村为例》，《西北民族研究》，2005年第1期。

37. 包智明，孟琳琳：《生态移民对牧民生产生活方式的影响》，《西北民族研究》，2005年第2期。

38. 刘晓春：《民俗与社会性别认同》，《思想战线》，2005年第2期。

39. 包智明，孟琳琳：《生态移民对牧民生产生活方式的影响——以内蒙古正蓝旗敖力克嘎查为例》，《西北民族研究》，2005年第2期。

40. 陈岗龙：《蒙古民俗学的现代转型与民俗志写作的反思》，《民间文化论坛》，2005年第1期。

41. 乌云娜，陈素华：《状况与走向：内蒙古蒙古族女性参政程度研究》，《内蒙古大学学报》，2005年第5期。

42. 王俊敏：《草原生态重塑与畜牧业生产方式转变的大生态观——来自内蒙古牧区的思考》，《中央民族大学学报》，2006年第6期。

43. 马桂英：《论蒙古草原自然崇拜文化的生态意蕴》，《内蒙古财经学院学报》，2006年第1期。

44. 包智明：《关于生态移民的定义、分类及若干问题》，《中央民族大学学报》（哲社版），2006年第1期。

45. 连新：《对古代蒙古族女性主体意识与社会地位之关系初探》，《前沿》，2006年第6期。

46. 宝力高：《论蒙古族传统生态文化》，《内蒙古师范大学学报》（哲社版），2006年第1 期。

47. 李晓林：《阿巴嘎的牧民为何要"走场"——内蒙古边境纪事之三》，《中国民族》，2006年第9期。

48. 包玉山：《游牧文化与农耕文化：碰撞·结果·反思——文化生存与文化平等的意义》，《文化研究》，2007年第4期。

49. 王晓毅：《家庭经营的牧民》，《中国农业大学学报》（社科版），2007年第4期。

50. 万建中：《民俗志写作应有的追求》，《民间文化论坛》，2007年第1期。

51. 荀丽丽，包智明：《政策动员型环境政策及其地方实践——关于内蒙古S旗生态移民的社会学分析》，《中国社会科学》，2007年第5期。

52. 高丙中：《民俗志·民俗志的书写及其理论和方法——“民俗志”与“民族志”的使用对于民俗学的当下意义》，《民间文化论坛》，2007年第1期。

53. 王建忠：《内蒙古草原牧区小城镇发展问题研究》，《内蒙古农业大学学报》，2007年第2期。

54. 马桂英：《蒙古族游牧文化中的生态意识》，《理论研究》，2008年第4期。

55. 刘强：《北元时期蒙古族女性社会地位探论——以〈阿勒坦汗法典〉为视角》，《辽宁大学学报》（哲学社会科学版），2008年第3期。

56. 玉荣：《浅析当代城镇（乡）蒙古族女性择偶观的变化——以内蒙古乌拉特中旗海流图镇蒙古族为例》，《中共银川市委党校学报》，2008年第1期。

57. 高丙中：《中国民俗志的书写问题》，《文化艺术研究》，2008年第1期。

58. 王杰文：《民俗志对民俗学意味着什么》，《广西民族研究》，2008年第1期。

59. 张雯：《草原沙漠化问题的一项环境人类学研究——以毛乌素沙地北部边缘的B嘎查为例》，《社会》，2008年第4期。

60. 王晓毅：《被压缩的放牧空间——呼伦贝尔市图贵嘎查调查》，《乡村中国评论》，2008年第3期。

61. 张倩，李文军：《分布式过牧：一个被忽视的内蒙古草原退化的原因》，《干旱区资源与环境》，2008年第12期。

62. 达林太，刘湘波：《内蒙古牧区牧民的现实需求与牧区合作》，《北方经济》，2009年第11期。

63. 玉荣：《城市化进程中蒙古族女性的男女平等观的探析》，《内蒙古社会科学》（蒙古文版），2011年第6期。

64. 聂晓灵：《蒙古族传统家庭教育与孝庄文皇后》，《满族研究》，2011年第4期。

65. 陈秋：《国内外女性民俗研究综述》，《妇女研究论丛》，2012年第3期。

66. 陈秋：《女性民俗研究发微》，《中央民族大学学报》（哲学社会科学版），2012年第4期。

67. 王卫华：《论女性在血缘亲属体系中的“外人”身份——以榆钱村春节家祭为个案》，《民俗研究》，2012年第4期。

68. 王均霞：《在自我与家庭之间：纪村女性与两种邻里圈的建构与维持》，《民俗研究》，2012年第4期。

69. 刘惠萍：《族群性别文化与讲述活动——以莲花客家族群讲述人为例》，《民俗研究》，2012年第4期。

70. 李靖：《美国女性主义民俗学研究的理论之路——20世纪70至90年代》，《民俗研究》，2012年第4期。

71. 张翠霞：《美国女性民俗学研究述评》，《民族研究》，2012年第5期。

72. 萨如拉：《论大蒙古国皇室女性对帝国的影响力》，《内蒙古财经学院学报》，2012年第4期。

73. 陈秋，苏日娜：《女性民俗研究发微》，《中央民族大学学报》（哲社版），2012年第4期。

74. 陈永国：《试论早期蒙古人的家庭观念》，《内蒙古民族大学学报》，2013年第1期。

（四）学位论文

1. 马戎：《体制变革、人口流动与文化融合——一个草原牧业社区的历史变迁》，博士学位论文，北京大学社会学专业，1996年。

2. 李霞：《娘家与婆家——张村妇女的亲属关系》，博士学位论文，北京大学人类学专业，2002年。

3. 吉国秀：《婚姻仪礼变迁与社会网络重建——以辽宁省东部山区清原镇为个案》，博士学位论文，北京师范大学民俗学专业，2004年。

4. 刘迪南：《天似穹庐——从蒙古包看蒙古人的圆形世界》，硕士学位论文，北京大学学位论文库，2004年。

5. 史俊宏：《草原牧区生态移民问题研究：以内蒙古乌拉特中旗为例》，硕士学位论文，内蒙古农业大学行政管理专业，2006年。

6. 乌日套格陶呼：《蒙古族游牧经济及其变迁》，博士学位论文，中央民族大学中国少数民族经济专业，2006年。

7. 玉荣：《当代城镇蒙古族女性婚姻观的社会学探析》，硕士学位论文，内蒙古师范大学社会学专业，2008年。

8. 宝花：《阿拉善和硕特蒙古族民俗志》，博士学位论文，北京师范大学民俗学专业，2010年。

9. 陈秋：《城镇化进程中村落女性民俗角色变迁研究——以温州三里村为例》，硕士学位论文，温州大学民俗学专业，2010年。

10. 王卫华：《春节习俗与女性身份意识》，博士学位论文，中央民族大学民俗学专业，2010年。

11. 张翠霞：《神坛女人：大理白族村落"莲池会"女性研究》，博士学位论文，中央民族大学民俗学专业，2013年。

12. 陈秋：《屋里屋外：城镇化进程中温州柳村民俗生活女性研究》，博士学位论文，中央民族大学民俗学专业，2014年。

二、蒙古语言文献

1. 巴雅尔校注：《蒙古秘史》，呼和浩特：内蒙古人民出版社，1981年。

2. 波·铁木尔：《乌珠穆沁羊》，赤峰：内蒙古科学技术出版社，1987年。

3. 罗布桑却丹：《蒙古风俗鉴》，沈阳：辽宁民族出版社，1988年。

4. 色音：《蒙古民俗学》，北京：民族出版社，1994年。
5. 那·布和哈达，巴·敖特根，乌·达木林：《乌珠穆沁神话》，海拉尔：内蒙古文化出版社，1992年。
6. 哈·丹毕扎拉桑：《蒙古民俗学概论》，沈阳：辽宁民族出版社，1995年。
7. 乌·达木林：《乌珠穆沁民间传说》，沈阳：辽宁民族出版社，1996年。
8. 敖特根：《蒙古族畜牧业文化》，呼和浩特：内蒙古人民出版社，1998年。
9. 参布拉敖日布：《蒙古族与畜牧经济文化》，呼和浩特：内蒙古人民出版社，1999年。
10. ［日］小长谷有纪：《蒙古草原的生活世界》，嘎·乌云格日勒，色音译，呼和浩特：内蒙古人民出版社，1999年。
11. ［意］马可·波罗：《马可·波罗游记》，塞熙亚乐译，呼和浩特：内蒙古教育出版社，2001年。
12. 扎格尔：《蒙古游牧文化溯源》，呼和浩特：内蒙古教育出版社，2001年。
13. 高·阿日毕：《乌珠穆沁器具·文化·风俗》，呼和浩特：内蒙古人民出版社，2003年。
14. 鄂斯尔：《现代化建设与游牧生活》，呼和浩特：内蒙古人民出版社，2006年。
15. 亓·巴特尔：《社会学导论》，呼和浩特：内蒙古大学出版社，2006年。
16. 萨仁格日勒：《蒙古民俗文化探源》，北京：民族出版社，2011年。
17. 富荣嘎，拉·阿木尔门德：《乌珠穆沁古风俗》，呼和浩特：内蒙古人民出版社，2012年。
18. 马·阿由尔扎那，阿日宾巴雅尔：《鄂尔多斯蒙古牧业生产民俗》，海拉尔：内蒙古文化出版社，2005年。

19. 敖·元登：《乌珠穆沁祭火礼俗》，海拉尔：内蒙古文化出版社，2011年。

20. 敖·元登：《乌珠穆沁牛的文化溯源》，大板：内蒙古巴林右旗新华出版社，2009年。

21. 日·斯琴图：《乌珠穆沁正骨法传人》，赤峰：内蒙古科学技术出版社，2012年。

22. 日·斯琴图：《圣山柴达木巴彦敖包》，赤峰：内蒙古科学技术出版社，2012年。

23. 纳森：《察哈尔民俗文化》，北京：华艺出版社，2009年。

24. [日] 梅棹忠夫：《蒙古游牧文化的生态人类学研究》，色音、乌云格日勒等译，呼和浩特：内蒙古人民出版社，2001年。

25. [蒙] 普·浩日劳：《蒙古婚俗》，乌云高娃，卓娜转写，北京：民族出版社，2003年。

26. 昭·斯仁东日布：《乌珠穆沁传统生活方式》，呼和浩特：内蒙古人民出版社，2003年。

27. 布和哈达，铁木尔，阿音：《乌珠穆沁家谱》，沈阳：辽宁民族出版社，2003年。

28. 拉·阿木尔门都：《乌珠穆沁婚礼》，呼和浩特：内蒙古人民出版社，2004年。

29. 拉·阿木尔门都：《乌珠穆沁敖包祭祀》，呼和浩特：内蒙古人民出版社，2004年。

30. [日] 松原正毅：《游牧世界》，萨仁格日勒，色音译，北京：民族出版社，2005年。

31. 纳·布和哈达，斯萨仁苏和：《乌珠穆沁民间故事》，呼和浩特：内蒙古文化出版社，2008年。

32. 敖其：《蒙古民俗》，呼和浩特：内蒙古大学出版社，2010年。

33. 扎格尔：《蒙古学百科全书·民俗卷》，呼和浩特：内蒙古人民出版社，2010年。

34. 拉·阿木尔门都：《蒙古狗》，呼和浩特：内蒙古人民出版社，2012年。

35. 乌·斯琴巴图：《乌珠穆沁马文化》，呼和浩特：内蒙古人民出版社，2009年。

36. 伊·额尔德木图：《乌珠穆沁民间谚语谜语》，赤峰：内蒙古科学技术出版社，2012年。

37. 伊·额尔德木图：《乌珠穆沁搏克》，赤峰：内蒙古科学技术出版社，2012年。

38. 伊·额尔德木图：《乌珠穆沁传说》，赤峰：内蒙古科学技术出版社，2012年。

39. 伊·额尔德木图，日·斯琴图：《乌珠穆沁诗歌荟萃》，赤峰：内蒙古科学技术出版社，2012年。

40. 伊·额尔德木图：《乌珠穆沁诗歌精华》，赤峰：内蒙古科学技术出版社，2012年。

41. 伊·额尔德木图：《乌珠穆沁文人名士》，赤峰：内蒙古科学技术出版社，2012年。

42. 高·阿日华：《乌珠穆沁部落研究》，沈阳：辽宁民族出版社，2013年。

43. 色·德力格尔：《乌珠穆沁民间颂词》，海拉尔：内蒙古文化出版社，2013年。

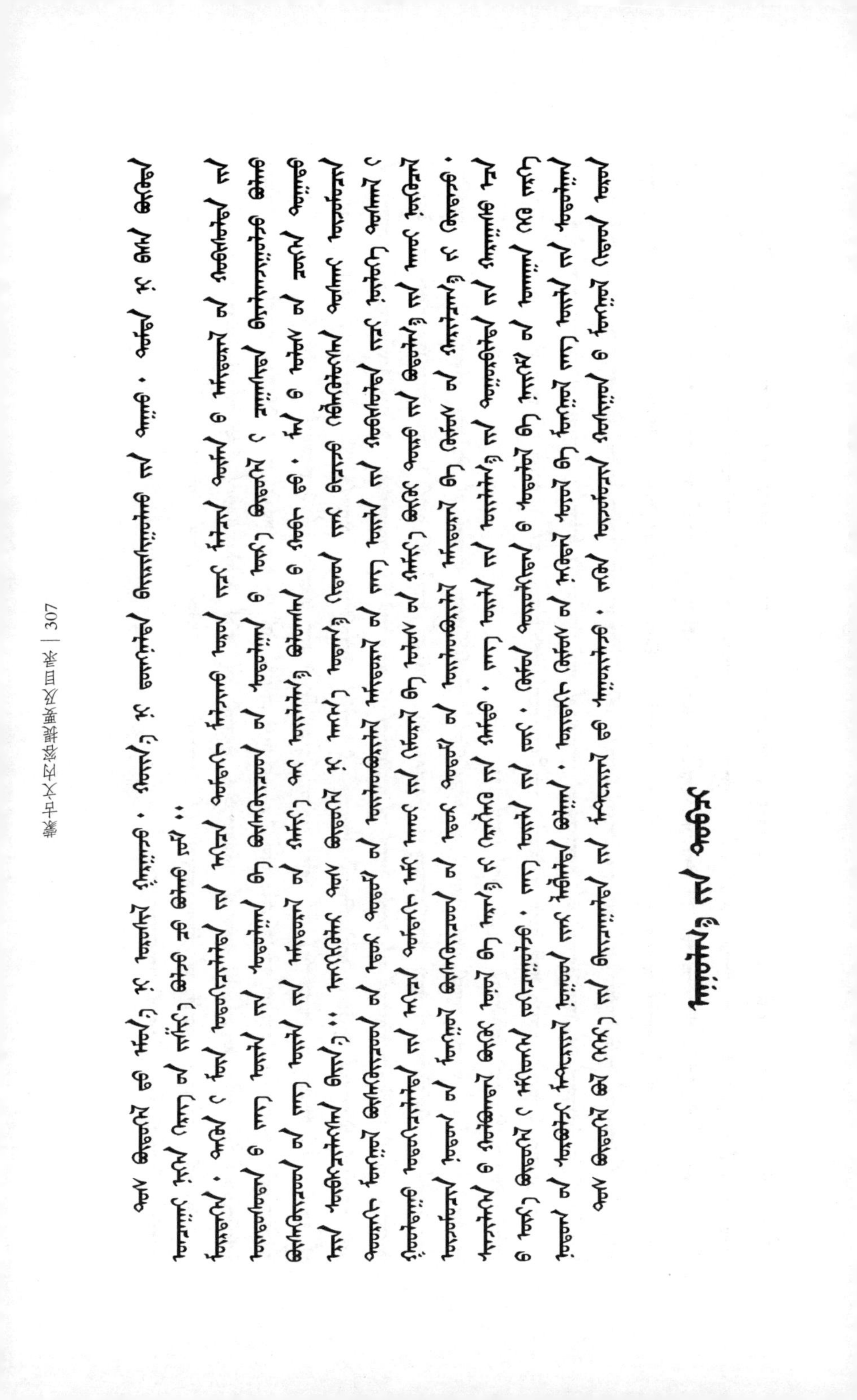

ᠠᠭᠤᠯᠭ᠎ᠠ ᠶᠢᠨ ᠬᠤᠷᠢᠶᠠᠩᠭᠤᠢ

[illegible]

[illegible]

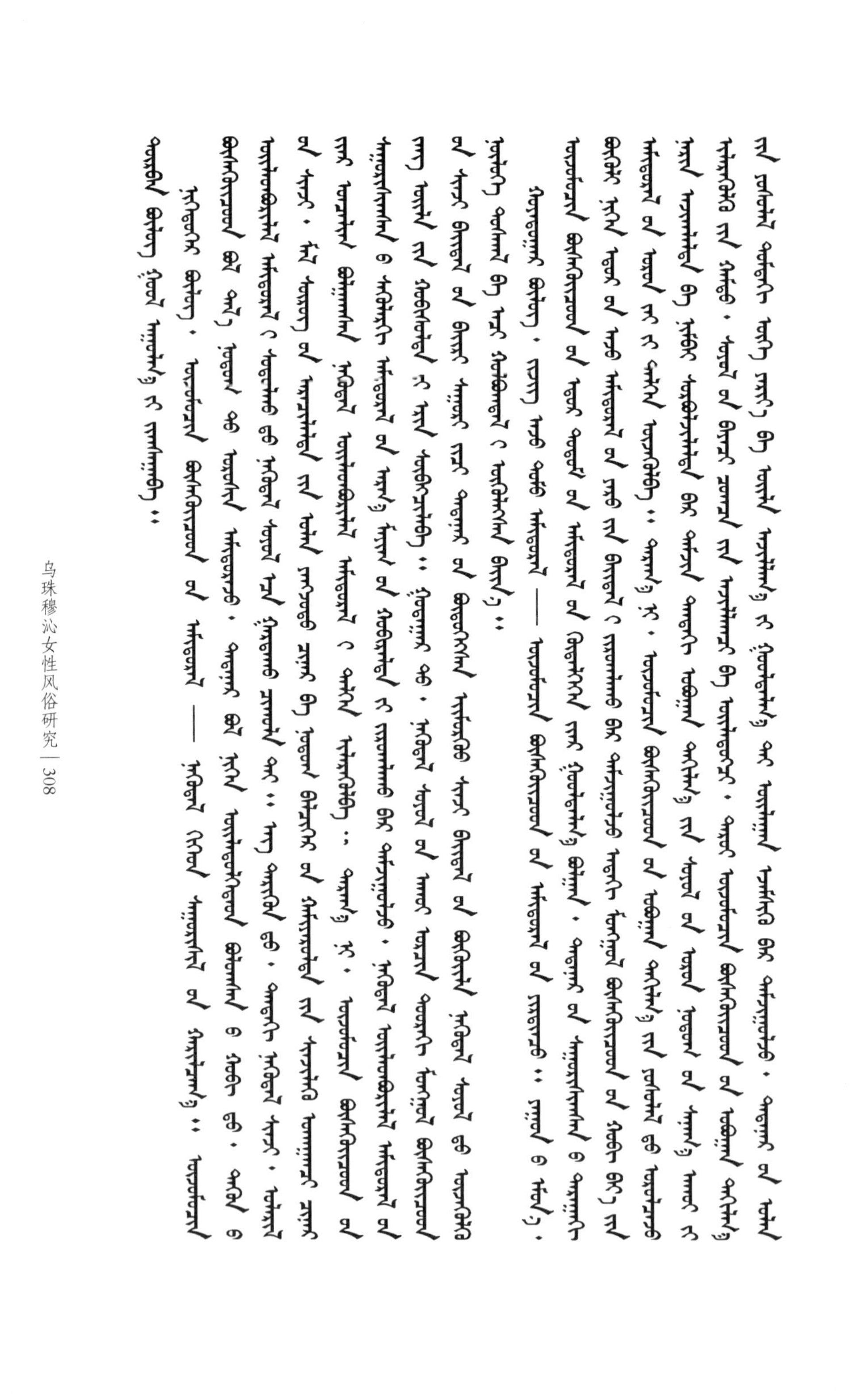

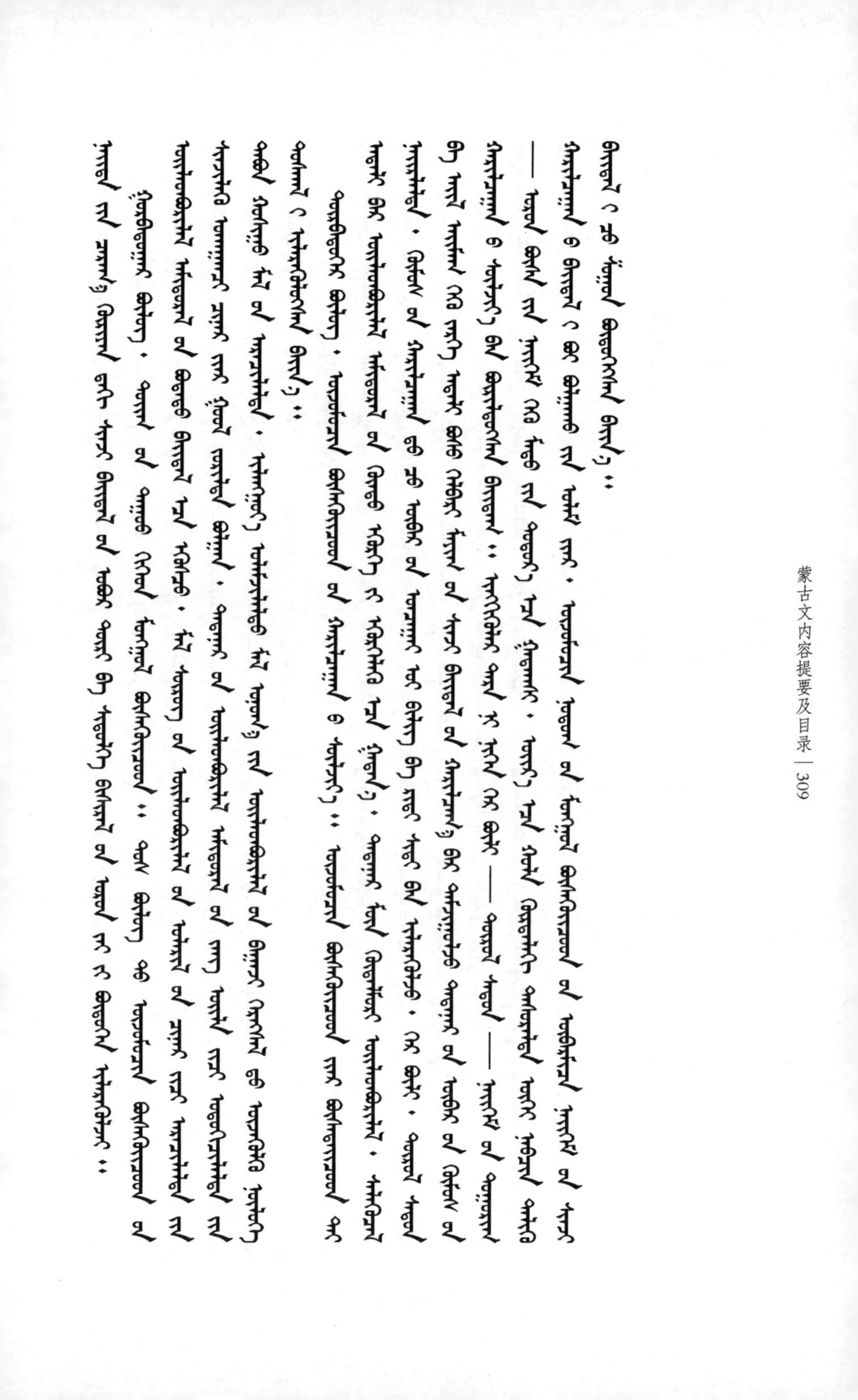

ᠭᠠᠷᠴᠠᠭ

ᠤᠳᠤᠷᠢᠳᠬᠠᠯ …… 001

ᠨᠢᠭᠡᠳᠦᠭᠡᠷ ᠪᠦᠯᠦᠭ [illegible] …… 052

ᠨᠢᠭᠡᠳᠦᠭᠡᠷ ᠬᠡᠰᠡᠭ [illegible] …… 053

ᠬᠣᠶᠠᠳᠤᠭᠠᠷ ᠬᠡᠰᠡᠭ [illegible] …… 073

ᠭᠤᠷᠪᠠᠳᠤᠭᠠᠷ ᠬᠡᠰᠡᠭ [illegible] …… 093

ᠬᠣᠶᠠᠳᠤᠭᠠᠷ ᠪᠦᠯᠦᠭ [illegible] …… 106

ᠨᠢᠭᠡᠳᠦᠭᠡᠷ ᠬᠡᠰᠡᠭ [illegible] …… 107

ᠬᠣᠶᠠᠳᠤᠭᠠᠷ ᠬᠡᠰᠡᠭ [illegible] …… 126

ᠭᠤᠷᠪᠠᠳᠤᠭᠠᠷ ᠬᠡᠰᠡᠭ [illegible] …… 156

ᠭᠤᠷᠪᠠᠳᠤᠭᠠᠷ ᠪᠦᠯᠦᠭ [illegible] …… 172

ᠨᠢᠭᠡᠳᠦᠭᠡᠷ ᠬᠡᠰᠡᠭ [illegible] …… 174

ᠬᠣᠶᠠᠳᠤᠭᠠᠷ ᠬᠡᠰᠡᠭ [illegible] …… 196

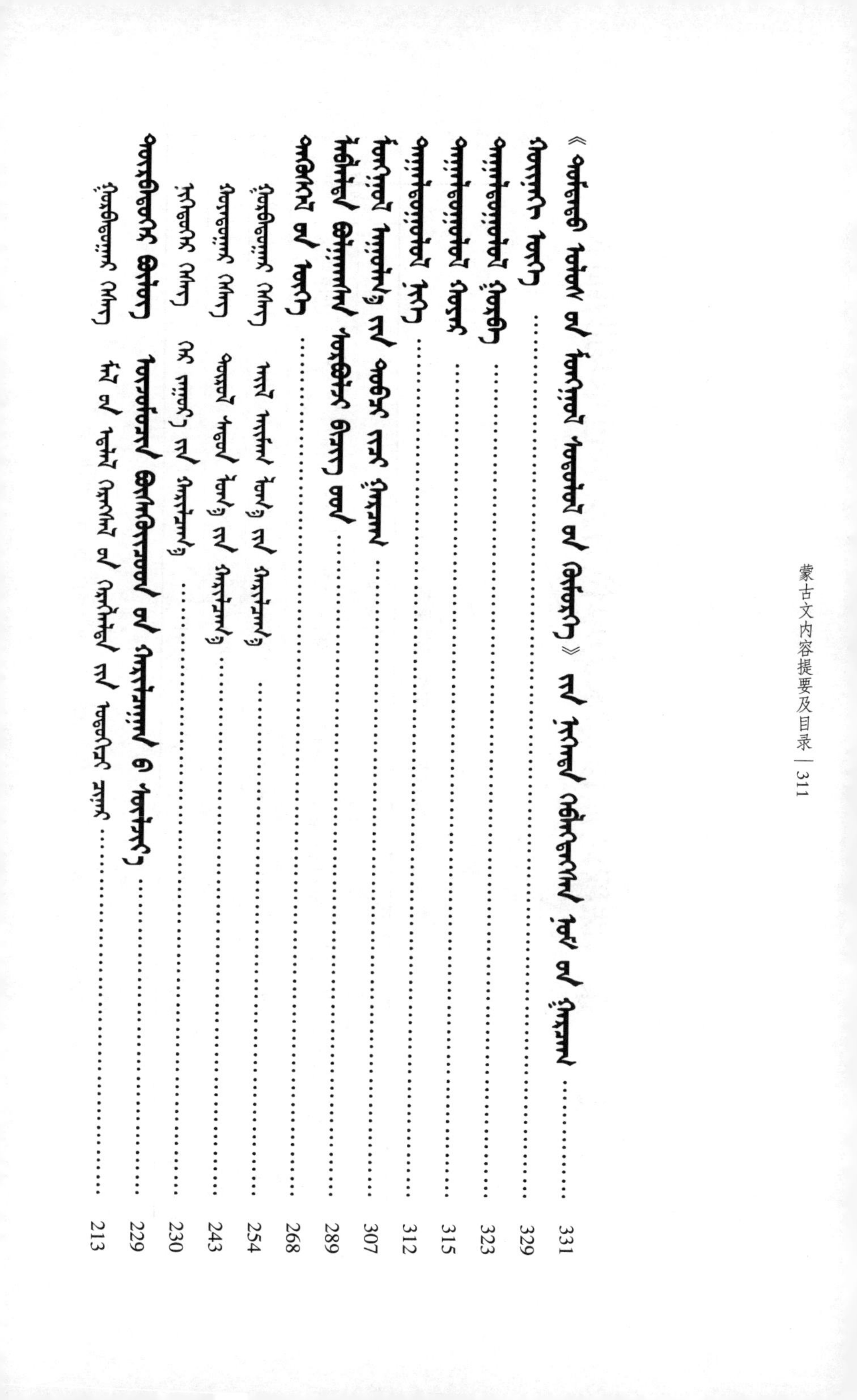

附录一　东乌珠穆沁旗以苏木为单位有偿承包草场明细表

东乌珠穆沁旗以苏木为单位有偿承包草场明细表[1]

类别	总面积		草场变更（亩）						载畜量（头）
	平方公里	分段计算面积	不可利用	可利用	分户	嘎查保留	其他单位或个人	边境禁区	
额仁高毕	2995.7	4493550	34226.25	4459323.75	4023975	16407	91450	181491.75	261646
阿拉坦合力	211.255	3916882.5	—	3916882.5	3558917	152873	6843	198250	231987
额吉淖尔	1808.5	2712750	61814.49	2650925.52	240411	181751.01	58773.51	—	162010

① 乌力吉主编：《东乌珠穆沁旗志》［M］. 呼伦贝尔：内蒙古文化出版社，2013，第186页。

续表

类别	总面积		草场变更（亩）						载畜量（头）
	平方公里	分段计算面积	不可利用	可利用	分户	嘎查保留	其他单位或个人	边境禁区	
呼布钦高毕	2556.505	3834757.5	33991.5	3800766	3604566	44263	12129	139808	228052
萨麦	3182.93	4774395	—	4774395	4317951.9	88763.37	126959.73	240720	275420
宝力格	1311.097	1966645.5	151511.56	1815133.94	1731278.3	83855.64	—	—	113446
道特淖尔	1526.11	2289165	—	2289165	1845145	444020	—	—	143073
翁根	2507.3	3760950	55523	3705427	3556446.9	106980.13	42000	—	228964
巴彦霍布尔	3372.46	5058690	5220	5053470	4815707.25	93961.5	—	143801.25	306854
乌拉盖	2245.46	3368190	—	3368190	3088530	185805	93855	—	204646
额和宝力格	2303	3454500	97793	3356707	3236.061	120646	—	—	209794
敦达高毕	3164.38	4746570	—	4746570	4183771.83	151798.17	411000	—	270973
呼热图淖尔	3004.63	4506945	—	4506945	4093407.5	250637.5	162900	—	271503
翁图	1774.55	2661825	99271	2562554	2334474.25	130579.75	97500	—	154066
满都宝力格	4244.4	6366600	198693.5	6167906.5	4928608	254448	865602	119248.5	323941

续表

类别	总面积		草场变更（亩）						载畜量（头）
	平方公里	分段计算面积	不可利用	可利用	分户	嘎查保留	其他单位或个人	边境禁区	
小计	38608.277	57912415.5	738044.3	57174371.2	51729250.93	2452789.07	1969012.24	1023319.5	3386378
宝格达山	1113.333	1670000	—	1670000	—	—	1670000	—	—
乌拉盖分场	7606.979	11410468.5	—	11410468.5	—	—	11410468.5	—	—
小计	8720.312	13080468.5	—	13080468.5	—	—	13080468.5	—	—
总计	47328.589	70992884	738044.3	70254839.7	51729250.93	2452789.07	15049480.74	1023319.5	3386378

附注：以每16亩1只羊单位计算载畜量。按分户和嘎查自留面积计算载畜量为3386378头（只）。可利用面积除去边境禁区载畜量为3509441头（只）。

附录二　东乌珠穆沁旗敖包祭祀情况表

东乌珠穆沁旗敖包祭祀情况表[①]

单位	敖包名称	祭祀日（农历）	祭祀范围	比赛项目	搏克	奖品	说明
额和宝力格苏木	拉拜敖包	5·13	以哈日高毕嘎查为主	搏克、马	64—128	小畜	
	额恒敖包	5·19	两个嘎查	搏克、马	64	小畜	
	哈拉图敖包	—	—	—	—	—	未恢复

① 乌力吉主编：《东乌珠穆沁旗志》［M］. 呼伦贝尔：内蒙古文化出版社，2013年，第685—688页。

续表

单位	敖包名称	祭祀日（农历）	祭祀范围	比赛项目	搏克	奖品	说明
阿拉坦合力苏木	巴达日胡敖包	5·13	以巴达日胡嘎查为主	搏克、马	64—128	大畜	
	额仁陶鲁盖敖包	5·11	以阿拉坦合力嘎查为主	搏克、马	64	大畜	
	巴彦门都敖包	7·16	巴彦杭盖嘎查为主	搏克、马	32	大畜	
呼布钦高毕苏木	浩日高敖包	5·22	几户	搏克、马	64	大畜	
	喇嘛敖包	5·22	几户	搏克、马	64	小畜	
	德勒音敖包	5·22	几户	搏克、马	64	小畜	
	阿日查图敖包	6·16	几户	搏克、马	64	大畜	
	商都敖包	6·19	几户	搏克、马	64	大畜	
	哈达敖包	6·20	几户	搏克、马	64	大畜	
	阿达拉敖包	6·13	几户	搏克、马	64	大畜	
萨麦苏木	巴彦敖包	6·3	全旗西半部	搏克、马	128—256	大畜	
	浩依尔敖包	5·22	额和宝力格苏木、萨麦苏木	搏克、马	128	大畜	

续表

单位	敖包名称	祭祀日（农历）	祭祀范围	比赛项目	搏克	奖品	说明
萨麦苏木	额布根敖包	5・23	三个苏木	搏克、马	64	小畜	
宝力格苏木	巴彦都兰敖包	5・20	五个苏木	搏克、马	128	大畜	
	依和敖包	5・22	宝力格苏木	搏克、马	64	小畜	
	胡图格敖包	5・23	五个苏木	搏克、马	64	小畜	
	乌兰敖包	6・23	宝力格苏木	搏克、马	64	小畜	
	敖包图敖包	6・25	宝力格苏木	搏克、马	64	小畜	
	宝力格庙敖包	6・3	五个苏木	搏克、马	64	小畜	庙敖包
道特淖尔苏木	巴彦胡硕敖包	6・20	道特淖尔苏木、新庙	搏克、马	64—128	大畜	
	罕敖包	5・22	道特淖尔苏木、新庙	搏克、马	64—128	大畜	
	察干敖包	5・23	道特淖尔苏木、新庙	搏克、马	64	大畜	
	洪格尔敖包	6・20	新庙	搏克、马	128	大畜	庙敖包
	萨格来敖包	5	巴彦图嘎罕敖包嘎查	搏克、马	64	大畜	

续表

单位	敖包名称	祭祀日（农历）	祭祀范围	比赛项目	搏克	奖品	说明
巴彦霍布尔苏木	塔日贡敖包	5・22	巴彦霍布尔、宝力格、萨麦苏木	搏克、马	128	大畜	
	乌恩图音敖包	6・27	巴彦霍布尔、额仁高毕苏木	搏克、马	64	小畜	
	霍布尔敖包	6・5	巴彦霍布尔苏木	搏克、马	128	小畜	
	萨满敖包	7・9	萨满部落	搏克、马	64	小畜	萨满教敖包
	华陶鲁该敖包	5・2	陶森宝力格嘎查	搏克、马	64	小畜	
	阿日察音敖包	选吉日祭祀	个人	搏克、马	32	小畜	
	苏勒敖包	—	—	—	—	—	未恢复
额仁高毕苏木	贵勒苏台敖包	6・5	额仁高毕苏木、满都宝力格苏木	搏克、马	64	小畜	
	东归敖包	6・20	额仁高毕苏木	搏克、马	64	大畜	
	额日根宝力格敖包	3・9	额仁高毕苏木	搏克、马	32	小畜	
	沟图敖包	选吉日祭祀	几户	搏克、马	32	小畜	

续表

单位	敖包名称	祭祀日（农历）	祭祀范围	比赛项目	搏克	奖品	说明
额仁高毕苏木	乌波敖包	选吉日祭祀	一户	—	—	—	个人敖包
	满都胡敖包	5·19	几户	搏克、马	64	小畜	
	拉西格敖包	选吉日祭祀	摔跤手祭祀	搏克、马	64	小畜	摔跤手敖包
满都宝力格苏木	察干朝鲁敖包	5·3	本苏木牧户	搏克、马	32	小畜	
	柴达木音巴彦敖包	5·9	本苏木牧户	搏克、马	32	小畜	
	察干陶鲁该敖包	6·10	本苏木牧户	搏克、马	64	小畜	
	蘑菇敖包	6·4	本苏木牧户	搏克、马	64	小畜	庙敖包
	拉润巴敖包	10·1	—	—	—	—	不举办那达慕
	鲁哈敖包	6	本苏木牧户	搏克、马	32	小畜	
乌拉盖苏木	宝岱敖包	5·19	原乌珠穆沁左翼旗	搏克、马	64—128	大畜	
	班布尔敖包	5·13	原嘎布吉十户	搏克、马	32—64	大畜	
	旗敖包	选吉日祭祀	乌拉盖苏木	搏克、马	32	小畜	

续表

单位	敖包名称	祭祀日（农历）	祭祀范围	比赛项目	搏克	奖品	说明
翁根苏木	布日哈岱敖包	5・22	乌珠穆沁两旗	搏克、马	64	大畜	
	阿门敖包	6・5	乌珠穆沁两旗	搏克、马	64	大畜	
	宝日胡硕敖包	8・2	乌珠穆沁两旗	搏克、马	64	小畜	
	乌兰额日格敖包	—	几户	—	—		
	崩崩淖尔敖包	8・2	几个嘎查	—	—		
	翁根宝日嘎苏敖包	选吉日祭祀	几户	—	—		
翁图苏木	宝格吉敖包	5・19	直属户	搏克、马	64	大畜	
	达拉音敖包	6・19	—	搏克、马	64	大畜	庙敖包
	哈达音敖包	7・11	巴彦高壁嘎查	搏克、马	64	大畜	
	呼射察干敖包	—	—	—	—	—	未恢复
呼热图淖尔苏木	乌拉敖包	5・20	呼热图淖尔苏木	搏克、马	64	大畜	
	胡图勒敖包	5・8	呼热图淖尔苏木、乌拉盖苏木	搏克、马	64	小畜	

续表

单位	敖包名称	祭祀日（农历）	祭祀范围	比赛项目	搏克	奖品	说明
呼热图淖尔苏木	阿拉坦额木勒敖包	6·3	呼热图淖尔苏木、西乌珠穆沁	搏克、马	64	小畜	
	钱达门敖包	5·25	吉嘎苏太嘎查	搏克、马	64	小畜	
	呼热图敖包	选吉日祭祀	几户	—	—	—	不举办那达慕
	嘎拉僧敖包	4·16	一户	搏克、马	64	小畜	个人敖包
	贺日木图敖包	8·2	—	搏克、马	64	小畜	未恢复
	喇嘛敖包	偶然祭祀	几户	—	—	—	
	乌拉敖包	—	吉嘎苏太嘎查	—	—		
额吉淖尔苏木	额吉敖包	5·19	额吉淖尔苏木	搏克、马	128	大畜	
	古日班敖包（选择）	8·24	额吉淖尔苏木	搏克、马	64	小畜	
	诺干五台敖包	8·24	—	—	—	—	

续表

单位	敖包名称	祭祀日（农历）	祭祀范围	比赛项目	搏克	奖品	说明
	格根敖包	—	—	—	—	—	
	达布松庙敖包	—	—	—	—	—	
敦达高毕苏木	罕敖包	5·15	几户	搏克、马	64—128	小畜	
	巴彦胡硕敖包	5·20	额日敦乌拉嘎查	搏克、马	64	小畜	
	阿尔斯楞敖包	5·20	额日敦乌拉嘎查	搏克、马	64	小畜	
	诺日布旺吉拉敖包	5·22	恩和吉日嘎楞嘎查	搏克、马	64	小畜	
	格根敖包	5·22	乌登浩来住户	搏克、马	64	小畜	
	吉日嘎楞敖包	—	额日敦乌拉嘎查	搏克、马	64	小畜	
乌里雅斯太镇	巴彦额日合图敖包	5·22	喇嘛库伦庙	—	—	—	庙敖包

附录三　主要访问者信息表

序号	姓名	性别	年龄	民族	工作单位	访问者	时间	地点
1	ZL	女	30多岁	蒙古族	东乌旗文体局	玉荣	2012.7.10；2014.8.24	东乌旗乌里雅斯太镇服饰一条街
2	ALT	男	36岁	蒙古族	东乌旗政府（工作人员）	玉荣、周梦然、吴明泽	2012.7.10；2013.6.28、7.24；2014.8.13	东乌旗乌里雅斯太镇
3	YD	男	70多岁	蒙古族	东乌旗退休（干部）	玉荣、周梦然、吴明泽	2012.7.11	东乌旗乌里雅斯太镇
4	BLQR	男	60余岁	蒙古族	东乌旗牧民	玉荣	2012.7.12；2013.7.12	东乌旗满都宝力格苏木

续表

序号	姓名	性别	年龄	民族	工作单位	访问者	时间	地点
5	MZ	女	25岁	蒙古族	东乌旗个体户	玉荣	2012.7.15；2014.8.24	东乌旗乌里雅斯太镇
6	BT	男	30多岁	蒙古族	东乌珠穆沁旗萨麦苏木	玉荣、吴明泽	2012.7.15；2014.6.28	东乌旗乌里雅斯太镇
7	TN	女	42岁	蒙古族	东乌旗职业高中	玉荣、吴明泽	2013.7.10	东乌旗乌里雅斯太镇
8	TGS	男	30余岁	蒙古族	东乌旗政府（工作人员）	玉荣	2013.7.10；2014.6.28；8.18	东乌旗乌里雅斯太镇
9	DMQG	男	70多岁	蒙古族	东乌旗退休（干部）	玉荣、周梦然、吴明泽	2013.7.11	东乌旗乌里雅斯太镇
10	JRGL	男	52岁	蒙古族	东乌旗民宗局	吴明泽	2013.7.11	东乌旗乌里雅斯太镇
11	WLH	女	68岁	蒙古族	东乌旗牧民	玉荣	2013.7.11	东乌旗乌里雅斯太镇
12	AMGL	男	50余岁	蒙古族	东乌旗职业中学	玉荣、周梦然、吴明泽	2013.7.12	东乌旗乌里雅斯太镇职业中学办公室

续表

序号	姓名	性别	年龄	民族	工作单位	访问者	时间	地点
13	PSG	男	77岁	蒙古族	东乌旗库伦喇嘛庙	玉荣、明泽	2013.7.12	东乌旗乌里雅斯太镇库伦寺
14	ALTTN	女	45岁	蒙古族	东乌旗额尔敦乌拉嘎查	玉荣	2013.7.13	东乌旗额尔敦乌拉嘎查
15	BGN	男	46岁	蒙古族	东乌旗额尔敦乌拉嘎查	玉荣	2013.7.13	东乌旗额尔敦乌拉嘎查
16	NR	女	50岁	蒙古族	东乌旗民政事务局	玉荣	2013.7.13	东乌旗乌里雅斯太镇
17	QMG	女	65岁	蒙古族	东乌旗牧民	玉荣	2013.7.13	东乌旗乌里雅斯太镇林源小区
18	SBD	女	63岁	蒙古族	东乌旗牧民	玉荣	2013.7.14	东乌旗乌里雅斯太镇林源小区
19	HR	女	38岁	蒙古族	东乌旗个体户	玉荣	2013.7.14	东乌旗乌里雅斯太镇花日银饰店
20	ALTAQR	男	23岁	蒙古族	东乌旗牧民	玉荣	2013.7.16	东乌旗达布希拉图嘎查

续表

序号	姓名	性别	年龄	民族	工作单位	访问者	时间	地点
21	WYDLGR	女	50岁	蒙古族	东乌旗人	玉荣	2013.7.16；2014.8.17	东乌旗达布希拉图嘎查
22	BHEDN	男	54岁	蒙古族	东乌旗牧民	玉荣	2013.7.16；2014.8.17	东乌旗达布希拉图嘎查
23	BYT	男	76岁	蒙古族	东乌旗牧民	玉荣、吴明泽	2014.6.28、8.15	东乌旗乃日木达勒嘎查
24	BYJRGL	女	37岁	蒙古族	东乌旗额吉淖尔镇	玉荣、吴明泽	2014.6.28; 2014.8.19	东乌旗乌里雅斯太镇林源小区
25	ML	女	44岁	蒙古族	东乌旗达布希拉图嘎查	玉荣	2014.6.28	东乌旗达布希拉图嘎查
26	NRTY	女	41岁	蒙古族	东乌旗牧民	玉荣、吴明泽	2014.6.28	东乌旗达布希拉图嘎查
27	HRL	男	60岁	蒙古族	东乌旗牧民	玉荣、吴明泽	2014.6.28	东乌旗阿拉坦合力苏木
28	EDBLG	男	68岁	蒙古族	东乌旗牧民	玉荣、吴明泽	2014.6.28	东乌旗阿拉坦合力苏木
29	RQ	男	75岁	蒙古族	东乌旗牧民	玉荣、吴明泽	2014.6.28	东乌旗阿拉坦合力苏木
30	HND	男	64岁	蒙古族	东乌旗牧民	玉荣、吴明泽	2014.6.28	东乌旗阿拉坦合力苏木
31	GRLQMG	女	47岁	蒙古族	东乌旗个体户	玉荣	2014.8.14	东乌旗乌里雅斯太镇

续表

序号	姓名	性别	年龄	民族	工作单位	访问者	时间	地点
32	SNB	男	74岁	蒙古族	东乌旗牧民	玉荣	2014.8.16	东乌旗额尔敦乌拉嘎查
33	MDG	女	73岁	蒙古族	东乌旗额尔敦乌拉嘎查	玉荣	2014.8.16	东乌旗额尔敦乌拉嘎查
34	MGH	女	39岁	蒙古族	东乌旗个体户	玉荣	2014.8.16	东乌旗乌里雅斯太镇
35	BHJY	男	40岁	蒙古族	东乌旗夏日哈达嘎查	玉荣	2014.8.16	东乌旗乌里雅斯太镇
36	ADH	女	47岁	蒙古族	东乌旗牧民	玉荣	2014.8.18	东乌旗昂格尔嘎查
37	CK	男	30岁	蒙古族	东乌旗政府（工作人员）	玉荣	2014.8.18	东乌珠穆沁旗乌里雅斯太镇
38	HXGT	女	67岁	蒙古族	东乌旗牧民	玉荣	2014.8.21	东乌旗萨麦苏木满都拉图嘎查
39	SBL	女	81岁	蒙古族	东乌旗牧民	玉荣	2014.8.22	东乌旗萨麦苏木
40	TY	女	42岁	蒙古族	东乌旗牧民	玉荣	2014.8.22	东乌珠额尔敦乌拉嘎查

续表

序号	姓名	性别	年龄	民族	工作单位	访问者	时间	地点
41	SRH	女	61岁	蒙古族	东乌旗牧民	玉荣	2014.8.22	东乌旗额尔敦乌拉嘎查
42	YJM	女	65岁	蒙古族	东乌旗牧民	玉荣	2014.8.23	东乌旗哈达布其镇巴彦吉日嘎拉嘎查

后 记

本书完成之际，我内心无法平静，百感交集。该书是在我的博士论文《从游牧到定居：东乌珠穆沁旗草原额吉民俗生活研究》一文的基础上增补修撰而成的。虽然陆续看了些相关的著作、资料，对本书进行了一定的删繁就简，但由于本书所涉及的问题较多，加之本人学识的浅薄，必定存在诸多不足之处。衷心希望各位老师、前辈、同仁和读者的精心雅正。

值此成书之际，向所有给予我关心、支持和帮助过我的人们致以最诚挚的谢意！首先，由衷感谢恩师苏日娜教授，攻读博士的三年期间，导师的精心指导、谆谆教诲，使我在为人和治学方面受益匪浅。感谢在论文答辩题时给予我指导的朝戈金教授、扎格尔教授、林继富教授、钟进文教授和万建中教授，以及在我学习成长道路上给予我帮助的亓·巴特尔教授、马戎教授、色音教授、陈岗龙教授和敖其教授。受益于诸位良师的指导，才能使我在做人为学方面不断进步。感谢呼和浩特民族学院吴宝山教授，百忙之中修改蒙古文内容提要及目录，并帮忙审稿，给予了我非常大的帮助。

在此衷心感谢东乌珠穆沁旗的父老乡亲，感谢他们在田野调查中给予我的无私帮助。对在田野调查期间为我提供良好条件的阿拉塔、特古斯、热西尼玛、巴特尔夫妇、卓拉、巴图等前辈和友人表示诚挚的感谢。此外，我要特别感谢配合田野调查、为本论文提供信息的额吉们。本论文的田野调查主要集中在每年的假期，调查天数相对较长，每次都要住到老乡家里，与她们一起吃住劳作。对于我的打扰和询问，额吉们总是非常耐心地回答和讲解，给予了我非常大的帮助。如果没有她们的积极配合和热情接待，我根本无法完成毕业论文的写作。在此，对生活在乌珠穆沁草原的淳朴牧民表示衷心的感谢，希望她们能够早日致富，过上幸福、富足的美好生活！

在此感谢我的母亲及已去世多年的父亲、我的大家庭的所有成员、我的爱人及好友们对我的理解和支持。感谢你们一直以来的鼓励与陪伴使我有了前行的勇气，我的点滴进步是因为有你们永远的守望。

2016年9月，本人著作荣幸入选《中国蒙古学文库》，获得出版的机会，书稿经过编委会学者格·孟和、包·赛吉拉夫、包祥、援朝、乌峰、王雄、额尔敦陶克套等尊敬的专家、学者的审稿和鉴定，得到了认可。在此过程中，编委会的专家学者不辞辛苦、逐字逐句地仔细审阅书稿，提出了许多宝贵的修改意见和建议，对我启发颇多，使我的书稿更加成熟和完善，我向编委会的各位专家表示诚挚的敬意和衷心的谢意！

最后，承蒙辽宁民族出版社的鼎力相助，本书不久将和读者见面，在此向内蒙古文化发展提供出版条件和机会的辽宁民族出版社表示崇高的敬意！

玉　荣

2017年2月于呼和浩特市

《中国蒙古学文库》已经出版书目

（按出版日期顺序排列）

1.《成吉思汗哲学思想研究》（格·孟和著，蒙古文，1997年6月出版，定价33.00元）

2.《蒙古族逻辑思维研究》（图·乌力吉著，蒙古文，1997年6月出版，定价14.00元）

3.《蒙古族儿童文学概要》（哈斯巴拉等著，蒙古文，1997年6月出版，定价17.00元）

4.《阿尔寨石窟回鹘蒙古文榜题研究》（哈斯额尔敦、丹森等著，蒙古文，1997年6月出版，定价16.00元）

5.《蒙古族音乐史》（呼格吉乐图著，蒙古文，1997年6月出版，定价34.00元）

6.《中国人民解放战争时期内蒙古骑兵史》（乌嫩齐主编，汉文，1997年6月出版，定价16.00元）

7.《蒙古族正骨学》（旺钦扎布著，蒙古文，1997年6月出版，定价35.00元）

8.《蒙古学论著索引（1986—1995）》（额尔德尼编，汉文，1997年6月出版，定价21.00元）

9.《蒙古族美术研究》(阿木尔巴图著，汉文，1997年6月出版，定价48.00元)

10.《古代蒙古法制史》(奇格著，汉文，1999年9月出版，定价23.00元)

11.《蒙古文书法概论》(额尔很巴雅尔主编，蒙古文，1999年9月出版，定价20.00元)

12.《蒙古族民歌与交响乐研究》(永儒布著，汉文，1999年10月出版，定价48.00元)

13.《蒙古族文物与考古研究》(盖山林著，汉文，1999年12月出版，定价48.00元)

14.《〈蒙古源流〉研究》(乌兰著，汉文，2000年4月出版，定价55.00元)

15.《蒙古族全史》(第1卷)(留金锁著，蒙古文，2000年12月出版，定价25.00元)

16.《蒙古族美学史》(满都夫著，汉文，2000年12月出版，定价45.00元)

17.《中国民族语文工作的创举》(舍那木吉拉著，汉文，2000年12月出版，定价18.00元)

18.《蒙古族民歌与交响乐研究》(永儒布著，原为汉文，那顺乌尔塔译成蒙古文，2000年12月出版，定价48.00元)

19.《蒙古学论著索引(1986—1995)》(额尔德尼编，原为汉文，诺尔金等译成蒙古文，2000年12月出版，定价58.00元)

20.《中古蒙古语研究》(嘎日迪著，蒙古文，2001年10月出版，定价45.00元)

21.《蒙古族美术研究》(阿木尔巴图著，原为汉文，那顺乌尔塔译成蒙古文，2001年12月出版，定价68.00元)

22.《蒙古族传统疗法》(郭·道布清、图门巴雅尔编著，蒙古文，2001年12月出版，定价40.00元)

23.《蒙古族土地所有制特征研究》(额尔敦扎布、萨日娜著，蒙古文，2001年12月出版，定价30.00元)

24.《蒙古族曲艺研究》(贺喜歌芒来著，蒙古文，2001年12月出版，定价45.00元)

25.《忽必烈汗思想研究》(巴图巴干著，蒙古文，2002年4月出版，定价30.00元)

26.《蒙古族商业发展史》(额斯日格仓、包·赛吉拉夫著，蒙古文，2002年6月出版，定价38.00元)

27.《现代蒙医学》(琪格其图主编，汉文，2002年7月出版，定价30.00元)

28.《中国蒙古学研究概论》(吉木斯、特·额尔敦陶克套主编，蒙古文，2002年8月出版，定价60.00元)

29.《中国人民解放战争时期内蒙古骑兵史》(乌嫩齐著，原为汉文，牧仁译成蒙古文，2002年8月出版，定价55.00元)

30.《蒙古族哲学思想史》(苏和、陶克套著，汉文，2002年9月出版，定价36.00元)

31.《蒙古族儿童文学概论》(哈斯巴拉等著，原为蒙古文，蒋丽君等译成汉文，2002年10月出版，定价30.00元)

32.《佛教与蒙古文学》(德斯莱扎布著，蒙古文，2002年12月出版，定价30.00元)

33.《蒙古族古代典型战例》(阿木尔门德著，汉文，2002年12月出版，定价36.00元)

34.《蒙古文书法概论》(额力很巴雅尔著，原为蒙古文，额力很巴雅尔译为汉文，2003年12月出版，定价25.00元)

35.《蒙古族古代军事史》(胡泊主编，汉文，2004年3月出版，定价95.00元)

36.《蒙古族经济思想史研究》(陈献国主编，汉文，2004年4月出版，定价28.00元)

37.《蒙古族古代名将录》(叶喜著，汉文，2004年10月出版，定价22.00元)

38.《松巴堪布诗学研究》(额尔敦白音著，蒙古文，2004年10月出版，定价50.00元)

39.《古代蒙古法制史》(奇格著，原为汉文，奇格译成蒙古文，2004年12月出版，定价25.00元)

40.《中国民族语文工作的创举》(舍那木吉拉著，原为汉文，舍那木吉拉等译成蒙古文，2004年12月出版，定价35.00元)

41.《蒙古族哲学思想史》(苏和、陶克套著，原为汉文，齐秀华译成蒙古文，2004年12月出版，定价45.00元)

42.《蒙医学史与文献研究》（吉格木德著，蒙古文，2004年12月出版，定价32.00元）

43.《蒙古族近现代思想史论》（宝力格著，汉文，2005年3月出版，定价20.00元）

44.《元大都研究》（昔宝尼赤·却拉布吉著，蒙古文，2005年3月出版，定价75.00元）

45.《蒙古族宗教史》（苏鲁格著，汉文，2005年4月出版，定价32.00元）

46.《哈撒儿研究》（包·赛吉拉夫著，蒙古文，2005年6月出版，定价50.00元）

47.《蒙古语构词法研究》（特格希都楞著，蒙古文，2005年7月出版，定价20.00元）

48.《蒙古族正骨学》（旺钦扎布著，原为蒙古文，旺钦扎布译成汉文，2005年7月出版，定价45.00元）

49.《现代蒙医学》（琪格其图主编，原为汉文，琪格其图译成蒙古文，2005年7月出版，定价48.00元）

50.《成吉思汗哲学思想研究》（格·孟和著，原为蒙古文，何金山等译为汉文，2005年7月出版，定价45.00元）

51.《蒙古族近代战争史》（巴音图、张成业著，汉文，2005年11月出版，定价42.00元）

52.《〈蒙古源流〉研究》（乌兰著，原为汉文，阿拉坦巴根译为蒙古文，2005年12月出版，定价60.00元）

53.《蒙古族传统疗法》（郭·道布清、图门巴雅尔编，原为蒙古文，

郭·道布清、图门巴雅尔译成汉文，2005年12月出版，定价22.00元）

54.《蒙古族古代典型战例》（阿木尔门德著，原为汉文，策·诺尔金译为蒙古文，2005年12月出版，定价60.00元）

55.《元朝时期的山西地区》（瞿大风著，汉文，2005年12月出版，定价35.00元）

56.《蒙古族治疗骨伤的创新》（慕精阿、海志凡、海波著，汉文，2005年12月出版，定价42.00元）

57.《乌鲁别克传》（孛儿只斤·旺其格著，蒙古文，2006年6月出版，定价30.00元）

58.《蒙古语语法化过程研究》（套格敦白乙拉著，蒙古文，2006年8月出版，定价36.00元）

59.《蒙古族古代名将录》（叶喜著，原为汉文，那顺乌日塔译成蒙古文，2006年9月出版，定价35.00元）

60.《17世纪蒙古编年史与蒙古文文书档案研究》（希都日古著，汉文，2006年9月出版，定价26.00元）

61.《元朝时期的山西地区》（瞿大风著，汉文，2006年9月出版，定价40.00元）

62.《蒙古兽医研究》（巴音木仁著，汉文，2006年10月出版，定价40.00元）

63.《蒙古语构词法研究》（特格希都楞著，汉文，2006年11月出版，定价30.00元）

64.《蒙古族音乐史》(呼格吉勒图著，原为蒙古文，龙梅、乌云巴图译为汉文，2006年12月出版，定价40.00元)

65.《法式善“梧门诗话”研究》(宏伟著，汉文，2006年12月出版，定价42.00元)

66.《蒙古族科学技术简史》(李迪著，汉文，2006年12月出版，定价32.00元)

67.《蒙古族古代交通史》(德山、乌日娜、赵相璧著，汉文，2006年12月出版，定价28.00元)

68.《中古蒙古语研究》(嘎日迪著，原为蒙古文，嘎日迪译为汉文，2006年12月出版，定价40.00元)

69.《蒙古族商业发展史》(额斯日格仓、包·赛吉拉夫著，原为蒙古文，哈斯木仁、胡格吉勒图、杨晓华译为汉文，2007年5月出版，定价28.00元)

70.《藏传佛教与蒙古族文化》(唐吉思著，汉文，2007年6月出版，定价40.00元)

71.《蒙古族姓氏研究》(奥都高德·博·苏达那木道尔吉著，蒙古文，2007年6月出版，定价90.00元)

72.《忽必烈汗思想研究》(巴图巴干著，原为蒙古文，吉木斯、哈日赤译为汉文，2007年6月出版，定价25.00元)

73.《蒙古哲学宏旨研究》(格·孟和著，蒙古文，2007年7月出版，定价50.00元)

74.《成吉思汗兵法研究》(胡泊著，汉文，2007年7月出版，定价28.00元)

75.《成吉思汗与蒙古文化》(那仁敖其尔等著，蒙古文，2007年7月出版，定价35.00元)

76.《蒙古族曲艺新探索》(贺希歌芒来著，原为蒙古文，贺希歌芒来译为汉文，2007年7月出版，定价48.00元)

77.《清代八旗蒙古汉文著作家政治思想研究》(张力均著，汉文，2007年11月出版，定价25.00元)

78.《蒙古族近现代思想史论》(宝力格著，原为汉文，萨础拉、陈永庆译为蒙古文，2007年11月出版，定价25.00元)

79.《蒙古族治疗骨伤的创新》(慕精阿、海志凡、海波著，原为汉文，旺钦扎布译为蒙古文，2007年12月出版，定价52.00元)

80.《蒙古族书面文学的基本体系研究》(满全著，蒙古文，2007年12月出版，定价45.00元)

81.《蒙古族天文历法史》(孛儿只斤·旺其格著，汉文，2008年3月出版，定价67.00元)

82.《蒙古文"金光明经"词汇研究》(上、下册)(乌力吉陶格套著，蒙古文，2008年4月出版，定价95.00元)

83.《制度视域下的草原生态环境保护》(盖志毅著，汉文，2008年5月出版，定价42.00元)

84.《哈撒儿研究》(包·赛吉拉夫著，汉文，2008年5月出版，定价45.00元)

85.《蒙古族美学史》(满都夫著，原为汉文，桑杰、其木格译为蒙古文，2008年6月出版，定价75.00元)

86.《清代满蒙文词典研究》（春花著，汉文，2008年7月出版，定价50.00元）

87.《蒙古族传统文化的现代价值》（齐秀华、额尔敦陶格套著，蒙古文，2008年9月出版，定价32.00元）

88.《蒙古族生态经济研究》（暴庆伍著，汉文，2009年1月出版，定价38.00元）

89.《蒙古族姓氏大全》（明安特·沙·东希格著，蒙古文，2009年1月出版，定价95.00元）

90.《蒙古族生态智慧论》（乌峰、包庆德主编，汉文，2009年1月出版，定价35.00元）

91.《蒙古族数学史》（孛儿只斤·旺其格著，蒙古文，2009年1月出版，定价50.00元）

92.《蒙古语修辞学研究》（德力格尔著，蒙古文，2009年4月出版，定价40.00元）

93.《红山诸文化与游牧民族原始宗教比较研究》（王其格著，蒙古文，2009年5月出版，定价38.00元）

94.《蒙古语语法的认知功能研究》（套格敦白乙拉著，蒙古文，2009年5月出版，定价28.00元）

95.《八思巴文变形体研究》（乌力吉白乙拉著，蒙古文，2009年5月出版，定价30.00元）

96.《藏传佛教与蒙古文化》（唐吉思著，原为汉文，唐吉思译成蒙古文，2009年6月出版，定价55.00元）

97.《蒙古语词语的文化研究》（天峰著，蒙古文，2009年7月出版，定价30.00元）

98.《清代内蒙古地区寺院经济研究》（胡日查著，汉文，2009年7月出版，定价30.00元）

99.《蒙古语语音实验研究》(呼和著,汉文,2009年7月出版,定价30.00元)

100.《尹湛纳希人文思想研究》（席布仁门德著，蒙古文，2009年7月出版，定价38.00元）

续版已经出版书目

1.《近代内蒙古行政建制变迁研究》（孟和宝音著，汉文，2010年12月出版，定价40.00元）

2.《蒙汉历史接触与蒙古语言文化变迁》（曹道巴特尔著，汉文，2010年12月出版，定价45.00元）

3.《阿尔寨石窟回鹘蒙古文榜题研究》（哈斯额尔敦等著，原为蒙古文，纳·巴图吉日嘎拉、纳楚格、嘎日迪译为汉文，2010年12月出版，定价35.00元）

4.《清代官修民族文字文献编纂研究》（乌兰其木格著，汉文，2010年12月出版，定价38.00元）

5.《蒙古族佛教文化调查研究》（唐吉思著，汉文，2010年12月出版，定价98.00元）

6.《元国书官印汇释》（照那斯图、薛磊著，汉文，2011年4月出版，定价40.00元）

7.《蒙古文学史学研究》(乌日斯嘎拉著，蒙古文，2011年5月出版，定价36.00元)

8.《蒙古族全史》(第1卷)(留金锁著，原为蒙古文，浩斯巴特尔、包阿拉塔译成汉文，2011年7月出版，定价30.00元)

9.《蒙古哲学原理研究》(格·孟和著，蒙古文，2011年8月出版，定价85.00元)

10.《蒙古族古代军事史》(胡泊著，原为汉文，查干高娃编译，蒙古文，2011年8月出版，定价100.00元)

11.《新牧区建设与牧区政策调整——以内蒙古为例》(盖志毅著，汉文，2011年11月出版，定价75.00元)

12.《古代蒙古货币研究》(虹宝音著，汉文，2011年11月出版，定价30.00元)

13.《蒙古族古代汉文文化研究》(宏伟著，蒙古文，2011年12月出版，定价45.00元)

14.《元朝时期札剌亦儿部研究》(谢咏梅著，汉文，2012年3月出版，定价38.00元)

15.《蒙古文学文体转化研究》(包红梅著，蒙古文，2012年5月出版，定价40.00元)

16.《蒙古文字结构研究》(王桂荣著，蒙古文，2012年5月出版，定价50.00元)

17.《近现代内蒙古游牧变迁研究》(阿拉腾嘎日嘎著，汉文，2012年6月出版，定价35.00元)

18.《蒙古文文论理论建构》(孟和乌力吉著，蒙古文，2012年6月出版，定价70.00元)

19.《蒙古语形态研究》(包满亮著，蒙古文，2012年6月出版，定价60.00元)

20.《蒙古语言的语法化过程与机制》(套格敦白乙拉著，蒙古文，2012年7月出版，定价45.00元)

21.《蒙古历史文化的哲学解读》(格孟和著，蒙古文，2012年7月出版，定价56.00元)

22.《尹湛纳希与儒家文化》(胡格吉乐图著，汉文，2012年9月出版，定价30.00元)

23.《蒙古族现代诗歌研究》(黄金著，蒙古文，2012年11月出版，定价63.00元)

24.《现代蒙古语语义框架研究》(德·萨日娜著，蒙古文，2013年3月出版，定价30.00元)

25.《蒙古民歌的程式化研究》(哈斯其木格著，蒙古文，2013年3月出版，定价36.00元)

26.《蒙古帝国政治制度及政治思想研究》(扎拉嘎著，蒙古文，2013年3月出版，定价55.00元)

27.《近代内蒙古行政建制变迁研究》(孟和宝音著，原为汉文，孟和宝音、娜仁其其格译成蒙古文，2013年6月出版，定价65.00元)

28.《游牧社会形态论》(额灯套格套著，汉文，2013年8月出版，定价65.00元)

29.《乌珠穆沁部落研究》(高·阿晔著，蒙古文，2013年10月出版，定价50.00元)

30.《蒙古文化中的人与自然关系研究》(马桂英著，汉文，2013年1月出版，定价37.00元)

31.《清代蒙古文出版文化研究》(宝山，哈斯格日乐著，蒙古文，2013年11月，定价52.00元)

32.《清代蒙古寺庙管理体制研究》(胡日查著，汉字，2013年11月，定价42.00元)

33.《大蒙古国与金国战争史》(鲍格鲁特·鲍音著，蒙古文，2013年12月，定价40.00元)

34.《蒙古族太阳崇拜研究》(阿拉坦格日乐著，蒙古文，2013年12月，定价45.00元)

35.《蒙古族传统医学史纲》(热·王钦扎布，娜日娜著，蒙古文，2013年12月出版，定价40.00元)

36.《蒙古族生态智慧论》(乌峰、包庆德著，原为汉文，孟根宝力高、包玉兰译成蒙古文，2014年4月出版，定价50.00元)

37.《蒙古语短语结构知识库相关研究》(达胡白乙拉著，蒙古文，2014年4月出版，定价45.00元)

38.《蒙古族藏文文论体系研究》(树林著，蒙古文，2014年4月出版，定价65.00元)

39.《蒙古民族敖包祭祀文化认同研究》(那仁毕力格著，汉文，2014年4月出版，定价32.00元)

40.《嫩科尔沁史概略》(包额尔德木图著，蒙古文，2014年6月出版，定价58.00元)

41.《蒙古羊肉食文化研究》(群可加著，蒙古文，2014年6月出版，定价45.00元)

42.《〈蒙古秘史〉逻辑思想研究》(莫日根巴图著，汉文，2014年7月出版，定价40.00元)

43.《劳斯尔及其作品研究》(朝克图、赵玉华著，汉文，2014年10月出版，定价56.00元)

44.《蒙古地名研究》(天峰著，蒙古文，2014年10月出版，定价50.00元)

45.《玛拉沁夫小说民族文化源缘研究》(额尔敦仓著，汉文，2014年11月出版，定价42.00元)

46.《外部环境与内部环境：蒙古族当代文学前沿问题研究》(满全著，蒙古文，2014年12月出版，定价70.00元)

47.《制度视域下的草原生态环境保护》(盖志毅著，原为汉文，吴宝山、乌兰编译，蒙古文，2014年12月出版，定价80.00元)

48.《蒙古族生态文学研究》(巴·苏和著，蒙古文，2015年1月出版，定价56.00元)

49.《编辑学概论》(阿拉木斯、莫日根高娃著，蒙古文，2015年4月出版，定价68.00元)

50.《蒙古语地名文化遗产保护研究》(仁钦道尔吉著，汉文，2015年4月出版，定价56.00元)

51.《13—19世纪蒙古法制沿革史研究》(那仁朝格图著，汉文，2015年4月出版，定价50.00元)

52.《蒙古民间文学研究：以青海民间文学为例》(呼和编著，蒙古文，2015年7月出版，定价68.00元)

53.《蒙古语句法结构的认知研究》(阿拉坦苏和、套格敦白乙拉著，蒙古文，2015年12月出版，定价50.00元)

54.《蒙古族传统伦理要义》(斯仁著，蒙古文，2015年12月出版，定价65.00元)

55.《蒙古史诗的非物质文化价值研究》(关金花，蒙古文，2015年12月出版，定价72.00元)

56.《探秘〈江格尔〉》(张越著，汉文，2016年5月出版，定价55.00元)

57.《蒙古语地名保护研究》(仁钦道尔吉著，蒙古文，2016年5月出版，定价78.00元)

58.《日本侵占时期“兴安省”经济统制政策研究》(齐百顺著，汉文，2016年5月，定价60.00元)

59.《蒙古史诗美学研究》(额尔敦高娃著，蒙古文，2016年6月出版，定价80.00元)

60.《喀尔喀车臣汗部研究》(姑茹玛著，汉文，2016年7月出版，定价48.00元)

61.《蒙古文化概论》(格·孟和著，汉文，2016年9月出版，定价75.00元)

62.《蒙古族十二生肖文化研究》(今晓著，蒙古文，2016年12月出版，定价60.00元)

63.《果亲王允礼藏〈密印授记请问经〉研究》(根泉著，蒙古文，2017年2月出版，定价65.00元)

64.《乌拉特三贤探微》(乌力吉巴雅尔著，蒙古文，2017年3月出版，定价70.00元)

65.《清代至民国时期土默特地区社会变迁研究》(乌仁其其格著，汉文，2017年5月出版，定价65.00元)

66.《启蒙思潮中的蒙古文学》(敖特根白乙拉著，蒙古文，2017年6月出版，定价70.00元)

67.《成吉思汗祭奠仪式及其文化功能研究》(额灯套格套主编，蒙古文，2017年7月出版，定价75.00元)

68.《中国蒙古文学学术史》(巴·苏和，特日乐著，汉文，2017年7月出版，定价70.00元)

69.《成吉思汗传说研究》(宝音德力根著，蒙古文，2017年10月出版，定价75.00元)

70.《卡尔梅克语土尔扈特土语研究》(秀花著，蒙古文，2017年11月出版，定价80.00元)